Her a Hawl Cyfieithu

Y MEDDWL A'R DYCHYMYG CYMREIG

Golygydd Cyffredinol: Gerwyn Wiliams

Dan olygyddiaeth gyffredinol John Rowlands

1. M. Wynn Thomas (gol.), *DiFfinio Dwy Lenyddiaeth Cymru* (1995)
2. Gerwyn Wiliams, *Tir Neb* (1996) (Llyfr y Flwyddyn 1997; Enillydd Gwobr Goffa Ellis Griffith)
3. Paul Birt, *Cerddi Alltudiaeth* (1997)
4. E. G. Millward, *Yr Arwrgerdd Gymraeg* (1998)
5. Jane Aaron, *Pur fel y Dur* (1998) (Enillydd Gwobr Goffa Ellis Griffith)
6. Grahame Davies, *Sefyll yn y Bwlch* (1999)
7. John Rowlands (gol.), *Y Sêr yn eu Graddau* (2000)
8. Jerry Hunter, *Soffestri'r Saeson* (2000) (Rhestr Fer Llyfr y Flwyddyn 2001)
9. M. Wynn Thomas (gol.), *Gweld Sêr* (2001)
10. Angharad Price, *Rhwng Gwyn a Du* (2002)
11. Jason Walford Davies, *Gororau'r Iaith* (2003) (Rhestr Fer Llyfr y Flwyddyn 2004)
12. Roger Owen, *Ar Wasgar* (2003)
13. T. Robin Chapman, *Meibion Afradlon a Chymeriadau Eraill* (2004)
14. Simon Brooks, *O Dan Lygaid y Gestapo* (2004) (Rhestr Hir Llyfr y Flwyddyn 2005)
15. Gerwyn Wiliams, *Tir Newydd* (2005)
16. Ioan Williams, *Y Mudiad Drama yng Nghymru 1880–1940* (2006)
17. Owen Thomas (gol.), *Llenyddiaeth mewn Theori* (2006)
18. Sioned Puw Rowlands, *Hwyaid, Cwningod a Sgwarnogod* (2006)
19. Tudur Hallam, *Canon Ein Llên* (2007) (Enillydd Gwobr Goffa Ellis Griffith)
20. Enid Jones, *FfugLen* (2008) (Enillydd Gwobr Goffa Ellis Griffith)

Dan olygyddiaeth gyffredinol Gerwyn Wiliams

21. Eleri Hedd James, *Casglu Darnau'r Jig-so* (2009)
22. Jerry Hunter, *Llwybrau Cenhedloedd* (2012)
23. Kate Woodward, *Cleddyf ym Mrwydr yr Iaith?* (2013)
24. Rhiannon Marks, *'Pe Gallwn, Mi Luniwn Lythyr'* (2013)
25. Gethin Matthews, *Creithiau* (2016)
26. Elain Price, *Nid Sianel Gyffredin Mohoni!* (2016)

Her a Hawl Cyfieithu Dramâu

Saunders Lewis, Samuel Beckett a Molière

Rhianedd Jewell

GWASG PRIFYSGOL CYMRU
2017

www.gwasgprifysgolcymru.org

Mae cofnod catalog i'r llyfr hwn ar gael gan y Llyfrgell Brydeinig.

ISBN   978-1-78683-094-4
e-ISBN 978-1-78683-095-1

Cysodwyd gan Eira Fenn Gaunt, Pentyrch, Caerdydd
Argraffwyd gan CPI Antony Rowe, Melksham

Cynnwys

Rhagarweiniad a Diolchiadau

Mae Godot wedi ei weld fel trosiad am sawl dyfodol dros y gorwel, rhywbeth yr ydym ni i gyd yn aros amdano ac nad yw'n dod, ac y mae'r peth hwnnw, y Godot anweledig, yn wahanol i bob un ohonom sy'n darllen neu'n gwylio'r ddrama bwerus hon. Ys dywed Alec Reid:

> Our discussion of *Godot* has included bus stops, airport lounges, love letters and hospitals – not one of which is mentioned in the play. . . There is, for example, the cricketing enthusiast who likens *Godot* to waiting outside the Tavern at Lords for it to open – which it won't because the licence has been revoked . . . One of the convicts in California said simply, '*Godot* is the outside'.[1]

Ac mewn ffordd, Godot personol i mi am gyfnod hir oedd gweld y llyfr hwn mewn print.

Mae fy niddordeb mewn cyfieithu llenyddol yn deillio o'r cyfnod cyn imi ddewis prifysgol. Mewn paratoad ar gyfer fy nghyfweliad Ffrangeg yng Ngholeg St Anne's, Rhydychen, rhoddwyd dau destun imi eu hastudio gan yr Athro Patrick McGuinness, y naill yn y Saesneg a'r llall yn y Ffrangeg. Cyfieithiad o'r un gwaith oeddent, a gofynnodd imi gymharu'r ddwy fersiwn a phenderfynu pa un a ysgrifennwyd yn gyntaf. Cyfansoddiadau gan Beckett oedd y rhain, ac felly cwestiwn heriol iawn oedd hwn oherwydd, fel y gwn erbyn hyn, cyfieithodd Beckett ei weithiau ei hun, ac mewn ffordd, darnau gwreiddiol oedd y fersiwn Ffrangeg a'r Saesneg. Nid wyf i'n cofio pa un a ddewisais fel y gwreiddiol, ond cofiaf imi newid fy meddwl yn ystod y drafodaeth, a dyma a gyneuodd fy chwilfrydedd am bosibiliadau cyfieithu. Bedair blynedd yn ddiweddarach, ar ddechrau fy mlwyddyn olaf yng Ngholeg St Anne's, cyflwynodd Patrick y cysyniad imi eto, pan ddywedodd wrthyf fod Saunders Lewis wedi llunio cyfieithiad Cymraeg o ddrama enwocaf Beckett, *En attendant Godot*. Pwnc fy nhraethawd estynedig, felly, oedd y cyfieithiad hwn, a dyma sail y bennod 'Cyfieithu'r Absŵrd', ac, mewn ffordd, holl waith y gyfrol hon. Yr wyf yn hynod ddiolchgar i Patrick, nid yn unig am fy nhywys i astudio maes a ddylanwadodd arnaf yn sylweddol, ond am ei arweiniad academaidd a'i gyfeillgarwch yn ystod fy nghyfnod yn Rhydychen.

Gadewais y maes hwn am gyfnod wedyn, gan imi droi fy sylw at hanner arall fy astudiaethau, sef llenyddiaeth yr Eidal. Ond parhaodd y Gymraeg yn rhan bwysig o'm bywyd beunyddiol hyd yn oed ymysg meindyrau breuddwydiol Rhydychen, â'm trwyn mewn llyfr Eidaleg. Gyda chymorth Ysgoloriaeth Syr John Rhŷs rhoddwyd cyfle imi gyflawni fy noethuriaeth ac i ddysgu gwersi Cymraeg i israddedigion y brifysgol a gwersi Cymraeg i oedolion yn y ganolfan ieithoedd. Yr oedd y Gymraeg yn fy ngalw i'n ôl. Diolchaf yn bennaf i'r Athro Thomas Charles Edwards am ei gefnogaeth barhaol ac am gynnig y cyfle amhrisiadwy hwnnw imi yn y lle cyntaf.

Yn ddigon rhyfedd, dilynodd fy ngyrfa dros y blynyddoedd canlynol lwybr tebyg i un Saunders Lewis ei hun. Trois yn ôl at y Gymraeg wedi treulio blynyddoedd yn cloddio i weithiau clasurol awduron Ewropeaidd megis Beckett, Pirandello a Dante, ond nis anghofiais hwy'n llwyr, wrth gwrs. Yr oeddwn i'n ddigon ffodus wedyn i ennill swydd ym Mhrifysgol Abertawe am flwyddyn, lle y cefais y cyfle cyntaf i ddychwelyd at y prosiect hwn a ysgogodd gryn gyffro imi o'r cychwyn. Yr oedd arweiniad yr Athro Tudur Hallam yn allweddol bwysig imi yno, a diolchaf iddo am ei gymorth am iddo fy nghynorthwyo i ennill Ysgoloriaeth Goffa Saunders Lewis. Mae nawdd Cronfa Goffa Saunders Lewis wedi bod yn hanfodol bwysig imi wrth barhau â'r gwaith hwn, a diolchaf yn fawr i'r ymddiriedolwyr am eu holl gefnogaeth. Diolchaf yn arbennig i Mr Elwyn Jones ac i'r Athro M. Wynn Thomas am eu hanogaeth ddi-ffael. Diolch hefyd, wrth gwrs, i Gronfa Syr David Hughes Parry, i Gronfa Athrofa ALlICC ac i Gronfa HEFCW Prifysgol Aberystwyth am eu nawdd.

Symudais wedyn i Aberystwyth lle y dechreuais ar fy swydd gyfredol fel darlithydd y Coleg Cymraeg Cenedlaethol mewn Cymraeg Proffesiynol, ac yma unwaith eto cefais gymorth allweddol ar ffurf cydweithwyr Adran y Gymraeg ac Astudiaethau Celtaidd. Diolch yn enwedig i Dr Robin Chapman, sydd wedi treulio oriau hir yn darllen drafftiau o'r gwaith hwn, ac i Dr Bleddyn Huws, sydd wedi fy mentora dros y pedair blynedd diwethaf. Yr oeddwn hefyd ar stepen drws Llyfrgell Genedlaethol Cymru, cartref trysorfa o lyfrau, llawysgrifau a chofnodion gwerthfawr a chynhwysfawr. Diolchaf yn arbennig i staff y llyfrgell am eu cymorth ar sawl achlysur wrth imi bori drwy bapurau o bob math ac ymhob iaith. Hoffwn hefyd ddiolch i staff archifau'r BBC am eu cymorth wrth ddod o hyd i lawysgrifau a recordiadau defnyddiol. Diolch wrth gwrs i Gareth Miles ac i Emyr Humphreys am eu parodrwydd i ateb fy nghwestiynau am Y Ddrama yn Ewrop ac am ddatgelu llawer am y broses o gyfieithu drama. Hoffwn ddiolch hefyd i'r Esgob Daniel Mullins am ei gymorth gyda'm gwaith ymchwil cynnar.

Diolch i'r cyhoeddwyr a'r cwmnïau canlynol am roddi caniatâd imi gynnwys dyfyniadau o'u testunau yn y gyfrol hon: S4C am ddyfyniadau o *Doctor er ei Waethaf*, Gwasg Prifysgol Cymru am ddyfyniadau o weithiau eraill Saunders Lewis, Gwasg Carreg Gwalch am ddyfyniadau o *Eli'r Galon*, cyfieithiad Alwena Williams, Les Éditions de Minuit am ddyfyniadau o *En attendant Godot* a *Fin de partie*, a Faber & Faber a Grove Atlantic am ddyfyniadau o *Waiting for Godot* a *Happy Days/Oh Les Beaux Jours*.

Hoffwn ddiolch yn fawr i olygydd y gyfres hon, yr Athro Gerwyn Wiliams, am ei awgrymiadau, ac i staff Gwasg Prifysgol Cymru am eu cefnogaeth a'u gwaith trylwyr. Diolch i Anna Gruffydd am ddarparu copi o'i chyfieithiad, *Doctor Di-glem*. Diolch hefyd i Siwan Jones am ei chefnogaeth ac am ei chaniatâd i ddyfynnu o waith gwerthfawr ei thaid, Saunders Lewis.

Mae fy niolch pennaf wrth gwrs yn ddyledus i'm teulu: fy mam, Siân, fy nhad, Anthony, fy chwaer, Delyth, a'm gŵr, Peter, a chyflwynaf y gyfrol hon iddynt hwy, am eu cefnogaeth a'u cariad di-ben-draw. Mae cyfieithu yn cyfleu, yn cyflwyno, yn copïo ac yn creu, ond ni ellir cyfieithu ein cariad ni.

Nodyn

1 Alec Reid, 'An Act of Love (1968)', yn Ruby Cohn (gol.), *Samuel Beckett: Waiting for Godot: A Casebook* (Basingstoke: Macmillan Education, 1987), tt. 190–6, 195.

1

Cyflwyniad

Mabwysiadodd Saunders Lewis sawl rôl yn ystod ei fywyd: athro, gwleidydd, llenor, dramodydd, ac mae ei gyfraniad i'r meysydd amrywiol hyn o bwys sylweddol i ddiwylliant, i iaith ac i lenyddiaeth Cymru. Serch hynny, mae un agwedd ar ei fywyd creadigol sydd heb ei ystyried yn fanwl, ac sydd, i raddau, yn cyfuno holl elfennau eraill ei fywyd personol a phroffesiynol, sef ei waith cyfieithu.

Mewn adolygiad o gyfieithiad Saunders Lewis, *Doctor er ei Waethaf*, dywedodd Howell Davies:

> Dywedodd cyfaill wrthyf unwaith, 'Gall unrhyw ffwl [*sic*] gyfieithu.' [*sic*] Y cwbl a ofynnir ganddo yw dywedyd yn ei iaith ei hun a ddywedodd arall mewn iaith wahanol – a dyna i chwi.' Ofni'r wyf fod fy nghyfaill yn synied yn rhy uchel am allu ffyliaid.[1]

Gwaith heriol yw gwaith y cyfieithydd. Tasg ydyw sy'n mynnu medr, gofal ac amynedd, ac nid yw ffrwyth y llafurio hwn bob amser yn cael ei gydnabod. Datganodd Samuel Beckett, un o gyfieithwyr dramayddol enwocaf y byd, ym 1957: 'Sick and tired I am of translation and what a losing battle it is always.'[2] Sôn yr oedd am heriau'r weithred ei hun, y dewisiadau y mae'n rhaid eu gwneud, y cydbwyso rhwng ystyr a ffurf, a rhwng yr awdur a'r gynulleidfa, ond y mae'r anobaith hwn hefyd yn berthnasol i statws y cyfieithydd yn y byd llenyddol, oherwydd prin yw'r clod a dderbyn am ei gyflawniad nac am ei rôl yn y testun newydd a gynhyrchir.

Mae cyfieithu ac addasu yn fframio cyfansoddiadau dramataidd Saunders Lewis ar ddechrau ac ar ddiwedd ei yrfa greadigol. Dau gyfieithiad dramataidd a luniodd Saunders, er iddo ysgrifennu sawl addasiad dramataidd yn ogystal. Cyfansoddodd y cyntaf, *Doctor er ei Waethaf*, ym 1924. Cyfieithiad o ddrama gan Molière yw hwn, sef *Le Médecin malgré lui*, comedi glasurol o'r ail ganrif ar bymtheg. Cyfansoddodd yr ail, *Wrth Aros Godot*, ym 1962, ond fe'i cyhoeddwyd gyntaf ym 1970. Cyfieithiad o ddrama enwog Beckett yw hwn, *En attendant Godot*, neu *Waiting for Godot*, drama abswrdaidd o'r ugeinfed ganrif. Mae'r ddau gyfieithiad, sy'n dod ar ddau begwn gyrfa lenyddol Saunders, yn hynod wahanol. Maent yn cynrychioli datblygiadau mawr i Saunders o ran ei ddramâu gwreiddiol ei hunan, ei syniadau gwleidyddol a chrefyddol, yn ogystal â'i hyder fel llenor, tueddiadau sydd oll yn cael eu hadlewyrchu yn ei ddulliau cyfieithu. Mae'r testunau hefyd yn dynodi newidiadau ym myd cyfieithu yn ehangach; maent yn dangos fel yr oedd agweddau cyfieithwyr eu hunain wedi datblygu a newid yng nghwrs yr ugeinfed ganrif. Mae cyfieithiadau Saunders yn mapio esblygiad theorïau cyfieithu ynghylch rôl y cyfieithydd a pherthynas y gynulleidfa a'r testun. Gwelwn, felly, fod deall Saunders y cyfieithydd yn ein galluogi i ddeall Saunders y dramodydd, Saunders y gwleidydd a Saunders y dyn crefyddol yn ystod cyfnod cyffrous yn hanes cyfieithu.

Y mae diddordeb Saunders ym maes cyfieithu yn ymrwymedig â'i ddiddordeb yn natur iaith, fel y gwelir o'r dyfyniad isod, lle y cynigia Saunders ddiffiniad cymhleth o'r gair *aura*:

> Apêl gymhleth gair i'r synnwyr ac i'r teimlad yw ei *aura*. Bron na wnâi'r gair Cymraeg 'rhin' y tro i'w gyfieithu. Geill gair fod yn soniarus i'r glust; geill fod yn bert i edrych arno ar bapur; dyna elfennau yn ei rin. Ond daw'r *aura* yn arbennig o gysylltiadau gair, o'r cof sy gennym am ei glywed o'r blaen mewn amgylchiadau pwysig. Felly bydd gair wrth ei godi o newydd yn dwyn i'w ganlyn sawyr ac olion hen brofiadau atgofus.[3]

Esbonia Saunders yn gynnil yma brif her cyfieithu: sut mae cyfleu ystyr, cefndir, cysyniadau a holl ddiwylliant gair wrth ei drosi i iaith arall? Yn aml, fe gollir rhywbeth, ac mae'r cyfieithiad o reidrwydd yn anghyflawn, yn annigonol neu o leiaf yn wahanol. Ond er mai her yw'r dasg, yr oedd Saunders yn barod ac yn awyddus i'w hwynebu, oherwydd yr oedd cyfoeth geiriau, yn enwedig geiriau Cymraeg, o werth arbennig iddo ef, a'i amcan oedd trosi rhai o gampweithiau theatr Ffrainc i'r iaith honno. Diddordeb mewn iaith, wrth gwrs, sydd hefyd yn clymu'r ddau ddramodydd y dewisodd Saunders gyfieithu eu gwaith ynghyd, sef Beckett a Molière, cewri'r theatr Ffrangeg o gyfnodau gwahanol iawn yn ei hanes, a ddylanwadodd ar Saunders ac ar ei ddramâu gwreiddiol ei hunan.

Gellir gweld gwerthfawrogiad Saunders o werth, pwysigrwydd a gofynion cyfieithu yn ei waith beirniadol, oherwydd fe luniodd adolygiadau o sawl cyfieithiad Cymraeg o destunau Ewropeaidd yn y *Western Mail* ac yn *Baner ac Amserau Cymru*, ac nid dim ond yr ieithoedd yr oedd yn eu siarad a oedd o dan sylw. Clodforodd drosiad T. Gwynn Jones o *Faust* Goethe i'r Gymraeg ym 1923, a rhoddodd gryn sylw i waith cyfieithu Thomas Hudson-Williams o destunau Rwseg mewn dwy erthygl yn *Baner ac Amserau Cymru*, y naill ym 1947 a'r llall ym 1951. Sonnir am bwysigrwydd cyfraniad Dr Hudson-Williams i'r diwylliant a'r iaith Gymraeg drwy drosi cynnifer o weithiau Pushkin:[4]

> Felly rhoes Dr. Hudson-Williams inni gyfle i ddarllen detholiad teg o weithiau prif fardd a gwir sylfaenydd llenyddiaeth Rwsia. Y mae'r gymwynas i lenyddiaeth Gymraeg yn fawr a chlodwiw. Fe sicrha le i'r cyfieithydd yn hanes ein llên. Y mae'r gymwynas yn werthfawr hefyd i feddwl a diwylliant Cymru. Diolch am ddraddodiad y cyfieithwyr. Hwy a roes inni nifer helaeth o glasuron ein rhyddiaith ni a hwy a fywiogodd ein hiaith, a'i chyfoethogi a'i hystwytho a'i gwneud yn offeryn hylaw yn y byd modern. Perthyn Dr. Hudson-Williams i rengau'r rheini.[5]

Pwysleisia hefyd nad dawn ieithyddol y cyfieithydd hwn yw ei gryfder: 'Ni honnir ei fod yn un o feistri arddull y Gymraeg; nid yw'n ymdrechu am goethder a pherffeithrwydd clasurol ei gymrawd ym Mangor, y prifathro Emrys Evans, y mwyaf o'r cyfieithwyr er dydd Edward Samuel.' Serch hynny, y weithred o gyfieithu ei hun sydd o werth mawr i'r Cymry Cymraeg, oherwydd y mae'n torri tir newydd, yn mentro dros ffin lenyddol Rwsia: 'Yr hen wron o ysgolhaig ag ef, yn adnewyddu ei ieuenctid fel yr eryr, ac wedi ymddeol o'i waith coleg yn meddiannu cyfandir llenyddol newydd i lenyddiaeth Gymraeg.' Tanlinella Saunders o hyd ac o hyd hanfodolrwydd cyfieithiadau o weithiau Ewropeaidd i Gymru. Y maent yn agor drws i lenyddiaethau anghyfarwydd ac yn eu tro yn dylanwadu ar y gwaith creadigol gwreiddiol a gynhyrchir yng Nghymru. Dyma hefyd oedd cyfraniad Saunders ar ffurf ei gyfieithiadau ef o waith Molière a Beckett: gobeithiai rannu mawredd y clasurol a'r abswrd, yr hen a'r newydd, y traddodiadol a'r arloesol â'r Cymry.

Honnodd ymhellach mai cyfieithu llenyddiaeth estron oedd yr unig ffordd o ddeall agweddau eraill ar y gwledydd a'u cynhyrchai:

Cofiwn mai gwlad Pwshcin yw Rwsia ac a fydd Rwsia. Trwy ddyfnhau'r sianeli llên a chelfyddyd rhwng Rwsia a gweddill y gorllewin y mae inni wrthweithio ysgariad y gwleidyddion ar y ddwy ochr. Dyna'r pam y mae gwaith Dr. Hudson-Williams yn gyfraniad clodwiw i'n hoes ni ac i oes-oedd ar ein hôl ni yng Nghymru. Y mae Pwshcin drwyddo ef yn dyfod i mewn i brofiad Cymru.[6]

Saif gwerth cyfieithu yn ei allu i ddylanwadu ar lenyddiaeth gynhenid gwlad. Drwy drosi testunau o'r Ffrangeg, o'r Almaeneg, o'r Rwseg, gellir mabwysiadu eu cryfderau ac o ganlyniad wella ansawdd yr hyn a gynhyrchir yng Nghymru. Yn hytrach na chreu ffenestr sy'n galluogi pobl i weld trysorau artistig gwlad arall, y mae cyfieithu yn creu pont rhwng diwylliannau, yn cynhyrchu llwybr fel y gall y cyfoeth hwnnw ddyfod yn rhan o'n llenyddiaeth ni yn ogystal:

> Y mae llenyddiaeth pob cenedl yn gyfrinach fawr. Eithriad yw'r estron yr agorer y gyfrinach iddo. Cymwynas arbennig y cyfieithwyr da yw helpu pobloedd gwareiddiad i amgyffred cymhlethdod eu gwareiddiad, a gweld fod gan bob llenyddiaeth drysorau ysbrydol y bydd y ddynoliaeth yn colli eu dylanwad i fesur onid erys pobl y bydd iaith y llên honno yn dreftadaeth iddynt. Y mae pob llenyddiaeth yn gyfrinach y mae'r allwedd iddi dan garreg drws teulu a phentref a bro a gwlad. Dod i mewn i'r teulu yw medru codi'r allwedd ac agor y drws.[7]

Fe welwn mai dyma oedd prif amcan Saunders wrth gyfieithu dram-âu Beckett a Molière. Cyflwyno esiamplau o theatr lwyddiannus Ffrainc ydoedd i gynulleidfaoedd ac i ddramodwyr Cymru er mwyn ysbrydoli dramâu Cymraeg gwreiddiol newydd o fath tebyg. Ac yn wir, fel y gwelwn, ysbrydolodd y cyfieithiadau hyn gyfansoddiadau gan Saunders ei hun a efelychai ddychan Molière ac abswrdiaeth Beckett.

Disgrifia Saunders hefyd ymdrechion Hudson-Williams i gylch-redeg ei gyfieithiadau hyd yn oed pan nad oedd cyhoeddwyr yn cefnogi ei ymdrechion. Yn sgil gwrthodiad cyhoeddwyr o'i fersiwn Gymraeg o *Gerdd Rolant*, anfonodd lythyr at y papurau newydd ym 1924 yn hysbysebu copïau o'i waith i'w fenthyg. Yn ôl Saunders, 'y mae prynu llyfrau yn grefft sy'n diflannu yn ein gwlad',[8] a rhaid oedd edmygu ymdrech debyg i ledaenu gwybodaeth am gyfieithiadau Cymraeg. Yn anffodus, er bod diddordeb mewn cyfieithiadau wedi cynyddu ers cyfnod Hudson-Williams, cymharol brin yw'r sylw beirniadol a dderbyn cyfieithiadau Cymraeg o hyd, fel yn achos Saunders. Nid ystyrir *Doctor er ei Waethaf* ac *Wrth Aros Godot* ynghyd â'i ddramâu eraill gan mai trosiadau o waith awduron eraill ydynt yn wreiddiol. Dadleuwn i, serch hynny, eu bod yn adlewyrchu tueddiadau yn natblygiad Saunders fel dramodydd, a bod y dulliau cyfieithu a ddefnyddiodd Saunders yn adlewyrchu fel yr aeddfedodd ei ysgrifennu yn gyffredinol.

Yn yr un modd, ychydig o glod a dderbyn y cyfieithydd am greadigrwydd ei waith. Erys yr awdurdod yn nwylo'r awdur tra bod gwaith y cyfieithydd yn anweledig i raddau helaeth. Annerbyniol oedd hyn i Saunders, a ystyriai rôl y cyfieithydd mewn cynhyrchu testun yn gyfwerth â rôl yr awdur. Mewn llythyr at ei gyfaill Robert Wynne esboniodd pam ei bod yn hanfodol bwysig bod cyfieithwyr yn derbyn yr un tâl, ac felly'r un gydnabyddiaeth, ag y mae'r awdur gwreiddiol:

> Y mae rhannu *royalties* yn deg rhwng cyhoeddwyr, cyfieithydd ac awdur yn bwnc o bwys. Awgrymaf i 8% i'r cyhoeddwr (pan gewch un) a 41%, sef hanner a hanner i'r ddau arall. Heb hynny ni cheir cyfieithwyr da, dim ond *hack*, ac y mae cyfieithu da yn anhraethol bwysig i bob awdur drama. Felly fel mater o egwyddor – nid yw'r proffid yn ddigon i ddadlau amdano – rhaid i chwi gytuno, er mwyn rhoi esiampl dda yng Nghymru.[9]

Gwaith creadigol yw cyfieithu, ac mae rhai yn dadlau y gellir ystyried cyfieithiad yn gelfyddydwaith annibynnol ar y gwaith gwreiddiol. Ymddengys y byddai Saunders yn cytuno â'r farn ddadleuol honno.

Parhaodd ei ddiddordeb mewn cyfieithu am ddegawdau wedi hyn, ac ym 1966 ysgrifennodd erthygl am *Atgofion Dyddiau Ysgol*, cyfieithiad E. T. Griffiths o *Ricordi di Scuola* gan Giovanni Mosca, ac am *Y Deillion*, cyfieithiad Caryl Glyn Davies a Gareth Alban Davies o novella André Gide, *La Symphonie Pastorale*. Cynhwysir yn yr un erthygl stori Gwilym M. Jones, *Dawns yr Ysgubau*, sef addasiad o stori Ruth o'r Beibl. Diddorol yw nodi, felly, fod Saunders wedi cynnwys yr addasiad hwn yn ei erthgyl am 'Gyfieithwyr'. Efallai nad oedd y gwahaniaeth technegol rhwng cyfieithu ac addasu o bwys mawr iddo, a dyma'r pam, fel y gwelwn, fod ei ddau 'gyfieithiad' yn cloffi rhwng y ddau faes. Nid yw'r ddau gyfieithiad yn hollol ffyddlon i'w testunau Ffrangeg, gan fod Saunders wedi addasu, dileu ac ychwanegu atynt. Gofynnwn, felly, i ba raddau y dylid diffinio'r cyfieithiadau Cymraeg yn gyfieithiadau, yn addasiadau neu yn ddramâu hollol newydd.

Er gwaethaf tuedd Saunders i bylu'r ffin hon, cyfieithiadau Saunders yw canolbwynt y gyfrol hon ac nid ei addasiadau. Fe welwn fod cyfieithu ac addasu wedi codi yng ngwaith Saunders mewn sawl ffordd, ond y gwaith a labelwyd yn gyfieithiadau sydd o brif ddiddordeb. Er y cyfeirir, felly, at ei addasiadau, *Serch yw'r Doctor* (1960) a'r *Cyrnol Chabert* (1968), ac at bresenoldeb dylanwadau Ffrangeg eraill ar ei gyfansoddiadau, dadansoddir yn bennaf ei gyfieithiadau, *Doctor er ei Waethaf* (1924) ac *Wrth Aros Godot* (1966). Mae'r testunau hyn yn arddangos mewn ffordd glir sut y datblygodd dulliau cyfieithu Saunders dros gyfnod o ddeugain mlynedd, sut yr oedd y dulliau hyn yn cyfateb i theorïau cyfieithu a esblygodd yn ystod yr ugeinfed ganrif, a sut y datblygodd Saunders yn bersonol ac yn broffesiynol rhwng y ddau destun. Serch hynny, mae ei holl addasiadau, sydd yn amrywio'n sylweddol o ran ffyddlondeb i'r testunau gwreiddiol, yn tystio i bwysigrwydd cyfieithu ac addasu i Saunders fel ffordd o arwain ac ysgogi llenyddiaeth newydd yn y Gymraeg.

Cyn troi at y cyfieithiadau, rhaid deall eu cefndir a'u cyd-destun. Mae'r bennod gyntaf, felly, yn edrych ar ddatblygiad cyfieithiadau dramataidd a theatraidd yng Nghymru yn ystod y bedwaredd ganrif ar bymtheg a'r ugeinfed ganrif. Gwelwn fod cyfieithu ac addasu wedi gwneud cyfraniad sylweddol i adfywiad ffurf y ddrama yn y lle cyntaf, a bod cyfieithiadau o'r Saesneg ac o ieithoedd Ewropeaidd wedi llwyddo i gynnal y mudiad drama wrth iddo wynebu heriau megis argyfyngau ariannol, diffyg deunydd, dramâu Cymraeg o safon isel, ac anfodlonrwydd cynulleidfaoedd. Ni roddwyd llwybr clir i'r gweithiau hyn, a gwrthwynebwyd poblogrwydd cyfieithu gan nifer, ond i Saunders ac eraill cynrychiolent gyfraniad pwysig i'r theatr Gymraeg.

Yn yr ail bennod ystyrir cysylltiad Saunders ag Ewrop a'i ddiddordeb arbennig yn Ffrainc ac mewn llenyddiaeth Ffrangeg. Yr oedd dylanwad Ffrainc yn weladwy ar wleidyddiaeth, ar lenyddiaeth ac ar fywyd hamdden Saunders. Cafodd ei ddaliadau gwleidyddol eu hysbrydoli yn sylweddol gan Maurice Barrès, gwleidydd ac awdur a gredai mewn datganoli pŵer. Gwelwn mai Barrès a fu'n gyfrifol hefyd am arwain Saunders yn ôl at lenyddiaeth Gymraeg yn y lle cyntaf. Mae edmygedd amlwg Saunders o ddiwylliant Ffrainc yn esbonio'i barodrwydd i droi at y wlad honno am arweiniad i'r theatr Gymraeg ar ffurf cyfieithiadau ac addasiadau.

Lleolir dadansoddiad y cyfieithiadau yng nghyd-destun theorïau cyfieithu, ac y mae'r drydedd bennod yn amlinellu theorïau perthnasol i'r astudiaeth hon. Cynigir diffiniad o'r gwahaniaeth rhwng dwy brif theori gwrthgyferbyniol, estroneiddio a domestigeiddio. Y mae'r cyntaf yn blaenoriaethu bwriad yr awdur gwreiddiol ac yn parchu geiriau a ffurf y testun. Y mae'r ail yn blaenoriaethu anghenion y gynulleidfa darged ac yn sicrhau ei bod yn deall y gwaith drwy ei osod mewn cyd-destun cyfarwydd. Gwelwn fod dau gyfieithiad Saunders yn gwneud defnydd o'r ddwy theori hon gan eu gwneud yn gyfieithiadau gwahanol iawn. Mae'r bennod hefyd yn bwrw golwg ar y gwahaniaeth rhwng cyfieithu ac addasu gan fod testunau Saunders yn pylu'r ffin hon mewn sawl ffordd. Gofynnir i ba raddau y mae gan gyfieithydd hawl i addasu gwaith gwreiddiol, ac a ydyw newid yn anochel mewn unrhyw gyfieithiad. Ac am hynny, ystyrir a ellir diffinio cyfieithiad yn gelfyddydwaith annibynnol. Gwaith creadigol yw cyfieithu, ac felly a ddylid cydnabod y cyfieithydd fel rhywun sydd yn creu darn o waith newydd? Edrychir hefyd ar theorïau sy'n ymwneud yn bendol â maes y theatr. Gwahaniaethir rhwng cyfieithu dramataidd a theatraidd gan ystyried fel y mae cyfieithydd yn trosglwyddo testun o un iaith i iaith arall, ac yn ei drosglwyddo o gyfrwng y llyfr i gyfrwng y llwyfan. Mae gofynion darllenydd a gwyliwr yn wahanol iawn, ac felly mae gwaith y cyfieithydd yn amrywio wrth baratoi testun a ddarllenir a thestun a berfformir. Ystyrir sut y mae cyfieithydd yn mynd i'r afael â'r her unigryw hon, a ble y mae rôl y cyfieithydd yn gorffen a rôl y cyfarwyddwr yn dechrau. Ymhellach, gan mai drama radio oedd ffurf newydd *Wrth Aros Godot*, edrychir ar sut y mae trosi drama i gyfrwng newydd. Heb yr elfen weledol mae drama radio yn rhoi pwysau ar y geiriau i gyfleu yn gyflawn yr hyn sydd yn digwydd. Gwelwn fod y dasg hon yn anodd iawn yn achos dramâu Beckett gan eu bod yn enwog am eu bylchau a'u seibiau a chan nad yw'r hyn a wneir bob amser yn cyfateb i'r hyn a ddywedir. Yn olaf, rhaid cofio mai cyfieithu i iaith leiafrifol yr oedd Saunders, ac y mae'r ddeinameg honno ynddi ei hun yn newid y ffordd y mae'r cyfieithydd yn gweithredu. Ystyrir sut y mae'r berthynas rhwng yr iaith ffynhonnell a'r iaith darged yn effeithio ar gyfieithiadau i'r Gymraeg.

Trown wedyn at y cyfieithiadau eu hunain, gan ddechrau gyda'r cyfieithiad sy'n ymgorffori diddordeb Saunders yn y ddrama glasurol Ffrangeg, sef *Doctor er ei Waethaf*. Mae'r bedwaredd bennod yn olrhain y cysylltiad rhwng Saunders a Molière, gan edrych yn gyntaf ar yr hyn a ysgogodd Saunders i gyfieithu'r ddrama hon. Gwneir dadansoddiad o un o ddramâu mwyaf dychanol Saunders, *Excelsior*, gan arddangos y tebygrwydd rhyngddi a nifer o weithiau Molière. Prif gorff y bennod yw'r dadansoddiad o'r cyfieithiad, a thrwy gymharu'r testun â dau drosiad arall o'r un ddrama, *Eli'r Galon* (1982) a *Doctor Di-glem* (1995), gwelir sut y lluniodd Saunders gyfieithiad ffyddlon, parchus o *Le Médecin malgré lui*. Nid cyfieithiad perffaith mohono, serch hynny, fel y mae nifer o adolygiadau ei gyfnod yn awgrymu, a gwelwn mai dyn ar ddechrau ei yrfa heb lawer o brofiad ysgrifennu a oedd yn gyfrifol am y cyfieithiad hwn.

Cyfieithiad Saunders o ddrama abswrdaidd Beckett, *Wrth Aros Godot*, yw canolbwynt y bennod olaf. Gwelwn fod Saunders wedi arbrofi â math newydd ar theatr yn ystod y 1960au a'r 1970au, gan fynd i'r afael â theatr yr abswrd. Cynrychiola'r cyfieithiad hwn ymgais Saunders i gyflwyno rhywbeth arloesol i'r theatr Gymraeg, a pharhaodd â'r ymgais hwnnw drwy lunio ei ddramâu abswrdaidd ei hun, *Yn y Trên* (1965) a *Cell y Grog* (1975). Mae'r gwahaniaethau a welir yn yr ail gyfieithiad hwn hefyd yn adlewyrchu'r newid yn null cyfieithu Saunders wrth i'r pwyslais symud o'r testun i'r gynulleidfa. Drama Gymraeg ar gyfer cynulleidfa Gymraeg yw *Wrth Aros Godot*. Mae Saunders wedi addasu'r testun er lles y gynulleidfa darged, ond y mae hefyd wedi gosod ei farc personol ar y gwaith drwy ei wneud yn destun Cristnogol, gobeithiol a chadarnhaol. Gofynnir, felly, a ellir ystyried y ddrama hon yn gyfieithiad, yn addasiad ynteu yn gyfansoddiad hollol newydd. Dramodydd hyderus, aeddfed a oedd wedi profi sawl gweddnewidiad sylweddol oedd cyfieithydd *Wrth Aros Godot*, ac y mae'r testun yn arddangos yr esblygiad hwn mewn ffordd nas ystyriwyd o'r blaen.

Mae *Doctor er ei Waethaf* ac *Wrth Aros Godot* nid yn unig yn dangos pwysigrwydd cyfieithiadau i Saunders, maent yn adlewyrchu gwerth cyfieithiadau i ddatblygiad y ddrama yng Nghymru, ac i ddatblygiad llenyddiaeth yng Nghymru. Gobaith Saunders oedd y byddai ei gyfieithiadau ef yn ysbrydoli gwaith newydd. Gobeithir yn yr un modd y bydd yr astudiaeth hon yn ysbrydoli gwaith ymchwil pellach ym maes astudiaethau cyfieithu yn y Gymraeg.

Nodiadau

1 Howell Davies, 'Moliere [*sic*] yn Gymraeg. Cyfieithiad Mr. Saunders Lewis. Pethau a Adawyd Allan', *Baner ac Amserau Cymru*, 14 Awst 1924, 5.

2 Samuel Beckett. Dyfynnwyd yn Barbara Wright, 'Translator's Note', yn *Samuel Beckett, Eleutheria* (London: Faber & Faber, 1996), tt. v–vi, v.

3 Saunders Lewis, *Braslun o Hanes Llenyddiaeth Gymraeg* (Caerdydd: Gwasg Prifysgol Cymru, 1986), t. 21. (Argraffiad cyntaf 1932).

[4] Yr oedd cyfraniad T. Hudson-Williams i faes cyfieithu yn sylweddol wedi'r cyfan. Nid yn unig y trosodd nifer o weithiau o'r Rwseg, Dr Hudson-Williams a luniodd hefyd yr unig gyfieithiad cyflawn cyhoeddedig o ddrama gan Racine i'r Gymraeg, sef Athalie (Athaliah yn y Gymraeg), a gyhoeddwyd yn Y Geninen rhwng 1925 a 1926.

[5] Saunders Lewis, 'Adolygiad o Gyfieithiad T. Hudson-Williams o nofel Pwshcin', Baner ac Amserau Cymru (Mehefin 11 1947), 8.

[6] Lewis, 'Adolygiad o Gyfieithiad T. Hudson-Williams o nofel Pwshcin', 8.

[7] Saunders Lewis, 'Thomas Hudson-Williams a Chyfieithu', Baner ac Amserau Cymru (31 Ionawr 1951), 8.

[8] Lewis, 'Thomas Hudson-Williams a Chyfieithu', 8.

[9] Llythyr Saunders Lewis at Robert Wynne, 2 Chwefror 1948. Dyfynnwyd yn Hazel Walford Davies, Saunders Lewis a Theatr Garthewin (Llandysul: Gomer, 1995), tt. 317–18. Dylid nodi nad yw'r fathemateg yn hollol gywir yma, felly cymerir mai 18 y cant oedd bwriad Saunders i'r cyhoeddwr yn hytrach nag 8 y cant.

2

Datblygiad Cyfieithu Dramâu yng Nghymru

Mae cyfieithu yn rhan bwysig o ddatblygiad y ddrama yng Nghymru. Hanfodol yw deall hanes y cyfieithiadau a wnaed a'r effaith a gawsant ar ddramâu Cymraeg diwedd y bedwaredd ganrif ar bymtheg ac ers hynny er mwyn deall yn llawn arwyddocâd cyfieithiadau Saunders Lewis. Nid fy mwriad yma yw amlinellu holl hanes cyfieithu dramâu yng Nghymru: gwaith cyfrol arall fyddai hynny; yn hytrach, hoffwn dynnu sylw at rai o nodweddion pwysicaf ei ddatblygiad yn ystod y bedwaredd ganrif ar bymtheg a'r ugeinfed ganrif sy'n cynnig cyddestun i waith Saunders Lewis. Yr amcan yw dangos perthnasedd cyfieithiadau i ddatblygiad y ddrama Gymraeg a'r theatr Gymraeg a phwysleisio y dylid eu hystyried fel rhan allweddol o'n canon llenyddol theatraidd. Yn y bennod hon, felly, edrychir ar bresenoldeb cyfieithiadau ac addasiadau yn natblygiad y mudiad drama. Trafodir pwysigrwydd cyfieithiadau i'r cwmnïau amatur a lanwai lwyfannau Cymru yn ystod y cyfnod hwn, a pharhad y traddodiad hwnnw yn ail hanner yr ugeinfed ganrif.

Y mae nifer y cyfieithiadau dramataidd sy'n bodoli yn y Gymraeg yn sylweddol, ac mae'r nifer hwnnw'n parhau i gynyddu. Yng nghyfrol O. Llew Owain, *Hanes y Ddrama yng Nghymru 1850–1943*, ceir rhestr weddol gyflawn o'r holl ddramâu Cymraeg a fu yn ystod y blynyddoedd hyn, a gwelwn fod cyfieithiadau i'r Gymraeg wedi'u cynnwys yn y rhestr hon ynghyd â dramâu gwreiddiol. Er bod y cyfieithiadau wedi'u nodi â'r talfyriad 'cyf.', mae eu presenoldeb ar y tudalennau hyn yn arddangos eu pwysigrwydd i'r ddrama Gymraeg a'i datblygiad ddechrau'r ugeinfed ganrif. Er gwaethaf eu presenoldeb cyson ac amlwg ymysg y dramâu a berffformid yng Nghymru, nid ydynt wedi derbyn sylw haeddiannol fel gweithiau celfyddydol sydd yn gwneud cyfraniad pwysig i lenyddiaeth Cymru. Fel y gwelwn, gwrthwynebwyd eu defnydd rheolaidd gan nifer, ond anodd yw gwadu eu harwyddocâd yng ngoleuni eu heffaith ar y theatr Gymraeg.

Dechrau Cyfieithu ac Addasu

Cymharol ifanc yw'r ddrama fodern yng Nghymru, drama sydd yn wahanol iawn i anterliwtiau'r canrifoedd cynt. Er mai anodd iawn yw pennu dyddiad ailenedigaeth y ffurf hon, y mae Ioan Williams yn datgan mai ym 1880, yn sgil perfformiad drama Beriah Gwynfe Evans, *Owain Glyndwr*, y ganed y Mudiad Drama.[1] Diwedd y bedwaredd ganrif ar bymtheg a welodd atgyfodiad y ddrama Gymraeg, felly, ac yr oedd cyfieithiadau dramataidd yn bresennol o'r cychwyn cyntaf. Yn ystod y degawdau hyn gwelwyd nifer o gyfieithiadau dramataidd cynnar yn y Gymraeg, gan gynnwys rhai o weithiau Molière megis darnau o'r *Cybydd* a gyhoeddwyd ym 1887, ond gweithiau Shakespeare a ddaliodd sylw cyfieithwyr y cyfnod, arwydd o ddylanwad eglur y Saesneg ar theatr Cymru o gychwyn yr adfywiad hwn. Ym 1849 cyfieithodd Pedr Mostyn ddarn o *King Henry IV* i'r Gymraeg; ym 1864 enillodd David Griffiths wobr yn Eisteddfod Genedlaethol Llandudno am ei gyfieithiad cyntaf o *Hamlet*, sef y cyfieithiad cyntaf o ddrama gyflawn gan Shakespeare yn ôl pob tebyg; eto ym 1884 gwobrwywyd cyfieithiad Shakespearaidd yn Eisteddfod Genedlaethol Lerpwl, sef cyfieithiad y Parchedig O. N. Jones o *King Lear*; ac fe gafwyd ymgais deuluol sylweddol yn Eisteddfod Llanymddyfri ym 1872 pan gyfieithwyd *King Lear* a *Macbeth* gan Jonathan Reynolds ac y troswyd darn o *Julius Caesar* gan ei fab, Llywarch Reynolds. Nid syndod yw maint y cyfieithiadau Shakespearaidd hyn, wrth gwrs, o ystyried mai dramâu hanesyddol yn dynwared dull Shakespeare oedd rhan helaeth o'r dramâu Cymraeg a ymddangosodd yn ystod y bedwaredd ganrif ar bymtheg. Yr oedd cyfieithiadau, felly, yn enwedig cyfieithiadau o'r Saesneg, eisoes yn dechrau llithro i draddoddiad y theatr yng Nghymru, yn arbennig yng nghylch yr Eisteddfod.

Mae cyfieithu ac addasu yn rhan annatod o hanes datblygiad y ddrama fodern yng Nghymru, ac mae'n gysylltiedig â genedigaeth rhyddiaith fodern Gymraeg yn yr un modd. Yr oedd addasu nofel ar gyfer y llwyfan yn ffordd dda o sicrhau ei llwyddiant cyn cyfnod y radio a'r teledu. Gellid gwneud nofel yn boblogaidd a gwneud elw ohoni naill ai drwy ei throsi yn ddrama neu drwy i'r awdur ei hun deithio'r wlad yn darllen darnau o'r gwaith i'r cyhoedd.[2] Fe ddarllenai Charles Dickens lawer o'i waith yn gyhoeddus hyd yn oed yn yr Unol Daleithiau, ond ni wnaed y darllen cyhoeddus hwn gan unrhyw nofelydd Cymraeg yn ystod dechrau'r ugeinfed ganrif.[3] Trowyd yn hytrach at addasu'r rhyddiaith yn ddrama, ei gyfieithu o'r llyfr i'r llwyfan, a'r enghraifft fwyaf arwyddocaol o'r cyfieithu hwn yw *Rhys Lewis*.

Mae *Rhys Lewis* (1885), hunangofiant ffuglennol Daniel Owen, yn garreg sarn bwysig yn natblygiad rhyddiaith Gymraeg. Yn sgil ei llwyddiant cenedlaethol, addaswyd y nofel yn ddrama gan sawl cwmni theatraidd. Cyhoeddwyd y stori yn wreiddiol yn *Y Drysorfa* rhwng 1882 a 1884 ac ymddangosodd fel llyfr ym 1885. Erbyn y flwyddyn ganlynol cafwyd yr addasiad theatraidd cyntaf o'r nofel gan fyfyrwyr Coleg Diwinyddol y Bala o dan gyfarwyddyd Griffith Roberts. Ym 1887 perfformiwyd yr addasiad ar raddfa ehangach gan Gwmni Drama Trefriw o dan arweiniad John Owen a aeth ar daith dros Gymru mor bell â sir Fôn a sir Forgannwg.[4] Nid yw llawysgrifau'r naill na'r llall o'r addasiadau llwyfan hyn wedi goroesi hyd heddiw, ond ym 1909 daeth addasiad newydd i'r amlwg gan J. M. Edwards, Treffynnon, brawd O. M. Edwards, sef yr unig addasiad a awdurdodwyd gan y cyhoeddwr.

Cafwyd trafferthion mawr gan fod Daniel Owen yn gwrthwynebu'r addasiadau cynnar gan honni eu bod wedi torri rheolau ei hawlfraint. Mae hefyd ansicrwydd o hyd am wreiddioldeb yr amryw addasiadau, gan mai un fersiwn yn unig a argraffwyd ac anodd erbyn heddiw yw adnabod llaw'r addasydd a greodd yr hyn sydd wedi goroesi. Serch hynny, '[h]elbulon neu beidio, bu llwyfannu *Rhys Lewis* yn symbyliad mawr',[5] chwedl Dafydd Glyn Jones, ac er gwaethaf ei amheuon cychwynnol, rhoes Daniel Owen ei fendith ar berfformiadau eraill o'r testun 'er mwyn achosion da',[6] yn rhannol oherwydd nad oedd modd na hawl ganddo i'w rhwystro. Dyma oedd ymateb yr awdur i gais am ganiatâd i berfformio *Rhys Lewis* yn Aberystwyth:

> I have no objection whatever to your performing *Rhys Lewis* for a public purpose. And if I had – owing to some quirk in the copyright law – I could not stop it. You have observed, no doubt, that the Trefriw Dramatic Company are about the country performing *Rhys Lewis* for their <u>own benefit</u> and that without my consent. If I had the power I would have stopped them and I consider their action very mean.[7]

Yr oedd sefyllfa'r cyfieithydd/addasydd a'r awdur o chwith yn yr achos hwn, oherwydd fe anwybyddwyd hawliau'r awdur er lles y cyfieithydd. Erbyn heddiw, hawliau'r awdur a flaenoriaethir a rhaid cael caniatâd cyn mentro addasu darn o waith i gyfrwng arall. Ond er gwaethaf rhwystredigaeth Daniel Owen, ni ellir gwadu llwyddiant y nofel ar ei newydd wedd ddramataidd. Yn ôl D. Tecwyn Lloyd, y theatr a alluogodd y stori i deithio ar draws Cymru ac a oedd, felly, yn gyfrifol am ledaeniad ehangach gwaith Daniel Owen drwy'r wlad. Rhwng 1909 a 1937 llwyfannwyd nofelau Daniel Owen 829 o weithiau, ac yn ystod y cyfnod hwn cafwyd wyth perfformiad ar hugain o'r gweithiau bob blwyddyn yng Nghymru a'r tu hwnt,[8] llwyddiant sydd yn cyfateb i boblogrwydd Oscar Wilde neu George Bernard Shaw o gymharu'r ganran â maint poblogaeth Cymru ar y pryd.[9] Fel y dywed D. Tecwyn Lloyd, 'mae'n gwbl eglur mai trwy lwyfannu [nofelau Daniel Owen][10] y daeth drama ac actio hefyd yn rhan anhepgor o fywyd diwylliannol Cymru Gymraeg ac yn rhywbeth i'w arddel yn ddigwestiwn.'[11] Ymhellach, noddwyd nifer o'r perfformiadau gan gapeli er mwyn ychwanegu at eu cronfeydd ariannol, ac fe ymddengys felly fod addasiadau Daniel Owen wedi bod yn rhannol gyfrifol am drechu'r rhagfarn biwritanaidd yn erbyn actio dramâu.[12] Addasiadau a baratôdd y ffordd ar gyfer dramâu Cymraeg eraill.

Fel arwydd o lwyddiant yr addasiad, enillodd yr addasydd J. M. Edwards lawer mwy o arian am y dramâu nag a gafodd Daniel Owen am y nofel wreiddiol.[13] Unwaith eto, rhyfedd yw hyn o ystyried nad yw cyfieithydd nac addasydd fel arfer yn derbyn yr un tâl na'r un clod ag y mae awdur testun gwreiddiol. Adlewyrcha hyn bwysigrwydd y broses addasu i waith Daniel Owen, ac yn ei dro, bwysigrwydd y gwaith addasu i ddatblygiad y theatr Gymraeg. Er bod dramâu Cymraeg wedi'u cyfansoddi cyn addasiad *Rhys Lewis*, 'deunydd Beiblaidd neu hanesyddol yn null Shakespeare oedd hwnnw a beth bynnag fu ei le yn hanes y ddrama Gymraeg mae'n bur sicr mai *Rhys Lewis* a roes fywyd a chychwyn iddi',[14] chwedl D. Tecwyn Lloyd.

Nodwn nad addasiad hollol ffyddlon ydoedd y ddrama *Rhys Lewis* ychwaith. Yn ôl Dafydd Glyn Jones fe gymerodd yr addasydd ddarnau helaeth o'r ddeialog yn uniongyrchol o'r nofel heb eu newid, ond newidiodd dipyn ar blot y stori.[15] Yn wahanol i'r nofel, mae Wil Bryan yn dychwelyd tra bo ei rieni'n dal yn fyw, a thrwy'r diwygiad hwn y cyflwynir thema sy'n codi'n aml yn nramâu Cymraeg yr ugeinfed ganrif, sef y mab afradlon yn dod adref. Dyma'r enghraifft gyntaf, felly, o gyfieithu yn ysbrydoli dramâu Cymraeg newydd drwy osod esiampl i'w hefelychu.

Cystadlaethau a Chwmnïau Amatur

Daeth cyfieithu drama'n rhan ganolog o ddiwylliant theatraidd Cymru yn ystod y 1920au oherwydd fe gyflwynwyd cystadleuaeth cyfieithu drama i'r Eisteddfod Genedlaethol, er nad oedd y gystadleuaeth yn sefydlog reolaidd am ychydig flynyddoedd. Gellid dadlau bod cystadleuaeth yr Eisteddfod yn clustnodi clod i'r cyfieithydd ac yn cydnabod y ffaith mai tasg greadigol sydd yn gofyn am fedr sylweddol ydyw'r gwaith hwn. Heblaw am weithiau Shakespeare a gyfieithwyd yn ystod y ganrif flaenorol, cynigiwyd gwobr am gyfieithu drama am y tro cyntaf yn Abertawe ym 1926, a *The White-headed Boy* (1916) gan Lennox Robinson oedd y testun y flwyddyn honno. Eto ym 1928, yn Eisteddfod Treorci, yr oedd gwobr am gyfieithiad o ddrama James Barrie, *What Every Woman Knows* (1906). Cyflwynwyd dau gyfieithiad ar bymtheg i'r gystadleuaeth honno[16] ac fe'i henillwyd gan fersiwn Richard Jones, *A Ŵyr Pob Merch*. Perfformiwyd y ddrama lwyddiannus yn y Gymraeg ar faes yr Eisteddfod gan gwmni Undeb y Ddrama Gymreig o dan gyfarwyddyd y Parchedig E. R. Dennis, arweinydd cwmni theatr Trecynon.[17] Yr oedd yr actorion wedi eu dethol o blith grwpiau actio gorau de Cymru ac yr oedd y fenter yn llwyddiant mawr. Nod y prosiect oedd dangos esiampl o ddrama grefftus o'r safon uchaf i ddramodwyr Cymru.[18]

Un o'r ffigyrau pwysicaf yn hanes yr ymdrechion i hybu'r ddrama Gymraeg oedd yr Arglwydd Howard de Walden. Cafodd ei eni yn Llundain ym 1880 gyda'r enw Thomas Evelyn Scott-Ellis ac etifeddodd ei deitl, yr Arglwydd de Walden, yn sgil marwolaeth ei dad. Yr oedd ei gysylltiad â Chymru ac â'r ddrama yn hollbwysig iddo drwy gydol ei oes. Tra oedd yn byw yn Lloegr, noddai ddramâu yn Llundain a cheisiodd ddysgu'r Gymraeg cyn symud i Gymru i ddechrau ei ymdrechion i greu theatr genedlaethol yng Nghymru. Ymrodd de Walden i hybu'r ddrama yn yr Eisteddfod Genedlaethol ac i gefnogi'r mudiad i sefydlu theatr genedlaethol i Gymru. 'I bob pwrpas, ef oedd "Cyngor Celfyddydau" ei gyfnod',[19] chwedl Hazel Walford Davies. Cynigiodd wobrau ariannol fel ffordd o ysbrydoli cyfansoddiadau dramataidd newydd yn y Gymraeg, yn gyntaf yn ystod y 1910au ac eto yn dilyn yr oedi a achoswyd gan y Rhyfel Byd Cyntaf. Enillwyd un o'r gwobrau hyn gan Kate Roberts ym 1919 am ei drama *Y Fam*, ynghyd â Betty Eynon Davies am ei drama *Four Leaved Clover*.[20]

Ariannodd de Walden hefyd sawl menter cyfieithu yn ystod hanner cyntaf yr ugeinfed ganrif, yn bennaf drwy gyfrwng yr Eisteddfod. Ym

---

1927, er enghraifft, cynigiodd y dylai pwyllgor Eisteddfod Caergybi gyllido perfformiad o *Yr Ymhonwyr*, sef cyfieithiad T. Gwynn Jones o ddrama Ibsen, *Kongsemnerne* (1864), ac er i'r ddrama gael ei derbyn yn ffafriol dim ond un perfformiad a gafwyd.[21] Eto yn Wrecsam ym 1933 cafwyd 'arbrawf costus arall', chwedl Ioan Williams, sef perfformiad o *Pobun*, cyfieithiad T. Gwynn Jones o ddrama Hugo von Hofmannsthal, *Jedermann* (1911), ac ym 1936 cynhyrchwyd *Llwyfan y Byd*, cyfieithiad arall gan T. Gwynn Jones o waith Hofmannsthal, sef *Das Salzburger grosse Welttheater*. Noder mai addasiad yw'r ddrama hon hefyd o ddrama Gatholig Calderón, *El gran teatro del mundo* (c.1641), ac felly mae gwreiddiau cyfieithu ac addasu ar gyfer y llwyfan yn ddwfn yn hanes Ewrop, sydd yn eu tro yn dylanwadu ar y theatr yng Nghymru.

Araf oedd datblygiad y ddrama yn yr Eisteddfod ond ysgogodd gwaith de Walden un datblygiad arwyddocaol iawn i fyd y ddrama yng Nghymru. Yn ôl W. Gareth Jones, yn sgil llwyddiant perfformiad *Yr Ymhonwyr* yng Nghaergybi ym 1927, a'r pwysau newydd ar yr Eisteddfod i gydnabod bod y ddrama yng Nghymru yn haeddu'r un sylw a statws â cherddoriaeth, pwyswyd ar Brifysgol Cymru i roi statws academaidd i'r pwnc yn yr un modd.[22] Ym 1939 penododd y brifysgol ei darlithydd cyntaf mewn Drama, sef y Parchedig Albert Evans-Jones (Cynan). Adwaenir Cynan fel bardd, fel cynhyrchydd, fel academydd ac fel cyfieithydd, ac fe wnaeth gyfraniad sylweddol i'r ddrama yng Nghymru drwy'r tri maes olaf hyn. Fel academydd a chynhyrchydd, fe'i hedmygwyd am yr egni a ysbrydolodd ymysg actorion a myfyrwyr. Nac anghofiwn ychwaith ei gyfraniad ef fel cyfieithydd, oherwydd fe drosodd ddwy ddrama Saesneg i'r Gymraeg, sef *Lili'r Grog* (1936), addasiad o *Good Friday*, John Masefield (1936), a *Hen Wr y Mynyddoedd* (1949), addasiad o *The Old Man of the Mountains*, Norman Nicholson.

Er i gystadlaethau drama a chyfieithu drama gael eu cynnal am nifer o flynyddoedd o ganol y bedwaredd ganrif ar bymtheg ymlaen, ni ddaeth y ddrama yn rhan sefydlog o'r Eisteddfod am sawl degawd wedi hynny. Erbyn 1930 yr oedd rhaglen o ddramâu yn cael ei pherfformio yn yr Eisteddfod Genedlaethol yn rheolaidd, ac yn dilyn Eisteddfod Treorci ym 1928 yr oedd y gystadleuaeth cyfieithu drama hefyd yn achlysur cyson. Cynhaliwyd y gystadleuaeth bron bob blwyddyn yn ystod y 1930au ac fe gafwyd cymysgedd o destunau gosod, megis *A Midsummer Night's Dream* yn Llanelli ym 1930, yn ogystal â chystadlaethau penagored lle y gellid dewis unrhyw ddrama mewn iaith dramor. Dyma oedd achos Eisteddfodau Bangor ym 1931 ac Aberafan ym 1932.

Yr oedd dau brif gymhelliad y tu ôl i ddatblygiad y cystadlaethau cyfieithu hyn, sef darparu testunau o'r safon uchaf er mwyn ysbrydoli dramodwyr Cymru, a sicrhau iaith safonol i'r ddrama Gymraeg.[23] Rhoddwyd cyfle i ddramodwyr Cymraeg brofi rhywbeth hollol newydd ac i weld eu potensial eu hunain drwy waith y dramodwyr estron. Dyma hefyd oedd cymhelliad nifer o'r cwmnïau drama Cymraeg a ddatblygodd dros Gymru ac a berfformiodd gymysgedd o ddramâu gwreiddiol Cymraeg a chyfieithiadau i'r Gymraeg fel rhan o'u *repertoire*. Sefydlwyd sawl cwmni drama amatur ddechrau'r ugeinfed ganrif, gan gynnwys cwmni o dan arweiniad yr Arglwydd de Walden, sef The Welsh National Theatre Ltd. *Doctor er ei Waethaf* oedd un o'r dramâu a berfformiwyd gyntaf gan gwmni de Walden ym 1933, ac fe dderbyniodd y cyfieithiad y croeso cynhesaf gan y gynulleidfa o blith yr holl gynyrchiadau yn rhaglen y cwmni ar y pryd.[24] Aed â'r perfformiad llwyddiannus hefyd i'r Barri ac i Gaerdydd, ond cafodd y cynulleidfaoedd eu siomi gan ganu *God Save the King* ar eu diwedd. Ymateb Evelyn Bowen, symbylydd cwmni de Walden, i'r cwynion oedd mai hyrwyddo'r ddrama Gymraeg oedd bwriad y cynhyrchiad. Diddorol yw nodi, wrth gwrs, mai defnyddio cyfieithiad i hyrwyddo'r ddrama Gymraeg a wnaed.

Nid gan gwmni de Walden yn unig y perfformiwyd cyfieithiadau, na hyd yn oed *Doctor er ei Waethaf*. Ym 1924 y perfformiwyd cyfieithiad Saunders yn gyntaf gan Gymdeithas Ddrama Gymraeg Abertawe, ynghyd â dau gyfieithiad arall i'r Gymraeg o waith J. O. Francis. Ailadroddwyd hyn eto ym 1925 gyda chyfieithiadau newydd o waith Francis, sef *Y Potsiar* a *Gwyntoedd Croesion*. Ac eto ym 1927 trosiadau o Francis a Molière oedd dewis y cwmni drama hwn ar ffurf *Adar o'r Unlliw* a *Priodas Anorfod*.[25] Ym 1919 y ffurfiwyd Cymdeithas Ddrama Abertawe gyntaf, ac fe gynhaliodd y cwmni wythnosau drama rheolaidd o hynny ymlaen. Dyma oedd ymateb Saunders i'r wythnos ddrama gyntaf yn ei adolygiad yn y *Cambria Daily Leader*:

> There has been a great revival of enthusiasm for our Welsh language and literature: a rally also of Welsh-speaking and Welsh-thinking people, gathered for no controversial purpose, nor even for a violent assertion of faith, but simply for delight in a form of art that mirrors for us our life and manners, and allows us to enjoy the spectacle of our own existence.[26]

Yn ôl Ioan Williams, amcan Saunders yn yr adolygiad hwn oedd gosod fframwaith beirniadaeth newydd er mwyn mesur y ddrama.[27] Yr oedd yn annog y cyfeiriad newydd hwn i'r ffurf ac yn awyddus i weld y datblygiad yn parhau. Un o sawl cwmni drama amatur lleol yn unig oedd Cymdeithas Ddrama Abertawe. Fe ymddangosai cwmnïau tebyg ar draws Cymru, megis yn Llanberis, yng Nghaernarfon, yn Nhrefriw ac ym Mangor, ac fe deithiai nifer o'r grwpiau hyn o amgylch y wlad yn perfformio. Yr oedd absenoldeb adeilad sefydlog ar eu cyfer yn broblemus, ac fe godai anawsterau ymarferol megis diffyg gwisgoedd o safon, cyfyng-iadau o ran y llwyfan a safonau goleuo annerbyniol. Ychwanegai hyn oll at ansawdd wael y perfformiadau yn ôl llawer ac at anfodlonrwydd ynghylch sefyllfa'r ddrama Gymraeg yn gyffredinol. O ganlyniad, yr oedd galw mawr am chwaraedy cenedlaethol megis Theatr yr Abaty yn Nulyn a weithredai fel cartref i'r theatr yn Iwerddon. Cefnogwyd yr ymgyrch dros theatr broffesiynol o'r tu hwnt i Gymru hefyd, megis gan y dramodydd Gwyddelig George Bernard Shaw, a luniodd y datganiad isod yn ategu'r ymgyrch:

> If Manchester, Dublin and Glasgow produced, as they did, a genuine indigenous drama almost instantly upon the establishment of a permanent local theatre, what might not Wales do with its natural wealth of artistic facility and its sense of nationality? But the drama will not come until the theatre is there for it; for even a Welshman will not write plays without any possibility of performance.[28]

Heb theatr genedlaethol, adeilad a allai letya'r ddrama Gymraeg, ni fyddai'r ffurf yn llwyddo nac yn datblygu yng Nghymru. Gwyddys y lleisiwyd y gŵyn hon gan Saunders Lewis yn aml, ac eto, nid gwreiddio'r ddrama Gymraeg mewn lleoliad sefydlog oedd ei brif amcan o'r cychwyn, ond yn hytrach sicrhau bod modd i'r theatr Gymraeg wella, esblygu a dysgu oddi wrth wledydd eraill. Dywedodd ym 1919:

> Later on, it may be useful to have a settled home, a Welsh Stratford where the pilgrims of drama shall gather. But at present it is surely more important to keep our mobility, to experiment and to seek some method of production that shall be our own and our desire. A travelling company would link up village to village and town to town, and its work would help the local players. And if it included translations from the classics among its plays, it would carry an air of the great world and the splendid traditions wherever it rested.[29]

Wrth gwrs, newidiodd Saunders ei feddwl ynghylch pwysigrwydd theatr sefydlog, ond yr oedd yn cydnabod gwerth cyfieithiadau Ewropeaidd drwy gydol ei yrfa. Ymhen ychydig flynyddoedd, yr oedd cael theatr broffesiynol genedlaethol lle y gellid meithrin dramodwyr a'u gwaith yn hanfodol bwysig iddo ac fe welai'r bwlch hwn yn wendid mawr. Mewn cyfweliad â'r *Western Mail* ym 1934, ymatebodd i gyhuddiad y Cymmrodorion y dylai ef a dramodwyr eraill fod yn ysgrifennu dramâu Cymraeg gan gyfeirio at yr union broblem hon: 'to write plays one must live a great deal in the theatre. At present, and until the Welsh National Theatre settles down at Llangollen, there is no Welsh theatre where one can live – and breathe'.[30] Ac yn dilyn methiant sawl ymgyrch i gyflawni'r cynllun hwn, yr oedd geiriau ei ragair i *Problemau Prifysgol* ym 1968 yn fwy chwyrn fyth:

> Canys y mae un peth sy'n anodd iawn, iawn, i ni'r Cymry Cymraeg ei ddysgu, sef yw hynny, fod yr eilradd mewn celfyddyd – ym mhob celfyddyd – yn ddamnedigaeth. Ysywaeth yr ydym ni'r Cymry gan amlaf nid yn unig yn bodloni ar yr eilradd ond yn mynwesu'r eilradd, yn hapus gyda'r eilradd. Nid rhyfedd felly fod Cyngor Cymreig y Celfyddydau wedi ymegnïo dros gyfnod o saith mlynedd i rwystro delfryd Clifford Evans.[31]

Delfryd Clifford Evans oedd adeiladu theatr broffesiynol yng Nghaerdydd, ac unwaith eto, yr oedd y Cymry wedi ei siomi, wedi ei rwystro rhag gwireddu'r freuddwyd a allai wthio'r theatr Gymraeg i dir newydd, a'r iaith Gymraeg a dyfodol Cymru gyda hi.

Er bod ei flaenoriaethau ymgyrchol wedi datblygu dros amser, fe ymdrechodd Saunders dros y blynyddoedd mewn sawl ffordd i hybu achos y ddrama ac i gefnogi'r syniad o greu theatr genedlaethol broffesiynol, ac yr oedd ei gyfieithiadau ynghlwm â'r gwaith hwn. Yn y lle cyntaf, meithrinodd berthynas agos â Robert Wynne a'i brosiect dramataidd yntau sef Theatr Garthewin. Cefnogodd Saunders ymdrechion Robert Wynne i roddi cartref i'r theatr Gymraeg yng Ngarthewin drwy gynnig ei ddramâu, a'i gyfieithiad cyntaf, i'w perfformio yno'n gyson. Ym 1937 addaswyd ysgubor plas Garthewin yn theatr ar gyfer cwmni de Walden er mwyn datrys anawsterau ymarferol a gafwyd tra oedd y cwmni ar daith, ac er mwyn hybu achos y ddrama yng Nghymru. Dyma lansio cartref newydd i'r ddrama Gymraeg ac i gyfieithiadau Cymraeg o sawl iaith, er bod tuedd amlwg i ffafrio gweithiau Ffrangeg.

Wedyn, ym 1959, ymgysylltodd Saunders â mudiad arall a oedd yn brwydro dros achos theatr genedlaethol Gymraeg drwy sefydlu Ymddiriedolaeth Theatr Dewi Sant ar y cyd ag Arglwydd Aberdâr, y Cyrnol Cennydd G. Traherne, a'r actor Clifford Evans, a gyfarwyddodd berfformiad Cwmni Cenedlaethol de Walden o *Doctor er ei Waethaf* ym 1933, fel mae'n digwydd.[32] Amcan yr ymddiriedolaeth, sef corff annibynnol o ffigyrau pwysig yn niwylliant Cymru, oedd codi theatr genedlaethol yng Nghaerdydd er mwyn rhoi hwb i'r ddrama Gymraeg ac achub ysbryd y genedl.[33] Ys dywed Clifford Evans: 'Holwyd fi'n aml paham fod rhaid i Gymru gael ei Theatr Genedlaethol ei hun. O'm rhan i, nid yw'n ddim llai na helpu'r genedl i barhau.'[34] Ym 1959 dechreuwyd ymgyrch i sefydlu theatr yng Nghaerdydd ond gwrthwynebwyd yr ymgais gan Bwyllgor Cymreig Cyngor Celfyddydau Prydain yn sgil diffyg diddordeb poblogaeth Caerdydd mewn mynychu'r theatr, ofn a gadarnhawyd ym 1962 yn sgil argyfwng ariannol y Theatr Newydd. Bu bron i'r Theatr Newydd gau gan i Gyngor Dinas Caerdydd wrthod cynnig nawdd ychwanegol iddi ond fe'i hachubwyd yn y pen draw gan y cyngor yn dilyn protestiadau gan gyhoedd y ddinas. Amserol iawn o ystyried y digwyddiadau hyn oedd cyfieithiad Saunders o ddrama Beckett, *Wrth Aros Godot* ym 1962. Dychwelyd at y ddrama radio a wnaeth o bosibl o achos absenoldeb theatr broffesiynol addas, ond troes hefyd at gyfieithu drama arloesol, ddylanwadol a allai achosi ton newydd o ddiddordeb yn y ddrama.

Gellir olrhain gwerth cyfieithiadau i ddatblygiad y theatr drwy edrych ar eu presenoldeb cyson ym mherfformiadau cwmnïau theatr ddechrau a chanol yr ugeinfed ganrif, ac un esiampl amlwg o hyn yw gwaith Theatr Garthewin. Ym 1946 perfformiwyd *Mair Magdalen*, cyfieithiad Stafford Thomas a Tom P. Williams o ddrama Ffrangeg gan Maurice Maeterlinck. Un o brif atynfeydd Gŵyl Ddrama Genedlaethol Garthewin ym 1950, yr ŵyl gyntaf o'i math, oedd *Y Cybydd*, cyfieithiad D. J. Thomas o ddrama Molière. Rhyfedd yw hi efallai na ddefnyddiwyd cyfieithiad Ifor L. Evans a gyhoeddwyd ugain mlynedd ynghynt. Mae hi'n bosibl mai arwydd o'r ffordd y mae cyfieithiadau yn prysur ddyddio yw'r dewis hwn. Yn ystod yr un ŵyl, traddododd Thomas Taig ddarlith ar 'Elfennau Cenedlaethol a Chyd-genedlaethol mewn Drama', lle y dadleuodd nad oedd modd trosglwyddo celfyddyd o un wlad i'r llall. Cafwyd trafodaeth yn dilyn y ddarlith am gyfieithu dramâu Ewropeaidd i'r Gymraeg ac fe anogodd Saunders Chwaraewyr Garthewin i astudio a pherfformio dramâu gorau Ewrop er mwyn dysgu ohonynt.[35] Nid oedd tirlun y cyfieithydd yn glir o bell ffordd ond mae hi'n amlwg fod cefnogaeth Saunders o'r gwaith wedi parhau.

Testunau Ffrangeg oedd canolbwynt Gŵyl Garthewin ym 1952 hefyd gyda pherfformiadau o ddau o weithiau Molière, *L'Impromptu de Versailles* a *Le Tartuffe*, ill dau wedi'u cyfieithu unwaith eto gan D. J. Thomas. Fe'u llwyfannwyd hefyd gan gwmni'r cyfieithydd o dan nawdd Cyngor Gwasanaeth Cymdeithasol Cymru.[36] Bu helynt hawlfraint hefyd yn ystod yr un ŵyl yn sgil penderfyniad John Gwilym Jones ac Elwyn Thomas i gynhyrchu *Camddeall*, cyfieithiad Ifor Davies o *Le Malentendu* Albert Camus, heb ganiatâd y dramodydd. Ysgrifennwyd at Camus ddeuddydd cyn yr ŵyl i ofyn am ei fendith ar y perfformiad ond ni chafwyd ateb tan wythnos wedi'r dyddiad. Penderfynwyd llwyfannu'r ddrama heb oedi, a chadarnhaol oedd yr ymateb a gafwyd gan wraig asiant Camus wedi'r cyfan.[37] Gwelwn fod agweddau at yr awdur eisoes wedi newid dipyn ers cyfnod Daniel Owen.

Yr oedd Shakespeare, fel Molière, yn boblogaidd i'w gyfieithu a dychwelwyd at y ddau ddramodydd clasurol hyn yn gyson. Y llwyfaniad Shakespearaidd cyntaf yng Ngarthewin oedd *Nos Ystwyll*, cyfieithiad J. T. Jones o *Twelfth Night*. Perfformiwyd nifer o gyfieithiadau eraill J. T. Jones o waith Shakespeare yng Ngarthewin gan gynnwys *Hamlet* yng Ngŵyl 1964 ynghyd â chyfieithiadau D. J. Thomas o *Tartwff neu Y Rhagrithiwr* gan Molière. Gellid dadlau mai drama Molière a gafodd y flaenoriaeth unwaith eto gan mai ar y nos Lun yr oedd *Hamlet* ac ar y nos Sadwrn yr oedd *Tartwff*.[38] Ac ym 1968 llwyfannwyd cyfieithiad Shakespearaidd arall gan J. T. Jones, sef *Marsiandwr Fenis*. Yr oedd cysondeb defnyddio'r un cyfieithydd hefyd yn batrwm cyffredin yn Theatr Garthewin, efallai o achos ystyriaethau cyllid a hawlfraint, ond cysondeb natur y testunau yw'r hyn sydd yn arwyddocaol. Mae'r penderfyniad i gyfieithu'r dramodwyr clasuron hyn yn rheolaidd yn awgrymu fel y defnyddiwyd cyfieithiadau i lenwi seddi'r gynulleidfa, oherwydd gellid bod yn sicr o'u poblogrwydd. Maent hefyd yn tystio i'r ffaith bod cyfieithiadau clasurol yn cael eu defnyddio mewn ymgais i ysbrydoli'r Cymry i gynhyrchu dramâu tebyg o safon.

Nid anghofiwyd dramâu dylanwadol gwledydd eraill Ewrop ychwaith. Dros y blynyddoedd cyfieithwyd gweithiau Sbaeneg gan G. J. Evans, megis *Los árboles mueren de pie* (1950) a *La Barcada sin Pescador* (1955) Alejandro Casona – *Gofid Cudd* (1960) ac *Y Cwch heb Bysgotwr* (1967). Gwaith dramodwr Eidaleg a ystyrir fel rhagflaenwr theatr yr abswrd oedd cyfieithiad Gŵyl Garthewin 1956, sef *Fel y Tybiwch, y Mae*, cyfieithiad T. Gwynfor Griffiths a J. O. Davies o *Così è (se vi pare)* Luigi Pirandello. Cododd theatr yr abswrd eto ddeng mlynedd wedyn yng ngŵyl 1966 ar ffurf cyfieithiadau o *The Collection*, Harold Pinter, sef *Pwy Sy'n Iawn?*, cyfieithiad John Gwilym Jones, a chyfieithiad Ken Lloyd-Jones o *Le Nouveau Locataire* Ionesco, *Y Tenant Newydd*. Drwy ddethol dramodwyr cyfoes a symudiadau llenyddol newydd fel y rhain, gellir gweld sut yr oedd y cwmnïau theatraidd amatur hyn yn gobeithio dylanwadu ar theatr Gymraeg wreiddiol. Er bod trosiadau o ddramâu Saesneg hefyd yn ymddangos yn gyson, ac er bod dramâu Cymraeg gwreiddiol – rhai Saunders Lewis yn arbennig – yn rhan ganolog o *repertoire* Garthewin yn ogystal, hawdd yw gweld pwysigrwydd cyfieithiadau Ewropeaidd i'r cwmni.

Diffyg Dramâu

Canrif gythryblus i'r ddrama oedd yr ugeinfed ganrif er gwaethaf y deffroad yn ei phoblogrwydd. Heblaw am ei statws digartref, diffyg profiad a diffyg deunydd oedd y ddwy her fwyaf arall a wynebai'r theatr Gymraeg, a dyma pam y chwaraeodd cyfieithu ac addasu rôl mor bwysig yn natblygiad y ddrama yn ystod y blynyddoedd hyn. Dadleua Ioan Williams fod poblogrwydd parhaol y mudiad drama yn gyfrifol am y defnydd cyson o ddramâu ac am y bwlch a welwyd yn eu nifer o ganlyniad.[39] Amlygwyd y patrwm hwn yng nghystadlaethau'r Eisteddfod oherwydd gwelwyd nifer y dramâu a ddefnyddid gan gystadleuwyr yn lleihau tra oedd nifer y cystadleuwyr eu hunain yn tyfu.[40] Yr oedd galw cyson am berfformiadau ac ni chynhyrchid deunydd newydd yn ddigon cyflym a rheolaidd i ateb y galw hwn. Anochel oedd troi at gyfieithu testunau a fodolai'n barod ac a oedd eisoes yn llwyddiannus mewn gwledydd eraill.

Problem ddirfawr arall yn ôl actorion y cyfnod yn bennaf oedd gwendid ansawdd y dramâu Cymraeg a oedd ar gael. Honnid nad oedd y dramodwyr wedi bod mewn chwaraedai ac nad oeddent o ganlyniad yn deall gofynion ymarferol ac esthetig y llwyfan.[41] 'Canys *llun* yw drama i raddau pell iawn',[42] chwedl Saunders. Cyfansoddi ar bapur yr oeddent, yn hytrach nag ystyried dimensiynau llafar a gweledol y theatr. Ymateb D. T. Davies i'r broblem hon oedd a ganlyn:

Beth wnawn ni, ynteu, i geisio sefydlu gwell safon i'r ddrama, – hyd y gellir sefydlu safon mewn celfyddyd, – a cheisio ei chodi i uwch tir?

Llawer, ymhob ryw fodd. Beth am gyfieithu rhai o'r dramâu clasur a geir mewn ieithoedd eraill? Gwnaed ychydig o hynny eisoes, a'r enghraifft orau, am wn i, yw eiddo Saunders Lewis o waith Moliere [sic], – *Y Doctor er ei Waethaf* [sic].[43]

Yr oedd rhai cwmnïau, felly, yn cynhyrchu dramâu o safon isel ac yn siomi eu cynulleidfaoedd, tra oedd eraill yn dewis troi at ddramâu o dramor mewn cyfieithiad er mwyn bodloni chwant y Cymry am y theatr. Ys dywed Ioan Williams: 'Yr oedd aelodau'r grwpiau hyn yn barod i gyfaddawdu mewn sawl ffordd er mwyn celfyddyd, er tynnu ar eu pennau ddicter y rheiny a ystyriai fod cyflwyno cyfieithiadau yn lle dramâu Cymraeg yn frad tuag at yr iaith.'[44] Ystyriwyd cyfieithiadau fel ffordd sicrach o ddenu cynulleidfaoedd i wylio rhaglen o berfformiadau a fyddai hefyd yn cynnwys dramâu Cymraeg. Cyfeiriwyd at *Doctor er ei Waethaf* pan drefnwyd perfformiad ohoni ym 1933, er enghraifft, fel 'curtain-raiser',[45] chwedl Hazel Walford Davies. Yn yr un modd, yn dilyn cyfnod o feirniadaeth a methiant, mewn ymgais i ennyn sylw gwylwyr, trefnodd Meriel Williams a de Walden berfformiad o gyfieithiad T. Gwynn Jones o *Macbeth* gan Gwmni Theatr Cenedlaethol Cymru yn Eisteddfod Genedlaethol Machynlleth. Gwrthodwyd eu hymgais yn y lle cyntaf gan eu bod wedi gwahodd yr actores Saesneg, Sybil Thorndike, i ddysgu Cymraeg a chwarae rôl yr Arglwyddes, ac yr oedd pwyllgor yr Eisteddfod yn anfodlon caniatáu i Saesnes berfformio ar lwyfan y brifwyl.[46] Eironig o bosibl oedd y penderfyniad hwn o ystyried mai drama gan ddramodwr enwocaf Lloegr oedd y perfformiad a drefnwyd ac na wrthwynebwyd hyn o gwbl gan yr un pwyllgor.

Arweiniodd cyfran uchel y cyfieithiadau a berfformid at ddadl gyhoeddus rhwng Kate Roberts a Thomas Parry yn *Y Genedl* ddechrau'r 1930au am y broses o ddethol testunau ar gyfer perfformiadau Cymdeithas Ddrama Gymraeg myfyrwyr Bangor. Fel yn achos Cymdeithas Ddrama Abertawe, penderfynodd cymdeithas myfyrwyr Bangor anwybyddu'r feirniadaeth ar ddefnydd o gyfieithiadau. Ys dywed Ioan Williams: 'Gyda *Tŷ Dol*, dechreuodd Chwaraewyr Bangor raglen o berfformiadau y gellid eu hystyried yn ymgyrch i godi ymwybyddiaeth o'r hyn y gallai drama yn y Gymraeg fod, drwy gyfieithu a chynhyrchu nifer o ddramâu na welwyd eu tebyg ar lwyfannau eraill yng Nghymru.'[47]

Ym 1926, felly, llwyfannodd y cwmni *Outward Bound*, drama Sutton Vane a gyfieithwyd gan R. Williams Parry (*Gadael Tir*). Cyfieithiad o ddrama Saesneg a gafwyd eto ym 1928, sef *Yr Ymadawedig*, cyfieithiad o *The Dear Departed* Stanley Houghton. Ym 1930 llwyfannwyd *Hedda Gabler* Ibsen a gyfieithwyd gan R. H. Hughes a Tom Parry, ac ym 1931 dychwelwyd at y Saesneg eto ar ffurf cyfieithiad R. E. Jones o *Rutherford & Son* Githa Sowerby.[48] Ysgrifennodd y cyfieithydd Tom Parry yn *Y Genedl* am bwysigrwydd dysgu am theatrau gwledydd eraill drwy gyfieithu:

> Rhaid i ni heddyw geisio gosod sylfeini traddodiad newydd, ac yn rhywle o gwmpas y sylfeini yr ydym hyd yma, heb osod ond ychydig o gerrig y muriau at ei gilydd. Meddylier am saer maen wedi mynd am drip gyda'r Ysgol Sul, a gweled cipolwg wrth basio yn y siarri ar dŷ hardd iawn. Cymerodd eto, a chan fod arno eisiau tŷ newydd ei hunan, penderfynodd ei adeiladu ar y ddelw honno a welodd ar y daith. Fel saer doeth, y mae'n dechrau arno trwy chwilio am y plan ac yn myfyrio arno. Cawsom ninnau yng Nghymru gipolwg ar adeilad gwych y ddrama, a phenderfynu codi adeilad cyffelyb ar ein tir ninnau, a rhaid inni gael y plan. Fel rhan o astudiaeth y plan y bwriedir y dramâu estron a berfformir gan Chwaraewyr y Gogledd, ac nid fel pethau i foddloni arnynt ac i fyw ynddyyt [*sic*].[49]

Cryfhau'r ddrama Gymraeg oedd amcan y cwmni drwy ddefnyddio'r cyfieithiadau hyn, a sicrhau dyfodol addawol iddi, a thebyg yw hanes cynyrchiadau Cymdeithas Ddrama Abertawe. Perfformiwyd cyfieithiadau o ddramâu Saesneg fel rhan o raglen pob Wythnos y Ddrama yn y Grand Theatre rhwng 1932 a 1939.[50] Ar ben hynny, tueddwyd i berfformio'r cyfieithiadau yn amlach yn rhaglen yr wythnos na'r dramâu Cymraeg gwreiddiol. Er enghraifft, ym 1934 llwyfannwyd *Y Briodas Arian*, cyfieithiad Jeremiah Jones o ddrama Eden Phillpotts, dair gwaith yn ystod yr wythnos ddrama, ond dim ond ddwywaith y perfformiwyd *Points* J. Eddie Parry a *Dirgel Ffyrdd* Ieuan Griffiths. Gwelir patrwm tebyg yn rhaglenni eraill y 1930au a gallwn ddyfalu bod y gymdeithas yn gweld bod y cyfieithiadau hyn yn denu cynulleidfaoedd ac felly yn haeddu noson ychwanegol ar y llwyfan. A chofier nad oedd y gymdeithas yn bradychu ei hadduned drwy lwyfannu'r cyfieithiadau hyn, sef 'hyrwyddo y Ddrama ag y mae'r iaith Gymraeg yn gyfrwng mynegiant iddi'.[51]

Yr oedd amcanion da gan y ddau gwmni hyn, ond mewn gwirionedd, yr oedd yn anodd i sawl cymdeithas ddrama gwblhau rhaglen lawn i'w cynulleidfaoedd yn gyson heb orfod dychwelyd at gyfieithiadau. Dyma oedd geiriau swyddogol ysgrifennydd y gymdeithas ar flaen Rhaglen yr Wythnos Ddrama ym 1939:

Oherwydd prinder dramâu Cymraeg o safon deilwng, gorfodir hi i ddefnyddio, ac yn fynych i ddarparu drosti ei hun, gyfieithiadau i'r Gymraeg, o ddramâu a ysgrifennwyd mewn iaith arall, megis Saesneg neu Ffrangeg. Gan i'r Gymdeithas ymdyngedu i ddefnyddio'r iaith Gymraeg fel unig gyfrwng y ddrama, ni all ymwrthod a [sic] chyfieithu oni cheir darpariaeth helaethach o ddramâu Cymraeg gwreiddiol.[52]

Er hyn, yr oedd ymyrraeth y Saesneg, a chyfieithiadau o ieithoedd Ewropeaidd eraill, yn cael eu dirnad fel bygythiad ym marn nifer, ac nid oedd y ddadl am ddiffyg deunydd a diffyg safon yn dderbyniol. Yn ôl O. Llew Owain:

Rheswm, – neu esgus, – cwmnïau drama yn Ne Cymru ychydig flynydd-oedd yn ôl, tros actio dramâu Saesneg oedd prinder dramâu Cymraeg, a phrinder dramâu safonol. Aeth yr honiad hwn yn glefyd drwy Gymru, ac ail-adroddwyd yr ystrydeb gan bobl y meddyliau benthyg, neu efelychiadol, fel pe na buasai gennym fel cenedl feddwl newydd na gwreiddiol, nac ychwaith feddyliau cynhyrchiol.[53]

Ni dderbyn y beirniad hwn nad oedd modd datrys y problemau hyn heb droi at waith gwledydd eraill, a chyffredin iawn oedd y farn hon yn ystod yr ugeinfed ganrif. Gorddibynnu ar gyfieithiadau yr oedd y theatr Gymraeg yn nhyb nifer. Dadleuwyd nad oedd y cyfieithiadau yn ysgogi dramâu Cymraeg gwreiddiol, ond yn hytrach eu bod yn cymryd eu lle. Efallai mai dyma pam fod Saunders wedi cyfyngu cyfieithu i un agwedd ar ei waith creadigol ac wedi llunio'i ddramâu gwreiddiol ei hun a ysbrydolwyd gan y cyfieithiadau yn fuan wedi iddo drosi'r dramâu Ffrangeg. Ond ni ddilynwyd ei esiampl gan bawb. Yr oedd cwmnïau theatr a threfnwyr Eisteddfodau'r cyfnod hwn yn pwyso'n ormodol ar y ddrama Saesneg am nad oedd digon o ddramâu Cymraeg na digon o rai o safon uchel ar gael. Cytunwyd bod theatr Lloegr yn cyrraedd tir uwch o ran cymeriadu ac amrywiaeth lleoliadau, ac y dylid, felly, wneud defnydd o ddramâu Saesneg yn lle dibynnu ar weithiau Cymraeg eilradd. Dywedodd y cyfieithydd Mary Hughes, er enghraifft, fod cyfieithiadau, hyd yn oed rhai o'r Saesneg, yn hynod werthfawr i ddramodwyr:

Gwn fod llawer o ddyrnu ar gwmnïau am ddibynnu gormod ar gyfieith-iadau, ond o safbwynt crefft y ddrama, maent o werth amhrisiadwy . . . Cefais y cyfle o roi *The Taming of the Shrew* ar lwyfan y *Llewelyn Hall* yn

Abertawe, ac wrth weithio arni am rai wythnosau, dysgais fwy am y grefft o gynhyrchu dramâu oddiwrth Shakespeare nag a ddysgais oddiwrth neb arall.[54]

Anghytuno â'r farn hon a wnaeth nifer a deimlai nad oedd y ddrama Saesneg yn cynnig unrhyw beth o werth i'r theatr Gymraeg. 'Lol botes maip', ys dywed Kate Roberts. 'Mae'n well i chwi chwarae dramâu ailraddol Cymru na dramâu ailraddol Lloegr.'[55] Ategwyd hyn gan Iorwerth C. Peate, a feirniadodd y dramâu Saesneg gwael a gynhyrchid yng Nghymru:

[A]r ddramâu sy'n gyfieithiadau o chwaraeon *third-rate* Lloegr, ac ar efelychiadau o'r dramâu Seisnig salaf y bu mwyaf o fynd yng Nghymru. Ac fel y dywedais, fe gafwyd ac fe geir o hyd ugeiniau o'r dramâu hyn, a'r cwbl ohonynt yn deilwng iawn o genedl a gollodd ei hunanbarch bron yn llwyr.[56]

Dramâu poblogaidd o'r *West End* oedd nifer o'r cynyrchiadau, ac yn hytrach nag annog y Cymry i lunio dramâu newydd canmoladwy, gostyngwyd safon y theatr yn gyffredinol drwy droi at theatr Lloegr dro ar ôl tro. Problem gylchol oedd hon i raddau oherwydd troes dramodwyr at y ddrama Saesneg yn lle hybu'r ddrama Gymraeg yn sgil ei habsenoldeb, ac o ganlyniad fe barhâi'r patrwm. Hyd yn oed yn yr Eisteddfod tueddid i wobrwyo dramâu Saesneg yn hytrach na rhai Cymraeg o achos eu safon nhw.[57] Yr oedd y Saesneg yn treiddio i bob agwedd ar dyfiant y ddrama Gymraeg a Chymreig yng Nghymru, a barn W. J. Gruffydd ym 1914 oedd '[nad oedd] Cymru'n barod i'r ddrama nac ychwaith yn ei haeddu.'[58]

Yn yr un modd, er bod de Walden wedi chwarae rhan allweddol yn natblygiad y ddrama, yr oedd hefyd wedi ei ddal yng nghanol y dadlau ynghylch ei hiaith hi. Sefydlodd de Walden sawl cwmni theatr dros y blynyddoedd, gan gynnwys Cynghrair y Ddrama Gymreig ym 1927, cwmni a achosodd gryn dwrw o achos ei enw. Awgrymwyd bod y gair 'Cymreig' yn hybu dramâu drwy gyfrwng y Saesneg yn hytrach na dramâu Cymraeg. Eto ym 1933 sefydlodd de Walden gwmni arall, The Welsh National Theatre Ltd, gyda'r bwriad o hyrwyddo'r ddrama Gymraeg, ond beirniadwyd y cwmni o'r cychwyn am mai teitl Saesneg yn unig a oedd ganddo. Yr oedd tri llinyn i bolisi'r cwmni olaf hwn, sef rhannu'r *repertoire* yn gyfartal rhwng dramâu Cymraeg, dramâu Cymreig yn y Saesneg a dramâu rhyngwladol o'r safon artistig uchaf.[59]

Yr oedd de Walden yn gweld gwerth perfformio cyfieithiadau a fyddai'n codi lefel y ddrama Gymraeg yn y pen draw i uchderau addas. Er hyn, pan berfformiodd y cwmni *Doctor er ei Waethaf* yng ngŵyl ddrama Llanelli yn Ebrill 1933, fe'i beirniadwyd am y rhaglen uniaith Saesneg a gyhoeddwyd, gan gynnwys disgrifiad byr o gyfieithiad Saunders yn y Saesneg.[60] Nid oedd de Walden wedi hidio am y feirniadaeth a dderbyniodd Y Gynghrair Ddrama Gymreig flynyddoedd ynghynt ynghylch amlygrwydd y Saesneg.

Yr oedd y duedd i ddibynnu ar ddramâu estron mewn cyfieithiad yn annoeth yn ôl nifer, a Kate Roberts yn eu plith. Y gair allweddol yma yw 'estron', oherwydd pethau anghyfarwydd ac amherthnasol oedd cynnwys dramâu nad oeddent yn deillio'n wreiddiol o Gymru yn ei barn hi. Portreadu bywyd Lloegr yr oedd dramâu Saesneg wedi'u cyfieithu i'r Gymraeg ac nid bywyd gwledig, gwerinol Cymru: 'iaith Lloegr a ddefnyddir, a dulliau Lloegr o gynhyrchu drama a ddynwaredir. Ac mae'r holl beth mor ddieithr i'n gwlad â changarŵs.'[61] Nid oedd y ddau fyd yn asio, ac anodd ydoedd, felly, i'r Cymry werthfawrogi'r cyfieithiadau a dysgu ohonynt. Nid oedd cyfieithu drama i'r Gymraeg yn ei gwneud yn Gymreig. Yn nhyb Kate Roberts, nid oedd angen cyfieithu o'r Saesneg gan fod y dramâu ar gael i'r Cymry yn eu ffurf wreiddiol eisoes. Nid oedd y cyfieithiadau ychwaith yn ysbrydoli creadigrwydd cynhenid, ac yn wir, yr oedd gwylio drama Seisnig yn y Gymraeg yn drysu'r Cymry yn seicolegol.[62] Methiant oedd y cyf-ieithiadau a fodolai, felly, ond ymhellach na hynny, methiant oedd unrhyw ymgais i drosi drama i gyd-destun Cymraeg:

> Af cyn belled â dywedyd bod awyrgylch yn gyfrifol am y ffurf a gymer 'dyfnion bethau'r meddwl'. Er enghraifft, nid damwain ydyw bod bywyd Cymru'n Biwritanaidd yn y bedwaredd ganrif ar bymtheg, ac nid damwain ydyw mai bywyd gwerinol yw'r bywyd Cymreig heddiw. Mae achosion i'r pethau hyn. Bywyd Piwritanaidd Cymru a roes fod i *Change* J. O. Francis. Yn nhrefn naturiol pethau yr oedd yn rhaid i'r gwrthdaro yna ddyfod, oblegid hanes crefydd yng Nghymru. Buasai *Change* yn amhosibl yn Ffrainc.[63]

Amhosibl yw trosi drama i iaith a diwylliant arall yn ôl Kate Roberts, yn enwedig yn achos y berthynas rhwng theatrau Cymru a Lloegr. Er mai at ddramâu Saesneg y cyfeiriai Kate Roberts yn bennaf, rhennid y farn hon gan nifer am bob cyfieithiad dramataidd, ond dyma sy'n esbonio brwdfrydedd Saunders dros gyfieithu dramâu o'r Ffrangeg. Gwelodd wahaniaeth rhwng dibyniaeth ar ddylanwad y Saesneg ac ar theatr Lloegr ac efelychiad o esiampl gwledydd Ewrop megis Ffrainc. Yr oedd theatr Lloegr yn fygythiad a allai orchfygu'r theatr Gymraeg, a rhaid oedd ymwrthod â'i mawredd. Ys dywed Saunders:

> Rhaid ofni am ddyfodol y ddrama Gymraeg. Priododd hi â'r ddrama Saesneg mewn Undeb Cymreig, a thebyg yw y bydd ei diwedd hi yn gyffelyb i helynt y ferch ifanc y canwyd ei marwnad mor dyner:
>
> > Yr oedd unwaith enethig o Neigr,
> > A gychwynnodd am dro gyda theigr;
> > Daethant adref rhyw ddydd
> > A'r enethig ynghudd
> > A gorfoledd yng nghynffon y teigr.
>
> Felly y diwedda'r ddrama Gymraeg. Arloesodd hi'r ffordd. Gwnaeth iddi ei hun gartref bach yng Nghymru, yna priododd â'r ddrama Saesneg yng Nghymru. Gellir gweld y peth yn cerdded yn gyflym yn y Deheudir. Y mae'r priodfab eisoes yn meddiannu hanner gorau'r Llwyfan.[64]

Ychwanega Saunders fod y ddrama Gymraeg eisoes yn dirywio cyn ffurfio'r undeb hwn â'r ddrama Saesneg oherwydd bod celfyddyd yn dibynnu ar nawdd llywodraeth. Heb gefnogaeth o'r fath, yn ôl Saunders, ni fyddai dramodwyr Ewropeaidd adnabyddus megis Molière, Racine, Ibsen a Pirandello wedi llwyddo. Pwysleisia unwaith eto'r gwahaniaeth rhwng dilyn ôl traed Lloegr a rhai gwledydd Ewrop. Ystyriai Saunders ymyrraeth y theatr Saesneg yn faich i'r ddrama Gymraeg, ond ystyriai'r cyfieithiadau a wnaed i'r Gymraeg yn ddramâu Cymraeg ynddynt eu hunain gan eu bod yn dyfod yn rhan o ddiwylliant ac o fywyd Cymru. Dywedodd, 'Y pwynt sy gennyf yw bod y ddrama Gymraeg, hyd yn oed y cyfieithiadau, wedi ei gwreiddio ym mywyd Cymru, yn rhan o'r bywyd hwnnw.'[65] Drwy drosi dramâu i'r Gymraeg fe ddaethant yn rhan o'i chanon llenyddol a'i thraddodiad theatraidd yn ei farn ef, a dyna oedd ei fwriad wrth gyfieithu'r testunau Ffrangeg o dan sylw yn y gyfrol hon.

Parhau â'r Patrwm

Blynyddoedd ansefydlog oedd hanner cyntaf yr ugeinfed ganrif i'r theatr Gymraeg, a gellir deall pam y bu i nifer droi at sefydlogrwydd theatrau llwyddiannus gwledydd estron fel esiampl i'w dilyn yng Nghymru. Ond fe ailymddangosodd yr un problemau yn ystod ail hanner yr ugeinfed ganrif, yn bennaf o bosibl o achos twf y cyfryngau darlledu Saesneg. Yr oedd perfformiadau yn cymryd lle yng ngwyliau drama Garthewin a Llangefni ac fel rhan o raglen yr Eisteddfod, ond prin oedd y rhain o'u cymharu â bwrlwm y 1920au a'r 1930au. Cafwyd galw mawr unwaith eto am theatr genedlaethol broffesiynol i Gymru gan Gyngor Celfyddydau Prydain, gan ei Bwyllgor Cymreig a chan y corff annibynnol yr oedd Saunders Lewis yn rhan ohono, Ymddiriedolaeth Theatr Dewi Sant. Fel y nodwyd eisoes, yn ofer yr ymgyrchwyd dros adeilad i'r theatr Gymraeg, ac yn wir, ni chefnogwyd y syniad hwn gan bawb ym myd y theatr. Credai Wilbert Lloyd Roberts, cynhyrchydd drama radio a theledu i'r BBC, fod angen cwmni theatr teithiol ar Gymru, cwmni a fyddai'n mynd â'r theatr at y bobl yn hytrach na chyfyngu'r nifer fach o weithiau dramatig a oedd ar gael i un llwyfan ac i un lleoliad. Yr oedd prinder dramâu Cymraeg yn broblem o hyd, a haws o lawer fyddai ymdopi â hyn drwy fynd â'r rhai a oedd ganddynt ar daith. Ym 1965, felly, perswadiodd Roberts Bwyllgor Cymreig Cyngor Celfyddydau Prydain a'r BBC i gydgyflogi grŵp o actorion Cymraeg â'u pencadlys ym Mangor ond a deithiai drwy Gymru yn y pen draw. Cwmni Theatr Cymru oedd yr enw a roddwyd iddynt ac fe weithredodd y grŵp o dan adain y grŵp Saesneg, y Welsh Theatre Company. Yr oedd gan y cwmni sawl amcan: cyflwyno theatr o'r safon uchaf posibl drwy gomisiynu dramâu Cymraeg newydd, cyfieithu clasuron gwledydd eraill ac felly cyflwyno amrywiaeth eang o theatr i wahanol gynulleidfaoedd, ac addysgu'r gynulleidfa drwy gyflwyno gweithiau arbrofol.[66] Unwaith eto, felly, cydnabuwyd gwerth cyfieithiadau fel rhan bwysig o'r profiad theatraidd i gynulleidfaoedd Cymru.

Gwireddwyd un o'r amcanion hyn ym 1968 pan benderfynwyd cyflwyno gwaith mwy heriol i'r gynulleidfa Gymraeg ar ffurf perfformiadau o dri chyfieithiad o waith Ionesco, *Merthyron Dyletswydd* a gyfieithwyd gan Gareth Miles, *Pedwarawd* a gyfieithwyd gan John Watkins, ac *Y Tenant Newydd* a gyfieithwyd gan Ken Lloyd-Jones. Theatr yr absẃrd oedd gwaith Ionesco, yn debyg i Beckett, a gwelwn y rhannwyd amcan Saunders gan Wilbert Lloyd Roberts a fwriadai gyflwyno rhywbeth arloesol i'r theatr Gymraeg. Ac yn wir, gellir dadlau i'r cyfieithiadau hyn ysgogi gwaith newydd yn y Gymraeg oherwydd fe dderbyniodd Gwenlyn Parry gomisiwn gan y cwmni i gyfansoddi drama ar gyfer Eisteddfod Genedlaethol y Barri ym 1968, sef *Tŷ ar y Tywod*, drama abswrdaidd Gymraeg wreiddiol.

Cyflwynodd y cwmni gyfieithiad unwaith eto yn Eisteddfod Genedlaethol Y Fflint ym 1969, sef cyfieithiad John Gwilym Jones o *Look Back in Anger*, John Osborne (*Cilwg yn Ôl*), ac ym 1970 cynhyrchwyd cyfieithiad arall gan Elis Gwyn Jones sef *Y Gofalwr* (*The Caretaker*), cyfieithiad o destun gan ddramodydd abswrdaidd arall, Harold Pinter. Yr oedd prinder deunydd unwaith eto yn her a wynebai'r cwmni ynghyd ag argyfyngau ariannol cyson a arweiniai at ddiffyg staff ymysg problemau eraill. Yn sgil yr ansicrwydd hwn fe drowyd unwaith eto at gyfieithiadau er mwyn ysgogi brwdfrydedd ynghylch y theatr Gymraeg. Ym 1970, yn dilyn cyfnod o straen ariannol penderfynodd Cwmni Theatr Cymru baratoi perfformiad newydd o gyfieithiad Molieraidd. Credai Wilbert Lloyd Roberts fod angen cynhyrchiad arbennig a allai ddangos gallu'r cwmni i lwyfannu clasur Ewropeaidd yn llwyddiannus, a'r dewis ar gyfer y prosiect hwn oedd cyfieithiad Gwenllian Tudur a Bruce Griffiths o *Y Claf Diglefyd*, Molière.[67] Trefnwyd ymgyrch farchnata sylweddol i gefnogi'r gwaith gyda deg perfformiad ar hugain i gyd mewn ysgolion, neuaddau glowyr a theatrau dros Gymru. Platfform i ddramâu Cymraeg unwaith eto oedd y cyfieithiad oherwydd fe ysbrydolodd llwyddiant y cynhyrchiad Wilbert Lloyd Roberts i 'ehangu rhychwant gwaith y cwmni'[68] drwy gomisiynu gwaith newydd gan John Gwilym Jones ar gyfer Eisteddfod Genedlaethol Bangor ym 1971, sef *Rhyfedd y'n Gwnaed*, cyfres o dair drama fer, *Un Briodas, Dwy Ystafell* a *Tri Chyfaill*.[69]

Parhaodd patrwm tebyg i waith y cwmni wedi hynny gan iddo lwyfannu un cyfieithiad a dwy ddrama Gymraeg bob tymor. Yr oedd y cynnwys yn dal i fod yn amrywiol, ac ymysg y cyfieithiadau a gynhyrchwyd yr oedd *Pethe Brau* Tennessee Williams (1972), *Dychweledigion* Ibsen (1974) ac *Yr Achos* Ionesco (1975).[70] Gwywodd cynulleidfaoedd y cwmni yn ystod y degawd hwn, ac mewn adroddiad ar fethiant y cwmni i Gyngor Celfyddydau Cymru rhydd T. Haydn Rees y bai yn rhannol ar ddiffyg perfformiadau o glasuron Ewrop.[71] Cyfieithiadau oedd wrth wraidd llwyddiant y cwmni, ac fe nodwyd eu habsenoldeb fel rheswm dros ei ddirywiad.

Cyfresi o Gyfieithiadau

Nid ar y llwyfan yn unig y gwelwyd presenoldeb dylanwadol cyfieithiadau dramataidd, wrth gwrs, ac fe berfformiwyd nifer o ddramâu Cwmni Theatr Cymru yn gyntaf ar y radio fel rhan o gyfres 'Y Ddrama yn Ewrop'. O dan gyfarwyddyd Emyr Humphreys, perfformiwyd deg drama Ewropeaidd wedi'u cyfieithu i'r Gymraeg ar radio'r BBC yng

Nghymru rhwng Tachwedd 1962 ac Ebrill 1963. Disgrifir y gyfres yng nghofnod cyntaf y *Radio Times* amdani fel ymgymeriad 'mwyaf uchelgeisiol' y BBC 'ym myd y ddrama'.[72] Yr oedd y gyfres hon yn hollbwysig ym marn ei chyfarwyddwr. 'Os byth y ceir theatr genedlaethol yng Nghymru', meddai Emyr Humphreys, 'y mae un peth yn sicr: y bydd cyfieithiadau da o ddramâu tramor yn rhan anhepgor o'i *repertoire*. Tan hynny, credaf y gall y BBC honni mai ei gwasanaeth hi yw'r peth agosaf at theatr genedlaethol a geir yn ein gwlad'.[73] Ac o'r herwydd, nid annisgwyl yw gweld cyfieithiad Saunders Lewis yn y gyfres hon. Ymhelaethir yn y *Radio Times* am arwyddocâd y gyfres i'r ddrama Gymraeg, ac yn wir, y mae'r geiriau hyn yn berthnasol i bob cyfieithiad dramataidd Cymraeg:

> Heblaw rhoi llwyfan i ddramodwyr Cymraeg, fe rydd y BBC gyfle i'r Cymro glywed clasuron y byd yn ei iaith ei hun. Cyfoethogir llenyddiaeth theatr Cymru ac ar yr un pryd cyflwynir i'r Cymro Cymraeg y datblygiadau cyffrous sydd ar gerdded ym myd y ddrama gyfoes. O dan ddylanwad Brecht a Beckett daeth chwyldro ar ffurf a chynnwys y ddrama yn Ewrop. Defnyddir iaith i gyfleu'r modd y collodd geiriau eu hystyr. Diddorol felly fydd sylwi a ddatguddir rhyw *nuances* newydd yn y dramâu hyn o'u cyfieithu'n uniongyrchol o'r iaith wreiddiol i'r Gymraeg.[74]

Yr oedd dylanwad theatr yr absẃrd yn amlwg yn y testunau a ddewiswyd ar gyfer y gyfres. Y ddrama gyntaf oedd y ddrama abswrdaidd enwocaf, *Wrth Aros Godot* Beckett, a gyfieithwyd gan Saunders Lewis ac a ddarlledwyd ar 15 Tachwedd 1962. Fe'i dilynwyd ym mis Rhagfyr gan ddrama fodernaidd Almaeneg, *Yr Eithriad a'r Rheol* gan Bertolt Brecht (1898–1956), a droswyd gan Pennar Davies. Ymhlith y dramâu abswrdaidd eraill a gynhwyswyd yr oedd *Y Gofalwr*, sef *The Caretaker* Harold Pinter (1930–2008), a droswyd gan Elis Gwyn Jones, ac *Yn Ferthyron i Ddyletswydd*, cyfieithiad Gareth Miles o *Victimes du Devoir* Eugène Ionesco (1909–1994).

Dramodwyr cyfoes a fu farw yn ystod yr ugeinfed ganrif oedd dewisiadau'r holl gyfres. Cyfieithwyd dwy ddrama Eidaleg gan Islwyn Ffowc Elis, sef *Angau ar Ynys y Geifr*, cyfieithiad o *Delitto all'Isola delle Capre* Ugo Betti (1892–1953), ac *Y Gôt Fawr*, cyfieithiad o *Il Mantello* Dino Buzzati (1906–1972). Cafwyd hefyd ddrama Sbaeneg, sef *Y Ddau Ddienyddiwr*, cyfieithiad Gareth Alban Davies o *Les deux bourreaux* Fernando Arrabal, a drama o'r Swisdir, sef *Hwyrol awr yn Niwedd Hydref*, cyfieithiad a luniwyd ar y cyd gan Rhiannon a Myrddin Lloyd o

---

Abendstunde im Spätherbst Friedrich Dürrenmatt (1921–1990). Prin oedd
y cyfieithiadau gan fenywod, a Dilys M. Price oedd yr unig gyfieithydd
benywaidd arall yn y gyfres. Trosodd hi ddrama Max Frisch (1911–
1991), *Herr Biedermann und die Brandstifter*, i'r Gymraeg – *Mr. Biedermann
a'r Llosgwyr Tai*. Yr olaf yn y gyfres oedd *Edward ac Agripina*, cyfieithiad
John Watkins o ddrama René de Obaldia (ganwyd ym 1918) *Edouard
et Agrippine*.

Cafodd y cyfieithiadau hyn eu mabwysiadu yn ddramâu Cymraeg
newydd i bob pwrpas, wrth iddynt gael eu trosglwyddo i iaith ac i
ddiwylliant Cymru. Dywedodd y cyfieithydd Gareth Alban Davies
am y gwaith: 'wrth gyfieithu, ni allwn innau lai na theimlo'r cymer-
iadau'r troi'n Gymry byw'.[75] Maent yn ychwanegu at gyfoeth y canon
llenyddol ar ffurf cyfieithiadau ond hefyd drwy ysbrydoli gweithiau
newydd Cymraeg.

Parhawyd â'r bwriad hwn i ysbrydoli'r Cymry a chyflwyno llen-
yddiaeth orau'r byd iddynt wrth i Wasg Prifysgol Cymru gyhoeddi
nifer o'r dramâu hyn fel rhan o'r cyfresi 'Y Ddrama yn Ewrop' a
'Dramâu'r Byd', bron i ddegawd yn hwyrach. Tebyg iawn oedd y cyfresi
hyn i 'Gyfres y Werin' a gyhoeddwyd ddeugain mlynedd ynghynt gan
y Cwmni Cyhoeddi Addysgol yng Nghaerdydd, er mai cymysgedd o
ddramâu, rhyddiaith a barddoniaeth oedd cynnwys y gyfres hon.
Amcan y gyfres oedd 'i ddysgu, helpu, diddanu, a pherffeiddio [*sic*]
gwŷr fy ngwlad, ymhob peth a fo golud iddynt, hyglod yngolwg y
byd', sef geiriau'r Dr Griffith Roberts yn y rhagymadrodd i'w ramadeg
a gyhoeddwyd ym 1567.[76] Dewiswyd o blith goreuon gweithiau clasurol
Ewrop ar gyfer y gyfres hon er mwyn sicrhau lefel uchel i'r gwaith a
gyfieithwyd.[77] Ys dywed Griffith J. Williams:

> Ni all yr afon ymgodi'n uwch na'r ffynnon. Ac felly rhaid ymarfer â gofal
> wrth ddewis llyfrau i'w cyfieithu. Ni cheir yn y Gyfres hon, hyd yn hyn,
> ond llyfrau a gydnabyddir gan feirniaid llenyddol fel clasuron, llyfrau y
> byddai cyfieithiadau da ohonynt yn cyfoethogi llenyddiaeth unrhyw
> wlad.[78]

Er nad oedd llenorion o fri yn ysgrifennu yng Nghymru bryd hynny,
yn ei dyb ef, yr oedd gobaith i'r genhedlaeth nesaf o achos y gyfres
hon. Byddai'r gyfres yn agor drysau i gyfnod ffyniannus i lenyddiaeth
Gymraeg a fyddai'n dilyn olion traed ei blaenoriaid yn Ewrop. Pwysig
yw nodi i Saunders gyfrannu *Doctor er ei Waethaf* i 'Gyfres y Werin' ac
Wrth Aros Godot i 'Y Ddrama yn Ewrop'. Yr oedd y ddau gyfieithiad

hyn yn rhan o'r un ymdrech i rannu cyfoeth llenyddiaeth Ewrop gyda Chymru er mwyn addysgu ei phobl a'u harwain i godi eu gwaith i'r un tir aruchel.

Pedwar cyfieithiad yn unig a gyhoeddwyd o dan yr un teitl â'r gyfres radio 'Y Ddrama yn Ewrop' cyn addasu enw'r gyfres er mwyn cynnwys testunau o'r tu hwnt i'r cyfandir hwn. Diddorol yw nodi yn arbennig mai *Wrth Aros Godot*, a gyhoeddwyd ym 1970, yw'r unig ddrama o'r gyfres radio a gyhoeddwyd gan Wasg Prifysgol Cymru fel rhan o'r cyfresi argraffedig. Gallwn gymryd mai statws Saunders fel dramodydd a ffigwr pwysig yng Nghymru a oedd yn gyfrifol am y penderfyniad i'w chynnwys. Serch hynny, ychwanegwyd sawl testun gan nifer o'r un dramodwyr. Gweithiau gan Beckett oedd y ddau gyf-ieithiad cyntaf yn y gyfres, oherwydd ym 1969 cyhoeddwyd *Diwéddgan*, cyfieithiad Gwyn Thomas o ddrama arall gan Beckett sef *Fin de partie*, ac fe'i dilynwyd ym 1970 gan *Wrth Aros Godot*. Ym 1974 cyhoedd-wyd cyfieithiadau Ken Lloyd-Jones o ddwy ddrama abswrdaidd arall gan Ionesco, sef *La Leçon* a *Le Nouveau Locataire – Y Wers* ac *Y Tenant Newydd*;[79] a Friedrich Dürrenmatt oedd awdur cyhoeddiad 1976, sef *Ymweliad yr Hen Foneddiges*, comedi drasig, mewn tair act, a chyfieithiad John Gwilym Jones a G. L. Jones o *Der Besuch der alten Dame*. Ychwaneg-wyd hefyd nifer o gyfieithiadau gan ddramodwyr newydd at y gyfres gan gynnwys drama Rwseg sef *Gwylan* (1970), cyfieithiad W. Gareth Jones o *Tshaica* Anton Chekhov, dramâu Groegaidd, sef cyfieithiadau Euros Bowen o ddramâu Sophocles *Oidipos Frenin* (1972) ac *Oidipos yn Colonos* (1979), dramâu Almaeneg megis *Trotsci'n Alltud* (1979), cyfieith-iad Ian Hilton a Gwyn Thomas o *Trotzki Im Exil* Peter Weiss, a sawl drama Ffrangeg: *Caeëdig Ddôr* (1979), cyfieithiad Richard T. Jones o *Huis-Clos* Jean-Paul Sartre, a thair drama gan Jean Anouilh, *Yr Ehedydd* (1976), cyfieithiad Kathleen Parry o *L'Alouette, Antigone* (1976), cyfieith-iad Roy Owen, a *Gwahoddiad i Ginio* (1979), cyfieithiad John H. Watkins o *Le Rendez-vous de Senlis*. Mae amrywiaeth y testunau a'u llwyddiant cydnabyddedig ar y llwyfan rhyngwladol yn tystio i nod y gyfres o gyflwyno dramâu mawr gwledydd eraill i'r Cymry i'w darllen, eu hactio a'u gwerthfawrogi. Er hynny, y mae nifer sylweddol o destunau Ffrangeg yn eu plith, ac anodd yw anwybyddu'r duedd arbennig hon i weld y llwyfan Ffrangeg fel yr un delfrydol i'w ddynwared.

Gwnaed ymgeisiadau tebyg i gyhoeddi cyfresi o ddramâu mewn cyfieithiad er mwyn annog diddordeb darllenwyr Cymru yn y ddrama estron, megis 'Cyfres yr Academi' a chyfres 'Dramâu Aberystwyth'. Yn ogystal, cyhoeddwyd nifer o gyfieithiadau unigol yn ystod degawdau

---

olaf yr ugeinfed ganrif gan amrywiaeth o weisg Cymraeg. Nid oedd diddordeb mewn cyfieithiadau dramataidd yn gwywo, ac mae eu poblogrwydd ar lwyfannau Cymru yn parhau hyd heddiw ar ffurf perfformiadau cyson y Theatr Genedlaethol Cymru.

Casgliad

Mae cyfieithu ac addasu ar gyfer y llwyfan wedi datblygu law yn llaw â'r ddrama Gymraeg fodern. Yr oedd nofel Daniel Owen o blith y cyntaf i'w haddasu i ddimensiwn y llwyfan ac yr oedd canlyniadau'r gwaith hwn yn llesol iawn, yn arbennig i'r addasydd ei hun, J. M. Edwards. Lledaenwyd stori Daniel Owen drwy gymoedd a thros fryniau Cymru, a denwyd to newydd o wylwyr i lenwi seddi perfformiadau Cymraeg. Defnyddiwyd cyfieithadau mewn modd tebyg iawn gan gwmnïau amatur drwy gydol yr ugeinfed ganrif, gan obeithio denu cynulleidfaoedd i wylio dramâu a oedd eisoes wedi llwyddo yn eu gwledydd eu hunain. Wynebodd y mudiad drama heriau ariannol, problemau ymarferol yn sgil absenoldeb theatr sefydlog, ac anhawster wrth geisio ateb y galw cynyddol sydyn am ddramâu Cymraeg yn sgil diffyg deunydd newydd a diffyg deunydd o safon. Cynyddu'r defnydd o gyfieithiadau fel rhan o'u *repertoire* oedd yr ateb amlwg er mwyn llenwi bwlch ac er mwyn arwain dramodwyr Cymru i gynhyrchu dramâu newydd o safon ac o naws debyg. Cynhyrchwyd clasuron megis Molière a Shakespeare i gychwyn, ond erbyn ail hanner yr ugeinfed ganrif trowyd fwyfwy at weithiau dramodwyr cyfoes a mathau arloesol ar theatr, megis abswrdiaeth Ionesco a Pinter a moderniaeth Pirandello, er nad oedd ac nad yw esiampl Molière byth yn bell o lwyfannau Cymru. Ond bygythiad oedd y gwaith cyfieithu hwn ym marn nifer, gan na roddwyd cyfle i'r ddrama Gymraeg ddatblygu yn naturiol, ac fe'i tagwyd yn arbennig gan bresenoldeb mynych dramâu Lloegr a'r iaith Saesneg yng ngweinyddiaeth y cwmnïau drama. O ganlyniad, gwelwyd troad pwrpasol oddi wrth y Saesneg a'r cyfieithiadau cynnar o waith Shakespeare tuag at 'Y Ddrama yn Ewrop' a'i holl ddoniau mawreddog.

Yr oedd Saunders, wrth gwrs, ynghlwm â'r holl ddatblygiadau hyn gan iddo ymgyrchu'n frwd dros ddatrys problemau'r theatr Gymraeg drwy greu cartref i'r theatr broffesiynol yng Nghaerdydd, drwy lunio cyfieithiadau o weithiau clasurol ac arloesol yn y Ffrangeg er mwyn ysbrydoli dramodwyr Cymru, a thrwy ysgrifennu ei ddramâu newydd ei hun, nifer ohonynt wedi'u dylanwadu gan yr esiamplau Ffrangeg y gobeithiai eu hefelychu. Fel y gwelwn, felly, y mae cyfieithu ac addasu yn y theatr yn rhan hanfodol o ddatblygiad y ddrama Gymraeg ac yr oedd eu gwerth yn amlwg i Saunders Lewis yn bennaf. Rhaid gofyn pam, o blith yr holl ddramodwyr campus yn Ewrop, y troes Saunders at esiamplau o Ffrainc, ac fe welwn nad y theatr Ffrangeg oedd yr unig elfen o'r wlad hon a apeliai ato.

Nodiadau

1   Ioan Williams, *Y Mudiad Drama yng Nghymru 1880–1940* (Caerdydd: Gwasg Prifysgol Cymru, 2006), tt. 2–3.

2   D. Tecwyn Lloyd, 'Daniel Owen ar y Llwyfan, 1909–1937', *Llên Cymru*, 10, Rhifyn 1 a 2 (Ionor–Gorffennaf 1968), 59–69, 59.

3   Lloyd, 'Daniel Owen ar y Llwyfan, 1909–1937', 59.

4   Lloyd, 'Daniel Owen ar y Llwyfan, 1909–1937', 60.

5   Dafydd Glyn Jones, 'Saunders Lewis a thraddodiad y ddrama Gymraeg', *Llwyfan*, Rhif 9 (Gaeaf 1973), 1–12, 2.

6   Williams, *Y Mudiad Drama yng Nghymru 1880–1940*, t. 26.

7   Llythyr Daniel Owen at John Thomas (28 Chwefror 1887). Dyfynnwyd yn Williams, *Y Mudiad Drama yng Nghymru 1880–1940*, t. 26.

8   D. Tecwyn Lloyd, 'Gwir gychwyn y busnes drama 'ma . . .', *Llwyfan*, Rhif 8 (Gwanwyn–Haf 1973), 5–8, 6.

9   Lloyd, 'Gwir gychwyn y busnes drama 'ma . . .', 6.

10 Addaswyd nifer eraill o nofelau Daniel Owen ar gyfer y llwyfan yn ystod degawdau cyntaf yr ugeinfed ganrif, er nad oeddent mor llwyddiannus â *Rhys Lewis*, fel yn achos eu nofelau cyfatebol. Ym 1913 trosodd Thomas Howell *Enoc Huws* yn ddrama; ym 1915 addaswyd *Y Dreflan* gan J. M. Edwards, a pherfformiwyd addasiad o *Gwen Tomos* ym 1920 gan gwmni John J. Jones.

11 Lloyd, 'Gwir gychwyn y busnes drama 'ma . . .', 5.

12 Lloyd, 'Daniel Owen ar y Llwyfan, 1909–1937', 62.

13 Lloyd, 'Gwir gychwyn y busnes drama 'ma . . .', 8.

14 Lloyd, 'Daniel Owen ar y Llwyfan, 1909–1937', 60–1.

15 Jones, 'Saunders Lewis a thraddodiad y ddrama Gymraeg', 3.

16 D. T. Davies, 'A Ŵyr Pob Merch', *Y Llwyfan*, Cyfrol 1, Rhif 5 (Awst a Medi 1928), 69–70, 69.

17 Williams, *Y Mudiad Drama yng Nghymru 1880–1940*, tt. 128–9.

18 Williams, *Y Mudiad Drama yng Nghymru 1880–1940*, t. 137.

19 Hazel Walford Davies, 'Howard de Walden a Mudiad y Theatr Genedlaethol Gymreig, 1911–1914', yn Hazel Walford Davies (gol.), *Y Theatr Genedlaethol yng Nghymru* (Caerdydd: Gwasg Prifysgol Cymru, 2007), tt. 1–46, 1.

20 Davies, 'Howard de Walden a Mudiad y Theatr Genedlaethol Gymreig, 1911–1914', t. 45.

[21] Williams, *Y Mudiad Drama yng Nghymru 1880–1940*, t. 135
[22] W. Gareth Jones, 'Far from the West End: Chekhov and the Welsh language stage 1924–1991', yn Patrick Miles (gol.), *Chekhov on the British Stage* (Cambridge: Cambridge University Press, 1993), tt. 101–12, 103.
[23] Williams, *Y Mudiad Drama yng Nghymru 1880–1940*, t. 137.
[24] Hazel Walford Davies, *Saunders Lewis a Theatr Garthewin* (Llandysul: Gomer, 1995), tt. 30–1.
[25] Williams, *Y Mudiad Drama yng Nghymru 1880–1940*, t. 139.
[26] Saunders Lewis, *Cambrian Daily Leader* (25 Hydref 1919), 4.
[27] Williams, *Y Mudiad Drama yng Nghymru 1880–1940*, t. 79.
[28] *South Wales Daily Post* (13 Mehefin 1914). Dyfynnwyd gan Hazel Walford Davies yn Davies (gol.), *Y Theatr Genedlaethol yng Nghymru*, 36.
[29] Saunders Lewis, 'The Present State of Welsh Drama', *Welsh Outlook* (Rhagfyr 1919), 302–4, 304.
[30] 'Why He Does Not Write Plays: Mr. Saunders Lewis Too Busy', *Western Mail* (8 Awst 1934), 10.
[31] Saunders Lewis, 'Rhagair Problemau Prifysgol', yn Ioan Williams (gol.), *Dramâu Saunders Lewis: Y Casgliad Cyflawn Cyfrol II* (Caerdydd: Gwasg Prifysgol Cymru, 2000), tt. 435–8, 438.
[32] Hazel Walford Davies, 'Howard de Walden a Chwaraedy Cenedlaethol Cymru, 1927–40', yn Davies (gol.), *Y Theatr Genedlaethol yng Nghymru*, tt. 47–128, 69.
[33] Am hanes cyflawn Ymddiriedolaeth Theatr Dewi Sant, gweler Roger Owen, '"Theatr Dewi": Ymddiriedolaeth Theatr Dewi Sant a Phwyllgor Cymreig Cyngor Celfyddydau Prydain Fawr, 1959–67', yn Davies, (gol.), *Y Theatr Genedlaethol yng Nghymru*, tt. 129–68.
[34] Clifford Evans, 'Cartref rhyfeddod', *Llwyfan*, Rhif 3 (Haf 1969), 5.
[35] Davies, *Saunders Lewis a Theatr Garthewin*, t. 155.
[36] Davies, *Saunders Lewis a Theatr Garthewin*, t. 165.
[37] Davies, *Saunders Lewis a Theatr Garthewin*, t. 165.
[38] Davies, *Saunders Lewis a Theatr Garthewin*, t. 231.
[39] Williams, *Y Mudiad Drama yng Nghymru 1880–1940*, t. 138.
[40] Williams, *Y Mudiad Drama yng Nghymru 1880–1940*, t. 134.
[41] O. Llew Owain, *Hanes y Ddrama yng Nghymru 1850–1943* (Lerpwl: Cyhoeddwyd ar ran Cyngor yr Eisteddfod Genedlaethol gan Hugh Evans, 1948), t. 204.
[42] Saunders Lewis, 'Rhai Amheuon', *Y Llwyfan*, Rhif 4 (Mehefin/Gorffennaf 1928), 49–50, 49.
[43] Davies, 'A Ŵyr Pob Merch', 69.
[44] Williams, *Y Mudiad Drama yng Nghymru 1880–1940*, t. 114.
[45] Davies, 'Howard de Walden a Chwaraedy Cenedlaethol Cymru, 1927–40', t. 69.
[46] Davies, 'Howard de Walden a Chwaraedy Cenedlaethol Cymru, 1927–40', 108–9.
[47] Williams, *Y Mudiad Drama yng Nghymru 1880–1940*, t. 142.

48 Williams, *Y Mudiad Drama yng Nghymru 1880–1940*, tt. 142–3.

49 Tom Parry, 'Drama Bangor: Actwyr y Coleg', *Y Genedl* (9 Chwefror 1931), 5.

50 Dyma'r cyfieithiadau a berfformiwyd yn ystod y cyfnod hwn: 1932 – *Ann Marlowe* gan Florence Howell (cyfieithwyd gan Mary Hughes); 1933 – *Gwraig y Ffermwr* gan Eden Phillpotts (cyfieithwyd gan Matthew Williams), *Dewis Anorfod* gan Harold Brighouse (cyfieithwyd gan Magdalen Morgan), *Ffordd yr Holl Ddaear* gan John Oswald Francis (cyfieithwyd gan Magdalen Morgan); 1934 – *Y Briodas Arian* gan Eden Phillpotts (cyfieithwyd gan Jeremiah Jones); 1936 – *Bugail y Fan* gan J. D. Williams (cyfieithwyd gan Magdalen Morgan), *Y Ferch o Gefn Ydfa* gan Rhys Davies (cyfieithwyd gan T. J. Williams-Hughes); 1937 – *Tylwyth ei dŷ ei Hun* gan John Drinkwater (cyfieithwyd gan Gwilym T. Evans); 1938 – *Y Bachgennyn Hwn* gan Cedric Mount (cyfieithwyd gan G. R. Jones), *Castell Garth* gan Florence Howell (cyfieithwyd gan J. Tysul Jones); 1939 – perfformiwyd *Dewis Anorfod* Harold Brighouse eto yn ogystal â *Llywelyn ap Gruffydd, Tywysog Cymru* gan D. W. Morgan (cyfieithwyd gan W. Ambrose Bebb). Ni cheir copi o raglen 1935 ymysg papurau'r gymdeithas yn y Llyfrgell Genedlaethol ond gellir tybio y byddai'r gymdeithas wedi dilyn patrwm tebyg y flwyddyn honno yn ogystal. Llyfrgell Genedlaethol Cymru, D. R. Davies Collection of Drama Scrap Books; D. R. Davies Collection of Drama Scrap Books: Scrapbooks and programmes of Cymdeithas Ddrama Abertawe, 1923–1945.

51 Llwyfannydd, 'Cymdeithas y Ddrama Gymraeg, Abertawe', *Y Llwyfan*, Cyfrol 1, Rhif 3 (Ebrill a Mai 1928), 42–3, 43.

52 Dyfynnwyd yn Williams, *Y Mudiad Drama yng Nghymru 1880–1940*, t. 141.

53 Owain, *Hanes y Ddrama yng Nghymru 1850–1943*, t. 6.

54 Mary Hughes, 'Beth Nesaf?', *Y Llwyfan*, Cyfrol 1, Rhif 3 (Ebrill a Mai 1928), 33–4, 33.

55 Kate Roberts, 'Y Ddrama yng Nghymru: Geiriau Plaen Kate Roberts', *Y Brython* (12 Rhagfyr 1935), 5. Dyfyniadau a geir yma o sylwadau Kate Roberts yn y *North Wales Times*.

56 Iorwerth C. Peate, 'Cwynion', *Y Llwyfan*, Cyfrol 1, Rhif 5 (Awst a Medi 1928), 75–6, 75.

57 Williams, *Y Mudiad Drama yng Nghymru 1880–1940*, tt. 124–6.

58 Dyfynnwyd yn Davies, 'Howard de Walden a Mudiad y Theatr Genedlaethol Gymreig, 1911–14', t. 27.

59 Davies, 'Howard de Walden a Chwaraedy Cenedlaethol Cymru, 1927–40', t. 66.

60 Davies, 'Howard de Walden a Chwaraedy Cenedlaethol Cymru, 1927–40', tt. 67–8.

61 Roberts, 'Y Ddrama yng Nghymru: Geiriau Plaen Kate Roberts', 5.

62 Ioan Williams, 'Ideoleg ac estheteg yn y mudiad drama', *Gwerddon*, 2 (Hydref 2007), 87–103, 95.

63 Dyfynnwyd yn Williams, 'Ideoleg ac estheteg yn y mudiad drama', 94.

64 Lewis, 'Rhai Amheuon', 49.

65 Lewis, 'Rhai Amheuon', 50.

66 Lyn T. Jones, 'Datblygiad Theatr Genedlaethol i Gymru, 1964–82', yn Davies (gol.), *Y Theatr Genedlaethol yng Nghymru*, tt. 169–207, 177.

67 Jones, 'Datblygiad Theatr Genedlaethol i Gymru, 1964–82', t. 189.

68 Jones, 'Datblygiad Theatr Genedlaethol i Gymru, 1964–82', t. 189.

69 Jones, 'Datblygiad Theatr Genedlaethol i Gymru, 1964–82', tt. 189–90.

70 Jones, 'Datblygiad Theatr Genedlaethol i Gymru, 1964–82', t. 196.

71 Dyfynnwyd yn Jones, 'Datblygiad Theatr Genedlaethol i Gymru, 1964–82', t. 196.

72 'Y Ddrama yn Ewrop', *Radio Times* (15 Tachwedd, 1962), 5.

73 'Y Ddrama yn Ewrop', *Radio Times*, 5.

74 'Y Ddrama yn Ewrop', *Radio Times*, 5.

75 Gareth Alban Davies, 'Y Ddau Ddienyddwr', *Radio Times* (4 Ebrill 1963), 25.

76 Cyflwynwyd yr amcan hwn yn gyntaf ar dudalen gyntaf rhif 1 yn y gyfres ac fe'i cynhwyswyd ar dudalennau cyntaf y rhifynnau eraill.

77 Golygwyd y Gyfres gan Ifor L. Evans a Henry Lewis. Ymhlith cyfieithiadau'r gyfres y mae gweithiau gan Henrik Ibsen, Guy de Maupassant, Alphonse Daudet, Nikolai Gogol, yr awduron Tsieceg Yaroslav Vrchlický, Svatopluk Cech a Jan Neruda, Lamennais, Molière, René Descartes, Johann-Wolfgang Von Goethe, Friedrich von Schiller a'r Dr Martin Luther.

78 Griffith J. Williams, 'Cyfres y Werin', *Y Llenor* (1922), 71–6, 75.

79 Yr oedd *Y Tenant Newydd* eisoes wedi'i pherfformio sawl gwaith yn ystod y ganrif.

3

Saunders Lewis ac Ewrop

Wrth ystyried diddordeb Saunders Lewis yng ngwaith y dramodwyr
Ffrangeg o dan sylw, rhaid edrych yn gyntaf ar ei berthynas ag Ewrop
yn ehangach. Afraid dweud bod 'Ewropeaeth' Saunders Lewis wedi
derbyn cryn sylw dros y blynyddoedd ar sawl ffurf: dylanwad gwleid-
yddiaeth Ewrop, ysbrydoliaeth ei llenyddiaeth a hoffter Saunders o'r
ffordd Ewropeaidd o fyw. A dyfynnu Pennar Davies: 'To understand
him we have to remember that he was, most emphatically, a conscious
and deliberate European, drawn especially to the literatures of France
and Italy and finding in the Catholic heritage of both cultures the matrix
of European civilization.'¹ Ac yn wir, y mae holl elfennau Ewropeaeth
amlweddog Saunders yn bwysig yn y cyd-destun hwn, oherwydd, fel
y gwelwn, mae pob un ohonynt yn cyfrannu at ei ddiddordeb yng
ngwaith Beckett a Molière, a'i benderfyniad dilynol i gyfieithu eu
dramâu. Yn yr adran hon, felly, ystyriwn ddaliadau gwleidyddol
Saunders a'u perthynas â syniadau Ewropeaidd, cyn troi at yr ochr
lenyddol. Edrychir yn benodol ar rôl Ffrainc yn Ewropeaeth Saunders,
a chan ganolbwyntio ar y theatr yn arbennig, gwelir sut y mae dylan-
wad llenyddiaeth Ffrainc wedi lliwio ei waith creadigol drwy gydol
ei yrfa.

Gwleidyddiaeth Ewrop

Edrychwn yn gyntaf, felly, ar Saunders Lewis yr Ewropead gwleid-
yddol. Adwaenir Saunders, wrth gwrs, fel gwleidydd cenedlaetholgar
brwd. Sefydlodd Blaid Genedlaethol Cymru, fel y'i hadwaenid ar y
pryd, ym 1925 ynghyd â Fred Jones, Lewis Valentine, Moses Gruffydd,
H. R. Jones a David Edmund Williams, a gweithredodd fel llywydd

i'r blaid honno rhwng 1926 a 1939. Rhaid cofio, serch hynny, fod cynlluniau cenedlaetholgar Saunders wedi'u gwreiddio yn lleoliad Cymru ar lwyfan Ewrop, fel y datgan yn ei ysgrif 'Lloegr ac Ewrop a Chymru' ym 1927:

> Ond ym Mhrydain a oes traddodiad Ewropeaidd? A oes yma genedl a fu'n rhan wreiddiol o wareiddiad y Gorllewin, yn meddwl yn null y Gorllewin ac yn gallu deall Ewrop a chydymdeimlo â hi? Yr ateb yw: Cymru. Y Cymry yw'r unig genedl ym Mhrydain fu'n rhan o ymerodraeth Rufain, a sugnodd laeth y Gorllewin yn faban, a chanddi waed y Gorllewin yn ei gwythiennau. Fe all Cymru ddeall Ewrop, canys y mae hi'n un o'r teulu . . . Iddi hi erioed, ac i'w goreugwyr mewn meddwl a dysg, bu'r gyfathrach ag Ewrop yn ddadeni ac yn ysbrydiaeth. Ni bu'r Ymerodraeth [Brydeinig] ond yn enw iddi a sŵn di-ystyr. Fe dyfodd Cymru i fyny gydag Ewrop, gyda gwledydd cred, dan yr un ddisgyblaeth a chan gydnabod yr unrhyw ffodion.[2]

Nid annibyniaeth er ei mwyn ei hun oedd unig amcan ei waith gyda Phlaid Genedlaethol Cymru, felly, ond annibyniaeth a fyddai'n sicrhau perthynas gryfach ag Ewrop. Fel y dywed Dafydd Glyn Jones:

> A Welsh parliament is necessary not in order that Wales may retire into self-sufficiency, but so that she may recover her contact with Europe. Possibly the most radical feature of *Y Ddraig Goch*'s policy in the twenties and thirties was its advocacy of a European union of interdependent states.[3]

Yn ôl Saunders, nid oedd pwrpas arddangos a chanmol traddodiadau gwlad ar ei phen ei hun. Nid oedd ystyr i etifeddiaeth Cymru o edrych arni yn annibynnol. Dim ond trwy bwysleisio hanes a rennir ag Ewrop y gellir ennill parch i Gymru, ac felly sicrhau dyfodol llewyrchus iddi fel gwlad annibynnol: 'Ewrop yw arweinydd a chanolbwynt y byd. Dwyn undeb politicaidd ac economaidd i Ewrop yw un o anghenion cyntaf ein canrif ni.'[4]

Datganodd Saunders fod yr undod Ewropeaidd hwn a berthyn i Gymru yn deillio o hanes moesol gwreiddiau Groeg:

> Hanes gwareiddiad Ewrop – hanes delfryd ysbrydol ydyw. Hanes ei dwf, ei ymlediad, ei helyntion a'i ymachludoedd, ei barhad. Olrhain y delfryd hwnnw a rydd ystyr i astudio hanes Ewrop; hynny a rydd undod i Ewrop. Gall fod cant a mil o ddylanwadau ar fywyd gwlad ac ar ei dull o fyw.

Ond yr hyn a ddaw i mewn i'w bywyd hi fel tynged, a benderfyna ei rhan hi yn etifeddiaeth Ewrop, yw'r delfryd moesol arbennig hwn, sef y delfryd a luniwyd gyntaf erioed gan Roeg.[5]

Tebygrwydd moesol a chrefyddol rhwng gwledydd y Gorllewin yw sbardun Ewropeaeth Saunders yn wreiddiol, yn ôl nifer, ac yn arbennig, ei duedd benodol i ddilyn dylanwad gwledydd Catholig megis Ffrainc. Cred J. E. Caerwyn Williams 'mai fel rhan o'r proses o droi at Ewropeaeth a Chanoloesiaeth y troes Mr. Lewis at Gatholigiaeth'.[6] Ni ellir gwadu bod patrwm amlwg i'r ysgolheigion a ddyfynna Saunders yn helaeth wrth ddatgan ei ddyled i syniadaeth Ewrop. Enwa bedwar ffigwr Ffrangeg Catholig yn ei 'Lythyr Ynghylch Catholigiaeth': y dramodydd, Claudel, y nofelydd Mauriac, yr hanesydd athronyddol Étienne Gilson, a'r beirniad llenyddol, Jacques Rivière. Yn yr un modd, gwaith gwleidydd ifanc Catholig yw canolbwynt ei ysgrif 'Ffrainc Cyn y Cwymp', sef Jean-Pierre Maxence. Y mae eu Catholigiaeth yn sicr yn arwyddocaol, gan fod crefydd Saunders wedi treiddio i sawl agwedd ar ei fywyd a'i waith, ond yr hyn sydd fwyaf arwyddocaol yw'r ffaith bod Ffrainc a'i harweinwyr ym myd y meddwl wedi cyffwrdd â phob agwedd ar fywyd proffesiynol Saunders: ei waith creadigol, ei waith beirniadol, a'i waith gwleidyddol.

Ymddengys mai undod cyfandirol ac annibyniaeth genedlaethol oedd ei ddau brif amcan gwleidyddol, felly. Ac fel y gwelwn, diddorol fydd nodi ym mha ffyrdd y mae daliadau gwleidyddol Saunders yn lliwio ei gyfieithiad o *Wrth Aros Godot* ac yn eu hatgyfnerthu eu hunain drwy ymddangos mewn cyfieithiad Cymraeg o ddrama Ffrangeg.

Serch hynny, er gwaethaf datganiadau cyson Saunders o blaid sefydlu perthynas gref â chanolbwynt Ewrop, ceir tipyn o ddadlau ymysg beirniaid ynghylch natur ei Ewropeaeth, gan fod nifer yn pwysleisio nad Ewrop yn ei chyfanrwydd a oedd ganddo mewn golwg wrth gyfeirio at ei hesiampl. Ym 1993, can mlynedd wedi genedigaeth Saunders Lewis, cynhaliwyd trafodaeth yng Ngŵyl y Gelli a aeth i'r afael â'r ddadl hon. Testun y drafodaeth oedd 'Mae'r Tŷ Hwn yn dal bod Saunders Lewis yn Ewropead Cymreig Mawr'. Siaradodd Bruce Griffiths o blaid y gosodiad, a Gareth Miles yn ei erbyn, a chyhoeddwyd eu sylwadau yn rhifynnau *Barn* yr haf hwnnw. Dyma oedd dehongliad Bruce Griffiths o'r gosodiad:

Cymerwn heddiw mai'r ystyr yw'r ystyr gulach – un sy'n pleidio'n frwd gysylltiadau a pherthynas glòs gwledydd eraill Ewrop (yn hytrach na chyda'r Unol Daleithiau, dyweder, neu gyda gwledydd yr hen Ymerodraeth Brydeinig); un sy'n pwysleisio'r hyn sy'n hanesyddol gyffredin i wledydd Ewrop, yn hytrach na'r gwahaniaethau amlwg rhyngddynt. Yn yr ystyr hon ni ellir gwadu i Saunders Lewis fod o'r cychwyn yn Ewropead brwd, ac iddo barhau felly ar hyd ei oes.[7]

Ac yn wir, rhoes Saunders bwyslais cryf ar y tebygrwydd a lynai Cymru yn agosach at ei chefndryd Ewropeaidd yn hytrach nag at ei chymdoges, Lloegr, fel y gwelir uchod yn ei ysgrif 'Lloegr ac Ewrop a Chymru'. Dadl Gareth Miles, ar y llaw arall, yn nhrafodaeth Gŵyl y Gelli oedd mai Ffrancoffiliaeth gyfyng a oedd yn bwysig i Saunders yn hytrach nag Ewropeaeth eang, barn a rennir gan D. Tecwyn Lloyd sy'n nodi na fynegodd Saunders Lewis unrhyw ddiddordeb yn yr Almaen nac yng ngwledydd Sgandinafia.[8] Ys dywed Gareth Miles:

Ni fyddai neb ohonom yn gwadu fod Saunders Lewis yn Gymro mawr nac ychwaith fod dimensiwn Ewropeaidd i'w feddwl a'i waith. Ond Ewrop gyfyng iawn oedd ei Ewrop ef, yn ddaearyddol ac yn ddiwylliannol; Ewrop uchelwrol, geidwadol a ffieiddiai ddelfrydau 1789 – Rhyddid, Cydraddoldeb a Brawdgarwch; Ewrop y mae ei lladmeryddion cyfoes yn gwrthwynebu'n daer ychwanegu 'Chwaergarwch' a 'Chyfiawnder Cymdeithasol' at y drindod chwyldroadol.[9]

Fel y gwelwn wrth edrych ar ddiddordeb Saunders yn llenyddiaeth Ewrop, yr oedd un wlad benodol yn flaenllaw yn ei feddwl. Er mai Ewrop oedd ffynhonnell bennaf ei syniadaeth ynghylch dyfodol gwleidyddol Cymru, esiampl Ffrainc oedd canolbwynt hyn yn ôl Gareth Miles:

Mynnodd W. J. Gruffydd unwaith y gallai dyn fod mor blwyfol ym Mharis ag yn yr Wyddgrug. Anghytunai Saunders Lewis yn ffyrnig ag ef ... Diau ei fod yn iawn yn ogystal yn 1936, pan haerodd mai 'Paris yw prifddinas ysbrydol Ewrop. Yno y bydd llenorion ac artistiaid ac efrydwyr pob gwlad yn cyfarfod â'i gilydd.'[10]

Paris yn wir oedd calon Ewrop, yn ôl Saunders, a'i hesiampl hi oedd yn gyfrifol am lwyddiant llenyddiaeth Ffrainc i gyd:

Er y ddeuddegfed ganrif, yn hir cyn bod Ffrainc yr hyn yw Ffrainc heddiw, bu Paris yn ganolfan i ddeall a meddwl Ewrop. Er y Dadeni Dysg hyd heddiw llenyddiaeth Paris yw llenyddiaeth Ffrainc. Felly etifeddodd llenyddiaeth Ffrainc draddodiad Paris, ei hymwybod cynghreiddig, yr ymwybod â bod yn gafell ac yn galon i ddiwylliant y gorllewin oll. Hynny ond odid sy'n egluro naws arbennig llenyddiaeth Ffrainc, sy'n peri ei bod hi'n anhepgor i ffurfiad meddwl beirniadol a chyflawn mewn ystyr nad yw'n wir am unrhyw lenyddiaeth fodern arall yn Ewrop, na'r Eidaleg na'r Sbaeneg na'r Ellmyneg na'r Saesneg.[11]

Gwelir yma fod Saunders yn gosod Ffrainc, a'i phrifddinas yn benodol, uwchlaw gwledydd eraill gorllewin Ewrop, felly rhaid cyfaddef bod gogwydd clir i'w Ewropeaeth. Pwysig yw nodi hefyd mai Paris oedd prifddinas lenyddol ac artistig y dramodwyr Ffrengig o dan sylw. Er mai Gwyddel oedd Beckett o ran ei enedigaeth, mabwysiadodd Ffrainc, a dinas Paris yn benodol, fel ei gartref. Symudodd yno'n barhaol ym 1938 ac arhosodd ym mhrifddinas Ffrainc drwy weddill ei oes. Yn yr un modd, fframiwyd bywyd Molière gan y brifddinas, oherwydd fe'i ganwyd yno ym 1622, a'i nod pan ddechreuodd ei yrfa ddramataidd oedd dychwelyd i lwyddiant theatraidd llys y brenin ym Mharis wedi i'w dad geisio'i rwystro rhag datblygu gyrfa theatraidd drwy ei anfon i astudio'r gyfraith yn Orléans. Yn dilyn gyrfa ddramataidd lewyrchus mewn sawl ffordd, bu farw ym Mharis ym 1673, yn addas iawn, ar ôl llewygu ar ei lwyfan ei hun yn y brifddinas.

Llwyddo ar lwyfannau Paris oedd uchelgais dramodwyr clasurol Ffrangeg eraill a ddylanwadodd ar waith Saunders, sef Corneille a Racine. Ganwyd Corneille yn Rouen, yn Normandi ym 1684, a ganwyd Racine yn La Ferté-Milon yn ardal Picardi, ond symudodd y ddau i Baris er mwyn i'w dramâu ffynnu yn ei theatrau. Paris oedd y cartref a ddewisodd Honoré de Balzac (1799–1850) hefyd, y nofelydd a ysbrydolodd ddrama radio Saunders, Y Cyrnol Chabert (1968). Cwblhaodd ei addysg uwch yno, gosododd nifer o'i weithiau yno, a bu farw yno, fel y gwnaeth Corneille a Racine o'i flaen. Denai'r ddinas artistiaid ac awduron o Ffrainc a'r tu hwnt ac fe'i hystyrid yn gartref theatr yr absẃrd yn ystod y ganrif ddiwethaf. I Baris y symudodd dramodwyr o bob cwr o'r byd er mwyn rhannu syniadau, datblygu eu crefft ac yn eu tro ffurfio'r mudiad drama modern. Yn eu plith yr oedd y dramodydd Rwmaneg Eugène Ionesco, y dramodydd Rwseg Arthur Adamov, yr awdur Gwyddelig James Joyce, a'r artist Sbaeneg Picasso. Yn ôl Martin Esslin:

As a powerhouse of the modern movement, Paris is an international rather than a merely French centre: it acts as a magnet attracting artists of all nationalities who are in search of freedom to work and to live non-conformist lives unhampered by the need to look over their shoulder to see whether their neighbours are shocked. That is the secret of Paris as the capital of the world's individualists: here, in a world of cafés and small hotels, it is possible to live easily and unmolested.[12]

Y rheswm am apêl Ffrainc i Saunders, yn ôl Miles, oedd hanes cythryblus ei chwyldroadau, a'r newidiadau a ddaeth yn eu sgil. Gwelwyd gwrthdaro yno ym 1789, ym 1830, ddwywaith ym 1848, ym 1871 ac eto ym 1968:

> Y rheswm am hyn yw fod y cerrynt mawr hanesyddol, o'r oesoedd canol hyd at ganol yr ugeinfed ganrif, oll wedi llifo trwy Ffrainc ac wedi cael mynegiant cyflawnach yno nag yn unrhyw wlad Ewropeaidd arall. Yn Ffrainc y cafwyd y Chwyldroadwyr mwyaf eithafol, y gweithwyr mwyaf 'styfnig, a'r Cymedrolwyr mwyaf soffistigedig. Paris, drwy'r oesau, fu llwyfan eu brwydrau syniadaethol, gwleidyddol a milwrol.[13]

Datganodd Saunders yn enwog yn ei ddarlith 'Tynged yr Iaith': 'Trwy ddulliau chwyldro yn unig y mae llwyddo'. Er nad yw dylanwad chwyldroadau Ffrainc ar ei feddylfryd yn sicr, ni ellir gwadu y bu chwyldro ym mywyd Saunders yn ystod y 1960au ac y bu Ffrainc yn rhan o hynny mewn o leiaf un ffordd. Dechreuodd Saunders encilio i raddau o fywyd cyhoeddus ac o wleidyddiaeth yn ystod y 1950au a dechrau'r 1960au yn sgil cyfnod o newid sylweddol yn ei fywyd personol a phroffesiynol. Gorffennodd ysgrifennu ei gyfraniad i'r *Faner* ar ffurf colofn 'Cwrs y Byd' ym 1951; ymddeolodd o'r byd academaidd ym 1957; yr oedd yn closio at 70 oed gan weld nifer o'i gyfoedion yn marw megis ei gyfaill Griffith John Williams ym 1963; ac ar ben hyn oll collodd yr offeren Ladin a oedd yn rhan mor hanfodol o'r Eglwys Gatholig iddo.[14] Mewn llythyr at D. J. Williams ym 1958 disgrifia Saunders fel yr oedd pethau'n darfod gan ddweud eu bod ill dau yn 'heneiddio fel hen grys go wydn',[15] ac mae'n cyfleu'r teimlad sydd bid siŵr yn gysylltiedig â'i awydd i ymgilio rhag gwleidyddiaeth Cymru: 'Tewi yw'r gymwynas y mae Cymru yn ei gofyn gennyf ers talwm.'[16] Ond nid tewi a wnaeth.

Erbyn y 1960au yr oedd Saunders wedi syrffedu ar sefyllfa'i wlad mewn sawl ffordd. Yr oedd brwydr gan yr iaith o hyd, yr oedd Cymru yn dal o dan reolaeth Senedd Llundain, ac nid oedd theatr broffesiynol ganddi ychwaith a allai hybu diwylliant Cymraeg a thraddodiad y ddrama. Mynegodd ei siom aruthrol yn statws ei wlad mewn cyfweliad ym 1960: 'Yr oedd gen i awydd, nid awydd bychan, awydd mawr iawn i newid hanes Cymru. I newid holl gwrs Cymru, a gwneud Cymru Gymraeg yn rhywbeth byw, cryf, nerthol, yn perthyn i'r byd modern. Ac mi fethais yn llwyr.'[17] Ac eto, nid ydyw'n ymgilio o'r methiant hwn, ond yn hytrach yn galw am chwyldro:

[G]edwch lonydd i Westminster a'r Congo a'r bomiau atom nes bod y Chwyldro Cymreig yng Nghymru yn ffaith; trwy'r iaith y mae dwyn y Chwyldro Cymreig i fod. . .Y cwbl sy'n rhaid wrtho yw ysbryd a chalon chwyldro. A oes yn aros rywbeth o ysbryd chwyldro ym Mhlaid Cymru? Os nad oes: diflanned.[18]

Mae Robin Chapman yn enwi tri pheth, tri chynnyrch gwleidyddol gan Saunders a ddaeth '[o]'r gwrthdaro rhwng yr awydd i dewi a'r ysfa i greu',[19] sef ei gyfweliad ag Aneirin Talfan Davies, 'Dylanwadau', a gyhoeddwyd ym 1960, ei ddarlith radio *Tynged yr Iaith*, a ddarlledwyd ym 1962, a'i ddrama ddychanol am wleidyddion Cymru, *Excelsior*, a gyhoeddwyd ym 1962. Ychwanegwn i un cynnyrch arall at y rhestr hon, sef ei gyfieithiad o ddrama Beckett, *Wrth Aros Godot*. Troes unwaith eto at Ffrainc a'i hesiampl hi ar ffurf y ddrama arloesol hon. Edrychir ar y datblygiad gwrthryfelgar hwn ymhellach wrth ymdrin â'r ail gyfieithiad hwn yn y bennod 'Cyfieithu'r Abswrd'.

Gwir yw dweud hefyd mai Ffrancwr a ddylanwadodd yn sylweddol ar y ffordd y gwelai Saunders le Cymru o fewn Prydain, ac o fewn Ewrop fel cyfandir: Maurice Barrès. Fel y gwelwn yn y man, bu Barrès hefyd yn gyfrifol am effeithio ar waith creadigol Saunders, ac felly ni ellir gwadu perthnasedd a phwysigrwydd Ffrainc a'i dysgedigion i bob agwedd ar ei fywyd a'i waith. Cenedlaetholwr brwd oedd Barrès a roes bwyslais ar bwysigrwydd hanes a statws Ffrainc fel cenedl, ond gwelai werth sylweddol hefyd yng ngrym y taleithiau. I raddau, felly, datganoli oedd prif nod ei ymgyrch wleidyddol, chwedl D. Gwenallt Jones, oherwydd teimlai mai camgymeriad oedd creu canolbwynt o awdurdod ym Mharis. Yr oedd gosod yr holl rym gwleidyddol a deallusol yn y brifddinas yn tanseilio gwerth a rheolaeth y rhanbarthau yn Ffrainc yn ei dyb ef, a byddai trefn hunanlywodraethol yn fwy addas at anghenion y gwahanol ardaloedd.[20] Yr oedd yr agwedd hon ar ei syniadau gwleidyddol yn rhan allweddol o apêl Barrès i Saunders. Yn yr un modd, wrth gwrs, pŵer Llundain oedd y drwg ym Mhrydain, yn ôl Saunders, a rhaid wrth annibyniaeth i Gymru er mwyn sicrhau parhad ei hiaith a'i diwylliant, ac er mwyn ateb ei gofynion penodol hi. Fel yr ysgrifennodd Saunders ei hun ym 1929:

A self-governing Wales will have at least a chance to escape from its provincialism and its philistine outlook. It will have the means to communicate with other nations and to take part in the conversation of Europe. And it will do so in its own language, so that through the literature of Wales will flow the currents of the past and of the present.[21]

La Vie en Rose

Er mai fel myfyriwr y cyflwynwyd Saunders gyntaf i syniadaeth a chreadigrwydd Ffrainc, fel milwr y camodd ar ei thir am y tro cyntaf. Ar 4 Medi 1914 ymunodd â thrydydd bataliwn y King's Liverpool Regiment. Yn ôl A. O. H. Jarman, yr oedd elfen o'i syniadau gwleid-yddol a chymdeithasol Ewropeaidd ar waith pan gofrestrodd: 'Ar ddechreuad y Rhyfel yn 1914 credai fod bygythiad i wareiddiad, ac yn arbennig i wareiddiad Ffrainc, a gwirfoddolodd ei wasanaeth.'[22] Cefn-ogir y ddamcaniaeth hon ymhellach gan ei gyfaill, a'i gyd-gynllwyniwr, D. J. Williams: 'Never a pacifist at heart, it is possible that his great love for France and French literature may have prompted his early enlist-ment in the army.'[23] Yr oedd y rhyfel, felly, yn cynrychioli cyfle i am-ddiffyn ei gartref mabwysiedig yn hytrach na chartref ei etifeddiaeth, gwlad a ysbrydolai ei weledigaeth i Gymru'r dyfodol yn y pen draw. Yn dilyn ei gofrestriad cynnar, daeth y cyfle iddo weld Ffrainc ar 28 Mai 1915 gyda 12fed Bataliwn Cyffinwyr De Cymru, y 'Welsh army', ac fe arhosodd dylanwad y wlad gydag ef byth oddi ar hynny. Dar-llenir am deimladau cryfion Saunders tuag at Ffrainc a'r gwledydd cyfandirol eraill a welodd yn ystod ei gyfnod yn y fyddin yn ei lythyron at Margaret Gilcriest: 'And in going over these old countries of western Europe, it is the continual contact of a tradition, of a civilisation, that enraptures me.'[24]

Parhaodd presenoldeb y Ffrangeg ym mywyd Saunders ar ôl gadael y fyddin oherwydd tra oedd yn ymchwilio ym Mhrifysgol Lerpwl dysgai'r iaith i ddisgyblion preifat yn ei lety yn Lerpwl. Manteisiodd ar y cyfle hefyd i ddysgu rhywfaint o Eidaleg mewn dosbarth nos yn Canning Street yn Lerpwl yn ystod yr un cyfnod, a honnai fod yr iaith yn hawdd ei meistroli.[25]

Yr oedd effaith Ffrainc ar Saunders yn sylweddol, a gellir dadlennu manylion Ffrengig yn ei ddiddordeb amser hamdden hefyd. Heblaw am y cyfrolau llenyddol helaeth a lanwai ei silffoedd llyfrau, yr oedd gogwydd Ffrengig i'w ddarllen arall yn ogystal. Yn ôl Robin Chapman, cadwai gopi o *La France Gastronomique* drwy ei fywyd,[26] ac yn wir, cyffesodd Saunders ei hun fod diwylliant bwyd Ffrainc a'r Eidal yn ffynhonnell hapusrwydd iddo mewn llythyr at ei gyfaill, D. J. Williams: 'byddai blwyddyn yn yr Eidal yn fy nharo i yn awr gystal â deng mlynedd yn y nefoedd. Yr Eidal a Ffrainc, a'r bobl lawen, a'r lliw a'r gwin a'r bwydydd – caraf hwynt, Dai, gwledydd yr haul a'r olewydd.'[27] Ymhellach, wrth ymweld â Saunders yn ei salwch ym mis Ebrill 1937, nododd Stanley Jones fod copi o *L'Europe Tragique* wrth erchwyn ei wely, llyfr am ddyletswydd Catholigion yn wyneb rhyfel.[28] Dywed Emyr Humphreys mai'r dylanwad mwyaf sylweddol ar Ffrancoffiliaeth Saunders oedd ei gyfaill Percy Mansell Jones.[29] Arferai'r ddau dreulio mis o wyliau yn Ffrainc yng nghwmni ei gilydd bob haf am flynyddoedd maith gan dreulio'u hamser yn datblygu eu gwybodaeth am win Ffrengig ac yn ymhyfrydu yn niwylliant y wlad. Disgrifia Percy Mansell Jones eu sgyrsiau hir am Ffrainc a'i llenyddiaeth yn ei bortread ohono, a chyfeirir yma at ei hoffter o Molière, meistr comedi:

> Most of our talks were of France, the country, the people, the great writers of the seventeenth century, the master of Comedy or the unique Racine; and chief among modern novalists [sic], that subtle, subversive, arch-perpetrator of problems, André Gide, who, despite his fundamental agnosticism, presents the flashpoint between Protestantism and sin. But if there was one French contemporary who surpassed all others as a model of polemical thinking realised in the triple form of action, speech and writing, it was Maurice Barrès.[30]

Ymwelodd Percy Mansell Jones ag ef hefyd yng ngharchar Wormwood Scrubs ac mae'n debyg iddo gadw'r cyswllt Ffrangeg drwy fynd â chopi o nofel Stendhal, *La Chartreuse de Parme*, i'w roi iddo.[31] Ymaelododd Saunders hefyd â dosbarth Ffrangeg tra oedd yn Wormwood Scrubs, ac er mai cyfle i gwrdd â Lewis Valentine a D. J. Williams yn anffurfiol oedd hwn, yn ôl Robin Chapman, onid yw hi'n arwyddocaol mai Ffrangeg oedd pwnc y dosbarth, er gwaethaf ei wybodaeth drylwyr o'r iaith?[32] Parhaodd y Ffrangeg, felly, yn rhan bwysig o'i fywyd beunyddiol hyd yn oed yn ystod diwrnodau tywyll ei aberth mwyaf dros Gymru.

Llenyddiaeth Ewrop

Nid mewn gwagle y datblygodd diddordeb llenyddol Saunders yn Ffrainc, oherwydd Ffrainc oedd y prif ddylanwad llenyddol drwy Ewrop yn ystod diwedd y bedwaredd ganrif ar bymtheg a dechrau'r ugeinfed ganrif, yn enwedig ym maes y theatr. Creodd cryfder dylanwad Ffrainc elît diwylliannol o bobl a oedd yn medru'r Ffrangeg. Defnyddiwyd yr iaith hyd yn oed gan siaradwyr ieithoedd eraill er mwyn arddangos eu statws cymdeithasol, ac o ganlyniad daeth y Ffrangeg yn arf pwysig i ddramodwyr a ddymunai brofi eu goruchafiaeth yn y theatr.[33] Mynegwyd diddordeb yn Ffrainc a'i llenyddiaeth gan nifer o awduron Saesneg ac Americanaidd y cyfnod hefyd gan gynnwys Henry James, T. S. Eliot ac Ernest Hemingway. Yr oedd swyn Ffrainc yn hollbresennol yn niwylliant y Gorllewin.

Yn yr un modd, fe welwyd olion Ffrengig yng ngwaith ysgrifennu a darllen nifer o brif lenorion Cymru yn ystod y 1920au, dylanwad a arddangosir yn eglur yn rhifyn 1922 o *Y Llenor*. Yma gwelir erthyglau am Ffrainc, ei diwylliant, ei llenyddiaeth a'i gweithwyr gan Ambrose Bebb, R. T. Jenkins a Griffith J. Williams. Ysgrifennodd yr olaf o'r rhain gyflwyniad i 'Gyfres y Werin', sef y gyfres y cyhoeddwyd *Doctor er ei Waethaf* ynddi ym 1924. Pwysleisiodd yntau:

> Oni ddygir Cymru i gysylltiad â diwylliant y Cyfandir, oni ŵyr yr hyn y mae'r byd mawr tu hwnt i ororau Cymru a Lloegr yn ei feddwl, ofer yw inni obeithio am adfywiad llenyddol. Ac oherwydd hynny, credwn mai hwn yw un o'r pethau y mae mwyaf o'i angen arnom yng Nghymru heddyw. Rhaid inni agor ein dorau led y pen fel y gallo'r dylanwadau a gyniweirio trwy Ffrainc a gwledydd eraill lifo eto drwy ddyffrynnoedd Cymru.[34]

Canmol llenyddiaeth Ffrainc oedd amcan R. T. Jenkins yn yr un modd.[35] Cyfeiria at Ffrainc fel cartref ffurf y stori fer, ac fel gwlad a gyflwynai newydd-bethau o ran iaith, cynnwys a mydryddiaeth barddoniaeth. Y mae'n canmol ei defnydd o reswm, trefn, ansawdd a saernïaeth ei llyfrau sydd yn uwch o lawer nag yng Nghymru, ac eglurder ei hiaith. Ffrainc oedd yn arwain y ffordd ym myd llenyddiaeth yn ei dyb ef; yr oedd y wlad yn croesawu ac yn meithrin gwaith arloesol ac yr oedd dylanwad ei hawduron yn sgil hynny yn amhrisiadwy. Gwelwn nad oedd Saunders ar ei ben ei hun o ran ei edmygedd arbennig o'r wlad arbennig hon.

Y mae diddordeb Saunders yn llenyddiaeth Ewrop, ac yn fwy penodol, yn llenyddiaeth Ffrainc, yn deillio o'i gyfnod yn y brifysgol. Dechreuodd ei addysg uwch ym mis Hydref 1911 ym Mhrifysgol Lerpwl lle'r astudiodd Saesneg ac ychydig o Ffrangeg. Er mai Saesneg oedd ei brif bwnc, llenyddiaeth Ffrainc a aeth â'i fryd, a'r llenyddiaeth honno a gysylltir fwyaf â'i waith creadigol ei hun. Ar ôl graddio gyda dosbarth cyntaf mewn Saesneg, enillodd ysgoloriaeth fach i barhau â'i astudiaethau ar ffurf MA. Pwnc yr MA oedd dylanwadau Saesneg ar lenyddiaeth Gymraeg y ddeunawfed ganrif, ac yn ôl Robin Chapman bu dadleuon mawr gyda'i gyfarwyddwr am ganlyniadau ei ymchwil. Credai Saunders fod llenyddiaeth Gymraeg ddechrau'r ugeinfed ganrif yn ddiflas ac yn ddibwys o achos dylanwadau Saesneg. Dadleuodd y dylid dilyn 'that more ancient tradition . . . that ideal of a European commonwealth of minds'.[36] Gwelir cyffyrddiadau Ffrengig hyd yn oed yn null Saunders o gofnodi ei gyfansoddiadau rhyddiaith. Noda Islwyn Ffowc Elis fod Saunders wedi mabwysiadu dull Ffrengig o atalnodi deialog yn ei nofelau, *Monica* a *Merch Gwern Hywel*, drwy hepgor dyfynodau a gosod llinell fer (-) o flaen pob brawddeg neu baragraff a adroddir ar lafar.[37]

Gellir olrhain yr un symudiad oddi wrth y Saesneg tuag at lenyddiaeth Ewropeaidd, testunau Ffrangeg a Lladin fynychaf, yn ei gyfansoddiadau dramatig hefyd.[38] Y mae nifer yn gweld ei ddrama gyntaf, *The Eve of Saint John*, fel ymgais i ddatblygu gyrfa fel ysgrifennwr Eingl-Gymreig, ond rhoes y gorau i'r ymdrechion i rannu ei syniadau am Gymru â'r di-Gymraeg wedi hynny. Yn ôl Bruce Griffiths:

His first play, *The Eve of Saint John* (1921), is a curiosity: his only play in English. It is a whimsical one-act comedy set amongst the peasantry of nineteenth-century Wales. The influence of Synge is plain. The author says: 'I have tried to suggest in English the rhythms and idioms of Welsh, and the play is practically a translation' [. . .] Anglo-Welsh, he came to realize, is a dialect, and tends to limit the dramatist to purely parochial matters.[39]

Nid yn unig, felly, y defnyddiodd Saunders y ddrama fel ymdrech i gyfleu materion Cymreig yn y Saesneg, ond fe'i cyfansoddodd gan gadw'r iaith Gymraeg o dan sylw. Yr oedd iaith drama yn bwnc o ddiddordeb arbennig iddo erioed, rhywbeth sy'n arwyddocaol iawn yn ei gyfieithiadau, ac awgrymir hyn yn gyntaf yn *The Eve of Saint John* wrth iddo geisio mabwysiadu iaith Saesneg a adlewyrchai'r Gymraeg.

Ys dywed Robin Chapman: 'Ei nod oedd creu iaith ddramatig newydd a gyfleai rythmau a naws y Gymraeg i gynulleidfa ddi-Gymraeg, a gwneud hynny yn unol â chanonau gwrthrealaeth a heb bregethu a llwyddo'r un pryd i oglais cynulleidfa.'[40] Gellir felly ddiffinio *The Eve of Saint John* fel cyfieithiad neu addasiad yn ôl rhai deongliadau o'r maes. Yn ôl Gareth Miles, codi Cymru i lefel lenyddol gwledydd eraill oedd nod Saunders ym mhob agwedd ar ei ysgrifennu: 'As a writer and critic he strove unsparingly to present Wales with words and standards which could be unblushingly compared with the bourgeois literatures of France, England and Italy.'[41] Dadleuwn, felly, mai ymgais i gynhyrchu dramâu Cymraeg Ewropeaidd eu naws a'u cyrhaeddiad oedd ei ymdrechion wrth lunio'i holl ddramâu, ac yn arbennig ei gyfieithiadau. Fel y gwelwn, cyflwyno byd dramatig Ffrainc i'r Cymry Cymraeg oedd un wedd o'r rhesymeg y tu ôl i'r cyfieithiadau, a gellir dadlau bod llinyn tebyg yn cysylltu ei holl gyfansoddiadau theatraidd.

Hawdd deall pwysigrwydd y byd llenyddol Ffrangeg i Saunders o gofio mai'r Ffrangeg a gyneuodd ei angerdd at y Gymraeg yn y lle cyntaf. Nid oedd y Gymraeg yn allweddol bwysig i Saunders o'r cychwyn cyntaf, ond yr oedd presenoldeb Ffrainc a'i llenyddiaeth yn amlwg yn ystod ei blentyndod. Ganwyd Saunders i rieni Cymraeg yn Wallasey ym 1893. Yn dilyn marwolaeth ei fam, Mary Margaret Owen, o'r diciâu ym 1900, magwyd Saunders gan ei dad, y Parchedig Lodwig Lewis, a'i fodryb ddibriod, Ellen Thomas. Er mai Cymraeg oedd iaith ei aelwyd ac er bod y Saesneg wedi'i gwahardd yno,[42] ychydig oedd ei ymwybyddiaeth o ddiwylliant Cymraeg a'i ddiddordeb ynddo yn ystod ei ieuenctid. Yn ôl D. J. Williams:

[I]n his younger days, he does not seem to have indicated any marked attachment to his own country and nation, apart from the real enjoyment of holidays in the native haunts of his family in Anglesey. Indeed, one gathers from his later writings that his attitude was a somewhat superior one, even a snobbish one towards these things, because of their relative insignificance in the wider world he had now entered. Nor was this to be wondered at, perhaps, in a bright young intellectual, who was attracted by the cult of experience for its own sake, and towards a certain group of French authors.[43]

Atgyfnerthir hyn gan Gareth Miles, a ddywed mai magwraeth Saunders 'ymhlith bwrgeisiaeth barchus Wallasey, a'r addysg elitaidd a dderbyniodd yn Liscard High School a Phrifysgol Lerpwl a fu'n gyfrifol am geidwadaeth ei syniadau ynglŷn â chrefydd a diwylliant, a pherthynas Cymru ac Ewrop'.[44] O ystyried ei fagwraeth ieithyddol gymysg, a'r addysg ysgol ramadeg a dderbyniodd, naturiol oedd ehangu ei orwelion, ac edrych am ysbrydoliaeth y tu hwnt i'r byd a adwaenai.

Yr oedd dylanwad Ffrainc i'w weld yng ngweithgareddau allgyrsiol Saunders yn yr ysgol hefyd, oherwydd fel yr edrydd D. Tecwyn Lloyd, ei unig ddiddordeb y gellir ei olrhain yw'r ddrama, a'r ddrama Ffrangeg yn benodol. Cyfeirir ato ddwywaith yn *Liscard High School Magazine* yn cymryd rhan mewn perfformiadau o ddwy ddrama Ffrangeg, sef *Ah, si j'étais* [*sic*] *Professeur* a *Le Bourgeois Gentilhomme*, drama gan Molière fel mae'n digwydd. Awgryma Lloyd mai dramâu Ffrangeg yn unig a berfformid yn yr ysgol gan na chyfeirir at unrhyw weithiau eraill yn y cylchgrawn nac ym mhapurau newydd lleol Wallasey. Ac fel y dywed: 'Mae'n amlwg fod gan S.L. wybodaeth a phrofiad llwyfan o ddramâu felly yn gynnar yn ei yrfa, ac nid rhyfedd mai drama Ffrangeg oedd y peth cyntaf a gyfieithodd i Gymraeg ymhen tair blynedd ar ddeg wedyn', a drama gan Molière at hynny.[45]

Tywyswyd Saunders i ymroi i'w etifeddiaeth Gymraeg yn rhannol gan ei dad, y Parchedig Lodwig Lewis, a ddywedodd wrtho'n fachgen: 'ddaw dim byd ohonoch chi nes y dowch chi 'nôl at eich gwreiddiau'.[46] Dyfyniad enwog iawn yw hwn, wrth gwrs, y cyfeiriai Saunders ato'n rheolaidd wrth esbonio'i ddychweliad i Gymru fel y mab afradlon. A dyma'n union a wnaeth Saunders drwy weddill ei oes, dychwelyd at ei wreiddiau a'u harddangos i'r byd ym mhob cyfrwng posibl. Fel y dywed J. E. Caerwyn Williams:

> [G]ellid portreadu bywyd y mab ar y thema hon, bywyd gŵr yn ail-ddarganfod ei wreiddiau ar ôl iddo gael ei demtio i'w gwadu, ond gellid dadlau hefyd na bu ef erioed yn ddiymwybod o'i wreiddiau, ac mai'r hyn a ddigwyddodd iddo ydoedd ei fod wedi dod yn fwy ymwybodol ohonynt gyda'r blynyddoedd ac wedi eu chwilio i'w blaenau nid yn unig yn ei deulu, ond hefyd yn ei genedl, ac nid yn unig yn ei genedl ond hefyd yn y tylwyth Ewropeaidd y perthyn ei genedl iddi.[47]

Noder y gwelir y berthynas ag Ewrop fel thema ganolog unwaith eto yma. I Saunders, deall lle Cymru yn Ewrop oedd hanfod deall natur Cymru, ac yn wir, yn ôl Saunders ei hun, darllen llenyddiaeth Ffrangeg a'i harweiniodd yn y pen draw at gyfansoddi ei lenyddiaeth ei hun yn y Gymraeg. Barrès a daniodd ddiddordeb Saunders yn llenyddiaeth Cymru, ond bu'n gyfrifol hefyd am lawer mwy na hynny: 'Barrès a'm troes i'n genedlaetholwr Cymreig o argyhoeddiad. Wedyn, mi benderfynais fod rhaid i mi feistroli Cymraeg a darllen llenyddiaeth Gymraeg.'[48]

Darllenai Saunders yn helaeth yn y Ffrangeg: Paul Claudel, François Mauriac, Jacques Rivière, Étienne Gilson, ond ymhlith y rhain oll, 'Barrès fu'r dylanwad allweddol, y dylanwad a droes gyfeiriad ei fywyd',[49] chwedl D. Tecwyn Lloyd, oherwydd fel y cyffesodd Saunders ei hun: 'Mae fy nyled innau iddo yn fwy nag a allaf ei chyfrif. Trwyddo ef y darganfûm i Gymru ac y gweddnewidiwyd hedoniaeth fy ieuenctid.'[50]

Gwelwn, felly, mai llenyddiaeth Ffrangeg a ddaeth â Saunders yn ôl at y Gymraeg, ac mae hi'n ddigon addas mai llenyddiaeth Ffrangeg oedd y dewis amlwg ar gyfer ei waith cyfieithu.

Pwysleisiodd Kate Roberts, a adwaenai Saunders a'i arferion darllen yn dda, ei fod wedi parhau i ddarllen llenyddiaeth Ffrainc a gwledydd eraill gorllewin Ewrop yn gyson, nid yn unig er mwyn gwerthfawrogi eu mawredd, ond er mwyn gwella ei ddealltwriaeth o lenyddiaeth Gymraeg, ac ymhellach, er mwyn perffeithio ei gyfraniad ef at y canon llenyddol Cymraeg:

> Astudiodd brif lenyddiaethau gorllewin Ewrop a'u darllen yn y gwreiddiol. Nid peth i'w dysgu er ei mwyn ei hun yw iaith iddo ef, eithr moddion i ddeall llenyddiaeth a bywyd y gwledydd hynny. Bu hyn yn fantais fawr iddo nid i ddeall llenyddiaeth gwledydd Ewrop, eithr i ddeall llenyddiaeth ei wlad ei hun.[51]

Iaith, wrth gwrs, yw'r elfen allweddol yma. Dywed Kate Roberts iddo ddarllen y llenyddiaethau hyn yn y gwreiddiol, yn hytrach, felly, nag fel cyfieithiadau i'r Saesneg. Y mae hyn yn arwyddocaol o ystyried ei ymdrechion ef i drosi gweithiau Molière, Beckett a Balzac ymysg eraill i'r Gymraeg. Awgrymir bod rhyw elfen yn cael ei cholli yn y cyfieithiad, ond bod pwrpas i'r trosi serch hynny. Gallai ei gyfieithiadau ef gyflwyno'r byd llenyddol Ewropeaidd i gynulleidfa Gymraeg mewn ffordd uniongyrchol, heb bontio'r bwlch gyda chyfieithiadau Saesneg, iaith nad oedd yn rhannu'r un gwreiddiau â Chymru ag a wnâi'r Ffrangeg, yn ôl Saunders. Er bod bylchau a gwahaniaethau, fel y gwelwn, yn bodoli o hyd yn ei gyfieithiadau Cymraeg, mae'r bylchau hynny yn wahanol i'r rhai Saesneg, ac felly y mae'r profiad Cymraeg o'r theatr Ffrangeg yn brofiad unigryw eto, profiad a grëwyd yn benodol ar gyfer cynulleidfa Gymraeg a Chymreig.

Afraid dweud bod Saunders wedi'i ddylanwadu i raddau helaeth gan yr hyn a ddarllenai, ac fel y cyfeddyf ef ei hun yn bwrpasol iawn mewn ysgrif am farddoniaeth ym 1958, caiff pob bardd, pob awdur felly, ei ffurfio gan ei hynafiaid, gan arweinwyr y byd creadigol:

A poet is a schoolboy who likes poetry even after being taught it. Lines and verses stick in his mind, are exciting, and he tries to do something similar. Then he discovers that the most absorbing of all verse is that of his slightly elder contemporaries. Poets are largely formed by their seniors, whether in their image or in revolt against it.[52]

O ystyried yr hyn a wyddom am edmygedd Saunders o'r llenorion a'r ysgolheigion Ffrangeg, a ellid dadlau bod Saunders yn gweld y cewri Ffrengig hyn fel ei hynafiaid ef? Ac a oedd ef, felly, yn efelychu'r Ffrangeg ac yn gwrthod y ddrama Gymraeg fel yr oedd hi er mwyn tynnu ar esiampl yr hynafiaid hyn? Mae ei gyfieithiadau, ym mhob ffurf, yn awgrymu ei fod.

Y mae rhai megis Dafydd Glyn Jones yn dadlau nad Ewrop oedd yr unig ddylanwad ar Saunders, ond bod olion llenyddiaeth Saesneg i'w gweld yn glir yn ogystal:

Although it is to France that he acknowledges most of his conscious debts, and it is to the world of the *Nouvelle Revue Française* that he is naturally drawn, we must not forget that Saunders Lewis has plenty of intellectual cousins also in the English-speaking world.[53]

Ac fel y gwelwyd eisoes, Saesneg oedd prif bwnc ei ddwy radd ym Mhrifysgol Lerpwl. Yn yr un modd, dadleua D. Tecwyn Lloyd y cysylltir syniadau gwleidyddol Saunders â Saeson megis G. K. Chesterton, Hilaire Belloc ac Eric Gill lawer mwy nag y gellir eu cysylltu â'r theorïwyr Ffrangeg y tueddai Saunders ei hun i'w ffafrio yn agored.[54] Serch hynny, perthnasol yw nodi mai i'r Ffrancwyr y dewisai Saunders gysegru ei ffyddlondeb yn llenyddol a gwleidyddol. Nid pwrpas y gwaith hwn yw gwadu dylanwadau eraill ar waith Saunders ychwaith, ond yn hytrach fapio effaith ac arwyddocâd ei ddiddordebau amlweddog yn Ewrop yng nghyd-destun ei waith cyfieithu. At hynny, gwelir y gwahaniaeth cliriaf rhwng presenoldeb Lloegr a phresenoldeb Ewrop yn ei waith dramataidd.

Y Ddrama Gymraeg ac Ewrop

Fel y gwelwyd yn y bennod flaenorol, dadleuai Saunders yn ffyrnig yn erbyn dylanwad theatr Lloegr ar theatr Cymru. Mae'r ddrama Gymraeg, yn ôl Saunders, yn wahanol iawn i'r ddrama Saesneg o achos presenoldeb symbolau Cristnogaeth, ac felly anochel yw troi at y ddrama Ewropeaidd am arweiniad:

> Nid ydym yn byw yn yr un byd â byd y ddrama Saesneg. Y mae'n byd ni'n fwy cyntefig, yn fwy barbaraidd, os mynnwch. Ond dyna'n lwc ni a dylem wneud yn fawr ohono. Nid oes gan gynulleidfa Seisnig ddim i'w huno heddiw ond apêl analytic-feirniadol y meddwl. Nid oes ganddi gyfundrefn o symbolau na chefndir o deimlad cyffredin. Ond y mae crefydd eto'n aros yn rhan bwysig o fywyd Cymru ac yn sicrhau grym simbolau ac undod teimladol . . . Oni bo addoli ym mywyd cymdeithas ni welaf sut y gellir cyflwyno drama symbolaidd iddi. A symbolig yw hanfod y ddrama farddonol.[55]

Dadleuodd fod dilyn yr esiampl Ewropeaidd yn cynnig cyfle i'r ddrama Gymraeg oresgyn y traddodiad Saesneg. Cyfeiria unwaith eto at yr hanes cyffredin sydd gan Gymru ac Ewrop yn ei erthygl am y ddrama yn Ffrainc, gan fynnu mai dychwelyd at draddodiad a gwreiddiau'r theatr Gymraeg, fel y theatr Ffrangeg, oedd y dyfodol, yn union fel y gwnaeth ef drwy gydol ei yrfa lenyddol:

> Canys gwaded a fynno, dynwarediad tlawd o chwaraeon cymdeithasol a chwaraedai ariannog Lloegr a fu'r ddrama a'r chwarae Cymraeg hyd yn hyn, a dyna un rheswm am ein haflwyddiant. Ond mewn ugain mlynedd fe ddaw syniadau Gémier yn gyffredin yn Lloegr,[56] ac yna byddwn ninnau ar frys i'w hefelychu. Pe gafaelem yn awr ar y syniadau hyn, ni a achubem y blaen ar y Sais, a hynny heb ddynwared neb. Oblegid drama ar y dull a fyn Gémier oedd yr hen ddrama Gymraeg, a bu yng Nghymru un oedd yn feistr ar gelfyddyd arbennig y chwarae hwnnw.[57]

Ac yn wir, yr oedd dylanwad y Saesneg i'w weld yn rhy aml hefyd ym maes cyfieithu llenyddol. Fel y disgrifia yn ei erthygl 'Cyfieithwyr':

> I genedl fechan a fo'n awyddus am lyfrau y mae cyfieithu o ieithoedd eraill i'w phriod iaith hi ei hunan yn un o'r bendithion. Mewn ieithoedd lawer yn Ewrop y mae cyfieithu yn rhan bwysig o lên y gwledydd. Yn y gorffennol bu gormod o drosi o Saesneg i Gymraeg. Rhy ychydig sydd heddiw o droi clasuron cyfandir Ewrop i'n hiaith. Trist meddwl fod trosiadau Hudson Williams o ddramâu Tsiechoff [sic] a chlasuron eraill

Rwseg yn aros heb eu hargraffu. Croeso felly i bob nofel a stori o gyfandir Ewrop a droir yn gain i Gymraeg.[58]

Rhaid, felly, oedd gwahanu'r traddodiadau Cymraeg a Saesneg, a sicrhau nad oedd y ddrama Gymraeg yn diflannu i gysgod arweinwyr y maes yn Lloegr. Mynnodd fod angen newid, ac fel y gwelwn, cyflwynodd y newid hwnnw ar ei liwt ei hun gan ddechrau gyda *Doctor er ei Waethaf* ym 1924.

Gwyddys bod y ddrama Ewropeaidd yn esiampl bwysig i Saunders o ran ei chynnwys ond hefyd o ran ei llwyfan. Achos siom iddo oedd diffyg traddodiad theatr a'i llwyfan yng Nghymru, ac fe ymddengys unwaith eto mai theatr broffesiynol Ffrainc oedd yr ysbrydoliaeth fwyaf iddo. Teimlai fod angen tynnu'r ddrama Gymraeg oddi ar ei dibyniad ar yr Eisteddfod a gosod sylfaeni cadarn iddi ar ffurf theatr broffesiynol. Ond er gwaethaf ei rwystredigaeth, ni allai ymatal rhag parhau i gyfansoddi; yr oedd yn rhaid iddo ysgogi newid: 'mae'n boen i mi ysgrifennu dramâu yr ydw'i i'n [*sic*] na fedr neb 'u hactio nhw. Mae'n boen enbyd. . .Yr unig ffurf o ysgrifennu sydd yn apelio ata' i yn gry', o ysgrifennu creadigol, yw drama.'[59] Ai eironi ynteu fwriad, felly, sydd yn gyfrifol am lunio *Wrth Aros Godot* fel drama radio yn rhan o gyfres 'Y Ddrama yn Ewrop'? Efallai y teimlai Saunders nad oedd llwyfan Cymraeg addas o hyd a allai ymdopi â lefel a gofynion y ddrama Ffrangeg abswrdaidd hon.

Er nad oedd theatr broffesiynol yng Nghymru, ac er gwaethaf gwendidau'r ddrama Gymraeg, rhaid oedd ceisio, rhaid oedd cyflwyno llwyddiannau a syniadau dramâu Ewrop er mwyn creu newid, ac er mwyn ysbrydoli a sbarduno drama Gymraeg newydd. At y diben hwnnw, dadleuodd Saunders dros bwysigrwydd cyfieithu ac addasu gweithiau llenyddol o bwys mewn gwledydd eraill i'r Gymraeg er mwyn hybu datblygiad traddodiad llenyddol Cymraeg, yn enwedig ym myd y theatr:

> [W]e should set ourselves now to translate the classics, to act them constantly, and make them familiar to our audiences. For it is only so that we can acquire a high taste and intelligent appreciation and an exacting judgement, and without these we shall always be content with what is crude and inartistic.[60]

Soniai Lewis yn benodol am y cewri ym myd y ddrama, am Shakespeare, am y Groegiaid ac am Molière, '[c]rewyr mawr y byd',[61] chwedl

Robin Chapman. Nid yw'n syndod, felly, mai at Molière y troes Saunders yn gyntaf, ym 1924, er mwyn trosglwyddo ei ddylanwad a'i fawredd i Gymru.

Ymhellach, gellir dadlau bod olion llenyddiaeth Ffrangeg, ac yn wir olion cyfieithu, i'w gweld drwy gydol gweithiau cynnar Saunders Lewis. Yr unig ddramâu gwreiddiol a gynhyrchodd cyn ei gyfieithiad o ddrama Molière oedd ei unig ddrama Saesneg, *The Eve of Saint John* (1921), a drama a barodd siom iddo wedi hynny, *Gwaed yr Uchelwyr* (1922). Mae hi'n arwyddocaol, felly, iddo edrych am ysbrydoliaeth y tu hwnt i Gymru drwy droi at Ffrainc wrth lunio ei waith nesaf. Pwysleisia Robin Chapman fod *Gwaed yr Uchelwyr* yn cynrychioli trobwynt i Saunders, gan iddo benderfynu troi ei gefn ar ddehongli Cymru i bobl eraill, i'r Cymry di-Gymraeg a'r cynulleidfaoedd pellach eto: 'Ei gyd-Gymry fyddai ei ddewis gynulleidfa'[62] o hyn allan. Er bod y datganiad hwn yn rhannol wir, ni ellir anwybyddu'r ffaith iddo droi yn gyntaf at ymgais arall i ddehongli, i gyflwyno byd newydd i Gymru, yn hytrach na chyflwyno Cymru i'r byd. Yr oedd cyfieithu, felly, yn rhan allweddol o'i ddatblygiad fel llenor.

Yn wir, y mae cyfieithiadau neu addasiadau yn treiddio i nifer fawr o'i weithiau creadigol a elwir yn 'wreiddiol'. Y mae ysgrif Bruce Griffiths yn nodi bod presenoldeb sawl llenor Ffrangeg i'w ganfod yn ei weithiau, a bod Saunders ei hun wedi cydnabod hyn yn aml.[63] Mewn erthygl a luniodd Saunders ar Pierre Corneille ym 1947, sy'n disgrifio ei effaith ar ei waith, dywedodd:

> O bryd i'w gilydd yr wyf innau wedi byw flynyddoedd gyda dramâu Corneille ac wedi ceisio trosglwyddo fwy nag unwaith broblem Gornelaidd i amgylchiadau neu gefndir Cymreig. Problem yn null Corneille, sef gwrthdrawiad rhwng serch a ffyddlondeb teuluaidd, y ceisiais i ei gosod yn fy nrama gyntaf [*sic*], 'Gwaed yr Uchelwyr', ac fe geir sefyllfa debyg eto yn 'Amlyn ac Amig'.[64]

Noder nad yw Saunders hyd yn oed yn cydnabod *The Eve of Saint John* yma wrth gyfeirio at ei ddrama gyntaf. Mae hi'n amlwg ei fod wedi creu pellter rhyngddo ef a'r gwaith yn gyflym iawn.

Cydnabyddir dylanwad llenorion Ffrainc ar waith Saunders eisoes, a manylir ar hyn yn effeithiol iawn gan David Glyn Jones [*sic*] yn ei draethawd MA, *Saunders Lewis fel Dramodydd*. Amlinella'r traethawd hwn effaith sylweddol Corneille a Racine yn benodol ar ddramâu Saunders, fel esiamplau enwog o'r ddrama glasurol Ffrangeg, ac yn aml fe gynhwysir Molière yn yr un categori. Y ddrama glasurol, felly, a apeliai at Saunders, ac yn bennaf, y rhesymeg strwythurol a geir wrth ei gwraidd hi:

Fe fynnai Molière resymeg hyd yn oed mewn ffârs; dyna'r pam y mae'r *Doctor Er Ei Waethaf* yn glasur. Gwn, wrth gwrs, nad trwy resymegu y bydd y dramaydd na'r bardd yn cael deunydd, ond y mae ei resymeg yn elfen o feirniadaeth a disgyblaeth yn holl broses ei gyfansoddi, yn taflu allan ac yn gwrthod pob dim sy'n ddieithr i hanfod ei destun.[65]

Mae rhesymeg i strwythur y ddrama, i ymddygiad y cymeriadau ac i'r canlyniadau a ddaw yn sgil hynny, ac y mae disgyblaeth y dramodwyr hyn i'w hedmygu yn anad dim. Teimlai Saunders y dylai dramodydd ymroi yn gyfan gwbl i'r theatr, a dyna a wnaeth y tri chlasurwr hyn. Mae David Glyn Jones [*sic*] yn crynhoi dylanwad Corneille a Racine ar Saunders yn effeithiol iawn:

Oddi wrth Racine, yn bennaf ymhlith dramodwyr, y cafodd Saunders Lewis ei ymwybod â realiti pechod, â serch fel grym symudol, ac â'r angen uwchlaw popeth am ddisgyblaeth a threfn, mewn bywyd fel mewn celfyddyd. Gan Corneille y cafodd ei ddilemâu moesol mawrion a'i gyfundrefn raddedig o werthoedd, a hefyd rai o'i themâu politicaidd a'i sefyllfaoedd.[66]

Gellir ategu hyn drwy ddweud mai gan Molière y dysgodd am bŵer dychan fel arf i feirniadu'r gymdeithas ac am brydferthwch a grym iaith fel mynegiant ar lwyfan ac fel pwnc mewn drama.

Dylanwadodd y clasurwyr Ffrangeg ar ddull cyfansoddi Saunders, felly, ond ymhellach, y mae cyffyrddiadau cyfieithu i'w gweld mewn sawl ffurf arall yn ei ddramâu: cyfieithiad yw sylfaen *Amlyn ac Amig* gan ei bod hi wedi'i seilio ar chwedl Ffrangeg *Amis et Amiles*, cyfeirir yn gyson yn *Siwan* at chwedl Tristan ac Iseult, a cheir elfennau o ddrama Corneille, *Polyceute*, yn *Gymerwch Chi Sigaret?* Nid Corneille yw'r unig ddylanwad ar *Gwaed yr Uchelwyr* ychwaith. Yn dilyn marwolaeth ei arwr llenyddol, Barrès, ym 1924, lluniodd Saunders erthygl amdano lle cyfeddyf: 'Nid yw fy nrama "Gwaed yr Uchelwyr" ond ymdrech aflwyddiannus i droi "Colette Baudoche" yn Gymraeg a Chymreig.'[67] Mae hyd yn oed ei ddrama Gymraeg gyntaf yn dyfod o ddylanwad llenyddiaeth Ffrangeg, ac yn dangos olion gwaith cyfieithu. Efallai ei bod hi hefyd yn arwyddocaol mai ym 1924, yn dilyn colli'r ffigwr

Ffrangeg pwysicaf i Saunders ym mis Rhagfyr 1923, y troes ei law at gyfieithu ffyddlon am y tro cyntaf, mewn ymgais i gyflwyno'r theatr Ffrangeg i gynulleidfa Gymraeg. Nid *Gwaed yr Uchelwyr* oedd ei unig ymgais i gyfieithu testun a dyfodd yn destun hollol newydd. Disgrifiodd Saunders *Esther* fel drama 'which began as an attempt to translate Racine but soon took flight on its own'.[68] Ysgrifennodd Saunders hefyd sawl addasiad o weithiau Ffrangeg gan gynnwys *Serch yw'r Doctor* (1960)[69] ac *Y Cyrnol Chabert* (1968). Addasiad o ddrama Molière, *L'Amour médecin*, yw'r cyntaf, a drama a seiliwyd ar *novella* Balzac, *Le Colonel Chabert*, yw'r ail. Dechreuodd Saunders hefyd ysgrifennu addasiad arall, drama yn seiliedig ar nofel gan Georges Bernanos (1888–1948), sef *Le Journal d'un curé de campagne*.[70] Drama anghyflawn yw'r gwaith, a dim ond tair golygfa a luniodd Saunders cyn cefnu arni. Honnodd mewn nodyn fod Bernanos wedi gwrthod rhoddi caniatâd iddo gyhoeddi'r gwaith, ond gan mai ym 1975 yr ysgrifennodd hynny a chan mai ym 1948 y bu farw Bernanos cred Ioan Williams nad yw hyn yn debygol o fod yn gwbl wir. Yn hytrach, dywed Williams mai anodd iawn fyddai trosi cymhlethdod y nofel i'r sgrîn deledu, ac er mai methiant fu ei ymgais, paratôdd y ffordd ar gyfer ei ymgais nesaf sef *Y Cyrnol Chabert*.[71]

Tystiolaeth glir yw'r holl weithiau hyn o'r ffordd y mae cyfieithu yn ysbrydoli gwaith newydd, ac o bwysigrwydd hanfodol cyfieithu ac addasu i ddramâu Saunders Lewis ac i theatr Cymru. Gofynnwn i ba raddau, felly, y crwydrodd ei destunau a labelir yn gyfieithiadau i ffwrdd o'u gwaith gwreiddiol, ac ystyriwn a oes modd eu diffinio nhw fel celfyddweithiau annibynnol yn yr un ffordd ag yr ystyrir *Gwaed yr Uchelwyr* ac *Esther*.

Fel y gwelir, felly, hawdd yw dadlau bod sawl gwedd ar Saunders Lewis fel Ewropead, ac mai Ffrainc, ei hanes, ei chymdeithas, ei gwleidyddiaeth a'i llên oedd calon hyn oll iddo: 'Yn Ffrainc nid difyrrwch munudau segur yw llenyddiaeth, ac nid difyrrwch a geisir mewn llyfrau na chan y beirdd, eithr bwyd i'r deall a'r ysbryd, cynhysgaeth gwareiddiad.'[72] Gobeithiai Saunders ddysgu o esiampl ei gwareiddiad ysbrydol a deallusol, a chynhyrchu dyfodol llewyrchus i Gymru fel rhan hunanlywodraethol o Ewrop newydd. I'r perwyl hwn, efelychodd syniadau gwleidyddol Barrès, barddoniaeth symbolaidd Claudel, ac fel y gwelwn, ddramâu clasurol ac abswrdaidd Molière a Samuel Beckett yn eu tro.

Nodiadau

[1] Pennar Davies, 'His Criticism', yn Alun R. Jones a Gwyn Thomas (goln), *Presenting Saunders Lewis* (Cardiff: University of Wales Press, 1983), tt. 93–105, 94.

[2] Saunders Lewis, 'Lloegr ac Ewrop a Chymru', yn Saunders Lewis, *Canlyn Arthur: Ysgrifau Gwleidyddol* (Llandysul: Gwasg Gomer, 1985), tt. 29–32, 31.

[3] Dafydd Glyn Jones, 'His Politics', yn Jones a Thomas (goln), *Presenting Saunders Lewis*, tt. 23–78, 32.

[4] Saunders Lewis, 'Lloegr ac Ewrop a Chymru', t. 25.

[5] Saunders Lewis, 'Lle Pyncid Cerddi Homer', yn Saunders Lewis, *Ysgrifau Dydd Mercher* (Aberystwyth: Y Clwb Llyfrau Cymreig, 1945), tt. 19–24, 19.

[6] J. E. Caerwyn Williams, 'Saunders Lewis: yr Ysgolhaig a'r Beirniad', yn D. Tecwyn Lloyd a Gwilym Rees Hughes (goln), *Saunders Lewis* (Abertawe: Christopher Davies, 1975), tt. 20–71, 47.

[7] Bruce Griffiths, 'Saunders Lewis: Ewropead Cymreig Mawr', *Barn*, 368 (Medi 1993), 24–5, 24.

[8] Williams, 'Saunders Lewis: yr Ysgolhaig a'r Beirniad', 46.

[9] Gareth Miles, 'Saunders Lewis – Ewropead Mawr?', *Barn*, 366/367 (Gorffennaf/ Awst 1993), 62–5, 65.

[10] Miles, 'Saunders Lewis – Ewropead Mawr?', 63.

[11] Saunders Lewis, 'Ffrainc Cyn y Cwymp', yn Lewis, *Ysgrifau Dydd Mercher*, t. 9.

[12] Martin Esslin, *The Theatre of the Absurd* (London: Pelican Books, 1968), t. 26.

[13] Miles, 'Saunders Lewis – Ewropead Mawr?', 63–4.

[14] T. Robin Chapman, *Un Bywyd o Blith Nifer: Cofiant Saunders Lewis* (Llandysul: Gwasg Gomer, 2006), t. 344.

[15] Llythyr Saunders Lewis at D. J. Williams (14 Rhagfyr 1957). Emyr Hywel (gol.), *Annwyl D.J.: Detholiad o'r Ohebiaeth rhwng D. J. Williams, Kate Roberts a Saunders Lewis, 1924–69* (Talybont: Y Lolfa, 2007), t. 228.

[16] Hywel (gol.), *Annwyl D.J.*, tt. 228–9.

[17] Saunders Lewis, 'Dylanwadau: Saunders Lewis. Mewn Ymgom ag Aneirin Talfan Davies', *Taliesin*, 2 (Nadolig 1961), 5–18, 13.

[18] 'Malltod yw'r Mudiadau Cymreig', *Baner ac Amserau Cymru* (22 Mawrth 1962), 1.

[19] Chapman, *Un Bywyd o Blith Nifer*, t. 326.

[20] D. Gwenallt Jones, 'Barddoniaeth Saunders Lewis', yn Pennar Davies (gol.), *Saunders Lewis: ei feddwl a'i waith* (Dinbych: Gwasg Gee: 1950), tt. 65–77, 66.

[21] Saunders Lewis, 'The Literary Man's Wales', *Welsh Outlook* (Hydref 1929), 102–3.

[22] A. O. H. Jarman, 'Saunders Lewis', *Y Traethodydd*, Cyfrol XLVIII, Rhif 629 (Hydref 1993), 192–206, 196.

[23] D. J. Williams, 'Saunders Lewis – A Man of Destiny', yn Jones a Thomas (goln), *Presenting Saunders Lewis*, tt. 3–5, 3.

[24] Mair Saunders Lewis, Ned Thomas a Harri Pritchard Jones (goln), *Saunders Lewis: Letters to Margaret Gilcriest* (Cardiff: University of Wales Press, 1993), t. 314.

[25] D. Ben Rees, 'Gwreiddiau J. Saunders Lewis ar Lannau Mersi', yn D. Ben Rees (gol.), *Ffydd a Gwreiddiau John Saunders Lewis* (Lerpwl: Cyhoeddiadau Modern Cymreig, 2002), tt. 13–41, 27.

[26] Chapman, *Un Bywyd o Blith Nifer*, t. 131.

[27] Hywel, *Annwyl D.J.*, t. 105.

[28] Chapman, *Un Bywyd o Blith Nifer*, t. 208.

[29] Gohebiaeth ag Emyr Humphreys drwy law yr Athro M. Wynn Thomas ar 19 Gorffennaf 2015.

[30] Percy Mansell Jones, 'Sketches for a Portrait', yn Davies (gol.), *Saunders Lewis: ei feddwl a'i waith*, tt. 18–27, 22.

[31] Jones, 'Sketches for a Portrait', t. 27.

[32] Chapman, *Un Bywyd o Blith Nifer*, t. 202.

[33] Gunilla Anderman, *Europe on Stage: Translation and Theatre* (London: Oberon, 2005), tt. 13–4.

[34] Griffith J. Williams, 'Cyfres y Werin', *Y Llenor*, 1 (1922), 71–6, 72.

[35] R. T. Jenkins, 'Yr Adwaith yn Llenyddiaeth Ffrainc yn yr Oes Bresennol', *Y Llenor* (1922), 102–21.

[36] Chapman, *Un Bywyd o Blith Nifer*, t. 68.

[37] Islwyn Ffowc Elis, 'Dwy Nofel', yn D. Tecwyn Lloyd a Gwilym Rees Hughes (goln), *Saunders Lewis* (Abertawe: Christopher Davies, 1975), tt. 124–67, 162.

[38] J. Gwyn Griffiths, 'Saunders Lewis fel Gwleidydd', yn Lloyd a Hughes (goln), *Saunders Lewis*, tt. 72–95.

[39] Bruce Griffiths, 'His Theatre', yn Jones a Thomas (goln), *Presenting Saunders Lewis*, tt. 79–92, 79.

[40] Chapman, *Un Bywyd o Blith Nifer*, t. 58.

[41] Gareth Miles, 'A Personal View', yn Jones a Thomas (goln), *Presenting Saunders Lewis*, tt. 14–19, 18.

[42] A. O. H. Jarman, 'Llosgi'r Ysgol Fomio: Y Cefndir a'r Canlyniadau', yn Lloyd a Hughes (goln), *Saunders Lewis*, tt. 96–123, 96.

[43] D. J. Williams, 'Saunders Lewis – A Man of Destiny', yn Jones a Thomas (goln), *Presenting Saunders Lewis*, tt. 3–5, 3.

[44] Miles, 'Saunders Lewis – Ewropead Mawr?', 65.

[45] D. Tecwyn Lloyd, *John Saunders Lewis: Y Gyfrol Gyntaf* (Dinbych: Gwasg Gee, 1988), t. 59.

[46] Lewis, 'Dylanwadau: Saunders Lewis mewn ymgom ag Aneirin Talfan Davies', 5.

[47] Williams, 'Saunders Lewis: yr Ysgolhaig a'r Beirniad', tt. 22–3.

[48] Lewis, 'Dylanwadau: Saunders Lewis mewn ymgom ag Aneirin Talfan Davies', t. 11.

[49] Williams, 'Saunders Lewis: yr Ysgolhaig a'r Beirniad', t. 44.

[50] Saunders Lewis, 'Maurice Barrès: Prif Lenor Ffrainc. Cysylltiad Dyn a'i Genedl', *Baner ac Amserau Cymru* (24 Ionawr 1924), 5.

51 Kate Roberts, 'Rhyddiaith Saunders Lewis', yn Davies (gol.), *Saunders Lewis: ei feddwl a'i waith*, tt. 52–64, 60.

52 Saunders Lewis, 'The Poet', yn Jones a Thomas (goln), *Presenting Saunders Lewis*, tt. 171–6, 171.

53 Jones, 'His Politics', t. 46.

54 Miles, 'Saunders Lewis – Ewropead Mawr?', 65.

55 Saunders Lewis, 'Cwrs y Byd', *Baner ac Amserau Cymru* (17 Medi 1947), 8.

56 Actor, cynhyrchydd a chyfarwyddwr theatr Ffrangeg oedd Firmin Gémier (1865–1933) a hybodd fudiad y theatr boblogaidd.

57 Saunders Lewis, 'Y Ddrama yn Ffrainc', *Y Darian* (7 Gorffennaf 1921), 3.

58 Saunders Lewis, 'Cyfieithwyr', *Western Mail* (19 Chwefror 1966), 8.

59 Lewis, 'Dylanwadau: Saunders Lewis mewn ymgom ag Aneirin Talfan Davies', 13.

60 Saunders Lewis, 'The Present State of Welsh Drama', *Welsh Outlook* (Rhagfyr 1919), 302–4, 304.

61 Chapman, *Un Bywyd o Blith Nifer*, t. 58.

62 Chapman, *Un Bywyd o Blith Nifer*, t. 85.

63 Griffiths, 'His Theatre', tt. 79–92.

64 Saunders Lewis, 'Dramâu Corneille', Cwrs y Byd, *Y Faner* (4 Ionawr 1950), 8.

65 D. G. Jones, 'Saunders Lewis fel Dramodydd' (traethawd MA heb ei gyhoeddi, Coleg y Brifysgol Bangor, Bangor, 1964), tt. 11–12.

66 Jones, 'Saunders Lewis fel Dramodydd', t. 19.

67 Lewis, 'Maurice Barres: Prif Lenor Ffrainc. Cysylltiad Dyn a'i Genedl', 5.

68 'Welsh Playwrights Preparing for a Welsh Theatre', *The Times* (27 Chwefror 1961), 5.

69 Gofynnodd Arwel Hughes i Saunders ysgrifennu libreto *Serch yw'r Doctor* pan gafodd yntau ei gomisiynu gan Gyngor Celfyddydau Cymru i gyfansoddi opera newydd.

70 Cred Ioan Williams fod yr addasiad yn deillio o ddiwedd y 1950au er nad oes dyddiad pendant iddo. Ioan Williams, 'Le Journal d'un curé de campagne', yn Ioan Williams (gol.), *Dramâu Saunders Lewis: Y Casgliad Cyflawn Cyfrol II* (Caerdydd: Gwasg Prifysgol Cymru, 2000), tt. 968–79, 969.

71 Williams (gol.), 'Le Journal d'un curé de campagne', t. 971.

72 Lewis, 'Ffrainc Cyn y Cwymp', t. 13.

4

Cyfieithu Llyfr a Chyfieithu i'r Llwyfan

Y mae'r term cyfieithu yn cwmpasu sawl gweithred: trosi, addasu, efelychu, adlewyrchu, ail-greu, cyfansoddi; ac mae'r termau hyn oll yn cyfleu'r broses gymhleth a geir wrth geisio cyfleu darn o lenyddiaeth mewn iaith arall. Nid mater o newid iaith yn unig ydyw cyfieithu, ond mater o ddewis, dethol a dehongli. Yn wir, y mae diffiniad *Geiriadur Prifysgol Cymru* yn cynnig y cyfystyron 'dehongli' a 'lladmeru' i ddisgrifio'r gair yn Gymraeg. Nid yw'r bont rhwng yr ieithoedd yn hawdd ei chroesi, felly rhaid dewis y llwybr gorau. Yn ôl Angharad Price, mae'r term Cymraeg yn awgrymu mai gweithred syml yw cyfieithu, sef 'symud o un iaith i'r llall. Does yn y label ddim trosiad gochelgar, dim cymhlethdod, dim amheuaeth fod y peth yn bosib', a phwysleisir cysylltiad, cydberthynas a chydraddoldeb yng ngwraidd y gair.[1] Ac eto, sut y mae sicrhau'r cydraddoldeb hwnnw? Drwy sicrhau tegwch, awgryma'r term hefyd natur gwaith y cyfieithydd: y cyfnewid, y cydbwyso a'r cydweithio anochel rhwng yr ieithoedd, y ddawns y mae fel petai'n ei pherfformio. Oherwydd os oes gofyn am gydraddoldeb rhwng yr ieithoedd, rhaid ystyried gofynion y ddwy, gofynion sydd yn aml yn wrthgyferbyniol. Dawnsia'r cyfieithydd, felly, yn ôl ac ymlaen rhwng dwy iaith gan ddefnyddio ei ddoniau ei hun, yn weladwy neu'n anweladwy yn ôl y gofyn. Mae'r weithred gain a bregus hon yn mynnu sgìl arbennig, ac yn ysgogi llu o gwestiynau am anghenion y gwaith gwreiddiol, y gynulleidfa, yr ieithoedd, y cyd-destun, y cyfnod, a'r cyfrwng, i enwi rhai yn unig. Fel y dywed Sioned Davies, 'nid yw cyfieithu yn digwydd mewn gwagle'.[2]

Mewn astudiaethau llenyddol yn ehangach, gall y term 'cyfieithu' gyfeirio at sawl ffurf o newid, ac nid y symudiad o un iaith i iaith arall yn unig, yn ôl Gostand (1980).[3] Gall ddisgrifio trosi i ddiwylliant arall,

i gyfnod arall, i fudiad llenyddol gwahanol (moderniaeth, rhamant-
iaeth), i ffurf wahanol (nofel, cerdd, drama) neu i gyfrwng gwahanol
(radio, teledu, theatr). Gall y term hefyd gyfeirio at y broses o addasu
gwaith ar gyfer cynulleidfa wahanol (megis plant neu ddysgwyr iaith),
neu yn achos y ddrama, gall ddisgrifio'r broses o symud y gwaith
o'r dudalen i'r llwyfan, sef y *mise en scène*. Y mae gwaith y cyfieithydd
ym myd y theatr, felly, yn creu rhagor o anawsterau a heriau i'w
hystyried, oherwydd gofynnir i'r cyfieithydd ymgymryd â throsi'r
ddrama ar bapur yn ogystal â'i pharatoi ar gyfer y llwyfan. Cyn troi
at fyd y ddrama Ffrangeg–Gymraeg sydd o dan sylw, felly, rhaid creu
darlun o'r cyd-destun theoretig hwnnw drwy edrych ar gyd-destun
cyfieithu llenyddol yn ehangach cyn canolbwyntio ar faes cyfieithu yn
y theatr yn benodol.

Datblygiad Astudiaethau Cyfieithu

Maes gweddol ifanc o hyd yw astudiaethau cyfieithu o'i gymharu â
hanes cyfieithiadau eu hunain. Y mae'r cyfieithiadau theatraidd cyntaf
yn deillio o gyfnod y Rhufeiniaid a addasai ac a gyfieithiai nifer helaeth
o ddramâu gan y Groegiaid a'u mabwysiadu fel eu rhai eu hunain.[4]
Ar y llaw arall, er bod syniadau ynghylch cyfieithu wedi'u cyfnewid
ers canrifoedd, ac er i'r traethawd damcaniaethol cyntaf ar y maes gael
ei lunio ym 1791 gan Alexander Tytler, *Essay on the Principles of Trans-
lation*, cytuna ysgolheigion mai ym 1976 y sefydlwyd maes astudiaethau
cyfieithu yn swyddogol, mewn cynhadledd yn Leuven (Louvain),
Gwlad Belg. Mewn atodiad i bapurau'r gynhadledd hon, cynigiodd
André Lefevere y term 'astudiaethau cyfieithu' fel enw ar y maes
newydd hwn.[5] Cafwyd ffrwydrad yn y maes yn ystod y 1990au, tuedd
sydd wedi parhau i raddau yn ystod y pymtheng mlynedd diwethaf,
ond er gwaethaf hynny, nid ystyriwyd cyfieithu dramâu mewn ffordd
unigryw a gwahanol tan ddechrau'r ganrif hon. Ers hynny, y mae maes
astudiaethau cyfieithu ym myd y theatr wedi datblygu'n faes annibyn-
nol dros y degawd diwethaf:

> Within the last decade, translation for the stage has increasingly been
> shaping up as a significant area of research in the English-speaking world.
> Variously known as drama translation . . ., theatre translation . . ., per-
> formance translation . . . and translation for the theatre . . . academic
> interest in translation in the context of drama and theatre practice has

been flourishing well beyond translation studies, the traditional home of research on translation.[6]

Serch hynny, yn hanesyddol, prin yw'r sylw y mae'r maes yn ei dderbyn yng nghyd-destun ehangach astudiaethau cyfieithu ac yng nghyd-destun astudiaethau theatraidd. Ymhellach, ychydig iawn o sylw y mae astudiaeth cyfieithu wedi'i dderbyn hyd yma yn Gymraeg. Lluniodd Angharad Price gyflwyniad i'r maes ym 1997,[7] ac ers hynny y mae rhai dadansoddiadau penodol wedi ymddangos, megis erthygl Sioned Davies yn 2012 ar gyfieithu llenyddol i blant sy'n edrych yn benodol ar gyfieithiadau Cymraeg o *Alice in Wonderland*;[8] ac yn fwy diweddar ysgrifennodd Rhiannon Marks gyfrol ar waith y bardd Menna Elfyn a ystyria oblygiadau cyfieithu barddoniaeth i'r Saesneg, a hynny gan sawl cyfieithydd gwahanol.[9] Y mae diddordeb yn y maes yn tyfu, ac adlewyrchir hyn gan ddatblygiad Prosiect Mercator (2012–2015), prosiect dan nawdd y Coleg Cymraeg Cenedlaethol sy'n catalogio'r holl gyfieithiadau Cymraeg o destunau llenyddol a'u gosod ar-lein. Ymhellach, yn 2008 sefydlwyd Cyfnewidfa Lên Cymru[10] fel cyffordd gyfieithu sy'n hyrwyddo cyfieithiadau yn ogystal â hybu llenyddiaeth Cymru yn rhyngwladol. Y mae'r ffynonellau a'r adnoddau ar gael, felly, ac mae galw mawr am weithiau pellach i'w hastudio.

Gan mai bach o hyd yw'r maes yn y Gymraeg, yn naturiol, ni roddir sylw digonol i'r maes penodol ym myd y ddrama. Er bod cyfieithu drama yn peri i'r cyfieithydd ystyried ffactorau ychwanegol i rywun sy'n cyfieithu nofel neu stori fer, cyfieithiad llenyddol yn y lle cyntaf ydyw'r broses. Felly, cyn symud at ddimensiwn y llwyfan a'r perfformiad, edrychwn yn gyntaf ar rai theorïau cyfieithu sy'n berthnasol i gyfieithu llenyddol yn ehangach.

Ffyddlondeb i Bwy?

A disgrifio'r gwaith yn fecanyddol, y mae cyfieithydd, yn ôl yr ystyr draddodiadol, yn trosi geiriau o un iaith i iaith arall gan symud o'r iaith ffynhonnell (*source language*) i'r iaith darged (*target language*). Serch hynny, nid mater rhwydd yw defnyddio'r gair cyfatebol i gyfleu union ystyr y gwreiddiol. Proses o ddewis a dethol yw pob cyfieithiad. Y mae i bob penderfyniad oblygiadau o ran cyd-destun, cywair ac eglurder, a'r tu ôl i bob penderfyniad am air, neu gystrawen neu rythm, y mae theori am y broses gyfieithu, chwedl Lawrence Venuti: 'A translator applies a theory, however inchoate, when one word or turn of phrase or sentence construction is selected over the alternative possibilities that always exist at any one point in a translation.'[11]

Y mae nifer yn dadlau, wrth gwrs, mai methiant yw pob cyfieithiad oherwydd her amhosibl yw cyfleu ystyr testun yn hollol ffyddlon mewn iaith arall. Dewisa'r cyfieithydd rhwng llu o bosibiliadau ond nid oes yr un ateb yn cyfateb yn union i'r gwreiddiol gan fod y bwlch rhwng yr ieithoedd yn rhy fawr i'w gau. Fel y dywed yr Eidalwyr, *traduttore traditore* ('bradwr yw'r cyfieithydd'). Nid oes modd cadw ystyr y darn ynghyd ag effaith yr iaith a'r arddull oherwydd yr amrywiaethau anochel rhwng yr ieithoedd. 'If translating involves the "transporting" of meaning across linguistic and cultural frontiers, or over bridges and tightropes, it seems that the buckets in which it is carried are leaky', chwedl Michael Hanne.[12] Cyflea Hanne natur ddiffygiol unrhyw gyfieithiad drwy danlinellu'r berthynas rhwng cyfieithiadau a throsiadau, gan olrhain gwreiddiau'r geiriau *translate* a *metaphor*. Dywed Hanne fod y ddau air yn cyfeirio yn wreiddiol at broses o gludo rhywbeth o un lle i rywle arall. Diddorol yw nodi bod y gair 'trosiad' yn y Gymraeg yn cyfeirio at y weithred o gyfieithu (*translation*) ac at y gynrychiolaeth arddulliol (*metaphor*), oherwydd cyflea'r gair natur cyfieithu yn addas iawn yn ôl deongliadau traddodiadol. Y mae cyfieithiad yn cynrychioli'r darn o waith gwreiddiol drwy drosi ei ystyr i'r darllenydd. Tebyg yw'r cyfieithiad, felly: symbol ydyw sy'n awgrymu ac yn cyfleu natur y darn gwreiddiol, ond nid y darn ei hun ydyw.

Y mae pob iaith yn unigryw, er bod nifer yn rhannu gwreiddiau a dylanwadau tebyg, ac felly amhosibl yw cyfnewid gair yn y Gymraeg, er enghraifft, am air yn y Ffrangeg, oherwydd nid yw'r geiriau yn cyfateb yn union i'w gilydd. Ffurfir geiriau gan hanes a chysylltiadau diwylliannol, yn ogystal â'u perthynas â'r geiriau eraill yng ngwe gymhleth yr iaith. Ys dywed Gunilla Anderman: 'virtually no word of substance can be translated without consideration of the associations with which it is customarily linked'.[13] Yn yr un modd, perthyn pob iaith i hunaniaeth y bobl a'i sieryd, ac y mae traddodiadau a chyfeiriadau diwylliannol yn amrywio ym mhob iaith ac ym mhob gwlad. Gan hynny, naill ai y mae gofyn i'r cyfieithydd esbonio'r gwahaniaethau sy'n dinistrio rhythm a naturioldeb y cyfieithiad, neu y mae gofyn iddo addasu er mwyn sicrhau bod y darllenydd yn deall y rhain drwy ymgorffori newidiadau i'r testun newydd. Yn ôl y nofelydd Rwseg, Vladimir Nabokov, y mae ffurf ac arddull yn hollbwysig mewn cyfieithiad, yn enwedig wrth drosi barddoniaeth, ac felly dewisa ef nodiadau helaeth i osgoi dinistrio neu drawsnewid y gwreiddiol:

> I want translations with copious footnotes, footnotes reaching up like skyscrapers to the top of this or that page so as to leave only the gleam of one textual line between commentary and eternity. I want such footnotes and the absolutely literal sense, with no emasculation and no padding.[14]

Er bod cyfieithiadau yn aml yn hwy o faint gan eu bod yn cynnwys ychwanegiadau ac esboniadau angenrheidiol o'r fath, neu droednodiadau esboniadol gan y cyfieithydd, gellir, felly, ddadlau mai colled yw pob cyfieithiad. Nid oes modd cadw sglein y darn gwreiddiol drwy addasu agweddau ar ei iaith a'i gynnwys.

Awgrymir, felly, mai ffyddlondeb i'r darn gwreiddiol yw amcan pob cyfieithydd, er bod yr her yn un anodd. Ond ystyriwn pa ffyddlondeb a flaenoriaethir. A ddylid cadw at air neu at neges y darn gwreiddiol? Gellir olrhain y ddadl ynghylch cywirdeb cyfieithu i gyfnod Cicero (107 CC – 44 CC) a Horace (65 CC – 8 CC). Awgrymodd y cyfieithwyr clasurol hyn am y tro cyntaf y dylid ystyried cyfieithu ystyr testun yn hytrach na'r union eiriau. Yn hanesyddol, felly, canolbwyntiodd dadleuon am gywirdeb a ffyddlondeb cyfieithu ar y dimensiwn ieithyddol, drwy wahaniaethu rhwng cyfieithu geiriau'r awdur a chyfieithu ei neges. Datblygwyd y cysyniad hwn ymhellach gan Jerome Sant, a gomisiynwyd gan y Pab Damasus i gyfieithu'r Beibl yn AD 384. Penderfynodd Jerome gyfieithu ystyr y testun yn hytrach na dilyn y traddodiad gair-am-air, ac fe'i cyhuddwyd o heresi am feiddio newid gair sanctaidd Duw.[15] Ni chredid y dylid caniatàu hyblygrwydd wrth gyfieithu'r Beibl, ac mae pwysigrwydd y parch hwn at y testun gwreiddiol 'sanctaidd' yn parhau i nifer o gyfieithwyr a damcaniaethwyr o hyd. Cysylltir y syniadau hyn â theorïau mwy diweddar a gyfeiria at ffyddlondeb i ysbryd neu i lythyren y testun, neu i ffurf neu i gynnwys y testun. Ystyrir y math cyntaf fel cyfieithu rhydd a'r ail fath fel cyfieithu agos, llythrennol.

Esblygodd y dadleuon hyn ymhellach yn ystod y degawdau diwethaf wrth ystyried perthynas cyfieithu â diwylliant yr iaith darged. Ceir dwy ysgol o feddwl wrthgyferbyniol am ddyletswyddau'r cyfieithydd mewn cyd-destun diwylliannol, sef y theorïau domestigeiddio (*domestication*) ac estroneiddio (*foreignization*). Enwyd y ddau ddull yn y lle cyntaf gan Lawrence Venuti ym 1995, er bod y syniadau yn bodoli ers dros ganrif. Yn ôl Venuti:

The terms 'domestication' and 'foreignization' indicate fundamentally *ethical* attitudes towards a foreign text and culture, ethical effects produced by the choice of a text for translation and by the strategy devised to translate it, whereas terms like 'fluency' and 'resistancy' indicate fundamentally *discursive* features of translation strategies in relation to the reader's cognitive processing.[16]

Mater o egwyddor, felly, yw dewis y cyfieithydd i estroneiddio neu i ddomestigeiddio'r testun. Yn y bôn, cyfeiria'r ddau ddull hyn at bwy sy'n cael eu blaenoriaethu yn nawns y cyfieithydd: ai'r awdur, ei eiriau a'i fwriad gwreiddiol, ynteu'r gynulleidfa darged, ei dealltwriaeth a'i gwerthfawrogiad o'r cyfieithiad. Fel y disgrifiodd Friedrich Schleiermacher yn ei ddarlith enwog 'On the Different Ways of Translation' ym 1813, mater o leoliad yr awdur a'r gynulleidfa yw'r ddadl hon: 'Either the translator leaves the writer in peace as much as possible and moves the reader toward him; or he leaves the reader in peace as much as possible and moves the writer toward him.'[17] Wrth ddomestigeiddio, dewisa'r cyfieithydd addasu'r cyfieithiad a'i osod yng nghyddestun diwylliannol yr iaith darged, gan sicrhau bod y gynulleidfa yn deall y darn, yn ogystal ag uniaethu â'i gynnwys. Y mae'r cyfieithydd, felly, yn anweladwy yn y testun. Wrth estroneiddio, ar y llaw arall, diogelir natur estron y cyfieithiad, gan gadw cyd-destun, cyfeiriadau a chynnwys estron y darn. Y mae'r cyfieithydd, yma, yn weladwy gan fod y testun ei hun wedi'i labelu'n glir fel cyfieithiad, fel 'arall' o'i gymharu â'r gwreiddiol.

Er bod y ddadl hon yn digwydd ymysg cyfieithwyr ers canrifoedd, cysylltir gwreiddiau theori'r dull estroneiddio gan amlaf â'r athronydd Schleiermacher, a roddodd bwyslais ar y gwahaniad anochel rhwng y darn gwreiddiol a'r cyfieithiad. Mater o bŵer, statws a goruchafiaeth oedd y berthynas rhwng y gwreiddiol a'r cyfieithiad, i Schleiermacher, a'r gwreiddiol oedd y testun awdurdodol sy'n haeddu parch yn ei dyb ef. Yn ôl Gunilla Anderman:

> An ardent advocate of a return to the source text, Schleiermacher went as far as wanting the original to 'shine through' the translation, leaving readers in no doubt that what they were reading had its roots in another, different culture. The result was the concept of a 'hybrid' language used only for the purpose of translation.[18]

Dadleua Schleiermacher y dylid parchu natur estron y darn a sicrhau nad yw hynny'n cael ei guddio gan y cyfieithiad. Yn hytrach na gweithredu fel testun tryloyw a ganiatâ i'r darllenydd weld y darn gwreiddiol fel petai'n ei ddarllen yn yr iaith ffynhonnell, dylai'r cyfieithydd bwysleisio aralledd y cyfieithiad. Ni ddylai'r cyfieithydd esgus na hawlio mai darn o'i wlad a'i draddodiad llenyddol ef ei hun yw'r darn a drosir. Er enghraifft, ni ddylai testun a gyfieithwyd o'r Sbaeneg ymddangos yn union yr un fath â thestun a gyfieithwyd o'r Groeg. Pe bai pob cyfieithiad yn niwtral yn y modd hwn, ni fyddai modd gwahaniaethu rhyngddynt, ac felly collid hunaniaeth y darn gwreiddiol:

> For it is one thing to grasp correctly and somehow represent the influence that a man has had upon his language, and another thing altogether to guess at the turns that his thoughts and their expression would have taken had he originally been used to thinking and expressing himself in some other tongue![19]

Yn ôl Schleiermacher, nid oes modd i'r cyfieithydd feddwl ac ysgrifennu yn yr un modd â'r awdur gwreiddiol, ac felly dylai osgoi dynwared hynny. Ymhellach, byddai efelychu natur y darn gwreiddiol heb gydnabod mai cyfieithiad yw'r gwaith yn niweidio'r cyfieithiad yn ogystal â'r gwreiddiol. Drwy esgus mai darn gwreiddiol yw'r cyfieithiad, yn hytrach na throsiad o iaith arall, dinistrir statws y gwaith newydd. Dim ond dynwarediad yw ef yn hytrach na chyfieithiad o safon sy'n cydnabod ei berthynas â'r darn gwreiddiol. Diogelir statws uchel y cyfieithiad a'r gwreiddiol, felly, drwy gydnabod eu gwahaniaeth.

Datblygwyd y syniadaeth hon ymhellach gan Venuti yn ystod y 1990au, ac fe'i hystyrir yn lladmerydd yr ysgol estroneiddio yn ystod y cyfnod cyfoes. Rhydd ef bwyslais ar werth cyfieithiadau fel testunau sy'n tanlinellu'r gwahaniaethau rhwng ieithoedd, ac sy'n tynnu sylw'r darllenydd at yr amrywiaeth o ddiwylliannau a geir dros y byd. Er bod cyfieithiad o ran natur yn tynnu dau ddiwylliant a dwy iaith ynghyd, ni ddylid dileu'r gwahaniaethau a'r bylchau rhyngddynt yn gyfan gwbl:

> A translated text should be the site where linguistic and cultural differences are somehow signalled, where a reader gets some sense of a cultural other, and resistancy, a translation strategy based on an aesthetic of discontinuity, can best signal those differences, that sense of otherness, by reminding the reader of the gains and losses in the translation process and the unbridgeable gaps between cultures.[20]

Dadleua Lawrence Venuti ymhellach y dylai'r cyfieithydd fod yn weladwy yn ei waith, ac y dylai bwysleisio hyn. Y mae anweledigrwydd y cyfieithydd a ddisgrifir yn nheitl cyfrol Venuti, felly, yn rhywbeth y dylid ei gondemnio, ac yn hytrach y mae'n galw ar feirniaid a darllenwyr i roi'r clod i'r cyfieithydd y mae e'n ei haeddu. Ystyrir y mater hwn ymhellach wrth ddadansoddi cysyniad y cyfieithydd fel awdur ymhen ychydig.

Ar un wedd, felly, gellir cysylltu estroneiddio yn bennaf â chyfieithu llythyren testun oherwydd rhoddir pwyslais ar ffurf, arddull ac effeithiau'r iaith wreiddiol, sydd oll yn eu tro yn adlewyrchu natur estron y testun ei hun.

Ar ben arall y sbectrwm theoretig hwn, lladmerydd enwocaf domestigeiddio oedd Eugene Nida. Y mae gan y cyfieithydd ddyletswydd i'r darllenydd yn hytrach nag i'r awdur, yn ôl Nida: '[A]ll translating, whether of poetry or prose, must be concerned also with the response of the receptor; hence the ultimate purpose of the translation, in terms of its impact upon its intended audience, is a fundamental factor in any evaluation of translations.'[21]

Gan ddyfynnu gwaith C. W. Orr, cymhara Nida waith y cyfieithydd â chrefft yr arlunydd sy'n dethol nodweddion pwysicaf a mwyaf prydferth y tirlun yn hytrach na chopïo'r cyfan.[22] Dadleua Nida y dylai profiad y gynulleidfa darged o'r cyfieithiad gyfateb yn union i brofiad darllenydd y darn gwreiddiol yn yr iaith ffynhonnell. Amcan y cyfieithydd yw creu 'full intelligibility' o neges y darn.[23] Nid digon yw sicrhau y gall y gynulleidfa darged ddeall y cyfieithiad; rhaid iddi deimlo ystyr y darn drwy ei brofi yng nghyd-destun diwylliannol y gynulleidfa ei hun. Pwrpas cyfieithu yw cyfathrebu, ac os nad yw cyfieithydd yn llwyddo i gyfathrebu â'i gynulleidfa, methiant ydyw, yn ôl E. E. Milligan.[24] Gan hynny, dylid addasu agweddau ar y testun fel eu bod yn berthnasol i'r diwylliant targed, fel nad yw'r gynulleidfa'n ymwybodol mai cyfieithiad yw'r testun o gwbl. Newidir elfennau megis idiomau unigryw i'r iaith a chyfeiriadau at ffenomena diwylliannol neu ddaearyddol nad ydynt yn golygu'r un peth i'r gynulleidfa darged.

Mewn ffordd, felly, cyfieithu ysbryd y testun yw prif amcan domestigeiddio gan fod y cyfieithydd yn ceisio cyfleu syniadau'r testun ar ffurf ieithyddol a diwylliannol newydd sy'n gwneud synnwyr i'r gynulleidfa darged. Ys dywed Nida: '[The translator] cannot simply match words from a dictionary; he must in a real sense create a new linguistic form to carry the concept expressed in the source language.'[25]

Awgryma Venuti hefyd y gellir dehongli'r dull domestigeiddio fel arwydd o genedlaetholdeb, gan fod y cyfieithydd yn dewis gorchfygu diwylliant yr iaith ffynhonnell a phwysleisio pwysigrwydd y diwylliant targed.[26] Cwyd y mater hwn yn aml yng nghyd-destun cyfieithu ôl-drefedigaethol, lle y mae ieithoedd a diwylliannau lleiafrifol yn trosi darnau estron o statws llenyddol uchel er mwyn cynyddu eu statws eu hunain. Ystyrir y cysyniad hwn yn fanylach yn nes ymlaen yn y gyfrol, gan fod goblygiadau tebyg i gyfieithiadau a wneir i'r Gymraeg. Gwelwn, felly, fod y ddadl am swyddogaeth y cyfieithydd wedi symud yn ôl ac ymlaen fel pendil drwy hanes llenyddiaeth. Lluniodd Saunders ei gyfieithiad cyntaf, *Doctor er ei Waethaf* (1924), yn ystod cyfnod y dylanwadwyd arno yn sylweddol gan theori estroneiddio Schleiermacher. Dim ond yn ystod y 1960au y cymhlethwyd y drafodaeth eto gan gyflwyniad Eugene Nida o'i theorïau newydd ynghylch domestigeiddio. Ers hynny, wrth gwrs, y mae'r drafodaeth wedi pendilio eto gyda dyfodiad theorïwyr megis Venuti, ond o edrych ar yrfa Saunders, gellir gweld olion datblygiad y theorïau hyn yn y gwahaniaethau rhwng ei ddau brif gyfieithiad. Glyna *Doctor er ei Waethaf* yn agosach at ffyddlondeb Schleiermacher, ond mae rhyddid ac addasiad syniadaeth Nida yn weladwy yn *Wrth Aros Godot* (a luniwyd yn wreiddiol ym 1962). Wrth ddadansoddi'r ddau destun, felly, ystyriwn i ba raddau yr adlewyrchir datblygiad hanes theori cyfieithu yn nhrosiadau Saunders ei hun.

Cyfieithu ac Addasu

Yn ôl y theorïau amrywiol a ystyrir uchod, gall cyfieithiad fod yn gaeth neu'n rhydd iawn o ran ei berthynas â'r testun gwreiddiol. Os oes modd i gyfieithydd lacio'r cadwyni sy'n ei rwymo wrth y gwreiddiol, y testun cysegredig hwnnw, sut y mae gwahaniaethu rhwng yr hyn a elwir yn 'gyfieithiad' a'r hyn a labelir yn 'addasiad'? A oes modd creu ffin rhyngddynt neu a yw'r ddau beth yn toddi i'w gilydd? Gwelwyd eisoes fod ffyddlondeb y cyfieithydd yn bwnc llosg ymysg beirniaid a chyfieithwyr, ond a oes terfyn ar ryddid y cyf-ieithydd ac a ddylid, felly, roddi term gwahanol i destun sy'n crwydro'n rhy bell oddi wrth y darn gwreiddiol a drosir i'r iaith darged? Yn ôl Susan Bassnett, nid yw'r gwahaniaeth rhwng cyfieithiad ac addasiad wedi'i ddiffinio'n ddigon manwl,[27] a cheir dryswch o hyd, yn enwedig yng nghyd-destun y theatr, wrth wahaniaethu rhwng cyfieithiad ac addasiad o ddrama, gan fod y ddau derm yn cael eu defnyddio a'u cyfnewid yn ddiwahân.

Mewn ymgais i ddatrys hyn, gellid mabwysiadu diffiniad John Dryden, y bardd a'r cyfieithydd o'r ail ganrif ar bymtheg, a gynigiodd y dehongliad canlynol wrth wahaniaethu rhwng lefelau ffyddlondeb cyfieithiadau: cyfieithiad llythrennol (*metaphrase*) yw cyfieithiad a geidw yn ffyddlon i eiriau'r awdur gwreiddiol, gair am air, llinell am linell; aralleiriad (*paraphrase*) yw cyfieithiad sy'n cadw geiriau'r awdur mewn cof, ond sy'n crwydro rywfaint o ran mynegiant, gan sicrhau parch at yr ystyr ond rhyddid gyda'r geiriad; yn olaf, dynwarediad (*imitation*) yw'r enw ar ddarn sy'n cyffwrdd â syniadau'r awdur ond sy'n newid geiriau ac ystyr y gwreiddiol gan gyfieithu'n hollol rydd. Nid gwaith yr awdur gwreiddiol yw dynwarediad, felly, ond darn o waith newydd sydd wedi'i ysbrydoli gan syniadau'r gwreiddiol.[28] Ond a ydyw addasiad yn cwympo rhwng dwy stôl diffiniad Dryden o aralleiriad a dynwarediad? A ble yn union y mae gosod y ffin rhwng drama sydd wedi'i newid er lles y gynulleidfa gan barchu ystyr a geiriad y gwreiddiol, a drama sydd wedi benthyg syniadau i gynhyrchu rhywbeth newydd? Faint o newid a ganiateir cyn y dyfernir bod darn newydd, dynwarediad, wedi'i lunio?

Ystyriwn yn gyntaf a yw'r label a roddir ar y gwaith gan y cyfieithydd/addasydd yn bwysig wrth ddynodi natur y darn. Y mae'r cyfieithydd yn fwy cyfarwydd â'r darn gwreiddiol a'i waith ef nag unrhyw un arall, felly gellid ystyried ei ddehongliad ef o'r gwaith y mae wedi'i greu fel yr un awdurdodol. Wrth ymdrin â thestun wedi'i drosi, felly, edrychir yn gyntaf ar yr hyn a geir ar y clawr. A gyfeirir at y testun newydd fel cyfieithiad neu addasiad? Yn yr un modd, gellir ystyried a roddir blaenoriaeth ar y clawr i enw'r awdur gwreiddiol neu enw'r cyfieithydd. Gellir tybio i raddau fod addasydd yn derbyn clod sylweddol o'i gymharu â chyfieithydd oherwydd cydnabyddir ei gyfraniad creadigol gwreiddiol yn y darn. Yn ôl Terry Hale a Carole-Anne Upton, dyma yw'r duedd yn y theatr:

> Curiously, in view of the reverse hierarchy in literary translation, a 'version' or 'adaptation' in theatre seems to confer higher status on its author than does a 'translation'. Perhaps the implication has been that an adaptation requires a level of dramaturgical skill and creative vision, which, in a 'mere' translation, are solely attributable to the original playwright?[29]

Dyma, wrth gwrs, oedd profiad J. M. Edwards, addasydd *Rhys Lewis* Daniel Owen.

Cofiwn, serch hynny, nad yw hawliau'r cyfieithydd yn cael eu cydnabod yn draddodiadol, ac na ellir, felly, ddibynnu ar gydnabyddiaeth a glustnodir gan y cyhoeddwr neu'r cynhyrchydd. Ymhellach, nid yw gwahaniaethu rhwng cyfieithiad ac addasiad yn y theatr yn gyson ychwaith. Mewn cyfweliad â'r cyfieithydd David Hare, nododd David Johnston fod cyfieithiad Hare o waith Pirandello wedi'i labelu gyda'r ymadrodd 'translated and adapted by' ar y clawr, tra bod 'version by' ar y dudalen gyntaf.[30] Yn yr un modd, dywed y cyfieithydd David Edney fod gwahaniaeth yn ei ddiffiniad ef o'i waith a diffiniad ei gyfarwyddwyr, gan mai cyfieithiad yw ei label ef, tra cyfeiria cyfarwyddwyr at ei waith fel 'addasiad'. Ys dywed Edney: 'I take this to be an expression of approval, indicating that the text sounds natural and playable: "It does not read like a translation".'[31] Unwaith eto, gwelwn nad yw statws y cyfieithydd yn cael ei barchu, ac yn hytrach, ystyrir ymyrraeth yr addasydd fel rhywbeth y dylid ei ganmol. Caiff addasydd a chyfieithydd eu talu yn wahanol, hyd yn oed, gan y BBC: ffactor economaidd sydd yn awgrymu bod gwahaniaeth sylweddol rhwng y ddwy broses.[32] Y mae hyn yn bwynt hynod, yn enwedig o ystyried natur y gwaith, gan fod y cyfieithydd wedi'i gyfyngu'n sylweddol gan gadwyni'r testun gwreiddiol, tra bod hyblygrwydd a rhyddid gan yr addasydd. Gellid dadlau, felly, mai gwaith anos yw tasg y cyfieithydd ac y dylid cydnabod hynny yn ariannol ac yn gyhoeddus.

Yn ôl y cyfieithydd Martin Bowman, ar y llaw arall, y gynulleidfa sydd â'r awdurdod i wahaniaethu rhwng cyfieithiad ac addasiad:

> There does not seem to me to be any absolute distinction that can be made between translation and adaptation. As far as my co-translators and I are concerned, however, what we have created in our work is translation rather than adaptation. The only true test of this can be found in the target audience, of course.[33]

Os yw'r gynulleidfa, felly, yn dehongli'r gwaith fel trosiad ffyddlon o'r darn gwreiddiol, cyfieithiad ydyw; ond os ydynt hwy'n ymwybodol o ymyrraeth a newidiadau sylweddol i'r darn, addasiad ydyw. Y 'darllenydd', felly, sy'n dehongli natur y testun, ac y mae'r dramodydd a'r cyfieithydd unwaith eto yn farw, fel y datgan Roland Barthes.

Gellir gwahaniaethu rhwng cyfieithiad ac addasiad ar lefel ieithyddol, oherwydd i nifer o feirniaid, cam arall yn y broses gyfieithu yw'r addasiad. Yn ôl y dehongliad hwn, cyfieithu yw'r weithred o drosi testun o un iaith i iaith arall, ond bydd addasu'n digwydd ar ôl hynny. Gan hynny, ystyriwn hefyd fathau eraill o'r hyn a elwir yn 'gyfieithu', megis trosi testun i ffurf neu i gyfrwng arall. Wrth droi stori fer yn ddrama, er enghraifft, gellir cyfeirio at y broses hon fel 'addasiad'. Addasiad felly yw *Y Cyrnol Chabert* (1968), *novella* a droswyd yn ddrama, ond cyfieithiad yw *Wrth Aros Godot*. Ar y llaw arall, defnyddir y term 'addasiad' gan feirniaid megis Kate Griffiths i gyfeirio at destun a gyfieithir i gyfrwng newydd megis y radio. Addasiad ac nid cyfieithiad, felly, yw *Wrth Aros Godot*. Hefyd, caiff nifer o ddramâu clasurol eu hailgyfieithu er mwyn eu haddasu ar gyfer cynulleidfa fodern. I raddau, felly, gellid disgrifio'r rhain fel 'addasiadau' yn hytrach na 'chyf-ieithiadau', gan fod y gwaith cyfieithu i'r iaith darged eisoes wedi'i wneud.[34] Cyfieithiad, felly, yw *Doctor er ei Waethaf* oherwydd, er gwaethaf y bwlch sylweddol rhwng dyddiad y cyfansoddiad cyntaf a chyfieithiad Saunders, ni chafwyd cyfieithiad arall i'r Gymraeg o'r testun cyn hynny, ond addasiadau yw *Eli'r Galon* (1982) a *Doctor Di-glem* (1995), sef fersiynau Cymraeg mwy diweddar o'r un ddrama gan Molière. Serch hynny, os caiff drama glasurol ei chyfieithu a'i newid fel ei bod yn ddealladwy i gynulleidfa fodern, a ddylid ei diffinio hefyd fel 'addasiad', gan fod gofyn i'r testun gael ei newid yn sylweddol ar gyfer y cyfnod newydd?

Yn gyffredinol, cysylltir addasu â rhyddid a hyblygrwydd, a chytuna'r rhan fwyaf o feirniaid y dylid disgrifio unrhyw drosiad sydd yn crwydro'n sylweddol oddi wrth y testun gwreiddiol fel addasiad. Fel y dywed Sirkku Aaltonen:

> [T]here is a need for a term to describe a translation strategy which does not translate the source text in its entirety but makes additions, omissions and changes to the general dramatic structure of its setting, plot and characters, thus suggesting new readings for it.[35]

Gall y newidiadau hyn gyfeirio at dalfyriadau neu ychwanegiadau sy'n newid hyd y ddrama wreiddiol. Gallant gyfeirio hefyd at newid-iadau sylweddol i iaith a chynnwys y ddrama.

Addasiad, yn ôl y diffiniad hwn, yw *Y Cyrnol Chabert*. Addaswyd *Y Cyrnol Chabert* gan Saunders ar gyfer y radio ym 1968 ac fe seilir y ddrama ar *novella* gan Honoré de Balzac, *Le Colonel Chabert* (1832). Nid yn unig y mae'r ddrama wedi newid ffurf ers ei chyfansoddi'n wreiddiol fel *novella* yn y Ffrangeg, mae'r stori wedi'i chwtogi a'r ddeialog wedi'i hailgyfansoddi fel nad yw'r ddrama newydd yn cyfateb yn hollol i'r stori fer a ysgrifennodd Balzac. Er bod darnau o'r ddeialog wedi'u cyfieithu'n uniongyrchol, mae manylion eraill wedi'u dileu, megis yr holl olygfa olaf lle y mae Chabert wedi'i symud i glafdy gan ei fod wedi mynd yn wallgof. Ymhellach, ychwanega Saunders at y ddeialog yn sylweddol mewn mannau, yn rhannol er mwyn esbonio'r cynnwys a gollir yn y naratif. Er enghraifft, dysgwn o naratif y stori fod Chabert wedi'i ddedfrydu i'r carchar am ei fod yn dlawd, ond esbonnir hyn yn y ddrama gan Boucard, cymeriad newydd a grëwyd gan Saunders:

BOUCARD: Mae 'na hen drempyn yn eiste fanna ar fainc y troseddwyr.
Mae'r ustus newydd ei ddedfrydu i ddeufis o garchar ac wedyn i'w gadw am ei oes yn nhloty Saint Denis. Ei drosedd ydy nad oes ganddo ddim dimai goch ar ei elw a'i fod yn cysgu'r nos dan bontydd yr afon . . .[36]

Yn yr un modd, dewisodd Saunders ychwanegu cymeriad newydd at y libreto *Serch yw'r Doctor*, sef Ragotin. Yn ôl y cyfieithydd/addasydd Gareth Miles, 'Pan mae rhywun yn cyfieithu drama maen nhw'n cadw'r strwythur a'r cymeriadau a'r lleoliad. Yr unig beth sy'n newid ydy'r iaith.'[37] Ni chaniateir hyblygrwydd wrth gyfieithu, ac o ystyried yr holl newidiadau i gymeriadau, cynnwys, ffurf a geiriad y straeon hyn, nid oes amheuaeth mai addasiadau ac nid cyfieithiadau yw'r dramâu hyn.

Dadleua Egil Törnqvist fod bwriad y cyfieithydd yn rhan allweddol o'r ddadl hon oherwydd fe ddefnyddia ef y term 'addasiad' i ddisgrifio cyfieithiad neu drosiad sydd yn cynnwys 'significant voluntary deviations from the source text'.[38] Y gair allweddol yn y diffiniad hwn wrth gwrs yw 'voluntary'. Cyfieithiad goddrychol yw addasiad, lle y mae'r cyfieithydd yn dewis crwydro oddi wrth y testun gwreiddiol gan gydnabod hynny yn agored. Unwaith eto, felly, y mae label y cyfieithydd/addasydd yn bwysig. Pan gyhoeddwyd *Y Cyrnol Chabert* ym 1989 gan Wasg Dwyfor, fe'i labelwyd fel 'Drama Radio wedi ei sylfaenu ar stori gan Balzac', yn hytrach nag addasiad. Ymhellach, yn y ddau ragymadrodd a luniodd Saunders i'r ddrama, ni chyfeiriodd o gwbl at ei ddyled i Honoré de Balzac.[39] Ymddengys na welodd Saunders unrhyw rwystr i'r newidiadau a'r addasiadau a gyflwynodd i'r testun gan ei fod wedi crwydro'n ddigonol oddi wrth ffurf y stori wreiddiol. Yn yr un ffordd, cydnabyddir bod *Serch yw'r Doctor* yn crwydro'n sylweddol o eiriau Molière yn y gyfrol a argraffwyd ym 1960: 'Cymerwyd enwau'r cymeriadau ac awgrymiadau eraill oddi wrth Molière'.[40] Unwaith eto, nid cyfieithiad uniongyrchol yw hwn, ond drama a seiliwyd ar waith Molière.

Os cymerwn fod addasiad yn cwmpasu newidiadau sylweddol i'r testun gwreiddiol, gellir gwahaniaethu ymhellach rhwng lefelau ffyddlondeb addasiadau drwy ddefnydd o'r term 'fersiwn'. Awgryma 'fersiwn' i Susan Bassnett, er enghraifft, fod y testun yn 'radically revised for the target culture'.[41] Ar y llaw arall, 'fersiwn' i Kate Griffiths yw testun a grëir gan 'gyfieithydd' nad yw'n gyfarwydd ag iaith y gwreiddiol ac sydd o ganlyniad yn gwneud defnydd o nifer o gyfieithiadau eraill i gynhyrchu fersiwn newydd. Gwnaed defnydd o'r term hefyd gan Samuel Beckett, a gyfieithodd ddrama gan Robert Pinget i'r Saesneg ar gyfer darllediad radio gan y BBC, ond a ddewisodd y term 'fersiwn' i'w disgrifio: 'I shd. prefer if possible to avoid the word "translation". Perhaps "English text" or just "English" by SB. For Lindon's edition I'll put "version anglaise" or "texte anglais", not "traduit par".'[42] Awgryma 'cyfieithiad' ffyddlondeb llwyr ac yn nhyb Beckett nid oedd y term yn caniatáu gwahaniaethu digonol rhwng y testunau nac yn cyfleu rhyddid ei fersiwn ef.

Er bod amryw ddiffiniadau wedi'u cynnig i wahaniaethu rhwng 'cyfieithiad', 'addasiad' a 'fersiwn', rhaid cydnabod bod y ffin rhyngddynt yn aneglur o hyd. Nid yw cyfieithwyr bob amser yn ymwybodol o'r newidiadau maent wedi'u gwneud, ac efallai nad yw pob cyfieithydd yn dymuno cyffesu ei fod wedi 'addasu'r' testun o dan sylw. Gellir, felly, ddiffinio addasiad agored, sef addasiad a gydnabyddir gan y cyfieithydd ac sy'n arddangos gwyriadau clir a gwirfoddol oddi wrth y gwreiddiol; ond y mae categori helaeth o destunau sydd yn cwympo rhwng cyfieithiad ac addasiad o hyd. Ni ellir rhwystro pendil y cyfieithiad rhag crwydro i faes yr addasiad, yn enwedig ym myd y ddrama.

Cyfieithu fel Cyfansoddi

Gwaith anodd a diddiolch yw gwaith y cyfieithydd, yn ôl Nida. Fe'i beirniedir am wallau, am anghysonderau ac am unrhyw wyriad oddi wrth y darn gwreiddiol, a phrin yw'r clod a dderbynia am gynhyrchu cyfieithiad o safon oherwydd credir yn aml y gall unrhyw un dwyieithog gyflawni ei waith yr un mor llwyddiannus.[43] Er gwaethaf y rhagdybiaeth gamarweiniol hon am y gwaith, y mae gofyn sgìl, gwybodaeth eang ac elfen o greadigrwydd wrth gyfieithu. Yn y bôn, ysgrifennu y mae cyfieithydd yn ei wneud. Defnyddia eiriau a chysyniadau ei iaith, ac yn aml ei ddiwylliant ei hun, i gyfleu syniadau a storïau awdur arall mewn darn o waith newydd. Pery cysylltiad annatod rhwng y gwaith gwreiddiol a'r cyfieithiad, ond nid yr un darn o waith ydynt. Er gwaethaf y dadleuon di-ri ynghylch ffyddlondeb ac eglurder, ac am ba mor agos y dylai'r cysylltiad hwnnw fod, y mae'r beirniaid oll yn gytûn nad oes modd cynhyrchu cyfieithiad hollol berffaith. Ys dywed Eugene Nida:

> Since no two languages are identical, either in the meanings given to corresponding symbols or in the ways in which such symbols are arranged in phrases and sentences, it stands to reason that there can be no absolute correspondence between languages. Hence there can be no fully exact translations.[44]

Y mae'r cyfieithydd, felly, hefyd yn ysgrifennu darn o waith newydd. Ond er bod y cyfieithydd a'r awdur ill dau yn cynhyrchu darn o waith creadigol, nid ydynt yn cael eu trin yn gyfartal. Fel y disgrifia Peter Bush a Susan Bassnett:

> Nobody doubts that a writer writes, it is in the word and even more importantly in the status. If one is a writer, whether of horoscopes, recipes or sonnets, the nomenclature brings an aura of respect. A translator translates and in so doing rewrites what is written by someone else and that is where doubt and irritation have set in.[45]

Ail-greu, *ail*ysgrifennu y mae'r cyfieithydd yn ei wneud, ac ni osodir y gwaith hwn ar yr un lefel â gwaith yr awdur sy'n creu ac yn ysgrifennu yn 'wreiddiol'. Ond y mae cyfieithu, fel yr ydym eisoes wedi gweld, yn gofyn am elfen o greadigrwydd wrth efelychu arddull ac effaith ieithyddol y gwreiddiol yn ogystal â'i ystyr a'i neges. I ba raddau, felly, y dylid cydnabod gwaith y cyfieithydd ei hun yn gyfreithiol ac yn ddeallusol? A oes llais gan y cyfieithydd, ac a ddylid clywed y llais hwn yn ei waith?

Ers y 1980au, cydnabyddir statws cyfieithiadau fel testunau annibynnol gan academyddion megis Susan Bassnett, arbenigwraig ym maes astudiaethau cyfieithu, a'r athronydd Jacques Derrida. Y mae'r cyfieithiad yn deillio o'r testun gwreiddiol, ond dadleuir y daw'n ddarn o waith newydd drwy ymateb i ofynion ei gyd-destun diwylliannol a chymdeithasol. O ganlyniad, dechreuwyd ystyried cyfieithiadau fel cyfansoddiadau gwreiddiol ynddynt eu hunain. Y mae'r theori hon yn hynod berthnasol wrth ystyried gwaith Beckett, a gyfieithodd neu a ailysgrifennodd ei ddramâu ei hun yn Saesneg ac yn Ffrangeg, ac wrth ystyried Saunders. Oherwydd nid cyfieithydd yn unig oedd Saunders, ond dramodydd ac awdur uchel ei barch yng Nghymru. Rhaid gofyn, felly, ai cyfieithu ynteu gyfansoddi yr oedd Saunders wrth lunio'r testunau o dan sylw.

Yn draddodiadol, ystyrir y cyfieithydd fel ysgrifennydd israddol. Y mae'r cyfieithydd yn defnyddio syniadau awdur arall ac yn trosi'r gwaith i iaith, ffurf neu gyfrwng arall. Nid syniadau'r cyfieithydd sydd yn y gwaith. Wrth wahaniaethu rhwng darn o waith mewn sawl iaith, cyfeirir yn aml at 'ysgrifennu gwreiddiol' ac 'ysgrifenu creadigol' yr awdur, termau sydd yn amlwg yn cyfleu statws uwch yr awdur mewn cyferbyniad â gwaith israddol y cyfieithydd. Ys dywed Susan Bassnett am y rhwyg rhwng gwaith y ddau: 'Some writers are lionized and critics write endlessly about their achievements, but no matter how productive they may be, translators are generally ignored, they are invisible beings whose literary skills are obliterated by the reputation of the writer whose work they translate.'[46] Ni chydnabyddir enw'r cyfieithydd yn aml iawn, am mai perchnogaeth yr awdur ar y testun yw'r unig beth o bwys yn y byd cyhoeddi ac yn y byd llenyddol. Yn wir, y mae'r statws israddol hwn yn rhannol gyfrifol am ddiffyg traddodiad ym maes astudiaethau cyfieithu am nad ystyrid cyfieithiadau yn deilwng o sylw beirniaid llenyddol.

Serch hynny, yn ôl Bassnett, nid oedd y rhaniad hwn yn bodoli trwy hanes y byd llenyddol. Yn ystod yr Oesoedd Canol, ysgrifennai awduron megis Geoffrey Chaucer waith gwreiddiol, cyfieithiadau, ffug-gyfieithiadau a dynwarediadau llenyddol heb wahaniaethu rhyngddynt o ran eu natur na'u statws. Parhaodd y traddodiad yn ystod yr unfed ganrif ar bymtheg, cyfnod pan berchid gwaith cyfieithwyr, ond gyda dyfodiad y diwydiant argraffu a lledaeniad y gair printiedig, yr oedd pobl yn awyddus i hawlio perchnogaeth dros eu gwaith creadigol, a sicrhaodd y cyfreithiau hawlfraint reolaeth newydd dros eiddo deall-usol awduron dros y byd. Gwaith yr awdur a amddiffynnir gan y rheolau hyn gan amlaf, yn hytrach na hawliau'r cyfieithydd. Yn sicr, o safbwynt cyfreithiol ym Mhrydain ac yn yr Unol Daleithiau, y mae llai o hawliau gan gyfieithydd o'i gymharu â'r awdur.[47]

I ba raddau, fodd bynnag, y mae unrhyw ddarn o waith yn 'wreidd-iol'? Dadleua Barthes fod pob awdur yn profi dylanwad anochel y byd llenyddol gan ei fod yn darllen, ac fe adlewyrchir y dylanwadau hyn yn ei waith creadigol ei hun. Fel y gwelwyd eisoes, dylanwadwyd ar nifer o ddramâu Saunders yn sylweddol gan ei wybodaeth o lenydd-iaeth Ffrainc. Yn yr un modd, felly, y mae'r cyfieithydd yn ailddefnyddio syniadau'r awdur er mwyn cynhyrchu darn creadigol o waith newydd. Disgrifia Josephine Balmer y berthynas rhwng y cyfieithydd a'r testun fel y cysylltiad rhwng unrhyw awdur a'i awen: 'All creative art is a response to a stimulus, whether emotional, sensual or intellectual – a love affair, a landscape, a political cause. And as translators have long argued, a text is as much a creative stimulus as any other.'[48] Serch hynny, gellid dadlau bod ysbrydoliaeth darn arall o lenyddiaeth yn wahanol iawn i ysbrydoliaeth byd natur neu brofiadau bywyd. Ysbrydoliaeth ail-law yw awen y cyfieithydd, syniadau wedi'u benthyg a'u dynwared yn hytrach na chreadigaeth o'r newydd. O ystyried y ddadl hon mewn ffordd ymarferol, daw'r darn gwreiddiol yn gyntaf yn gronolegol, ond a ddylai hynny warantu statws uwch iddo?

Dadl Derrida yw nad oes pwrpas nac ystyr i'r darn gwreiddiol heb fodolaeth y cyfieithiad. Y mae'r gwreiddiol, y darn 'cysegredig' fel y'i disgrifir gan Derrida, yn esgor ar gyfieithiad, fel y mae mam ar blentyn. Ceir cysylltiad amlwg, felly, rhwng y fam a'r baban, ond person newydd, bywyd newydd annibynnol, yw'r cyfieithiad yn y pen draw. Gall y plentyn siarad, y mae ei lais ei hun ganddo, ac yn yr un modd, tyf llais y cyfieithydd o wraidd y testun gwreiddiol.[49] Ymhelaetha drwy ddweud bod y cyfieithiad a'r darn gwreiddiol yn dibynnu ar ei gilydd: 'the one and the other are inseparable'.[50] Rhydd Derrida, felly, yr un statws i'r cyfieithiad a'r gwreiddiol, gan wrthod derbyn blaenoriaeth dyddiad y naill fel rheswm am oruchafiaeth dros y llall.

Yn yr un modd, y mae tuedd gynyddol erbyn heddiw i feirniaid ddadlau dros gydnabod hawliau'r cyfieithydd fel awdur yn ei rinwedd ei hun. Cred Sirkku Aaltonen fod cyfreithiau hawlfraint yn y cyd-destun hwn yn ddiffygiol, ac fel Lawrence Venuti o'i flaen, dadleua y dylid cefnogi'r cysyniad o awduraeth gydweithredol sydd wrth wraidd pob cyfieithiad.[51] Dadleua ymhellach fod sawl awdur i ddrama a gyfieithir: y dramodydd gwreiddiol, y cyfieithydd, y cyfarwyddwr, yr actorion, y tîm cynhyrchu, a chofweinyddion: rhaid eu cydnabod i gyd fel cydweithwyr yn y broses lwyfannu. Esbonia Aaltonen fod y broblem hon am awdurdod yr awdur, cysyniad a amlygir yn y term ei hun yn Gymraeg ac yn Saesneg, yn deillio o obsesiwn y Gorllewin gydag unigolyddiaeth a chyda pherchnogaeth dros eiddo deallusol a chreadigol unigolion. Nid oes lle i gydnabod gwaith cydweithredol yn y byd hwn, ac felly gwaith yr unigolyn, gwaith yr awdur sy'n cael ei barchu a'i amddiffyn gan y gyfraith a'r canon llenyddol.

Gwelwn yn y degawdau diwethaf, felly, fod llais y cyfieithydd yn fwy hyglyw yn y byd beirniadol, ond a ellir mynd gam ymhellach? Y mae nifer o feirniaid diweddar a chyfredol yn dadlau dros gydnabod rôl y cyfieithydd mewn datblygu'r gwaith gwreiddiol fel y gall dyfu a chyrraedd cynulleidfa newydd, ond a oes modd ystyried cyfieithiad fel darn *newydd* o waith *gwreiddiol*? Neu a yw'r ddrama yn parhau'n fersiwn o gelfyddydwaith y dramodydd gwreiddiol? Adwaenir Gogol ym maes cyfieithu am ei ddisgrifiad enwog o'r weithred o gyfieithu fel darn o wydr. Dylid gallu edrych drwy'r gwydr a gweld y fersiwn gwreiddiol yn berffaith glir, heb fod yn ymwybodol o unrhyw newid nac o ôl llaw unrhyw un arall ar y gwaith. Dyma'r diffiniad a gefnogir hefyd gan gyhoeddwyr a darllenwyr. Chwedl Lawrence Venuti:

A translated text, whether prose or poetry, fiction or nonfiction, is judged acceptable by most publishers, reviewers and readers when it reads fluently, when the absence of any linguistic or stylistic peculiarities makes it seem transparent, giving the appearance that it reflects the foreign text – the appearance, in other words, that the translation is not in fact a translation, but the 'original'.[52]

Ond y mae Venuti yn dadlau nad oes modd i unrhyw gyfieithiad fod yn hollol ffyddlon ac y dylid cydnabod hynny wrth ei ddarllen: 'no translation should ever be taught as a transparent representation of that text, even if this is the prevalent practice today'.[53] Mae'n anochel y bydd dehongliad personol y cyfieithydd yn lliwio'i waith, ac y mae pob cyfieithiad yn unigryw. Ni fydd unrhyw ddau yn darllen darn o waith yn yr un ffordd, ac ni fydd unrhyw ddau gyfieithiad yn cyfateb yn union i'w gilydd. Y mae gwahaniaeth, felly, yn rhan annatod o unrhyw gyfieithiad, yn ôl Susan Bassnett,[54] a dylid cydnabod rôl y cyfieithydd wrth lunio ei gelfyddydwaith unigryw.

Y mae'r broses gyfieithu hefyd wedi'i chymharu â math gwahanol o wydr, sef drych. Pwrpas cyfieithu i rai yw creu adlewyrchiad o'r diwylliant targed, gan gryfhau statws y diwylliant hwnnw drwy ddef-nyddio grym y darn gwreiddiol. Awgryma disgrifiad Sirkku Aaltonen o'r trosiad hwn fod y drych yn cynhyrchu adlewyrchiadau diddiwedd o'r darn gwreiddiol, pob un yn wahanol ac yn unigryw, wedi'u dylan-wadu gan y gynulleidfa darged:

If we pursue the mirror image, it can be argued that in contemporary Western theatre, as in literature, translations almost as a rule function as mirrors which are held up to our own image, and although at their best they show us fragments of the rest of the world, we feel safer if those fragments are familiar. Familiarity supports the myth of authenticity, which is important when realism is the dominant narrative, and makes acceptance easier. If, however, we see translation as an inherently selfish activity, which even at its best can only produce cultural hybrids and vaguely suggests that there is something unlike ourselves out there, we can view texts as endless chains in which two loops can never be exactly the same. So instead of one *Waiting for Godot* we would have as many different 'Godots' as there are productions which would make the play a fetishised cipher through which varying groups could claim authenticity or legitimacy for particular social or cultural platforms.[55]

Fel y gwelwn gyda chyfieithiad Saunders Lewis, y mae *Wrth Aros Godot* yn adlewyrchu profiadau, credoau ac amgylchiadau Saunders a'i genedl, ac felly y mae trosiad y drych yn addas iawn wrth ddadansoddi ei ymgais ef i wyro'r ddrama yn hytrach na'i hadlewyrchu. Y mae llais y cyfieithydd hwn yn glywadwy yn y ddrama newydd, a'r llais hwnnw yn datgan geiriau awdur gwreiddiol yn ei rinwedd ei hun. Rhaid cofio hefyd, wrth gwrs, nad cyfieithydd yn unig oedd Saunders. Fel Beckett, ymgymerodd Saunders â gwaith cyfieithu, addasu ac ysgrifennu gwreiddiol, ac felly y mae'r ffin rhwng gwaith gwreiddiol, dynwarediad a chyfieithiad yn ymgymysgu fwyfwy eto. Ys dywed Susan Bassnett:

What is often forgotten is that many writers also translate, and for those who do both, the hierarchical distinction that prevails in what might loosely be termed popular mythology simply does not exist. Translation, like imitation, can be a means of learning the craft of writing, for if writers can recognize and learn to speak in different voices it becomes more probable that they will identify a distinctive voice of their own.[56]

Fel y gwelwyd eisoes, plethir cyfieithiadau ac addasiadau drwy holl waith creadigol Saunders, ac adwaenir Beckett am ei duedd i chwarae ag ieithoedd ac i wthio iaith hyd ei therfyn eithaf. Iaith, unwaith eto, sydd wrth wraidd gwaith y ddau ddramodydd, ac y mae eu gwaith cyfieithu yn rhan hollbwysig o hynny. Tueddwn, felly, i roi pwyslais cryfach fyth ar greadigrwydd eu cyfieithiadau ac i gydnabod llais yr ail awdur sy'n atseinio yn y cyfieithiad. Caiff Beckett ei gofio a'i gydnabod fel awdur ac fel cyfieithydd, a rhoddir y ddwy rôl ar yr un pedestal llenyddol. Byddwn i'n dadlau y dylid rhoi'r un clod cytbwys i Saunders am ei arbrofion ieithyddol ef, gan fod cyfieithu yn rhan bwysig hefyd o'i yrfa lenyddol. Yr oedd Saunders, y cyfieithydd, yn rhan annatod o ddatblygiad Saunders y dramodydd, ac wrth inni ystyried ei gyfieithiadau yn fanwl, gwelwn fel y tyfodd ei lais creadigol dros amser nes y'i clywir yn glir yn *Wrth Aros Godot*.

O'r Llyfr i'r Llwyfan

Y mae'r theorïau a ystyrir uchod oll yn berthnasol i gyfieithiadau llenyddol ar bapur, ac felly i waith Saunders Lewis, ond hanner gwaith cyfieithydd y theatr yw hyn yn unig. Perthyn y ddrama i ddwy deyrnas: y llyfr a'r llwyfan, oherwydd gellir profi drama drwy ei darllen neu drwy ei gwylio a'i chlywed. Ymhellach, tra bod gofyn i gyfieithydd llenyddol ystyried ei gynulleidfa darged yn ogystal â'i destun ffynhonnell, wyneba cyfieithydd drama her bellach am fod gan ei waith sawl cynulleidfa: cynulleidfa'r testun, cynulleidfa'r perfformiad llwyfan, a chynulleidfaoedd gwahanol gyfryngau megis ffilm, teledu a radio.

Yn y lle cyntaf, gwahaniaethir rhwng y testun a'r perfformiad trwy eu cysylltiad ag amser a pharhad. Yn ôl David Ritchie, 'On the page a play is fixed, permanent, spatially arranged, and access to it is conceptual. On the stage a play is fluid, ephemeral, primarily temporally arranged, and access to it is physical.'[57] Bodola'r testun ar bapur yn barhaol, ond mae pob perfformiad yn unigryw, ac yn fyrhoedlog. Nid oes modd dychwelyd at y perfformiad, heblaw ar ffurf recordiad, ac i raddau nid yr un perfformiad yw'r recordiad a gedwir ar gamera. Cyfeddyf Ortrun Zuber-Skerritt fod ffilmio drama yn llwyddo i roddi'r un parhad i'r perfformiad ag i'r testun, ond nid oes modd dal ymateb y gynulleidfa na'i rhyngweithio gyda'r actorion.[58]

Elfen ganolog mewn unrhyw gyfieithiad, wrth gwrs, yw profiad y gynulleidfa darged, ac y mae profiadau'r gynulleidfa theatraidd a'r darllenydd yn wahanol mewn sawl ffordd, yn ôl Egil Törnqvist. Gall y darllenydd brofi'r ddrama yn uniongyrchol, ond mae profiad y gynulleidfa yn anuniongyrchol. Hynny yw, drwy lygaid y cynhyrchydd a'r cyfarwyddwr y gwêl y gynulleidfa'r ddrama, yn hytrach na thrwy eiriau'r dramodydd ei hun. Y mae'r profiad llafar sydd gan y darllenydd yn wahanol i brofiad clyweledol y gynulleidfa gan nad oes rhyddid i'w dychymyg nhw siapio eu dehongliad o'r ddrama. Chwaraea dodrefn, gwisgoedd a'r actorion ran yn hyn gan fod y cyfarwyddwr, unwaith eto, wedi gwneud dewisiadau ar ran y gynulleidfa cyn i'r perfformiad gychwyn. Rhaid cofio hefyd bwysigrwydd amser i'r ddau brofiad, oherwydd bod rhyddid gan y darllenydd i bori'r geiriau yn hamddenol, gan ailddarllen darnau aneglur a chan ddychwelyd at y testun ar wahanol adegau. Nid oes rhyddid o'r fath gan y gynulleidfa gan fod yn rhaid iddi wylio'r ddrama fel un perfformiad parhaol ac unionlin. Rhed y ddrama o'r dechrau i'r diwedd, heb oedi, a heb gyfle i ystyried ei hystyr yn ofalus cyn parhau. Yn olaf, y mae profiad y gynulleidfa yn fwy cyflawn, ar un wedd, gan fod modd iddynt brofi holl elfennau'r ddrama ar y cyd tra bod yn rhaid i'r darllenydd ddilyn geiriau a chyfarwyddiadau llwyfan y ddrama yn olynol. Wrth esbonio hyn, cynigia Törnqvist enghraifft o gymeriad nad yw'n siarad ond sydd yn bresennol o hyd ar lwyfan. Nid yw'r darllenydd yn ymwybodol o bresenoldeb y cymeriad hwn yn yr un ffordd. Y mae'n weladwy i'r gynulleidfa, ond rhaid atgoffa'r darllenydd o bresenoldeb cymeriadau distaw gyda chymorth cyfarwyddiadau llwyfan. O ystyried *Wrth Aros Godot* yn benodol yn y cyd-destun hwn, y mae hi'n amlwg pa mor wahanol y mae profiadau'r darllenydd a'r gynulleidfa gyda'r ddrama hon. Ceir cyfnodau tawel cyson ar lwyfan gan un neu gan sawl cymeriad. Caiff y gynulleidfa brofi'r tawelwch hwn mewn ffordd gyflawn ond ar yr un pryd, y cyfarwyddwr unigol sydd wedi pennu hyd y bylchau yn y ddeialog ar eu rhan. Y mae profiad byw y theatr yn gwireddu elfennau clyweledol y ddrama, ond, yn ôl rhai, nid yw'r rhain o reidrwydd yn cyfleu bwriad y dramodydd gwreiddiol.

O ganlyniad, am fod disgwyl i'r cyfieithydd ystyried y goblygiadau uchod, y mae cyfieithu drama yn cwmpasu gweithredoedd ychwanegol i gyfieithiadau llenyddol eraill. Er mwyn gwahaniaethu rhwng y gwahanol gamau a gymerir wrth gyfieithu yn y theatr, y mae Törnqvist yn cynnig y diffiniadau canlynol:

- *Ailysgrifennu* yw'r broses o lunio fersiwn terfynol o'r drafft ysgrifenedig.
- *Golygu* yw'r broses o drawsosod testun o'r gwreiddiol i'r fersiwn awdurdodedig a gyhoeddir.
- *Cyfieithu* yw'r broses o drosi'r gwaith o'r testun ffynhonnell i'r testun targed, h.y. drwy newid yr iaith.
- *Trawsosod* yw'r broses o drosglwyddo'r gwaith o un cyfrwng i gyfrwng arall.[59]

Serch hynny, ym maes astudiaethau cyfieithu drama, fel arfer gosodir y ddau gam olaf hyn o dan ymbarél y term 'cyfieithu', neu'r term 'addasu', termau y mae'r ffin rhyngddynt yn aneglur yn y maes yn ehangach, fel y gwelwyd eisoes. Cofiwn hefyd nad yw'r camau a amlinellir gan Törnqvist bob amser yn dilyn trefn unionlin na chrono-legol ychwaith. Yn y lle cyntaf, darn o lenyddiaeth yw drama yn debyg i stori fer neu nofel, ac y mae nifer fawr o ddramâu yn cael eu cyfieithu i'w darllen yn unig, yn hytrach na'u perfformio. Ys dywed Sirkku Aaltonen: 'This specification is important, as theatre translation is not necessarily synonymous with drama translation. Not all translated drama is produced or intended for production on stage, and some may exist only in the literary system as printed text.'[60] Dramâu parlwr yw'r term i ddisgrifio'r math yma o ddrama, ac yr oedd Saunders ei hun yn gyfarwydd iawn â'r traddodiad. Cyhoeddwyd ei ddramâu *Branwen* a *Dwy Briodas Ann* mewn cyfrol o'r enw *Dramâu'r Parlwr* ym 1975, yn dilyn eu darllediad ar y teledu. Bwriad y gyfrol oedd sicrhau hir oes i'r dramâu yn eu ffurf ysgrifenedig.[61] Tanlinella Aaltonen y rhaniad hwn rhwng y llyfr a'r llwyfan ymhellach gan fod rhai dramâu yn dyfod o ddatganiadau byrfyfyr megis traddodiad y *commedia dell'arte*, a chaiff nifer o ddramâu eu haddasu a'u newid gan eu dramodwyr yn sgil perfformiad, fel y gwnaeth Brecht[62] a Beckett. Yn wir, dywed Dan Gunn fod Beckett yn aml yn addasu ei ddramâu ei hun wrth iddynt gael eu perfformio: 'His willingness to modify, truncate, transform, is the exact opposite of rigid fidelity to sacrosanct text.'[63]

O ystyried natur amlweddog cyfieithiadau o ddramâu, felly, ceir cwestiynau pellach ynghylch sut y mae trosi drama yn berfformiad ar lwyfan. Cofiwn fod yna 'clear distinction between drama translation and theatre translation, two notions that refer to a reader-oriented and stage-oriented type of translation, respectively'.[64] Er mwyn gwahan-iaethu rhwng cyfieithiad llyfr a chyfieithiad llwyfan yn yr astudiaeth hon, cyfeirir at y cyntaf fel cyfieithu dramataidd, a chyfeirir at yr ail fel cyfieithu theatraidd. Gofynnwn, felly, beth yw'r gwahaniaethau pwysicaf rhwng y ddwy broses hyn. Yn yr adran hon, edrychwn ar agweddau ar ddrama sy'n cyfrannu at sut y cânt eu perfformio, a'u gosod ar lwyfan a sut yr effeithia hyn ar waith y cyfieithydd. Nid llwyfan traddodiadol a wyneba gynulleidfa mewn theatr yw'r llwyfan o dan sylw ychwaith. Cyfeiria'r gair 'llwyfan' at ofod y perfformiad, a all olygu llwyfan mewn theatr, stiwdio deledu, stiwdio radio neu set ffilm. Wrth gamu o'r llyfr i'r llwyfan, daw'r ddrama yn fyw i gynull-eidfa ac fe ddisgrifir y broses hon gan academyddion y theatr fel y *mise en scène*.

Dychwelwn yn gyntaf at gysyniad ffyddlondeb i'r testun gwreidd-iol. Yng nghyd-destun y theatr, cyfeirir at natur gysegredig drama, neu fwriad y dramodydd gwreiddiol am ei pherfformiad, fel y testun cudd, y testun dichonol, neu, fel y'i gelwir ym maes y theatr, y testun 'ystumiol' (*gestic text*): 'Theories of acting, from Stanislavski through Brecht, have evolved the notion of the gestic text that is somehow encoded in the written and can then be deciphered by an actor.'[65] Dadleuir bod disgwyl i'r cyfieithydd ddarganfod y testun ystumiol hwn a'i drosglwyddo i'r cyfieithiad gan sicrhau bod y testun o hyd yn gweithio fel drama ac yn ddealladwy i'r gynulleidfa. Gofynnir, felly, i'r cyfieithydd sicrhau bod y testun ystumiol hwn wedi'i drosi i'r cyfieithiad, gan gynhyrchu drama sydd yn 'berfformiadwy'. Yn ôl Susan Bassnett, gwneir defnydd aml o'r term 'perfformadwyedd' gan ddamcaniaethwyr y theatr i ddisgrifio 'the indescribable, the supposedly existent concealed gestic text within the written'.[66] O ganlyniad, cyflwynir dimensiwn arall i'r ddadl ynghylch ffyddlondeb ac eglurder oherwydd yn aml gwneir defnydd o 'berfformadwyedd' drama fel rheswm dros addasu testun er lles y gynulleidfa darged. Mewn ffordd, felly, gellid dweud mai math ar ddomestigeiddio yw sicrhau 'perfformadwyedd' testun.

Cyn mynd i'r afael â'r cysyniad hwn, rhaid diffinio'r term 'perfformadwyedd', sef gair a ddefnyddir gan ddamcaniaethwyr a beirniaid yn y maes wrth asesu llwyddiant cyfieithiad o ddrama ar lwyfan. Er gwaethaf defnydd helaeth o'r term mewn cyfrolau ar gyfieithu dramâu, y mae diffiniad y gair yn amwys o hyd. Yn ôl Susan Bassnett, nid yw'r term wedi'i ddiffinio'n ddigon manwl am nad oes modd ei gyfyngu; y mae perffomiadau yn unigryw, ac mae'r elfennau sy'n creu'r perffomiadau hyn, felly, yn hyblyg ac yn newid o berffomiad i berffomiad ac o gyfnod i gyfnod: 'attempts to define the performability inherent in a text never go further than generalized discussion about the need for fluent speech rhythms in the target text'.[67] Y mae Bassnett ei hun wedi newid ei defnydd o'r gair mewn sawl ysgrif dros y blynyddoedd wrth i'w syniadau ddatblygu, ac mae'r esblygiad hwn yn ei gwaith yn adlewyrchu natur anhraethadwy ac amwys y gair.[68]

Y mae beirniaid wedi gwneud defnydd o'r gair i gyfeirio at lefaradwyedd (*speakability*) ac anadladwyedd (*breathability*) yn ogystal â theatraeth (*theatricality*) a'r testun ystumiol. Y mae perfformadwyedd felly yn gallu cwmpasu elfennau llafar, elfennau gweledol a ffactorau eraill sydd yn mynd y tu hwnt i olwg y ddrama ar y dudalen megis addasiadau diwylliannol er lles y gynulleidfa darged. Er gwaethaf dadleuon ynghylch natur amwys y term, y mae'n rhaid cydnabod bod ystyriaethau ychwanegol gan gyfieithydd drama, gan gymryd y caiff y ddrama ei pherfformio, neu am hynny, y caiff ei dehongli gan ddarllenydd fel perfformiad dychmygol. Er mwyn cynnwys yr ystyriaethau hyn wrth ddadansoddi'r cyfieithiadau o dan sylw, felly, cynigiaf ddiffiniad o'r term ar gyfer y gyfrol hon. Yn yr astudiaeth hon, bwriadaf wahaniaethu rhwng yr is-gategorïau a nodir uchod, ac felly defnyddiaf y term 'perfformadwyedd' i gyfeirio at allu drama i gael ei llwyfannu a sut y mae'r cyfieithydd neu'r cyfarwyddwr yn sicrhau y gall cyfieithiad gael ei lwyfannu. Fel y disgrifia Eva Espasa: '"Performability" [. . .] leads us to the performance, to the *mise en scène*. And anything which is performed becomes performable'.[69] Y mae perfformadwyedd, felly, yn rhan annatod o unrhyw ddrama, neu unrhyw beth am hynny, a gaiff ei berfformio. Mae perfformadwyedd drama, felly, yn cyfuno dwy elfen hanfodol: yr hyn sydd wedi'i ysgrifennu ar y dudalen gan y cyfieithydd sy'n galluogi'r ddrama i gael ei pherfformio, a'r hyn a wna'r cyfarwyddwr a'r actorion wrth lwyfannu'r ddrama. Caiff y ffin rhwng y ddwy rôl eu pylu, wrth gwrs, os yw'r cyfieithydd yn penderfynu cymryd rhan yn y llwyfaniad, fel y gwnaeth y dramodwyr o dan sylw. Ystyrir y cyfieithiad theatraidd, felly, wrth ystyried perfformadwyedd cyfieithiad, ond cofnodir elfennau o'i berfformadwyedd yn y cyfieithiad dramataidd hefyd.

Edrychwn yn awr ar yr elfennau sy'n cyfrannu at berfformadwyedd drama. Un term a ddaw o dan ymbarél perfformadwyedd yw llefaradwyedd, sydd, yn ôl George Wellwarth, yn disgrifio 'the degree of ease with which the words of the translated text can be enunciated'.[70] Gall y cysyniad hwn hefyd gwmpasu'r term 'anadladwyedd', sef i ba raddau y gall yr actorion ynganu ac anadlu drwy'r ddrama yn naturiol, yn ôl diffiniad Mary Snell-Hornby.[71] Wrth ddadansoddi drama wedi'i chyfieithu neu wedi'i llwyfannu, gofynnir i ba raddau y gall yr actorion ynganu geiriau'r ddeialog mewn ffordd gyfforddus a ymddengys yn llyfn ac yn naturiol i'r gynulleidfa. Yn ôl Lars Hamberg, dylai deialog sydd wedi'i chyfieithu 'characterize the speaker and thus seem genuine; . . . an easy and natural dialogue is of paramount importance in a dramatic translation, otherwise the actors have to struggle with lines which sound unnatural and stilted'.[72] Rhaid ystyried ffactorau ymarferol megis cystrawen, hyd geiriau a brawddegau, nifer y sillafau yn ogystal ag elfennau arddulliol megis rhythm a phwyslais. Esbonia Jane Lai fod rhythm a hyd darnau o ddeialog megis areithiau yn effeithio ar emosiwn a dwyster mewn drama. Drwy gyflymu neu arafu brawddeg neu batrwm penodol o eiriau, newidir ymateb y gynulleidfa i deimlad y foment, felly lle bo hynny'n bosibl, dylid efelychu'r patrymau gwreiddiol a ddefnyddir er mwyn galluogi actor i'w gyfleu.[73]

Ymhellach, esbonia Jane Lai y tanlinellir themâu a syniadau canolog drama drwy ddefnyddio geiriau penodol fel motiff.[74] Efallai y bydd dramodydd yn dewis ailadrodd geiriau allweddol yn ysbeidiol drwy'r ddrama, rhywbeth a wna Beckett yn gyson yn ei waith, a disgwylir, felly, i'r cyfieithydd gyfleu'r un patrwm os yw'n dymuno cyfleu'r gwreiddiol yn ffyddlon. Yn olaf, yn ôl Susan Bassnett-McGuire, y mae rhythmau'r iaith lafar yn adlewyrchu eu cyfnod, ac fe newidiant yn gyson wrth i amser symud yn ei flaen. Dadleua hithau fod angen cynhyrchu cyfieithiadau newydd o ddramâu yn rheolaidd er mwyn adlewyrchu'r newidiadau hyn ym mhatrymau llafar y gynulleidfa ac er mwyn sicrhau y bydd y ddrama yn ddealladwy ac yn gyfoes.[75]

Nid geiriau yw'r unig elfen glywedol mewn drama ychwaith, gan fod cerddoriaeth a distawrwydd yn cael eu plethu i berfformiadau i gyfleu emosiwn ac awyrgylch penodol. Yn ystod yr ugeinfed ganrif, yr oedd defnydd o gerddoriaeth ar berfformiadau radio o ddramâu yn allweddol, ac yn aml fe'i defnyddid i lenwi bylchau, i nodi dechrau act newydd, neu i greu teimlad penodol yn absenoldeb elfennau gweladwy megis wynebau'r actorion. Mewn nifer o ddramâu ceir cofnod ysgrifenedig o gân ar ffurf geiriau, ond ni cheir cofnod o'r gerddoriaeth ei hun. Her ychwanegol i'r cyfarwyddwr, felly, yw dewis neu greu darn o gerddoriaeth sy'n cyd-fynd â geiriau ac â naws y gân a ysgrifennwyd gan y dramodydd. Ac yn aml disgwylir i'r cyfieithydd drosi geiriau cân gan gadw rhythm a nifer penodol o sillafau er mwyn cynhyrchu tôn benodol.

Ffactor pwysig arall ym mherfformadwyedd drama yw'r eitemau gweledol ar y llwyfan, megis gwisgoedd, dodrefn a goleuadau. Un-waith eto, mae dylanwad gan y cyfieithydd yn hyn o beth oherwydd gall awgrymu sut y dylid gwisgo'r actorion a gosod y llwyfan drwy osod cyfarwyddiadau llwyfan er lles y cyfarwyddwr a'r tîm cynhyrchu. Ar y naill law, gellir dadlau y dylid ystyried y cyfarwyddiadau llwyfan fel rhan o'r testun gwreiddiol y dylid eu parchu. Ar y llaw arall, efallai fod galw am hyblygrwydd pellach gyda'r rhain gan nad ydynt yn cael eu hystyried fel geiriau'r ddrama fel y cyfryw.

Y mae cyfieithu diwylliannol hefyd yn effeithio ar berfformadwyedd drama yn sylweddol am nad ei hiaith yw'r unig beth sy'n unigryw i genedl neu wlad. Gall iaith y corff megis ystyr ystumiau penodol amrywio, yn ogystal â chysylltiadau'r gynulleidfa gyda'r elfennau gweledol a nodir uchod. Efallai y ceir cyfeiriadau rhyngdestunol yn y ddrama, neu at ddigwyddiadau hanesyddol nad ydynt ond yn ddeall-adwy i'r gynulleidfa ffynhonnell. Yn yr un modd, gall ystyr enwau priod fod yn anghyfarwydd, nodwedd bwysig yng ngwaith Molière, lle y defnyddir yr un cymeriadau yn aml gan fod agweddau nodweddiadol yn gysylltiedig â'u henwau. Ys dywed Gunilla Anderman:

> Unlike a theatre-goer, a reader is in a position to consult footnotes and encyclopaedias providing information about unfamiliar social and cultural concepts. With the exception of information in the performance programme, members of a theatre audience are left to fend for themselves when, during the course of a performance, they are confronted with unfamiliar and often bewildering information.[76]

Nid oes modd ychwanegu nodiadau at berfformiad drama. Disgwylir i'r cyfieithydd theatraidd ymdopi â'r problemau hyn drwy blethu eglurhad o unrhyw gyfeiriadau diwylliannol i'r ddrama drwy ddomestigeiddio, neu eu gadael yn eu ffurf wreiddiol, ddieithr drwy estroneiddio.

Gellid asesu'r holl elfennau uchod fel rhan o berfformadwyedd drama, oherwydd maent i gyd yn cyfrannu at sut y caiff drama ei llwyfannu. Mae'r ffactorau hyn, felly, yn sicrhau y gellir trosi cyfieithiad dramataidd yn gyfieithiad theatraidd. Rhaid ystyried, serch hynny, pa mor ganolog yw'r pethau hyn wrth gyfieithu drama yn y lle cyntaf, ac ai rôl y cyfieithydd neu'r cyfarwyddwr yw cynhyrchu'r cyfieithiad theatraidd. Dadleua Egil Törnqvist, er enghraifft, fod elfennau ymarferol drama a'i pherfformadwyedd yn bwysicach na ffyddlondeb i'r testun gwreiddiol, gan fod yr agweddau hyn yn sicrhau bod y cyfieithiad yn ddealladwy i'r gynulleidfa darged:

> Fidelity to the original text is certainly important. But since play translations are usually undertaken with a production in mind, it is equally important that the lines in translation should be idiomatic, actable and meaningfully related to the visual environment (the stage-directions). The target text must also be easy to grasp, since in the theatre we have little time to ponder.[77]

Nid digon yw caniatáu rhyddid i'r cyfarwyddwr a'r actorion ddehongli cynnwys y cyfieithiad a'i berfformio; rhaid cynnwys cliwiau ac arweiniad a fydd yn sicrhau perffformiad clir, llyfn ac addas i'r gynulleidfa newydd. Serch hynny, cyfeddyf Törnqvist nad yw hyn yn golygu bod rhyddid llwyr gan gyfieithydd. Dylai gynnal ystyr y gwreiddiol ond mewn ffordd y gellir ei hactio. I Törnqvist, gwaith y cyfarwyddwr yw cyfieithu'r ddrama eto er lles y gynulleidfa. Dim ond arwain a wna'r cyfieithydd yn y lle cyntaf.

Wrth gyferbynnu cyfieithiad a darn 'gwreiddiol', gwelwyd eisoes fod gan y cyfieithiad statws is yn draddodiadol. Y mae'r un duedd yn ymddangos yng nghyd-destun y theatr, oherwydd fel rheol, rhoddir pwyslais sylweddol ar uwchraddoldeb y testun o'i gymharu â'r perfformiad. Ys dywed David Ritchie: 'The implicit assumption of priority in the phrase "page to stage," for example, reveals an unconscious tendency to assign dominance to the mode of discourse based on the printed word.'[78] Y testun, felly, sef y cyfieithiad dramataidd, yw'r darn gwreiddiol, y darn 'cysegredig', a'r perfformiad, sef y cyfieithiad theatraidd, yw'r cyfieithiad israddol sy'n deillio ohono.

Ar y llaw arall, dadleua nifer o feirniaid theatraidd nad yw unrhyw ddrama yn gyflawn nac yn orffenedig nes iddi gael ei pherfformio, ac mai hanner y gwaith yn unig yw'r cyfieithiad dramataidd. Barn Susan Bassnett am y ddadl hon yw hyn:

> A great deal of the language about translation concerns loss. We are told that things get lost in translation, that a translation is second-best, a pale copy of the original. This discourse of loss dominates much discussion of the translation of poetry and prose, but curiously in theatre the idea of loss is usually reversed. What we have instead is the notion of the playtext that is somehow incomplete in itself until realised in performance. The play is therefore something that fails to achieve wholeness until it is made physical.[79]

Er enghraifft, cred Anne Ubersfeld, academydd Ffrengig a arbeniga ym maes y theatr, fod drama ar bapur yn dyllog, yn anghyflawn, ac mai drwy lwyfannu'r ddrama yn unig y gellir llenwi'r bylchau hyn.[80] Caiff y ddrama ei gwireddu ar lwyfan, drwy roi'r geiriau yng ngenau actorion, a thrwy gyfathrebu'r syniadaeth yn gyflawn i'r gynulleidfa sy'n profi'r ddrama mewn ffordd hollol wahanol, fel y gwelwyd eisoes.

Ar y llaw arall, peth israddol yw'r ddrama a berffformir i nifer o ddramodwyr, gan gynnwys y rhai sydd o dan sylw yn yr astudiaeth hon. Cred rhai y daw gwaith y dramodydd i ben ar ôl llunio'r ddrama ar bapur, ac na ddylid ceisio pontio'r bwlch rhwng ei weledigaeth ef a phrofiad anghyflawn cynulleidfa ohoni. Yn ôl y dramodydd modernaidd Eidaleg, Luigi Pirandello, a gymherir yn aml â Beckett, y mae actorion a chyfieithwyr yn rhannu'r un her yn y theatr, sef ailgyfleu darn o waith sydd eisoes yn bodoli mewn ffurf gyflawn ar bapur:

Illustratori, attori e traduttori si trovano difatti, a ben considerare, nella medesima condizione di fronte all'estimativa estetica. Tutti e tre hanno davanti a sé un'opera d'arte già espressa, cioè già concepita ed eseguita da altri, che l'uno deve tradurre in un'altra arte; il secondo, in azione materiale; il terzo, in un'altra lingua.[81]

(Mewn gwirionedd, o ystyried y peth yn ofalus, y mae darlunwyr, actorion a chyfieithwyr yn rhannu'r un berthynas â gwerthoedd esthetig. Mae'r tri ohonynt yn wynebu darn o gelfyddydwaith sydd eisoes wedi'i lunio a'i gyflawni gan rywun arall, y mae disgwyl i un ei gyfieithu i fath arall o gelf, i'r ail ei drosi yn weithred gorfforol, ac i'r trydydd ei gyfieithu i iaith arall.)[82]

Dadleua Pirandello ymhellach na ellir goresgyn yr her hon, ac y dinistrir drama drwy ei llwyfannu, gan mai ar bapur yn unig y gall y gwaith fodoli yn ei ffurf gywir, ei ffurf wreiddiol, fel yr oedd yr awdur wedi bwriadu ei chreu. Dywed, pan berfformir drama:

Non sarà piú la stessa. Sarà magari un'immagine approssimativa, piú o meno somigliante; ma la stessa, no. Quel dato personaggio su la scena dirà le stesse parole del dramma scritto, ma non sarà mai quello del poeta, perché l'attore l'ha ricreato in sé, e sua è l'espressione quand'anche non siano sue le parole; sua la voce, suo il corpo, suo il gesto. È precisamente lo stesso caso del traduttore.[83]

(Ni fydd hi byth yr un peth eto. Efallai y bydd hi'n ddelwedd led agos, a fydd fwy neu lai yn debyg; ond ni fydd hi byth yr un peth. Bydd y cymeriad hwnnw ar y llwyfan yn dweud yr un geiriau ag a geir yn y ddrama ysgrifenedig, ond ni fydd y cymeriad hwnnw yn perthyn i'r dramodydd, oherwydd mae'r actor wedi'i ail-greu ynddo ef ei hunan, perthyn y mynegiad i'r actor er nad ei eiriau ef ydynt; perthyn y llais iddo, y corff a'r symudiadau. Ac y mae'r un peth yn wir am y cyfieithydd.)[84]

Y mae'r *mise en scène* yn anochel yn newid y ddrama, ac y mae'r llwyfaniad a'r cyfieithiad hwn yn mynd yn erbyn bwriad gwreiddiol yr awdur. Brad yw cyfieithiad, a brad yw llwyfaniad. Rhydd Pirandello bwyslais ar gysegredigrwydd y ddrama ysgrifenedig a dymuniad y dramodydd. Ffyddlondeb i'r awdur yn hytrach na dyletswydd i'r gynulleidfa yw prif amcan Pirandello, felly.

Ar yr un wedd, y mae nifer o feirniaid megis Susan Bassnett yn dadlau dros annibyniaeth y perfformiad ar y ddrama ysgrifenedig gan fod pob un llwyfaniad o ddrama yn unigryw, ac mai amhosibl, felly, yw cynhyrchu perffformiad ffyddlon o'r testun cudd, o 'botensial' y ddrama a gofnodir yn ei ffurf ysgrifenedig: 'if such a thing as a subtext exists at all, it will inevitably be decoded in different ways by different performers, for there can be no such thing as a single, definitive authoritative reading, despite the fact that some authors think there should be'.[85] Myth, felly, yw cysyniad 'perfformadwyedd' testun, am fod pob dehongliad a phob perfformiad yn unigryw. Yn yr un modd, cred Sirkku Aaltonen mai rhan o broses y theatr yn unig yw'r testun: 'It cannot be awarded any supreme place, nor can there be any single definite reading of it.'[86] Mae deongliadau o'r testun ysgrifenedig yn amrywio gyda phob perfformiad yn ôl eu cyfnod a'u hamgylchiadau, ac ymhellach, bydd deongliadau unigol gwylwyr a darllenwyr hefyd yn wahanol. Nid oes modd rhagweld beth fydd natur y perfformiadau unigol, na beth fydd ymateb unigol pob aelod o'r gynulleidfa. Y mae pob cyfieithiad theatraidd yn unigryw ac yn werthfawr.

Pwysleisir y rhaniad hwn rhwng y testun a'r perfformiad ymhellach gan ddefnydd nifer o gyfarwyddwyr o 'gyfieithiad llythrennol'. Dyma a wnaeth Martin Bowman pan luniodd gyfieithiad Saesneg llythrennol o ddrama Québecois Michel Tremblay. Gan ddefnyddio'r cyfieithiad Saesneg, trosodd Bill Findlay y ddrama i'r Sgoteg, sef y fersiwn a berfformiwyd.[87] Wrth ymgymryd â'r dasg hon, comisiynir ieithydd ag arbenigedd diwylliannol yn yr iaith ffynhonnell i gynhyrchu cyfieithiad sy'n cyfleu, gair am air, yr hyn a geir yn y fersiwn gwreiddiol. Wedi hynny, gweithia'r cyfieithydd gyda'r cyfarwyddwr gan esbonio unrhyw gyfeiriadau diwylliannol neu draddodiadol perthnasol, ac unrhyw chwarae ar eiriau nas esbonnir yn glir yn y cyfieithiad llythrennol. Gwaith y cyfarwyddwr, wedyn, yw cynhyrchu'r 'cyfieithiad' newydd o'r ddrama, drwy addasu'r gwaith at ddibenion y llwyfan a'r gynulleidfa darged. Gweledigaeth y cyfarwyddwr, felly, yw'r ddrama a lwyfennir yn hytrach na gweledigaeth y cyfieithydd, na throsiad o weledigaeth y dramodydd gwreiddiol.

Dadleua Bassnett yn ffyrnig yn erbyn unrhyw ddefnydd o 'gyfieithiad llythrennol' ar gyfer addasiad gan gyfarwyddwr neu ddramodydd.[88] Diben hyn, yn ôl Bassnett, yw defnyddio enw adnabyddus y cyfarwyddwr/dramodydd er mwyn rhoi statws i'r cyfieithiad, a'r canlyniad yw bod y cyfieithydd ei hun yn cwympo'n fwy israddol eto yn rhengoedd y byd celfyddydol. Honna Bassnett hefyd mai ffug gyfiawnhad am y gamdriniaeth hon yw'r ddadl am berfformadwyedd. Rhaid parchu'r testun a gyfieithir, ac yn ei dro, y testun gwreiddiol, sy'n llawn posibiliadau.

Ymhellach, gellid dadlau nad yw'r fath beth â chyfieithiad 'llythren-nol' yn bodoli. Yn ôl Gunilla Anderman:

> As translation always involves choosing one of a number of options, there is no such thing as a 'literal' translation, a concept that seems to suggest that this form of translation only involves replacing one word with another, from a store of knowledge readily accessible from a bilingual dictionary.[89]

Fel y nodwyd eisoes, y mae dewis a dethol yn rhan annatod o bob cyfieithiad, ac felly ni ellir dadlau bod cyfieithiad llythrennol hollol gyfatebol yn bodoli y gellir ei drawsnewid ymhellach er mwyn cyn-hyrchu drama y gellir ei pherfformio. Gwaith amherffaith, anghyflawn ac anorffenedig yw pob cyfieithiad. Cyfleir hyn yn addas iawn gan y cyfieithydd George Rabasa a ddywed fod y cyfieithydd bob amser yn anfodlon gyda'i waith oherwydd nid oes modd iddo ganfod datrysiad perffaith i'w broblemau:

> The translator can never be sure of himself, he must never be. He must always be dissatisfied with what he does because ideally, platonically, there is a perfect solution, but he will never find it . . . So he must continue to approach, nearer and nearer, as near as he can, but, like Tantalus, at some practical point he must say *ne plus ultra* and sink back down as he considers his work done, if not finished (in all senses of the word).[90]

Dadleuwn, felly, nad yw'r cysyniad o wneud defnydd o gyfieithiad 'llythrennol' yn ymarferol, yn gyfiawn nac yn bosibl.

Er gwaethaf y rhaniad hwn rhwng y ddrama ysgrifenedig a'r ddrama a berfformir, y mae nifer o ddramodwyr, megis Saunders, Beckett a Molière, yn dewis ymroi i'r broses lwyfannu am nifer o resymau amrywiol. Actor a pherfformiwr oedd Molière, ac o ystyried ei angerdd am y theatr a'i gyd-destun hanesyddol yn Ffrainc yn yr ail ganrif ar bymtheg, hawdd yw deall mai ar gyfer y llwyfan y cyfan-soddodd ef ei weithiau. Cymerodd ran ganolog yn ei ddramâu fel cyfarwyddwr ac fel actor, gan chwarae'r brif rôl gan amlaf. Yn ôl Guillermo Heras: 'It should also be emphasised that many great play-wrights, such as Shakespeare or Molière, would always have regarded their works as "unfinished", in need of completion by the actors during rehearsal and in the actual performance.'[91] Am y rheswm hwn, ac o achos ei angerdd am y theatr, chwaraeodd Molière ran bwysig yng nghyfieithiad theatraidd ei ddramâu hyd at ddiwedd ei oes.[92] Yr oedd cyd-destun theatraidd Saunders a Beckett yn wahanol iawn i eiddo Molière, ond er bod eu cyfraniad i berfformiad eu dramâu yn llai gweladwy o'r llwyfan, yr oeddent yr un mor bresennol. Fel yr esbonia Mark Batty, cymerodd Beckett gamau sylweddol er mwyn cadw rheolaeth dros y broses lwyfannu ac fe awgryma hyn iddo deimlo bod profiad y gynulleidfa o'r ddrama yn bwysig. Gellir dehongli hyn fel cadarnhad pellach o'r cysyniad nad yw'r ddrama ysgrifenedig yn hollol gyflawn:

That Beckett both translated his own plays and directed them can be considered as symptomatic of a very particular artistic impulse that views a text as fluid and incomplete, as necessary failure; a linguistic construct that perpetually seeks its most complete form of enunciation; 'Saying is inventing' as the character Molloy declares in the novel bearing his name.[93]

Yn yr un modd, gwyddys i Saunders Lewis geisio cadw rheolaeth lem ar gynyrchiadau o'i ddramâu ei hun, gan ofni y câi ei eiriau ef hefyd eu bradychu drwy eu trosi i'r llwyfan. Ceir enghraifft o'r ffordd y gall cynhyrchiad fradychu bwriad yr awdur yn ymateb siomedig Saunders i gynhyrchiad y BBC o'i ddrama radio *Yn y Trên* ym 1965. Mewn llythyr at Kate Roberts dywed:

Sgrifennais i ddrama i Meirion Edwards, 'Yn y Trên.' Fe gynhyrchwyd y ddrama yng Nghaerdydd heb roi gair i grybwyll hynny i mi na'm gwahodd i'r stwdio. Gwrandewais innau arni gyda dychryn – yr oedd hi wedi ei cham-ddeall a'i cham-actio o'r dechrau i'r diwedd ac wedi ei llwyr ddinistrio yn fy marn i. Yr wyf yn chwerw ddig.[94]

Fel y gwelwyd eisoes, yr oedd Saunders yn adnabyddus am ei ddiffyg hyder mewn perffformiadau o'i waith am nad oedd theatr broffesiynol yng Nghymru. Gellir dadlau, felly, nad oedd ganddo hyder mewn unrhyw lwyfaniad o'i waith oherwydd bod proses y *mise en scène* yn achosi crwydriad anochel oddi wrth ei syniadaeth ef. Ar y llaw arall, yn wahanol iawn i'w arferion gyda'i gyfansoddiadau gwreiddiol ei hun, diddorol yw nodi nad oedd Saunders wedi gwneud unrhyw ymgais i ddylanwadu ar ddarllediad radio ei gyfieithiad *Wrth Aros Godot* ym 1962. Yn ôl cyfarwyddwr y perffformiad, Emyr Humphreys, nid oes cof ganddo o Saunders yn mynychu ymarferion y perffformiad, a phrin oedd ei sylwadau am y gwaith o gwbl gan ei fod yn amharod iawn i ymyrryd yn y perffformiad.[95] Ymddengys, felly, nad oedd trosiad y cyfieithiad i'r llwyfan yn rhan o'i waith fel cyfieithydd, yn ei dyb ef.

Gwaith y cyfarwyddwr, ym marn Saunders, oedd addasu ei eiriau ef i'r darl_ediad ar lwyfan radio'r BBC. Atgyfnerthir hyn gan lawysgrif y ddrama a gedwir o hyd gan Archifau BBC Cymru yng Nghaerdydd, sy'n cyfateb yn union i'r cyfieithiad a gyhoeddwyd wyth mlynedd wedyn ym 1970. Ni cheir cyfarwyddiadau ynghylch y darl_ediad radio, nac am sut i ymdopi â'r heriau amrywiol a fyddai wedi codi yn sgil darlledu'r ddrama drwy'r cyfrwng hwn. Cyfeiria'r cyfarwyddiadau llwyfan at symudiadau ac ystumiau'r cymeriadau, er nad oeddent yn weladwy ar y radio. Yn yr un modd, ni cheir unrhyw gyfeiriad at y ffaith bod y cymeriadau yn aml yn gwrth-ddweud yr hyn a wnânt, fel yn niweddglo enwog y ddwy act:

Vladimir: Wel? Gawn ni fynd?
Estragon: Ie, awn.
(*Nid ydynt yn symud.*)[96]

Ymddengys yn yr achos hwn nad oedd perfformadwyedd yn bwysig i Saunders wrth iddo lunio cyfieithiad ysgrifenedig ac mai'r cyfieithiad dramataidd oedd canolbwynt ei ffocws, er bod y cyfieithiad theatraidd yn peri poendod iddo gyda'i ddramâu gwreiddiol ei hun. Ac yn wir, dadleua Bassnett na ddylai'r cyfieithydd ystyried perfformadwyedd y testun; rôl y cyfarwyddwr yw trosi'r gwaith o'r llyfr i'r llwyfan:

The translator cannot hope to do everything alone. Ideally, the translator will collaborate with the members of the team who put a playtext into performance. If such an ideal situation does not happen, then the translator should still not be expected to produce an hypothetical performance text or to second guess what actors might want to do to the translation once they start to work with it.[97]

Nid cyfrifoldeb y dramodydd yw sicrhau bod y testun yn berfformadwy am fod pob cyfarwyddwr a thîm cynhyrchu yn dehongli drama mewn ffordd unigryw, fel y gwna unrhyw ddarllenydd gyda thestun ysgrifenedig. Serch hynny, y mae Bassnett yn cydnabod bod rôl cyfieithydd drama yn wahanol i gyfieithwyr eraill am fod disgwyl iddo ystyried dimensiwn y perfformiad. Rôl y cyfieithydd yw gweithio ar lefel ieithyddol, 'to wrestle with the deictic units, the speech rhythms, the pauses and silences, the shifts of tone or of register, the problems of intonation patterns: in short, the linguistic and paralinguistic aspects of the written text that are decodable and reencodable'[98] yn ogystal â 'maintain the strangeness' yn y ddrama,[99] fel y gall y darllenydd (neu'r cyfarwyddwr) ei dehongli ar ei liwt ei hunan. Gwaith y cyfarwyddwr yw cyfieithu'r ddrama eto ar ffurf cyfieithiad theatraidd ar gyfer y llwyfan.[100] Drwy ymyrryd â gwaith y cyfarwyddwr, yr oedd Beckett, Molière a Saunders ill tri fel awduron yn hytrach nag fel cyfieithwyr, yn cymryd rhan mewn cyfieithiad *newydd* o'r gwaith yr oeddent eisoes wedi'i greu. Dadleuwn, felly, fod llwyfannu drama yn cynrychioli datblygiad arall eto o'r ddrama wreiddiol a ysgrifennwyd gan y dramodydd cyntaf ac mai ailgyfieithiad yn nwylo'r cyfarwyddwr yw hi. Ys dywed Mark Batty:

Conventionally [. . .] the playwright's authorship of the theatrical event ends with the production of a written text and s/he is subsequently reliant upon groups of interpretative artists to complete the work and produce the performance text. The ultimate control over the manner in which the performance text will achieve its utterance lies, of course, in the hands of the director, and it is s/he who authors the play as it is offered to the public. A director, then, usually stands in-between the written text and the performance text as a sort of surrogate author; his/her role is analogous, therefore, to that of the translator.[101]

Dylid nodi bod gwaith y cyfarwyddwr, sef yr ailgyfieithydd yn ôl y ddamcaniaeth hon, yn cael cydnabyddiaeth gyhoeddus sylweddol o'i chymharu â gwaith y cyfieithydd cyntaf ym myd y theatr. Hynod, felly, yw'r ffaith bod byd y theatr yn fwy parod i gydnabod gwaith y cyfarwyddwr, rhywun sy'n gweithio drwy ddwylo dau berson creadigol arall, gan anwybyddu ymdrechion creadigol y cyfieithydd.

Yn achos Beckett a Molière, ac yn achos Saunders gyda'i waith ei hun, bu iddynt ddewis gweithredu fel cyfarwyddwyr ac felly ymgymerasant â rôl arall fel cyfieithydd/cyfarwyddwr. Fel y gwelwyd, achos arbennig oedd Beckett, oherwydd parhâi'r gwaith o gyfarwyddo ac o drafod gyda chyfarwyddwyr yn rhan o'r broses ddiddiwedd o gyfieithu ac addasu a oedd yn gyfeiliant i'w holl fywyd creadigol, rhywbeth sydd eto yn cynrychioli ei ddiddordeb dwfn yng nghyfyngiadau iaith wrth gyfathrebu. Dylid nodi bod Beckett yn awyddus i sicrhau gwireddiad ei weledigaeth ar lwyfan, oherwydd mynnodd fod ei gyfarwyddiadau llwyfan yn cael eu dilyn yn hollol ffyddlon.[102] Ei awdurdod ef fel awdur oedd canolbwynt y broses o hyd. Serch hynny, yr oedd y perfformiad yn rhan o'r cyfieithu ac o'r cyfansoddi i Beckett, oherwydd wrth wylio ymarferion a pherfformiadau o'i ddramâu, parhaodd i'w haddasu a'u newid.[103] Nid y ddrama ar bapur oedd diwedd y daith i Beckett.

Achos arall oedd perthynas Saunders â'i ddramâu. Yn wahanol i'w gyfraniad cyson i berfformiadau o'i waith ei hun, lle y canolbwyntiodd ar sicrhau bod y perfformiad yn ffyddlon i'r gair, penderfynodd Saunders ymbellhau oddi wrth berfformiadau o'i gyfieithiadau. Ymddengys, felly, mai barn Saunders oedd bod y cyfieithiad ysgrifenedig a'r cyfieithiad a berfformir yn annibynnol ar ei gilydd, ac ymhellach, awgryma nad ystyriai Saunders ei hun ei gyfieithiadau yn yr un modd ag yr ystyriai ei ddramâu 'gwreiddiol'. Ni roddai Saunders ei hun, felly, sylw digonol i'w waith cyfieithu, heb gydnabod ei werth o'i gymharu â'i waith creadigol arall. Gellir dadlau mai dylanwad ei gyfnod sydd yn rhannol gyfrifol am hyn oherwydd ni roddwyd digon o sylw i gyfieithiadau yn ystod blynyddoedd ffrwythlon gyrfa Saunders. Disgrifir statws cyfieithwyr y cyfnod gan Angharad Price fel a ganlyn: 'Ar ddiwedd holl sgepsis ieithyddol yr ugeinfed ganrif, camp seithug, ar y gorau, yw camp y cyfieithydd; ac ar y gwaethaf, camp fradwrus.'[104] Ni chaniataodd y canon llenyddol ar y pryd iddo gydnabod y rhan bwysig a chwaraeai ei gyfieithiadau. Hwn, er hynny, oedd wrth galon datblygiad ei holl gyfansoddiadau.

Yn ôl Eva Espasa, y mae'r duedd hon i gadw yn ôl o'r perfformiad yn caniatáu rhyddid i'r cyfarwyddwr: '[I]f the act of translating is considered as prior to and autonomous from the *mise en scène*, the translator will seek not to offer a specific interpretation of the text, thus attempting to convey the ambiguities and different readings in the translated playtext.'[105] Serch hynny, nid aeth Saunders mor bell â gadael olion amwysedd a natur amlweddog yn ei gyfieithiadau. Y mae dehongli yn rhan anochel o unrhyw gyfieithiad, ac yn wir, yr oedd dehongliad Saunders o'r dramâu o dan sylw yn hollol glir. Cyfrifoldeb y cyfarwyddwr oedd dehongli'r perfformiad yn y modd yr oedd Saunders wedi darllen y ddrama wreiddiol.

Cyfieithu'r Cyfrwng

Fel yr ydym eisoes wedi gweld, mae cyfieithiadau theatraidd yn gofyn i'r cyfieithydd ystyried y gynulleidfa mewn ffordd wahanol i'r cyfieithydd testunol gan fod y gynulleidfa'n bresennol yn y perfformiad ei hun. Ar ben hynny, os bydd cyfieithydd yn trosi drama ar gyfer cyfrwng gwahanol megis y teledu, ffilm neu'r radio, ceir cymhlethdodau pellach gan nad yw'r gynulleidfa yn rhannu'r un profiad ag y mae hi yn y theatr. Y mae'r ystyriaethau hyn yn berthnasol iawn i'r astudiaeth bresennol gan fod *Wrth Aros Godot* a'r *Cyrnol Chabert* wedi'u cyfansoddi'n wreiddiol ar gyfer darllediadau radio gan y BBC, ac ymhellach, mae dramâu mwyaf abswrdaidd Saunders a gysylltir â gwaith Beckett, sef *Yn y Trên* a *Cell y Grog*, hefyd wedi'u llunio ar gyfer y radio. Ceir cysylltiad hanesyddol hollbwysig rhwng y ddrama a'r radio, sy'n deillio'n wreiddiol o'r ddrama gyntaf a gomisiynwyd ar gyfer y radio sef *A Comedy of Danger* gan Richard Hughes, a ddarlledwyd gan y BBC ym mis Ionawr 1924.[106] O dan arweiniad cyfarwyddwr cyffredinol y BBC, yr Arglwydd Reith, a than gyfarwyddyd Val Gielgud, cyfarwyddwr drama (1929–52) a phennaeth drama sain (1952–63), clustnododd y BBC le penodol i'r ddrama radio gan sicrhau bod y cyfrwng yn cael ei barchu fel rhywbeth gwahanol i brofiad y theatr. Ys dywed Clas Zilliacus am agwedd Gielgud at y gwaith: 'As early as 1932 he was farsighted enough to insist on treating radio as radio rather than as a crippled stage. But he also insisted on the fundamental importance of making the classics available on the air'.[107] Roedd gwerth a phwrpas penodol, felly, i ddefnyddio dramâu a chyfieithiadau o ddramâu clasurol er mwyn addysgu a chyfoethogi profiad diwylliannol y cyhoedd. Atgyfnerthir hyn gan Kate Griffiths a ddatgan: 'Radio, as a cultural institution, has, if anything, an even greater commitment to adaptation as an art form. In its early years, the medium turned to theatre in an attempt to define its cultural practice.'[108] Dechreuodd yr ymgais i addysgu'r gynulleidfa Brydeinig gyda rhaglenni'r *Microphone Serials*, sef addasiad o nofel Alexandre Dumas, *Le Comte de Monte-Cristo* yn Saesneg ar ffurf deuddeg rhifyn a ddarlledwyd ym 1938. Gwneid defnydd o glasuron estron yn ogystal â rhai Saesneg ac Americanaidd i'r diben hwn, felly yr oedd addasiadau a chyfieithiadau yn rhan bwysig o ddatblygiad y ddrama radio. Mae'r duedd hon yn cael ei hadlewyrchu hefyd ym myd y ddrama Gymraeg gan i'r BBC gomisiynu cyfres 'Y Ddrama yn Ewrop' a ddarlledwyd rhwng Tachwedd 1962 ac Ebrill 1963.[109] Yr oedd y defnydd o weithiau adnabyddus yn caniatáu statws a hygrededd i'r radio, ac yn arbennig i'r radio Gymraeg gan fod perygl pellach i'r cyfrwng hwnnw ddiflannu o dan gysgod y radio Saesneg.

Er gwaethaf y pontio amlwg hwn rhwng y theatr a'r BBC, y mae'n rhaid cydnabod, fel y gwnaeth Gielgud, fod y radio yn wahanol iawn i'r llwyfan mewn sawl ffordd. Y mae dramâu radio fel arfer yn fyr o'u cymharu â pherfformiadau yn y theatr gan fod angen cadw sylw'r gwrandawyr heb gymorth yr elfen weledol. Yn ôl Egil Törnqvist, nid yw dramâu radio fel arfer yn hwy nag awr a hanner o hyd.[110] Yn gyson â hyn, felly, hyd *Yn y Trên*, pan gafodd ei pherfformio ym 1965, oedd pum munud ar hugain, a hyd darllediad *Cell y Grog* ym 1974 oedd deng munud ar hugain. Dywed Törnqvist fod nifer o gyfieithwyr yn dewis cwtogi dramâu wrth eu haddasu ar gyfer y radio, ond bod dadlau ffyrnig yn aml am hyn oherwydd bod llawer o ddramodwyr yn teimlo y dylid parchu hyd y darnau gwreiddiol.[111] O ran *Wrth Aros Godot*, nid ymddengys fod Saunders wedi dewis cwtogi'r gwreiddiol, ac yn wir, fel y gwelwn, dewisodd wneud defnydd o'r testun Ffrangeg, sef y fersiwn hwyaf, gan ychwanegu ambell ddarn o'r fersiwn Saesneg gan Beckett, yn ogystal ag ychwanegu adrannau hollol newydd o'i greadigaeth ei hun.[112] Gellid dadlau nad drama hir yw *Wrth Aros Godot* o ystyried maint y ddeialog yn unig, ond os cynhwysir y seibiau a'r bylchau sy'n llenwi amser y ddrama yn sylweddol, nid drama fer ydyw hi ychwaith. Awr a hanner yn union oedd hyd slot perfformiad cyntaf *Wrth Aros Godot* ar 20 Tachwedd 1962 yn ôl cofnod y *Radio Times*,[113] felly mae'r cyfieithiad yn cyfateb i gyfyngiad Törnqvist. Serch hynny, o ystyried dewisiadau ac ychwanegiadau Saunders, mae hi'n ymddangos nad oedd colli sylw'r gynulleidfa yn achosi poendod meddwl i'r cyfieithydd yn yr achos hwn. Dyma dystiolaeth bellach na chredai Saunders mai ei ddyletswydd ef oedd cyfieithu'r ddrama o'r llyfr i'r llwyfan.

Ac eto, pan ddarlledwyd *Waiting for Godot* gan Third Programme y BBC ar 27 Ebrill 1960, dwy awr a deng munud oedd hyd y perfformiad, felly rhaid tybio nad oedd darlllediad *Wrth Aros Godot* wedi cynnwys seibiau hir fel rhan o'i berfformiad er mwyn cyfyngu'r darlllediad i awr a hanner.[114] Esbonnir hyd y darlllediad Saesneg yn rhannol, er hynny, gan benderfyniad y cynhyrchydd, Donald McWhinnie, i ddarllen y cyfarwyddiadau llwyfan yn uchel. Y mae'r penderfyniad hwn yn ein harwain at ystyriaeth bellach wrth drosi neu gyfansoddi drama ar gyfer y radio, oherwydd yn absenoldeb yr elfennau gweladwy, rhaid ystyried i ba raddau y bydd cynnwys y ddrama yn ddealladwy i'r gynulleidfa. Nid yw'r cyfarwyddiadau llwyfan, sydd mor ganolog i unrhyw ddrama, yr un mor berthnasol i ddrama radio, neu mae'n rhaid eu haddasu fel bod y ddeialog a'r effeithiau sain yn llwyddo i gyfleu'r cynnwys mewn ffordd effeithiol. Wrth baratoi testun ar gyfer y radio, felly, rhaid ystyried a yw'r ddeialog yn esbonio'r symudiadau a'r gweithrediadau a geir.

Mae'r cwestiwn hwn yn fwy perthnasol wrth edrych ar ddramâu Beckett am sawl rheswm: mae ei gymeriadau yn dweud cyn lleied; ceir elfen o hiwmor yn aml i'w hystumiau a'u symudiadau; ac yn aml iawn maent yn gwrth-ddweud yr hyn y maen nhw'n ei wneud. Anodd iawn yw arddangos hyn heb ddinistrio effaith y darn gwreiddiol. Yr unig ddewisiadau amlwg yw addasu deialog y cymeriadau, gwneud defnydd ychwanegol o effeithiau sain, neu, fel y gwnaeth McWhinnie gyda *Waiting for Godot* ym 1960, adrodd y cyfarwyddiadau llwyfan. Nid oedd y penderfyniad hwn yn un llwyddiannus, yn ôl Clas Zilliacus:

> The loss suffered in translating Beckett's stage conception for the microphone was considerable. Language alone had to take care of Beckett's often contradictory tension between language and action. The non-event, defiant or catatonic, which belies the play's curtain line was conveyed by Hawthorne's spoken 'They do not move.'[115]

Fel yr esbonia Eva Espasa, disgwylir i'r darllenydd, neu'r gynulleidfa yn achos y theatr, esgus eu bod yn gwylio neu'n gwrando ar y ddrama wreiddiol er mai cyfieithiad ydyw. Rhith yw'r profiad hwn, ond rhith y mae'r gynulleidfa yn barod i'w dderbyn. Meddai:

> This is one paradox of a translated text: we read it, we consider it to all intents and purposes *as if* it were the original, but to do so we have to consider it invisible, non-existent; we have to disregard it. We want to listen to the voice of the original, and yet all we have is the voice of the translation, which we decide to ignore as a voice in its own right . . . This paradox is especially visible in translated drama and audio-visual texts, where the audience 'suspend their disbelief' that what they are watching is not 'the real' Shakespeare but, say, a Catalan production.[116]

Ond caiff y rhith ei chwalu'n llwyr pan wneir defnydd o sylwadau 'metadestunol' a chyfarwyddiadau nad ydynt yn rhan naturiol o'r ddeialog.

Y mae absenoldeb yr elfen weledol yn cyfyngu ar y perfformiad yn sylweddol. Wedi'r cyfan, fel y maentumia Andrew Crisell, cyfrwng dall yw'r ddrama: 'What strikes everyone, broadcasters and listeners alike, as significant about radio is that it is a *blind* medium . . . Radio's codes are purely auditory, consisting of speech, music, sounds and silence.'[117] Yn ôl Kate Griffiths, y mae'r ddrama radio wedi manteisio ar ei natur ddall gan greu *leitmotif* o'r dallineb a chan roi pwyslais ar dywyllwch.[118] Gwnaed hyn hyd yn oed yn y ddrama gyntaf un, *A Comedy of Danger*, a osodwyd ar lawr pwll glo. Yn yr un modd, mae hi'n addas, felly, fod Saunders wedi cyfieithu *En attendant Godot* ar gyfer y radio gan fod set a dodrefn y ddrama mor blaen ac mor foel.

Pwysleisir gwacter, bylchau, tawelwch a gwagle yn y ddrama, syniadau y gellir eu cyfleu i raddau ar ffurf darllediad radio oherwydd ni all y gynulleidfa weld unrhyw elfen o'r llwyfan.

Y mae drama radio, felly, yn dibynnu'n llwyr ar sain: ar leisiau'r cymeriadau, ar gerddoriaeth ac ar effeithiau sain technegol er mwyn cyfathrebu â'r gynulleidfa. Rhaid rhagweld anghenion y gynulleidfa, oherwydd, fel yr awgryma Gielgud, y mae sawl haen i ddallineb y ddrama radio. Ni all y gynulleidfa wylio'r rhyngweithio rhwng y cymeriadau, ac ni all y cyfarwyddwr a'r actorion ymateb i'r gynulleidfa ychwaith.[119] Y mae'r bedwaredd wal rhwng yr actorion a'r gynulleidfa yn fwy anhydraidd dros y radio. Nid yn unig y mae'n rhaid rheoli eglurder o ran y plot, ond dylid ystyried a yw hi'n ddigon rhwydd gwahaniaethu rhwng y cymeriadau sy'n siarad. Wrth drosi drama Pirandello, *Trovarsi*, i gyfrwng y radio, ychwanegodd Susan Bassnett enwau at y ddeialog ac ambell linell hollol newydd er mwyn egluro pwy oedd yn siarad â phwy.[120] Yn ôl Egil Törnqvist, deialog rhwng dau yw ffocws nifer o ddramâu er mwyn osgoi'r dryswch hwn,[121] ac yn wir, dyma a geir yn *Cell y Grog*, *Yn y Trên* ac i raddau yn *Wrth Aros Godot*, oherwydd ceir partneriaethau amlwg rhwng Vladimir ac Estragon, ac eto rhwng Pozzo a Lucky. Yn *Y Cyrnol Chabert* hefyd, dewisodd Saunders gwtogi nifer y cymeriadau yn y ddrama radio, a gellir dyfalu mai amcan hyn oedd sicrhau eglurdeb i'r gynulleidfa. Er enghraifft, yn lle cynnal sgwrs rhwng Y Cyrnol Chabert, Mme Ferraud a'i phlant, sieryd y ddau oedolyn am y plant ac aralleirir eu heffaith ar y Cyrnol. Y mae tywyllwch y radio yn gosod cyfyngiadau ar ddramodydd gan wneud cast mawr o gymeriadau yn amhosibl. Os na fydd cymeriad yn cyfrannu at y ddeialog am gyfnod hir, maent yn diflannu o ymwybyddiaeth y gynulleidfa.[122]

Ac yn wir, y mae tawelwch hefyd yn ystyriaeth bwysig mewn drama radio. Cyfeiria Crisell at ddistawrwydd yn ei restr uchod fel arf sydd gan y cyfrwng er mwyn cyfathrebu a chyfleu. Yn wir, y mae distawrwydd yn ffordd bwerus o ganiatáu i'r gwrandawr ddehongli a dychmygu. Ys dywed Kate Griffiths: 'Radio can do silence like no other form. Silence is . . . a natural ingredient in "the creation of the radio illusion" as the medium "comes out of silence, vibrates in the void and in the mind, and returns to silence".'[123] Daeth datblygiad pwysig i'r mater hwn ym 1955 gyda dyfodiad gwasanaeth VHF/FM cenedlaethol. Canlyniad y newid technegol hwn oedd gwelliant yn ansawdd y sain, felly, fel y dywed Clas Zilliacus:

Programmes could now be heard as intended. A symphony concert, or the subtle sound complex of an *All That Fall*, could now be judged as recorded; its delicate pause pattern could emerge as a pause pattern rather than empty spaces at the mercy of interference.[124]

Yr oedd modd, felly, atalnodi perfformiad gyda distawrwydd yn fwriadol heb gamgymryd y seibiau am broblemau gyda'r peiriant. Unwaith eto, y mae'r pwynt hwn yn berthnasol iawn i *Wrth Aros Godot* gan fod drama wreiddiol Beckett yn llawn bylchau a seibiau o fwriad. Yn ôl Emyr Humphreys, yr oedd seibiau a chyfnodau o dawelwch o'r fath yn rhan gyffredin o ddarllediadau radio'r cyfnod, felly nid oedd unrhyw anhawster wrth gynnwys y rhain yn y perfformiad.[125] Serch hynny, anodd yw asesu i ba raddau y llwyddodd hyn gan nad oedd y gynulleidfa yn bresennol ym mherfformiad y ddrama.

Nid ar gyfer y radio y lluniwyd *En attendant Godot* yn wreiddiol, er i'r ddrama ymddangos yn ystod cyfnod cyffrous yn natblygiad y cyfrwng. Yn wir, yr oedd datblygiad y gwahanol gyfryngau posibl ar gyfer dramâu (radio, teledu, ffilm) yn rhan bwysig o yrfa Beckett, ac yr oedd ganddo berthynas gymhleth â hwy. Gwyddys am ddiddordeb enwog Beckett ym maes cyfieithu gan iddo ef ei hun arbrofi'n sylweddol gyda chyfansoddi'n ddwyieithog. Fel yr ydym eisoes wedi gweld, math arall ar gyfieithu yw'r broses o drosi gwaith ar gyfer cyfrwng arall, ond nid oedd Beckett bob amser yn fodlon gyda'r gwaith hwn. Gwrthododd addasu *Endgame* ar gyfer cynhyrchiad teledu oherwydd y byddai gofyn iddo wneud nifer o newidiadau, ac mewn llythyr at ei olygydd Almaeneg ar y pwnc fe ddatganodd: 'More generally, I am going to be obliged from now on to hold out against any adaptations of this kind, so that only in the theatre will there be performances of plays for theatre, only on radio of those for radio.'[126] Yn yr un modd, anfodlon oedd Saunders i newid cyfrwng ei ddramâu heb eu haddasu drosto'i hunan. Cynigiodd ailysgrifennu'r ddrama radio *Amlyn ac Amig* ar gyfer y llwyfan ym 1944 yn dilyn cais gan Robert Wynne i'w pher-fformio.[127] Rhyfedd nad ystyriodd Saunders y byddai'r un gwrth-wynebiad gan Beckett i addasiad o'i waith ef.

Er hynny, gohebodd Beckett yn gyson â'r cyfarwyddwr Donald McWhinnie am ei gynyrchiadau o'i waith ar y radio. At ei gilydd y mae ei lythyron yn gadarnhaol ac yn canmol y darllediadau a glywodd.[128] Profodd sawl ymgais i drosi *Godot* i wahanol gyfryngau ac ar y cyfan fe gadarnhaodd y profiad ei amheuon na fyddai'r addasiadau yn llwyddo. Ym 1954 gwrthododd gynnwys unrhyw gerddoriaeth yn y ddrama, ond erbyn 1959 treuliodd noswaith gyda'r cerddor Marc Wilkinson, a addasodd ddarn o *Godot* ar gyfer perfformiad cerddorol. Yn yr un modd, gwrthwynebodd fersiwn ffilm o'r un ddrama am gyfnod hir cyn ildio ym 1962, ar yr amod bod sgript y ddrama wreiddiol a sgript y ffilm yn cyfateb yn union i'w gilydd. Yn olaf, rhoddodd ei ganiatâd i gynhyrchu fersiwn teledu o'r ddrama ac fe'i siomwyd yn aruthrol gan y canlyniad. 'The play does not lend itself to this medium',[129] oedd ei gasgliad.

Parhaodd ei deimladau cymysg am addasiadau o'r fath dros gyfnod hir wrth iddo feithrin perthynas â chynhyrchwyr ym mhob cyfrwng a ddatblygodd addasiadau o'i ddramâu, ond ceir datganiad eithaf clir am ei wrthwynebiad i'r broses mewn llythyr at ei gyhoeddwr Americanaidd, lle dywed:

> *All That Fall* is a specifically radio play, or rather, radio text, for voices, not bodies. I have already refused to have it 'staged' and I cannot think of it in such terms . . . I am absolutely opposed to any form of adaptation with a view to its conversion into 'theatre'. It is no more theatre than *End-Game* is radio and to 'act' it is to kill it. . . . I can't agree with the idea of *Act Without Words* as a film. It is not a film, not conceived in terms of cinema. If we can't keep our genres more or less distinct, or extricate them from the confusion that has them where they are, we might as well go home and lie down.[130]

Mewn ymgais ddiweddar i barchu bwriad Beckett a gofynion ei gynull-eidfa, cynhyrchwyd perfformiad unigryw o'i ddrama *All That Fall* gan gwmni theatr Out of Joint yn 2016. Gan mai drama radio ydoedd yn wreiddiol, ceisiwyd ail-greu'r un profiad i gynulleidfa'r theatr drwy roddi mygydau iddynt eu gwisgo a defnyddio offer sain amgylch-ynol.[131] Dyma enghraifft arbennig o ffyddlondeb i'r ddrama wreiddiol ar ffurf ei chyfieithiad theatraidd.

Hyd yn oed wrth lunio cyfieithiad ar gyfer y radio, felly, yr oedd Saunders Lewis yn mynd yn erbyn daliadau'r awdur gwreiddiol. Gellir dadlau nad oedd bwriad yr awdur gwreiddiol o bwysigrwydd iddo wrth wynebu'r dasg hon, a bod goblygiadau ehangach i hyn wrth inni ddadansoddi natur y cyfieithiad yn fanylach.

Gwelwyd eisoes fod gwahaniaeth ym mhrofiad y gynulleidfa wrth ddarllen drama ac wrth wylio drama, ac felly y mae gofyn i'r cyfieith-ydd theatraidd ystyried dehongliad y darllenydd a'r gwyliwr. Gyda darllediad radio, ceir dimensiwn pellach i'r her hon. Mae'r gwrandäwr yn profi'r ddrama mewn ffordd wahanol eto. Ar un wedd, y mae'r gwrandäwr yn debycach i'r darllenydd nag i'r gwyliwr am ei fod yn gallu gwneud defnydd o'i ddychymyg a dehongli'r hyn y mae'n ei glywed. Yn ôl Kate Griffiths, y mae düwch drama radio yn addas iawn i ddramateiddio'r ymwybod, oherwydd wrth wrando ar y radio, ni thynnir sylw'r gynulleidfa oddi ar y ddrama gan y byd allanol. Gall y cyfrwng hwn, drwy ei dywyllwch, bortreadu dyfnderoedd meddyliau'r cymeriadau heb amharu ar brofiad y gwrandäwr yn weledol.[132]

A ddylid, felly, arwain profiad y gynulleidfa gydag effeithiau sain neu ychwanegiadau at y ddeialog sy'n dehongli ar ei rhan, neu a ddylid caniatáu rhyddid i'r dychymyg ac ymateb dadansoddol y gynulleidfa radio? Fe welwn nad yw perfformadwyedd ei gyfieithiadau o bwysigrwydd mawr i Saunders, ac felly ni newidiodd ef y ddrama ar gyfer ei pherfformiad radio. Gadawyd yr her hon, yn hytrach, yn nwylo'r cyfarwyddwr Emyr Humphreys, ac mae hi'n debyg na phoenodd ef ychwaith am gynorthwyo'r gynulleidfa gyda'r darllediad. Yr oedd geiriau Beckett, a geiriau Saunders, yn ddigon i ateb eu gofynion ar y pryd. Tybiwn y byddai'n rhaid ailystyried hyn yn sylweddol pe bai'r ddrama'n cael ei hailddarlledu heddiw.

Cyfieithu i Iaith Leiafrifol

Un ystyriaeth olaf a phwysig i gyd-destun y cyfieithiadau hyn yw statws y Gymraeg fel iaith leiafrifol yng nghyd-destun theatr y byd ac yng nghyd-destun Prydain. Edrychwn yn fanwl ar y rhesymau y tu ôl i ddewisiadau Saunders yn y penodau nesaf, ond rhaid creu darlun yn gyntaf o'r goblygiadau sy'n gynwysedig wrth drosi drama neu unrhyw destun llenyddol i iaith leiafrifol.

Yn y lle cyntaf, fel y nodwyd eisoes, prin y mae cyfieithu yn y theatr Gymraeg wedi'i astudio hyd yma, ac y mae hynny'n nodweddiadol o ddramâu mewn ieithoedd lleiafrifol. Fel y noda Sioned Davies, y mae beirniaid ôl-drefedigaethol yn cyfyngu eu hastudiaeth o Ewrop i ddwy iaith, sef y Saesneg a'r Ffrangeg, ac o ganlyniad,

mae cyfieithwyr ac ysgolheigion sy'n gweithio mewn iaith leiafrifol yn anweledig ar y lefel ddamcaniaethol ar ddau gownt: ni chynhwysir eu cyfraniadau damcaniaethol mewn detholiadau sy'n ymwneud â theori cyfieithu, ac yn ail anwybyddir y posibilrwydd y gallai persbectif yr ieithoedd lleiafrifol fod yn dra gwahanol i berspectif yr ieithoedd mwyafrifol.[133]

Ni roddir sylw i'r cyfieithiadau gan feirniaid, ac felly anodd i rai yw deall natur y gwaith yn y lle cyntaf. Gofynnir yn aml beth yw pwrpas cyfieithu i iaith leiafrifol, yn enwedig os oes cyfieithiad neu destun gwreiddiol yn bodoli mewn iaith a ddeellir gan y gynulleidfa darged leiafrifol honno. Yn yr un modd, gellir ateb nad oes unrhyw bwrpas i ailgyfieithu testun sydd eisoes wedi'i drosi i'r iaith honno er lles cynulleidfa fodern. Cynigia Josphine Balmer yr ateb canlynol i'r her honno:

> One answer, of course, is that if classical literature was not retranslated for every generation, readers would still be trying to engage with medieval versions of Greek and Latin works – versions which would then need to be translated, in their turn, into contemporary English. But the issue goes further than this. For, as creative writers, in our indivisible dual roles as both writer and interpreter, translators have a creative input of their own to offer any source text, a creative impetus to engage with the original.[134]

Dychwelwn yma at gysyniad y cyfieithydd creadigol. Y mae pob cyfieithiad yn unigryw, ac y mae gan bob dehongliad newydd o destun rywbeth i'w gynnig. Darlleniad newydd yw cyfieithiad cyfoes sy'n cyflwyno drama glasurol o werth i'r gynulleidfa fodern, gan addasu ei chynnwys at ddibenion y cyfnod hwnnw. Yn yr un modd, trosiad newydd ar gyfer Cymry Cymraeg yw gwaith Saunders. Y mae ei ddehongliad o waith Molière a Beckett yn wahanol i'r testunau Saesneg sydd eisoes yn bodoli, ac y mae profiad y gynulleidfa Gymraeg, felly, yn hollol wahanol wrth wylio neu ddarllen y dramâu yn eu hiaith eu hunain.

Y mae'r berthynas rhwng y cyfarwyddwr a'r cyfieithydd hefyd yn wahanol wrth ymdrin â chyfieithiad o iaith leiafrifol, yn ôl Törnqvist,[135] oherwydd bod gofyn i'r cyfarwyddwr ymddiried yn ffyddlondeb y cyfieithiad. Yn aml iawn, ni fydd y cyfarwyddwr yn gyfarwydd â'r iaith leiafrifol, fel yn achos Bill Findlay a gyfieithodd o Québecois i'r Sgoteg, ac felly y mae math arall o bontio ar waith. Mae'r bwlch rhwng y gwreiddiol a'r perfformiad yn fwy eto, a gall hyn olygu bod y ddrama a berfformir yn wahanol iawn i destun ysgrifenedig y dramodydd. Digwydd hyn hefyd wrth drosi *i* ieithoedd lleiafrifol weithiau, fel yn achos *Wrth Aros Godot*. Emyr Humphreys a gyfarwyddodd *Wrth Aros Godot*, ac er ei fod yn rhugl yn yr Eidaleg, arwynebol iawn yw ei ddeall-twriaeth o'r Ffrangeg, ac felly, wrth daclo'r perfformiad, dim ond testun Cymraeg Saunders a ddefnyddiodd. Cofier, wrth gwrs, fod y testun Saesneg, *Waiting for Godot*, hefyd ar gael, ond fel y gwyddys, nid yr union destun yw *Waiting for Godot*, ac nid 'cyfieithiad' yw hi yn yr un modd. Er bod Saunders wedi gwneud defnydd o'r fersiwn Saesneg wrth gyfieithu, cyfieithiad o'r testun Ffrangeg a luniodd ef, a dyna oedd deunydd y cyfarwyddwr, Emyr Humphreys.[136] Yr oedd disgwyl, felly, iddo ymddiried yng nghyfieithiad Saunders, gan gymryd yn ganiataol ei fod yn ffyddlon i'r ddrama wreiddiol. Dylid nodi hefyd fod Emyr Humphreys wedi gweithredu ar fwrdd golygyddol y cyf-ieithiad a gyhoeddwyd wedyn ym 1970. Diddorol yw sylwi, felly, mai'r testun Cymraeg yn unig a olygodd gan nad oedd modd iddo ei gymharu â'r Ffrangeg gwreiddiol.

Anghyfartal yw perthynas ieithoedd lleiafrifol ac ieithoedd mwy-afrifol wrth gyfieithu, ac yn ôl Sirkku Aaltonen, y mae academyddion y Gorllewin wedi'u beirniadu am beidio â chydnabod yr anghyd-bwysedd hwn rhwng ieithoedd yn y maes. Yn wir, dadleua Venuti y gellir dehongli cyfieithu o unrhyw iaith fel gweithred dreisgar, oher-wydd y mae'n rhaid dinistrio'r gwreiddiol drwy ei chwalu'n ddarnau bach ac yna'i ailosod yn unol â gofynion y gynulleidfa darged. Yn ôl Venuti: 'Translation is the forcible replacement of the linguistic and cultural differences of the foreign text with a text that is intelligible to the translating-language reader.'[137] Nid gweithred ddiniwed mo'r broses hon, ac adlewyrcha hyn oresgyniad yr iaith darged. Yr oedd y gorch-fygiad ieithyddol hwn yn cymryd lle hyd yn oed yn ystod cyfnod y Rhufeiniaid, a feistrolodd holl waith y Groegiaid. 'Indeed, translation was a form of conquest',[138] chwedl Nietzsche. Yn yr un modd, gall cyfieithu testunau o ieithoedd lleiafrifol i'r ieithoedd mwyafrifol gorch-fygol gynrychioli statws anghyfartal yr ieithoedd ar lefel destunol yn ogystal ag ar lefel wleiddyddol.

Serch hynny, gall cyfieithu i ieithoedd lleiafrifol weithredu i'r gwrth-wyneb, drwy alluogi cyfieithwyr i ddefnyddio'u llais ac arddangos pŵer eu hiaith. Gellir gweld y cyfieithu hwn fel math ar gynrychiolaeth wleiddyddol. Fel y dywed Lawrence Venuti: 'The mere use of a minor language to communicate can be a political act, a protest against its minority, even a criminal offence against the majority.'[139] Er mai cyf-ieithydd unigol sy'n trosi'r darn i'r iaith darged, dehonglir ei waith fel rhan o ddarlun ehangach sy'n brwydro dros yr iaith honno. Drwy ysgrifennu llenyddiaeth mewn iaith leiafrifol y mae unrhyw awdur yn cynrychioli'r gymuned ieithyddol yn ehangach, yn rhoi llais i'r genedl ac yn brwydro dros ei statws ieithyddol. Yn debyg, felly, y mae trosi darn o lenyddiaeth i iaith leiafrifol yn hybu'r un frwydr, yn mynegi hawliau'r iaith yn erbyn yr ieithoedd ffynhonnell sydd wedi eu gorchfygu, ac yn cryfhau statws llenyddol yr iaith honno ar y llwyfan rhyngwladol. Nid llais y cyfieithydd yn unig a glywir, felly, ond llais ei gymuned gyfan. Ys dywed Venuti: 'Because minority is defined by collective forms of utterance, it enforces an immediate politicization of desire, language, literature.'[140] O ystyried cysylltiadau cryfion Saunders Lewis â'i genedl leiafrifol ef, a'i angerdd dros yr iaith Gymraeg a'i llenyddiaeth, anochel fydd ystyried goblygiadau'r syniadau hyn yng nghyd-destun ei gyfieithiadau ef. Gwelwn, felly, fod statws yr iaith Gymraeg a'i chanon llenyddol wrth wraidd ei holl waith cyfieithu.

Casgliad

Amryfal yw'r theorïau y tu ôl i unrhyw gyfieithiad, felly, ac amlweddog yw natur y cyfieithydd ei hun a all fod yn gyfrifol am drosi drama i iaith newydd, i ddiwylliant newydd neu i gyfrwng newydd. Rhydd y syniadau hyn sylfaen i'n trafodaeth o gyfieithiadau Saunders wrth inni droi yn awr at ei ddewisiadau ieithyddol, diwylliannol ac arddullol ef. Ystyriwn pam y dewisodd y testunau penodol hyn, ac edrychwn yn fanylach ar deimladau Saunders ei hun am y broses gyfieithu. Fel y datganodd Goethe yn enwog iawn, y mae cyfieithu yn amhosibl, yn hanfodol ac yn bwysig.[141] Dadleuwn fod cyfieithiadau Saunders yn cynrychioli cyfraniad *pwysig* i'r canon llenyddol Cymraeg, a bod y datblygiad hwn yn *hanfodol* wrth olrhain pwysigrwydd cyfieithu ac addasu yn hanes ei ysgrifennu creadigol ei hun, ond i ba raddau yr oedd cyfieithu gwaith y cewri Ffrangeg hyn i'r Gymraeg yn *bosibl*? Ac a oedd Saunders yn ffyddlon i'w gyd-artistiaid, neu ai'r gynulleidfa, y Cymry Cymraeg, oedd ei flaenoriaeth wrth gyfieithu?

Gwelwn fod goblygiadau pellach i gyfieithu drama nag sydd i gyf-ieithu rhyddiaith. Y mae dimensiwn y perfformiad a 'pherffformadwy-edd' testun yn codi cwestiynau ynghylch sut y caiff drama ei llwyfannu a'i chyfathrebu'n effeithiol i'r gynulleidfa. Gwelwn, serch hynny, nad oedd yr agwedd hon (y cyfieithiad theatraidd) o bwysigrwydd mawr i Saunders ar y cyfan yn achos ei gyfieithiadau, er ei fod wedi cadw rheol-aeth sylweddol dros berfformiadau o'i ddramâu ei hun. Mae eithriadau i hyn, wrth gwrs, lle daw hi'n amlwg bod cyfrwng perfformiad y cyf-ieithiadau wedi croesi ei feddwl, ond ar y cyfan dysgwn mai'r cyfieithiad ar bapur, y geiriau, yr iaith oedd bwysicaf i Saunders.

Yn y penodau nesaf, edrychir ar gyfieithiadau Saunders ac eraill o waith Molière a Beckett, gan wneud defnydd o'r theorïau a drafodir uchod. Mae cyfieithiadau Saunders yn mapio esblygiad theorïau cyf-ieithu ynghylch rôl y cyfieithydd a pherthynas y gynulleidfa a'r testun. Gwelwn ei fod yn dechrau drwy estroneiddio testun Molière, gan barchu'r elfennau Ffrangeg a Ffrengig gwreiddiol, ond erbyn 1962 y mae'n domestigeiddio drama Beckett, gan addasu sawl agwedd arni er lles y gynulleidfa darged yng Nghymru. Bwriedir dangos sut y datblygodd Saunders fel cyfieithydd dros amser, gan adlewyrchu tueddiadau theoretig ym maes astudiaethau cyfieithu, cryfhad ei hyder fel awdur a dramodydd, yn ogystal â newidiadau yn ei opiniynau a'i bersonoliaeth ei hun.

Nodiadau

1   Angharad Price, 'Cyfoeth Cyfieithu', *Taliesin* (Gaeaf 1997), 11–39, 17–18.
2   Sioned Davies, 'O Alice i Alys: cyfieithu clasur i'r Gymraeg', *Llên Cymru*, 35 (2012), 116–46, 122.
3   Reba Gostand, 'Verbal and Non-Verbal Communication: Drama as Trans-lation', yn O. Zuber (gol.), *The Languages of Theatre: Problems in the Translation and Transposition of Drama* (Oxford: Pergamon Press, 1980), tt. 1–9.
4   Sirkku Aaltonen, *Time-Sharing on Stage: Drama Translation in Theatre and Society* (Clevedon: Multinlingual Matters, 2000), t. 81.
5   Susan Bassnett-McGuire, *Translation Studies: Revised Edition* (London: Routledge, 1991), t. 1.
6   Cristina Marinetti, Manuela Perteghella a Roger Baines, 'Introduction', yn Roger Baines, Cristina Marinetti a Manuela Perteghella (goln), *Staging and Performing Translation: Text and Theatre Practice* (Basingstoke: Palgrave MacMillan, 2011), tt. 1–8, 1.
7   Price, 'Cyfoeth Cyfieithu', 11–39.
8   Davies, 'O Alice i Alys: cyfieithu clasur i'r Gymraeg', 116–46.
9   Rhiannon Marks, *'Pe gallwn, mi luniwn lythyr': Golwg ar Waith Menna Elfyn* (Caerdydd: Gwasg Prifysgol Cymru, 2013).
10 Llenyddiaeth Cymru Tramor oedd enw'r sefydliad tan hynny.
11 Lawrence Venuti, *The Translator's Invisibility: A History of Translation. Second Edition* (London/New York: Routledge, 2008), t. 275.
12 Michael Hanne, 'Metaphors for the translator', yn Susan Bassnett a Peter Bush (goln), *The Translator as Writer* (London: Continuum, 2006), tt. 208–24.
13 Gunilla Anderman, *Europe on Stage: Translation and Theatre* (London: Oberon, 2005), t. 27.
14 Vladimir Nabokov, 'Problems of Translation: *Onegin* in English', yn Lawrence Venuti (gol.), *The Translation Studies Reader. Third Edition* (London: Routledge, 2012), tt. 113–25, 125.
15 Anderman, *Europe on Stage: Translation and Theatre*, tt. 16–17.

[16] Venuti, *The Translator's Invisibility: A History of Translation. Second Edition*, t. 19.
[17] Friedrich Schleiermacher, 'On the Different Methods of Translating. Translated by Susan Bernofsky', yn Venuti (gol.), *The Translation Studies Reader. Third Edition*, tt. 43–63, 49.
[18] Anderman, *Europe on Stage: Translation and Theatre*, t. 18.
[19] Schleiermacher, 'On the Different Methods of Translating. Translated by Susan Bernofsky', t. 56.
[20] Venuti, *The Translator's Invisibility: A History of Translation. Second Edition*, t. 264.
[21] Eugene Nida, *Toward a Science of Translating: With Special Reference to Principles and Procedures involved in Bible Translating* (Leiden: E. J. Brill, 1964), t. 162.
[22] C. W. Orr, 'The problem of Translation', *Music & Letters*, 22 (1941), 318–32, 318. Dyfynnwyd yn Nida, *Toward a Science of Translating*, t. 162
[23] Nida, *Toward a Science of Translating*, t. 158.
[24] E. E. Milligan, 'Some principles and techniques of translation', *Modern Languages Journal*, 41 (1957), 66–71. Dyfynnwyd yn Nida, *Toward a Science of Translating*, t. 162.
[25] Nida, *Toward a Science of Translating*, t. 145.
[26] Venuti, *The Translator's Invisibility: A History of Translation. Second Edition*, tt. 43, 50.
[27] Susan Bassnett, 'Still Lost in the Labyrinth: Further Reflections on Translation and Theatre', yn Susan Bassnett ac André Lefevere, *Constructing Cultures: Essays on Literary Translation* (Clevedon: Multilingual Matters, 1998), tt. 90–108, 96.
[28] John Dryden, 'From the Preface to *Ovid's Epistles*', yn Venuti (gol.), *The Translation Studies Reader. Third Edition*, tt. 38–42, 38.
[29] Terry Hale a Carole-Anne Upton, 'Introduction', yn Carole-Anne Upton (gol.), *Moving Target: Theatre Translation and Cultural Relocation* (Manchester: St Jerome, 2000), tt. 1–13, 10.
[30] David Johnston, 'In Conversation with David Johnston', yn David Johnston (gol.), *Stages of Translation* (Bath: Absolute Classics, 1996), tt. 137–43, 143.
[31] David Edney, 'Translating (and not translating) in a Canadian context', yn Johnston (gol.), *Stages of Translation*, tt. 229–38, 230.
[32] Aaltonen, *Time-Sharing on Stage*, t. 45.
[33] Martin Bowman, 'Scottish Horses and Montreal Trains: The Translation of Vernacular to Vernacular', yn Upton (gol.), *Moving Target: Theatre Translation and Cultural Relocation*, tt. 25–33, 28.
[34] Louisa Nowra, 'Translating for the Australian Stage,' yn Ortrun Zuber-Skerritt (gol.), *Page to Stage: Theatre as Translation* (Amsterdam: Rodopi, 1984), tt. 13–21, 14.
[35] Aaltonen, *Time-Sharing on Stage*, t. 45.
[36] Saunders Lewis, 'Y Cyrnol Chabert', yn Ioan Williams (gol.), *Dramâu Saunders Lewis: Y Casgliad Cyflawn Cyfrol II* (Caerdydd: Gwasg Prifysgol Cymru, 2000), tt. 723–59, 758.

37 Cyfweliad â gynhaliwyd â Gareth Miles (24 Awst 2015).

38 Egil Törnqvist, *Transposing Drama: Studies in Representation* (Basingstoke: Macmillan, 1991), t. 8.

39 Ioan Williams, 'Y Cyrnol Chabert – Cyflwyniad', yn Williams (gol.), *Dramâu Saunders Lewis*, tt. 709–21, 711.

40 Saunders Lewis, *Esther a Serch yw'r Doctor* (Abertawe: Christopher Davies, 1977), t. 71.

41 Susan Bassnett, 'Translating for the Theatre – The Case Against Performability', *TTR: Traduction, Terminologie, Rédaction*, vol. 4, 1 (1991), 99–111, 102.

42 Llythyr gan Samuel Beckett at Barbara Bray ar 4 Chwefror 1960 a gyhoeddwyd yn George Craig, Martha Dow Fehsenfeld, Dan Gunn a Lois More Overbeck (goln), *The Letters of Samuel Beckett 1957–1965* (Cambridge: Cambridge University Press, 2014), tt. 288–91, 288.

43 Nida, *Toward a Science of Translating*, t. 155.

44 Nida, *Toward a Science of Translating*, t. 156.

45 Susan Bassnett a Peter Bush, 'Introduction', yn Bassnett a Bush (goln), *The Translator as Writer*, tt. 1–8, 1.

46 Susan Bassnett, 'Writing and translating', yn Bassnett a Bush (goln), *The Translator as Writer*, tt. 173–83, 173.

47 Venuti, *The Translator's Invisibility: A History of Translation. Second Edition*, t. 8.

48 Josephine Balmer, 'What comes next? Reconstructing the classics', yn Bassnett a Bush (goln), *The Translator as Writer*, tt. 184–95, 184–5.

49 Jacques Derrida, 'Des Tours de Babel', cyf. gan Joseph F. Graham, yn Joseph F. Graham (gol.), *Difference in Translation* (Ithaca/London: Cornell University Press, 1985), tt. 165–208, 188.

50 Derrida, 'Des Tours de Babel', t. 204.

51 Aaltonen, *Time-Sharing on Stage*, t. 9.

52 Venuti, *The Translator's Invisibility: A History of Translation. Second Edition*, t. 1.

53 Venuti, *The Translator's Invisibility: A History of Translation. Second Edition*, t. 276.

54 Susan Bassnett, 'When is a Translation Not a Translation?', yn Bassnett a Lefevere, *Constructing Cultures: Essays on Literary Translation*, tt. 25–40, 27.

55 Aaltonen, *Time-Sharing on Stage*, t.1.

56 Bassnett, 'Writing and Translating', t. 174.

57 David Ritchie, 'The 'Authority' of Performance', yn Zuber-Skerritt (gol.), *Page to Stage: Theatre as Translation*, tt. 65–73, 65.

58 Ortrun Zuber-Skerritt, 'Introduction', yn Zuber-Skerritt (gol.), *Page to Stage: Theatre as Translation*, tt. 1–2, 1.

59 Törnqvist, *Transposing Drama: Studies in Representation*, t. 8.

60 Aaltonen, *Time-Sharing on Stage*, t. 4.

61 Saunders Lewis, 'Rhagair', yn Saunders Lewis, *Dramâu'r Parlwr* (Llandybïe: Christopher Davies, 1975), tt. 5–6, 5.

62 Aaltonen, *Time-Sharing on Stage*, tt. 33–4.

63 Dan Gunn, 'Introduction to Volume III', yn Craig, Fehsenfeld, Gunn ac Overbeck (goln), *The Letters of Samuel Beckett 1957–1965*, tt. lxi–lxxxix, lxxxiii.

64 Silvia Bigliazzi, Peter Kolfer a Paola Ambrosi, 'Introduction', yn Silvia Bigliazzi, Peter Kolfer a Paola Ambrosi (goln), *Theatre Translation in Performance* (New York: Routledge, 2013), tt. 1–26, 5.

65 Bassnett, 'Still Lost in the Labyrith: Further Reflections on Translation and Theatre', 92

66 Bassnett, 'Translating for the Theatre – The Case Against Performability', 100.

67 Bassnett, 'Still Lost in the Labyrinth: Further Reflections on Translation and Theatre', t. 95.

68 Mae Bassnett yn gwneud defnydd o'r term yn ei hysgrifau cynnar, megis 'Ways through the labyrinth: Strategies and methods for translating theatre texts' (1985), ond erbyn 'Translating for the Theatre – The Case Against Performability', mae hi'n dadlau nad oes modd diffinio'r term.

69 Eva Espasa, 'Performability in Translation: Speakability? Playability? Or just Saleability?', yn Upton (gol.), *Moving Target: Theatre Translation and Cultural Relocation*, tt. 49–61, 49.

70 George Wellwarth, 'Special Considerations in Drama Translation', yn Marilyn Gaddis Rose (gol.), *Translation Spectrum. Essays in Theory and Practice* (Albany: State University of New York Press, 1981) tt. 140–6, 140.

71 Mary Snell-Hornby, 'Sprechbare Sprache – Spielbarer Text: Zur Problematik der Bühnenübersetzung', yn Richard J. Watts and Urs Weidmann (goln), *Modes of Interpretation: Essays Presented to Ernst Leisi on the Occasion of his 65th Birthday*, (Tübingen: Gunter Narr, 1984), tt. 101–16, 107.

72 Lars Hamberg, 'Some Practical Considerations concerning Dramatic Translation', *Babel*, 15, 2 (1969), 91–100, 91–2.

73 Jane Lai, 'Shakespeare for the Chinese Stage with reference to *King Lear*', yn Zuber-Skerritt (gol.), *Page to Stage: Theatre as Translation*, tt. 145–53, 149–50.

74 Jane Lai, 'Shakespeare for the Chinese Stage with reference to *King Lear*', t. 149.

75 Susan Bassnett-McGuire, 'Ways through the labyrinth: strategies and methods for translating theatre texts', yn Theo Hermans (gol.), *The Manipulation of Literature* (New York: St. Martin's Press, 1985), tt. 90–108, 89.

76 Anderman, *Europe on Stage: Translation and Theatre*, t. 7.

77 Törnqvist, *Transposing Drama: Studies in Representation*, t. 11.

78 David Ritchie, 'The "Authority" of Performance', yn Zuber-Skerritt (gol.), *Page to Stage: Theatre as Translation*, tt. 65–73, 65.

79 Bassnett, 'Still Trapped in the Labyrinth: Further Reflections on Translation and Theatre', t. 91.

80 Anne Ubersfeld, *Lire le théâtre* (Paris: Éditions sociales, 1978).

81 Luigi Pirandello, 'Illustratori, Attori e Traduttori', yn Manlio Lo Vecchio-Musti (gol.), *Saggi, Poesie, Scritti Varii* (Verona: Mondadori, 1965), tt. 207–24, 217.

82 Fy nghyfieithiad i.

83 Pirandello, 'Illustratori, Attori e Traduttori', t. 216.

84 Fy nghyfieithiad i.

85 Bassnett, 'Still Trapped in the Labyrinth: Further Reflections on Translation and Theatre', 90–1.

86 Aaltonen, *Time-Sharing on Stage*, t. 37.

87 Aaltonen, *Time-Sharing on Stage*, t. 44.

88 Bassnett, 'Translating for the Theatre – The Case Against Performability'.

89 Anderman, *Europe on Stage: Translation and Theatre*, t. 28.

90 George Rabasa, 'No two snowflakes are alike: translation as metaphor', yn J. Biguenet a R. Sculte (goln), *The Craft of Translation* (Chicago, IL: University of Chicago Press, 1989), tt. 1–12, 12.

91 Guillermo Heras, 'Dramatic Text/Literary Translation/Staging, yn Bigliazzi, Kolfer ac Ambrosi (goln), *Theatre Translation in Performance*, tt. 158–64, 59.

92 Bu farw Molière ar y llwyfan ar ganol perfformiad o'i ddrama olaf, *Le Malade imaginaire*, ym 1673.

93 Mark Batty, 'Acts with Words: Beckett, Translation, *Mise en Scène* and Authorship', yn Upton (gol.), *Moving Target: Theatre Translation and Cultural Relocation* tt. 63–72, 63.

94 Saunders Lewis mewn llythyr at Kate Roberts ar 23 Mai 1965, yn Dafydd Ifans (gol.), *Annwyl Kate, Annwyl Saunders: Gohebiaeth, 1923–83* (Aberystwyth: Llyfrgell Genedlaethol Cymru, 1992), t. 207.

95 Gohebiaeth ag Emyr Humphreys drwy law yr Athro M. Wynn Thomas ar 19 Gorffennaf 2015.

96 Samuel Beckett, *Wrth Aros Godot*, cyf. gan Saunders Lewis (Caerdydd: Gwasg Prifysgol Cymru, 1970), t. 90.

97 Bassnett, 'Still Lost in the Labyrinth: Further Reflections on Translation and Theatre', t. 106.

98 Bassnett, 'Still Lost in the Labyrinth: Further Reflections on Translation and Theatre', t. 107.

99 Bassnett, 'Translating for the Theatre: The Case Against Performability', 107.

100 Bassnett, 'Still Lost in the Labyrinth: Further Reflections on Translation and Theatre', t. 99.

101 Batty, 'Acts with Words: Beckett, Translation, *Mise en Scène* and Authorship', 68.

102 Enoch Brater, 'Beckett, "Thou Art Translated"', yn Bigliazzi, Kolfer ac Ambrosi (goln), *Theatre Translation in Performance*, tt. 130–9, 137.

103 Brater, 'Beckett, "Thou Art Translated"', t. 131.

104 Price, 'Cyfoeth Cyfieithu', 14.

105 Espasa, 'Performability in Translation: Speakability? Playability? Or just Saleability?', tt. 49–61, 52.

106 Kate Griffiths, 'Labyrinths of Voices: Emile [sic] Zola, *Germinal* and Radio', yn Kate Griffiths ac Andrew Watts (goln), *Adapting Nineteenth-Century France: Literature in Film, Theatre, Television, Radio and Print* (Cardiff: University of Wales Press, 2013), tt. 17–46, 20.

107 Clas Zilliacus, *Beckett and Broadcasting: A Study of the Works of Samuel Beckett for and in Radio and Television* (Âbo: Åbo Akademi, 1976), t. 12.

108 Kate Griffiths, 'Introduction', yn Griffiths a Watts (goln), *Adapting Nineteenth-Century France: Literature in Film, Theatre, Television, Radio and Print*, tt. 1–16, 7.

109 Ceir manylion llawnach am y gyfres 'Y Ddrama yn Ewrop' ym mhennod 1.

110 Törnqvist, *Transposing Drama: Studies in Representation*, t. 14.

111 Törnqvist, *Transposing Drama: Studies in Representation*, t. 4.

112 Edrychir ar hyn yn fanwl yn y bennod 'Cyfieithu'r Abswrd'.

113 *Radio Times* (15 Tachwedd 1962), 28.

114 Zilliacus, *Beckett and Broadcasting: A Study of the Works of Samuel Beckett for and in Radio and Television*, t. 150.

115 Zilliacus, *Beckett and Broadcasting: A Study of the Works of Samuel Beckett for and in Radio and Television*, t. 150

116 Espasa, 'Performability in Translation: Speakability? Playability? Or just Saleability?', t. 54.

117 Andrew Crisell, *Understanding Radio* (London: Routledge, 1994), tt. 3–5.

118 Griffiths, 'Labyrinths of Voices: Emile [sic] Zola, *Germinal* and Radio', t. 20.

119 Val Gielgud, *British Radio Drama: 1922–1956* (London: Harrap, 1957), t. 86.

120 Bassnett, 'Still Lost in the Labyrinth: Further Reflections on Translation and Theatre', t. 96.

121 Törnqvist, *Transposing Drama: Studies in Representation*, t. 14.

122 Griffiths, 'Labyrinths of Voices: Emile [sic] Zola, *Germinal* and Radio', t. 20.

123 Griffiths, 'Labyrinths of Voices: Emile [sic] Zola, *Germinal* and Radio', t. 26.

124 Zilliacus, *Beckett and Broadcasting: A Study of the Works of Samuel Beckett for and in Radio and Television*, t. 24.

125 Gohebiaeth ag Emyr Humphreys drwy law yr Athro M. Wynn Thomas ar 19 Gorffennaf 2015.

126 Llythyr gan Samuel Beckett at Stefani Hunzinger ar 14 Hydref 1961 a gyfieithwyd i'r Saesneg ac a gyhoeddwyd yn Craig, Fehsenfeld, Gunn ac Overbeck (goln), *The Letters of Samuel Beckett 1957–1965*, t. 437.

127 Hazel Walford Davies, *Saunders Lewis a Theatr Garthewin* (Llandysul: Gomer, 1995), t. 68.

128 Craig, Fehsenfeld, Gunn ac Overbeck (goln), *The Letters of Samuel Beckett 1957–1965*. Er enghraifft, gweler y llythyron at Donald McWhinnie ar 14 Rhagfyr 1956, tt. 12–13, 11 Rhagfyr 1957, tt. 77–8, 6 Ebrill 1960, tt. 326–8.

129 Gunn, 'Introduction to Volume III', yn Craig, Fehsenfeld, Gunn ac Overbeck (goln), *The Letters of Samuel Beckett 1957–1965*, t. lxxviii.

130 Törnqvist, *Transposing Drama: Studies in Representation*, t. 190.

131 Gweler *http://www.londontheatre.co.uk/londontheatre/news/ltg16/allthatfall147797.htm* (cyrchwyd 30 Gorffennaf 2016).

132 Griffiths, 'Labyrinths of Voices: Emile [sic] Zola, *Germinal* and Radio', t. 21.

133 Davies, 'O Alice i Alys: cyfieithu clasur i'r Gymraeg', 119.

[134] Balmer, 'What comes next? Reconstructing the classics', t. 186.

[135] Törnqvist, *Transposing Drama: Studies in Representation*, t. 12.

[136] Gohebiaeth ag Emyr Humphreys drwy law yr Athro M. Wynn Thomas ar 19 Gorffennaf 2015.

[137] Venuti, *The Translator's Invisibility: A History of Translation. Second Edition*, t. 14.

[138] Friedrich Nietzsche, 'Translations', cyf. gan Walter Kaufmann, yn Venuti (gol.), *The Translation Studies Reader. Third Edition*, tt. 67–8, 67.

[139] Lawrence Venuti, *The Translator: Translation and Minority* (Manchester: St Jerome, 1998), t. 138.

[140] Venuti, *The Translator: Translation and Minority*, t. 138.

[141] Hanne, 'Metaphors for the translator', t. 209.

5

Cyfieithu'r Clasurol

Mae mawredd Molière yn hanes y theatr Ffrangeg a datblygiad y theatr ryngwladol yn ddiamheuol. 'Meistr comedi' ydoedd, a weddnewidiodd theatr ddychan yn Ffrainc yn ystod ei oes ac a ddylanwadodd ar gomedi ac ar iaith drama am ganrifoedd wedyn. Yn ôl Saunders ei hun, 'Molière is, with Shakespeare and Lope de Vega and Calderon, one of the saints of European drama.'¹ Efallai mai naturiol, felly, oedd i Saunders drosi un o ddramâu'r meistr hwn i'r Gymraeg ym 1924, sef *Doctor er ei Waethaf*, cyfieithiad o *Le Médecin malgré lui* (1666). Serch hynny, y mae'r cyfieithiad hwn yn ysgogi sawl ystyriaeth ddiddorol. Dysga'r cyfieithiad lawer inni am syniadau Saunders ynghylch y ddrama yng Nghymru, am ddatblygiad Saunders fel dramodydd, ac am theorïau Cymry'r cyfnod ynghylch cyfieithu. Gwelwn mai amcan Saunders wrth drosi'r ddrama hon oedd cyflwyno enghraifft o ddrama glasurol lwyddiannus gan ddramodydd Ewropeaidd o statws i'r gynulleidfa Gymraeg. Drwy estroneiddio'r cyfieithiad, dengys Saunders barch at eiriau Molière a phwysleisia ei ymdrechion sylweddol i'w efelychu. Rhoddir Ffrainc a'i dramodydd ar bedestal a cheisir codi Cymraeg y theatr i'w lefel.

Cyfieithiad Saunders, *Doctor er ei Waethaf*, yw'r prif destun o dan sylw yn y bennod hon, ond gwneir cymariaethau perthnasol â'r cyfieithiadau a'r addasiadau eraill hefyd er mwyn cyfoethogi ein dealltwriaeth ohono. Ystyriwn hefyd gymhelliant Saunders wrth ddewis y dramodydd hwn a'r ddrama hon ar gyfer ei gyfraniad i 'Gyfres y Werin'. Edrychir, felly, ar statws byd-eang Molière fel dramodydd, a'i ddylanwad ar ffurf cyfieithiadau. Addas wedyn yw trafod y cysylltiad rhwng Molière a Saunders a'r effaith a gafodd y naill ar waith y llall. Symudir o hynny at ddadansoddiad o'r cyfieithiadau eu hunain, lle gwelir ffyddlondeb aruthrol Saunders i'r ddrama wreiddiol. Gofynnwn i ba raddau y mae llais Saunders yn glywadwy yn *Doctor er ei Waethaf* a pha mor bwysig yw'r ddrama hon yn ei ddatblygiad fel dramodydd.

Fel yr ydym eisoes wedi gweld, bu i Saunders droi at y cyfieithiad hwn rhwng ei unig ddrama Saesneg, *The Eve of Saint John*, ym 1921, a'i ddrama Gymraeg gyntaf, *Gwaed yr Uchelwyr*, ym 1922. Yr oedd *Doctor er ei Waethaf*, felly, yn cynrychioli cyfeiriad newydd yn ogystal â pharhad yn natblygiad llenyddol Saunders. Bu iddo droi ei gefn ar ddisgrifio Cymru i'r byd ehangach drwy droi at gyflwyno theatr glasurol Ffrainc i gynulleidfa Gymraeg.

Dylanwad Molière

Molière oedd un o fawrion byd y ddrama Ffrangeg yn ystod yr ail ganrif ar bymtheg. Ganwyd Jean-Baptiste Poquelin, sef enw bedydd y dramodydd, ym Mharis ym 1622, chwe blynedd ar ôl marwolaeth y dramodydd clasurol arall y cymharodd Saunders Molière ag ef yn aml, William Shakespeare. Mabwysiadodd yr enw Molière ar gyfer ei yrfa ddramayddol ym 1643 yn sgil ffurfio'r cwmni o actorion, yr *Illustre Théâtre*, ond nid oes esboniad clir o'r rheswm pam y dewisodd yr enw llwyfan penodol hwn. Yn dilyn marwolaeth ei fam, Marie Cressé, pan nad oedd ef ond yn ddeg oed, magwyd Jean-Baptiste yn y brifddinas gan ei dad, Jean Poquelin, a weithiai fel *Tapissier du Roi*, crefftwr i'r brenin, fel ei dad ef o'i flaen. Bwriad ei dad oedd i Jean-Baptiste ddilyn llwybr gyrfa'r teulu, ond breuddwydiodd y mab yn hytrach am y theatr. Rhennid angerdd Jean-Baptiste am y theatr gan ei dad-cu ac fe âi a'i ŵyr ifanc i'r Hôtel de Bourgogne yn aml i wylio perffformiadau. Cafodd Molière ei addysg yng ngholeg Clermont, lle'r astudiodd Ffrangeg, athroniaeth a'r clasuron, ac yn bwysicach na hynny, dyma lle y cafodd flas ar actio. Parhaodd Jean Poquelin, serch hynny, i obeithio y gallai arwain ei fab i ffwrdd o gyfeiriad y theatr, a danfonodd ef i dderbyn hyfforddiant ym maes y gyfraith yn Orléans. Ond fe ymadawodd Moliere â'r bywyd hwn gan ildio pob hawl i swydd ei dad. Dechreuodd ei yrfa drwy arsylwi ar berfformiadau, a gwyliai draddodiadau byrfyfyrio ar lwyfan. Aeth ymlaen i weithio fel actor, fel cyfarwyddwr ac fel dramodydd, gan rannu dwy grefft, felly, â Saunders Lewis. Ffurfiodd yr *Illustre Théâtre* gyda Madeleine Béjart, merch brydferth y cafodd berthynas garwriaethol gymhleth â hi. Methiant fu'r cwmni yn y lle cyntaf, a charcharwyd Molière ddwywaith ym 1645 am ddyledion. O ganlyniad, rhaid oedd gadael Paris, ac aeth y cwmni ar daith o amgylch Ffrainc a threuliasant '[d]deuddeng mlynedd fel hyn yn yr anialwch megis, eithr anialwch ffrwythlon'.[2]

Treuliodd Molière y cyfnod hwn yn actio a chyfansoddi, ac fe luniodd nifer o ffarsiau bychain nad ydynt wedi goroesi. Serch hynny, sylfaen oedd y rhain i nifer o'i weithiau enwocaf, megis Le Médecin malgré lui, sydd, yn ôl pob tebyg, yn ddatblygiad o'r ddrama gynnar Le Fagotier.[3] Dychwelodd y cwmni i Baris ym 1658 i berfformio gerbron y Brenin Louis XIV ond dewisodd Molière lwyfannu trasiedi gan Corneille, Nicomède, i gychwyn, perfformiad a siomodd y brenin. Gofynnodd Molière i Louis a gâi ei grŵp berfformio un o'i 'petits divertissements',[4] un o'i ffarsiau cynnar, ac fe blesiwyd y brenin yn aruthrol gan Le Docteur Amoureux. Dyma gadarnhau cryfder Molière ym maes comedi. Yn sgil ennill ffafr y brenin, ymsefydlodd Molière a'i gwmni yn neuadd y Petit-Bourbon ym Mharis, lleoliad a rannai â chwmni enwog Tiberio Fiorilli, actor traddodiad y commedia dell'arte, math ar theatr a ddylanwadodd yn sylweddol ar waith Molière ei hun. Ym 1662 priododd ag Armande Béjart, merch Madeleine Béjart, ac y mae olion y berthynas hon i'w gweld yn Le Mariage forcé.

Cysegrodd Molière ei fywyd i'w theatr, ac er bod ei fawredd yn fyd-enwog erbyn heddiw, ni dderbyniodd yr un croeso gan bawb yn ystod ei oes. Fe'i beirniadwyd am ei ddefnydd o iaith anweddus, cynnwys annuwiol a dychan anaddas. Yn ôl David Bradbury ac Andrew Calder, 'his satire of some aspects of polite society in mid-seventeenth-century France is so accurate that his contemporaries made strenuous efforts to keep some of his plays off the stage altogether'.[5] Gwrthodwyd derbyn Molière yn aelod o'r Académie Française hyd yn oed, sarhad a gywirwyd yn dilyn ei farwolaeth drwy osod cerflun o'r dramodydd yn ystafell y gymdeithas ddysgedig hon gyda'r geiriau canlynol arno: Rien ne manque à sa gloire; il manquait à la nôtre ('Nid oes dim yn eisiau i'w ogonedd; efo oedd yn eisiau i'n gogonedd ni').[6]

Yr oedd y theatr yn rhan annatod o fywyd Molière yn llythrennol hyd ddiwedd ei oes, oherwydd bu farw yn dilyn ffit ar y llwyfan. Yr oedd wedi bod yn dioddef o salwch ers tro, ac fe ymbiliodd ei gyfeillion arno i beidio ag actio ar y noson olaf y bu fyw. Mynnodd Molière gamu i'w rôl er gwaethaf eu gwrthwynebiadau oherwydd bod cymaint o bobl yn dibynnu ar y perfformiad i ennill eu bara menyn. Perfformiad o Le Malade imaginaire ydoedd ac y mae'r ffaith mai'r ddrama hon a berfformiodd olaf yn ychwanegu at eironi ei ddiwedd trasig. Chwaraeodd

Molière ran Argan, cymeriad sydd yn dioddef o glefyd diglefyd ac yn ofni marwolaeth. Llewygodd Molière yn ystod pedwerydd perfformiad y noson o'r ddrama. Bu farw'n hwyrach y noson honno yn ddyn hanner cant ac un oed cymharol dlawd, y gwrthodwyd y cymun olaf iddo o achos ei broffesiwn fel actor. Bu'n rhaid hyd yn oed i'r Brenin Louis XIV ymyrryd a gorfodi Archesgob Paris i ganiatáu angladd iddo fel y gallai ei weddw, Armande, ei gladdu ym Mharis ar 21 Chwefror.

Y theatr oedd bywyd Molière, ac i nifer, Molière yw calon y theatr. Crisielir ehangder ei ddylanwad gan Saunders ei hun mewn erthygl a luniodd ym 1922 i'r *Western Mail* i ddathlu tri chan mlwyddiant y dramodydd. Ys dywed Saunders:

On Sunday all Europe will unite to celebrate the three hundredth anniversary of the birth of Molière, greatest of comic dramatists. In Paris, his own city, a scene of his triumphs, nothing will be lacking to his honour; and the Comédie Francaise [*sic*], the national theatre of France, is, during the month, to produce all the thirty-three plays which remain of his work. Nor will other nations leave the event unremembered. From Vienna to London, from Rome to Berlin, his praise will splendidly resound.[7]

Fel Shakespeare, y mae parhad Molière yn arwydd o'i lwyddiant, ei boblogrwydd a'i apêl bellgyrhaeddol. Mae ei waith wedi ei gyfieithu i ystod eang o ieithoedd gan gynnwys nifer helaeth o ieithoedd Ewrop a rhai o bellteroedd y byd, megis Japaneg[8] a Swahili.[9] Mae ei gymeriadau wedi goroesi'r canrifoedd ac wedi croesi cyfandiroedd. Ys dywed Saunders am ei lwyddiant rhyngwladol:

His great figures, Harpagon and Tartuffe and Don Juan and Alceste, are poetic creations comparable only with those of Shakespeare and easily equal to the comparison . . . For are not Tartuffe and Harpagon and Alceste, those immortal symbols of hypocrisy and cupidity and fanaticism, are they not alive to-day? Are they not Englishmen and Welshmen as well as Frenchmen? Cannot we see their children walking the streets of Cardiff? Are they not ourselves? But ourselves seen by a poet and more intensely alive than we of little genius can ever be.[10]

Mewn ffordd, gellid dadlau nad oes diben domestigeiddio testunau Molière gan fod eu cymeriadau, eu sefyllfaoedd, eu moeswersi eisoes yn hollgyffredinol. Estroneiddio yw'r dewis amlwg i'r cyfieithydd Molieraidd. Er bod enwau Ffrangeg ar y cymeriadau, profiadau'r ddynolryw a bortreadir, ac felly dylai'r comedi a'r cynnwys fod yn ddealladwy i unrhyw gynulleidfa heb orfod eu trosi i gyd-destun y diwylliant targed. Dyma yw cyfrinach ei apêl. Ys dywed Nathaniel Thomas yn y rhagymadrodd i'w gyfieithiad, *Y Briodas Orfod* (*Le Mariage forcé*):

> [Y] coeg-ddysgedig, yn wryw a benyw; y rhagrithiwr crefyddol, y meddyg ymhongar, y cybydd hunanol, a'r newydd-gyfoethog coeg-falch, yr hyn a wnaeth mewn cyfres o gomedïau clasurol, a erys yn ogoniant llenyddiaeth tra pery iaith a llwyfan. Ac er bod ganddo, yn ddiamau, wrth lunio'r cymeriadau hyn, bersonau neilltuol mewn golwg, y fath oedd ei graffter a'i fawredd fel y llwyddodd i bortreadu, nid yn unig gymeriadau ei oes ei hun, ond y ddynoliaeth yn gyffredin, ar wahân i le ac amser, canys yr un yw dyn ar bob cyfandir.[11]

Llwyddodd Molière i bortreadu cymeriadau a oedd yn gyfarwydd i'r gynulleidfa ond a oedd hefyd yn ddigon cyffredin fel y byddai'r un wynebau yn berthnasol i bobloedd gwledydd eraill am flynyddoedd i ddod. Yn ôl Larry Norman, mae'r cyfuniad hwn o'r penodol a'r cyffredinol yn hanfodol i lwyddiant parhaus dychan:

> A too contemporary and individualised portrayal quickly loses its appeal as time passes and as people and manners change. On the other hand, a satire too general and too universal proves a flabby and dull affair, lacking the spice of keen characterisation and lifelike detail. Molière's genius lies in the adroit blending of the two.[12]

Hawdd deall, felly, pam fod cymaint o gyfieithiadau o waith Molière wedi eu trosi i'r Gymraeg. Yr oedd ei gymeriadau a'i bynciau yn ddealladwy i bawb ac yr oedd ei ddychan effeithiol yn ddoniol ganrifoedd ar ôl ei farwolaeth. Cyflwynwyd ei waith i'r Cymry Cymraeg yn gyntaf ar ffurf dernynau o gyfieithiadau. Troswyd darnau o'r *Cybydd* (*L'Avare*) i'r Gymraeg gan R. H. Morgan yn *Y Geninen* ym 1887, ac ym 1898 cyhoeddwyd darnau o'r *Bonedd Di-fonedd* neu'r *Conach* yn yr un cylchgrawn. Pytiau o'r ddrama *Le Bourgeois Gentilhomme* a gyfieithwyd gan Emrys ap Iwan oedd y rhain. Y cyfieithiad cyflawn cyntaf oedd trosiad Ifor L. Evans o *L'Avare*, sef *Y Cybydd*, a ymddangosodd yng 'Nghyfres y Werin' ym 1921. Daeth cyfieithiad Saunders yn fuan wedyn ym 1924 fel rhan o'r un gyfres, a dilynwyd hwn gan Saunders ar ffurf addasiad o'r ddrama *L'Amour médecin* sef y libreto *Serch yw'r Doctor*, a gyhoeddwyd ynghyd â'r ddrama *Esther* ym 1960.

Chwaraeai'r Eisteddfod rôl allweddol yn ysgogiad cyfieithiadau Cymraeg ar ffurf ei chystadlaethau cyfieithu drama. Cyfieithiad buddugol Eisteddfod Genedlaethol Pwllheli ym 1925 oedd cyfieithiad Nathaniel H. Thomas o *Y Briodas Orfod*, cyfieithiad o *Le Mariage forcé*. Ym 1927 perfformiwyd fersiwn arall o'r un ddrama, sef *Priodas Anorfod*, gan Gymdeithas Ddrama Abertawe, ac ym 1950 lluniwyd cyfieithiad arall o *Y Cybydd* gan D. J. Thomas fel rhan o ŵyl genedlaethol Garthewin y flwyddyn honno. Fel y gwelwyd eisoes, yr oedd cyfieithiadau o ddramâu Ewropeaidd yn rhan allweddol bwysig o'r traddodiad theatraidd yng Nghymru ac fel rhan o *repertoire* Theatr Garthewin yn benodol, ac yr oedd cyfieithiadau o weithiau Molière yn boblogaidd. Yng ngŵyl Garthewin 1952 perfformiwyd cyfieithiadau o *L'Impromptu de Versailles*[13] a *Le Tartuffe ou L'Imposteur* (*Tartwff neu Y Rhagrithiwr*), ill dau yn gyfieithiadau o ddramâu Molière gan D. J Thomas; ac yn sgil ei lwyddiant, perfformiwyd yr ail gyfieithiad eto yng ngŵyl Garthewin 1964. Ymhellach, erys rhai cyfieithiadau Molieraidd heb eu cyhoeddi, megis *Bonheddwr yn ôl ei Ewyllys*, cyfieithiad diddyddiad Raymond Edwards o *Le Bourgeois Gentilhomme* a geir ym mhapurau'r Drama Association of Wales Drama Collection; ac ymysg papurau Emyr Edwards ceir argraffiad o'i gyfieithiad o'r ddrama *Tartwff* a luniodd ym 1991.

Y mae gwreiddiau'r cyfieithiadau yn ddwfn, felly, ond mae dylanwad Molière yng Nghymru ar ffurf cyfieithiadau wedi parhau hyd heddiw. Ym 1982 addaswyd *Le Médecin malgré lui* eto gan Alwena Williams, er ei bod hithau'n cyfaddef mai addasiad ac nid cyfieithiad yw'r testun hwn; ac ym 1995 ysgrifennodd Anna Gruffydd[14] gyfieithiad newydd o'r un ddrama sef *y Doctor Di-glem* ar gyfer cynhyrchiad y Theatr Genedlaethol. Bydd y ddau destun hyn yn derbyn tipyn o sylw wrth inni eu cymharu â fersiwn Saunders. Lluniodd Gareth Miles gyfieithiad o *Le Misanthrope*, sef *Cariad Mr Bustl* mor ddiweddar â 2007, ac yn 2011 ailgyhoeddodd Gwasg Prifysgol Cymru 'addasiad', fel y'i labelir, Bruce Griffiths o'r ddrama olaf a berfformiodd Molière, *Le Malade imaginaire*, sef *Y Claf Diglefyd*, a gyhoeddwyd yn wreiddiol ym 1972.

Mae hi'n ddigon amlwg bod y Cymry yn cydnabod statws a phwysigrwydd Molière yng nghyd-destun y ddrama gan fod cyfieithwyr, cyhoeddwyr a pherfformwyr yn dychwelyd ato dro ar ôl tro. Mae amrywiaeth o destunau Molière wedi'u trosi i'r Gymraeg: trasiedïau a chomedïau, dramâu mydryddol a dramâu rhyddieithol, a chadarnheir ei bwysigrwydd fel arwr theatraidd gan nifer sylweddol y cyfieithiadau a nodir uchod. Ond beth sy'n clymu'r dramodydd Ffrangeg a'r dramodydd Cymraeg o dan sylw ynghyd?

Saunders a Molière

Nid cyfieithiad mewn gwacter oedd hwn o bell ffordd. Gwelwyd eisoes fod tuedd gref yn ystod y cyfnod hwn i gyflwyno clasuron ieithoedd eraill, yn enwedig y Ffrangeg, i'r Cymry mewn ymgais i ysgogi dilyniant o'u hesiampl yn y Gymraeg. Ond nid yw ymddangosiad y cyfieithiad yng 'Nghyfres y Werin' yn ddigon i esbonio'i wreiddiau. O ystyried bod Saunders wedi darllen yn weddol eang yn y Ffrangeg, ac yn cydnabod yn gyson ddylanwad nifer o ffigyrau Ffrengig eraill o bwys arno, megis Racine a Corneille, pam y dewisodd Molière? Yn y lle cyntaf, arloeswr ym myd y theatr oedd Molière, a ddylanwadodd ar ddramodwyr dros y byd ac am ganrifoedd ers ei farwolaeth. Mewn erthygl a luniwyd yn sgil cynhyrchiad Cwmni Theatr Gwynedd o ddwy ddrama Folieraidd, dywed Bruce Griffiths:

> Molière o hyd yw'r dramodydd Ffrengig a berfformir amlaf. Nid oedd machlud ar ei theatr, ef yw prif atyniad y Comédie Française, theatr genedlaethol Ffrainc, ac ni phaid dramodwyr ag addef eu dyled iddo ac i'w cyhoeddi eu hunain yn etifeddion iddo. Yn Lloegr, yr Eidal, yr Almaen, Denmarc ac yn agos pob gwlad arall yng Ngorllewin Ewrop, comedïau Molière a gymerwyd yn fodelau ac yn sail i gomedi yn y gwledydd hynny. Anodd enwi comedïwr arall a enillodd y fath glod ac a gafodd yr un dylanwad y tu allan i'w famwlad ei hun.[15]

Ac yn wir, yr oedd statws Molière ym myd y theatr o bwys mawr i Saunders. Edmygai ei ddramâu clasurol, ei ddefnydd o iaith, a'i ddylanwad ar fyd y theatr. Ac o ystyried diffyg theatr broffesiynol yng Nghymru ac, yn bwysicach, ddiffyg traddodiad theatraidd yng Nghymru, anochel oedd troi at enghreifftiau llenyddol hanesyddol o ddylanwad sylweddol er mwyn creu sylfaen gadarn i ddatblygiad y theatr Gymraeg yn y dyfodol. Y mae edmygedd Saunders o theatr Molière yn amlwg yn ei ragymadrodd i'r cyfieithiad *Doctor er ei Waethaf*:

Fe greodd Molière, fel y cawn weld, ddrama newydd. Fe greodd ei gwmni gydag ef gelfyddyd actio a oedd yn newydd hithau. Cyn eu dyfod hwy, adroddwr oedd actor, un yn cyfarch cynulleidfa . . . Ond comedïau oedd gweithiau Molière, ac y mae comedi (yn nwylo Molière) yn beth preifat, cyfrinachol, personol, yn gofyn celfyddyd newydd mewn actio. Oblegid nid yw dyn ar ei ben ei hun, y dyn unig, yn fater comedi. Dyn comig yw dyn mewn cymdeithas, mewn cysylltiad a pherthynas â dynion eraill. Peth perthnasol yw comedi.[16]

Yr ymwneud, y berthynas yw sail ei gomedi. Cymdeithas yw canol-bwynt hiwmor Molière, ac efallai mai dyma sy'n esbonio diddordeb Saunders yn ei waith: diddordeb mewn portread o bobl, o'r haenau cymdeithasol, o'r perthnasau rhwng cymeriadau, a hynny oll mewn ffordd sy'n diddanu ac yn apelio at gynulleidfa. Fel y disgrifiodd Saunders ei hun:

Bod cymdeithasol yw dyn. Mewn cymdeithas yn unig y mae iddo urddas. Mewn cymdeithas yn unig y gall ef fod yn ddedwydd. Popeth a wnaeth ef erioed, campweithiau ei feddwl a'i ddychymyg mewn ymadrodd a llun a delw ac adeilad, mewn cydymgais a chyd-ddyfais â'i gymdogion y gwnaethpwyd. Y mae'n rhaid iddo gymdeithasu. Rhaid iddo garu ei gymdeithas.[17]

Dychan sydd wrth wraidd holl ddramâu Molière, dychan o'r dos-barth canol Ffrengig a'r cymeriadau cyfarwydd wrth ei galon megis meddygon, pendefigion, tadau a gwŷr dosbarth canol. Arddangosir eu rhagrith, eu cybydd-dod a'u ffolineb drwy ormodiaith, eironi a chwarae ar eiriau. Yn ei ragymadrodd i *Le Tartuffe* dywed Molière: 'l'emploi de la comédie est de corriger les vices des hommes' (nod comedi yw cywiro drygau dynion).[18] Mae nifer yn dadlau mai unig amcan Molière oedd diddanu ei gynulleidfa ac iddo lunio datganiadau fel hyn yn ei ragymadroddion fel amddiffyniad yn erbyn ei feirniaid niferus. Ymddengys, serch hynny, fod Saunders yn rhoi ei ffydd yng ngeiriau Molière ac yn gweld gwerth yng ngallu ei ddramâu i addysgu ei gynulleidfa:

Mr. Ivor Evans in his preface to the translation of 'The Miser' stresses Molière's own statement that the purpose of comedy is to instruct. Well, Molière wrote his plays first, and his prefaces were an afterthought done to defend himself against enemies; so that it is not wise to take his theory too seriously. In fact, there have been influential French critics who denied any value at all to his defence. Be that as it may, it is at least true to say that the one ever-present moral of all Molière's plays is that excess is a disease, that the man who cannot laugh at folly is ill, that pedantry and miserliness and self-righteousness, these and every other form of intemperance are the symptoms of sickness and morbidity. And, like a wise doctor, Molière exposes all the ravages of the disease.[19]

Adlewyrchu natur y gymdeithas yr oedd Molière, defnyddio'r ddrama fel drych i'r ddynoliaeth. Yr oedd hyn, wrth gwrs, yn nodweddiadol o'r cyfnod, sef 'the age of the mirror', chwedl Larry Norman. Yr oedd obsesiwn gan gymdeithas Ffrainc yr ail ganrif ar bymtheg ag adlewyrchiadau o bob math gan fod technoleg drychau wedi datblygu yn sylweddol yn ystod y ganrif honno. Er bod y gwydrau yn werthfawr o hyd, nid oeddent mor brin oherwydd dechreuwyd eu gweld ar waliau cartrefi'r *bourgeoisie* ac fel addurniadau bychain ar rubanau a gwregysau. Yn ôl Larry Norman, amhosibl oedd dianc rhag presenoldeb y drych, ac fe bortreadwyd yr hoffter hwn o weld adlewyrchiad yr hunan yn nramâu Molière.

Ond yr oedd Molière yn gwneud mwy nag adlewyrchu, yn ôl Saunders, yr oedd yn treiddio y tu hwnt i'r doniolwch a ysgrifennodd i weld gwirionedd pobl, i weld gwendidau'r gymdeithas, gwendidau'r aristocratiaid yn benodol. Fel y dywed Saunders, 'Let us admit the vision of a seer, the firm grip on fundamental truth which is the gift of poets and sages, and the concrete presentation of both truth and vision in human figures that are at once real and typical, which is only the ability of a supreme artist.'[20]

Dyfeisiwr dramataidd oedd Molière a weddnewidiodd y theatr yn Ffrainc, yn Ewrop ac yn y pen draw, yn fyd-eang. Yn ystod ei gyfnod cafwyd trawsnewidiad yn natblygiad y theatr yn Ffrainc, ond nid oedd hyn o dragwyddol bwys i ddramâu Molière ei hunan. Canolbwyntiodd ar gymeriadau ystrydebol a chomedi weledol a oedd yn ddigon syml i unrhyw gynulleidfa eu gwerthfawrogi. Disgrifir ei effaith yn addas iawn gan Gerry McCarthy:

At a moment when the illusions of the scenic stage were beginning to enchant the French theatre, an actor appeared who was capable of creating drama out of the simple material that are the human body and the rough platform stage of the street performer. His art was analytical and it was creative. For all that he was seen as the imitator of society, he was the creator with his audience of a shared pleasure, abstracted into a world of mind and fantasy.[21]

Nid oedd perfformiadau Molière yn gymhleth, nac yn ddrud i'w llwyfannu, elfennau defnyddiol mewn cyfnod pan nad oedd offer theatrau Cymru yn soffistigedig iawn. Nid oeddent yn gofyn ychwaith i'r gynulleidfa ddeall unrhyw fyd y tu hwnt i'w cymdeithas nhw eu hunain. Gofyn yr oeddent am hiwmor, am bleser ac am bortread doniol ond cyfiawn o'r gymdeithas ac o ymddygiad dynion ynddi. Hanfodol i Saunders oedd cyflwyno'r chwa hon o awyr iach i'r theatr Gymraeg.

Cyfieithiadau o Molière

Sonnir yn gyson yn y gyfrol hon am ddylanwad y Ffrangeg, ei llenyddiaeth a'i thraddodiadau ar Saunders Lewis. Dylid cofio mai bwriad Saunders oedd rhannu'r dylanwad hwn gyda Chymru, felly rhaid oedd dewis gweithiau gan unigolion a fyddai yn denu sylw unrhyw gynulleidfa cyn ystyried apelio yn benodol at gynulleidfa Gymraeg. Yn yr erthygl 'Y Ddrama yn Ffrainc' a luniodd Saunders ychydig flynyddoedd cyn ei gyfieithiad cyntaf ym 1921, cyfeiria at yr apêl eang hon y mae Molière yn ei sicrhau: 'Gan nad pa mor gain a fo athrylith y dramodwyr diweddaraf, nid oes dim un ohonynt, o Marivaux hyd heddyw, y gellir dweyd am dano fel y dywedir am Molière neu Shakespeare, fod ei apêl yn gyffredinol.'[22] Gellid dadlau, fel y gwnaeth Kate Roberts, nad oedd diben na galw am gyflwyno dramâu Shakespeare i gynulleidfa a oedd eisoes yn gyfarwydd â hwy yn eu ffurf wreiddiol, ac yr oedd Saunders wrth gwrs yn awyddus i ymbellhau oddi wrth ddylanwad gormesol y ddrama Saesneg yng Nghymru. Rhaid oedd cyflwyno rhywbeth estron, rhywbeth newydd, ond fel cynhyrchiad Cymraeg. Y mae statws ac apêl Molière fel dramodydd Ewropeaidd, felly, yn rhan allweddol bwysig o'r rhesymau y tu ôl i'r cyfieithiadau niferus sy'n bodoli o'i waith.

Y mae'r weithred o gyfieithu ei hunan yn datgelu llawer am dueddiadau theatr a chymdeithas yr iaith darged, yn enwedig yn achos ieithoedd lleiafrifol. Yn ôl Sirkku Aaltonen, gellir dehongli cyfieithu fel ffordd o ddangos parch at y diwylliant ffynhonnell. Naill ai caiff y testun cyfan ei gyfieithu, neu gwneir ymdrech i drosglwyddo elfennau o'r testun a edmygir, megis dulliau theatr, i'r diwylliant a'r iaith darged. Defnyddir cyfieithiadau i gyfoethogi'r diwylliant targed er mwyn cynyddu ei statws diwylliannol yn rhyngwladol.[23]

At hynny, cyfieithir Molière er mwyn gosod safon a chodi statws traddodiad llenyddol gwlad neu wledydd yr iaith darged. Yn berthnasol iawn, mae'r duedd hon yn nodweddiadol o theatr ieithoedd lleiafrifol, ac mae dramâu Molière hyd yn oed wedi eu cyfieithu i'r Sgoteg ac i dafodiaith Kiltartan Iwerddon. Dechreuodd Lady Gregory gyfieithu dramâu Molière ym 1905 er mwyn eu cyflwyno i gynulleidfa Theatr yr Abbey yn Nulyn fel rhan o adfywiad llenyddol Iwerddon.[24] Ei bwriad oedd brwydro yn erbyn dylanwad gorchfygol y Saesneg yn theatrau Iwerddon, ac yn addas iawn, ei chyfieithiad cyntaf oedd *Le Médecin malgré lui*. Mae'r weithred o gyfieithu clasuron i ieithoedd lleiafrifol yn 'a part of nation-building',[25] chwedl Michael Cronin. 'Translating Molière into "Kiltartan" is an act of cultural self-confidence. It implies that Hiberno-English is a fit vehicle for one of the greatest playwrights of the European literary tradition.'[26]

Yn ddiweddarach, cyhoeddwyd y cyfieithiad Sgoteg cyntaf o waith Molière ym 1948, sef fersiwn o *L'École des femmes* gan Robert Kemp. Cynrychiolodd y cyfieithiad hwn drobwynt yn theatr yr Alban oherwydd dros y degawdau nesaf adfywiodd Robert Kemp ac eraill draddodiad theatraidd Sgoteg i gymryd lle'r theatr Saesneg a deyrnasai yno.[27] Yr oedd ei gyfieithiadau o waith Molière yn rhan annatod o'r adfywiad hwn, ac fe ysbrydolodd nifer o gyfieithwyr Sgoteg eraill i wynebu'r un her, megis Victor Carin, Hector MacMillan a Liz Lockhead. Un diben i'r gwaith cyfieithu hwn yw trosglwyddo urddas a pharch cynulleidfaoedd at y dramodydd ei hun ac at yr iaith a'r theatr Ffrangeg er mwyn sicrhau statws i'r cyfieithiadau, i'r iaith Sgoteg ac i'r theatr Sgoteg fel canlyniad. Mae'r diwylliannau lleiafrifol hyn yn gwella, yn esblygu ac yn cael eu cyfoethogi 'through the associated prestige of past greatness'.[28]

O ystyried amheuon Saunders Lewis am ddyfodol y theatr Gymraeg, gellid dadlau bod yr un rhesymeg y tu ôl i'w benderfyniad i gyfieithu un o ddramâu Molière, ac yn wir, gellid olrhain diddordeb yn llenydd-iaeth Ffrainc y cyfnod yn yr un modd. Yr oedd llenorion ac academyddion yn awyddus i efelychu esiampl Ffrainc a chynhyrchu canon llenyddol Cymraeg o safon, ac un ffordd o gyflawni hynny oedd drwy fenthyg gweithiau'r cewri Ffrangeg hyn er mwyn hybu tyfiant llenyddiaeth debyg yng Nghymru. Ys dywed Saunders:

A dyma ogoniant actio yn Ffrainc, sef bod y gelfyddyd yn ffrwyth tradd-odiad a sicrhawyd drwy'r canrifoedd, ac felly yn aeddfetach ac yn berffeithiach nag unrhyw actio arall yn Ewrop. Diffyg traddodiad tebig yw'r esboniad ar dlodi actio yn Lloegr a'r actio newydd yng Nghymru.[29]

Yn olaf, ond nid lleiaf, iaith yw un o'r elfennau allweddol sy'n clymu gwaith a diddordeb Saunders wrth waith Molière, oherwydd y mae'n mynegi cryn barch at y ffordd y mae Molière yn arddangos prydferthwch a manylion iaith: 'Ond pan roddo Molière ddarlun pendant, megis yn "Le Mariage Forcé," neu'r "Bourgeois Gentilhomme, " mae'n ddarlun o athronydd neu ieithydd sy'n ymhyfrydu yn nhermau technegol a manion cywrain ei wyddor, ac yn ddigrifach am ei fod mor gywir.'[30] Parch at yr iaith Gymraeg, ac at yr iaith lenyddol yn benodol oedd prif gymhelliant Saunders wrth gyfieithu'r ddrama hon. Edrychir yn fanylach ar bwysigrwydd iaith i'r cyfieithiad hwn yn nes ymlaen.

Y Ddrama

Dyma esbonio, felly, ddiddordeb Saunders yn y dramodydd hwn, ond rhaid ystyried nad *Doctor er ei Waethaf* yw drama enwocaf Molière o bell ffordd, felly pam na ddewisodd greu argraff ddirfawr drwy gyfieithu clasur megis *Le Tartuffe* neu *Le Misanthrope*? Dyma yw cwestiwn Syr Ifan ab Owen Edwards yn ei adolygiad o'r cyfieithiad: 'Cydwelaf yn hollol â golygyddion y gyfres yn rhoi siampl i ni o Molière, ond wfft i'w dewisiad. Dylai pob efrydydd llenyddiaeth ddarllen y ddrama hon, ond ni hoffwn weled unrhyw gwmni dramayddol yng Nghymru yn ei hactio.'[31] Campwaith Molière ym marn Saunders oedd *Y Cybydd* a oedd eisoes wedi'i drosi i'r Gymraeg gan Ifor L. Evans. Rhaid, felly, oedd dewis testun gwahanol, a *Doctor er ei Waethaf* oedd hwnnw.

Ysgrifennwyd y ddrama Ffrangeg *Le Médecin malgré lui* ym 1666 ac fe'i cynhwysir ymysg dramâu aeddfed Molière sy'n ymdrin â meddygaeth drwy ddychan. Y tair drama arall yw *L'Amour médecin* (1665), *Monsieur de Pourceaugnac* (1669), a *Le Malade imaginaire* (1673). Noder bod cysylltiad, felly, rhwng y ddwy ddrama Folieraidd a droswyd i'r Gymraeg gan Saunders Lewis, oherwydd lluniodd addasiad o *L'Amour médecin*, sef *Serch yw'r Doctor*, ym 1960. Yn ôl W. D. Howarth: 'the whole group of titles suggests *commedia*-type intrigue, slapstick, and fixed, stereotyped characters'.[32] A dyma'n union a gawn: ffŵl o feddyg ffug, tad hunanol, gwŷr bonheddig naïf a chlaf diglefyd. Y mae'r cymeriadau yn twyllo'i gilydd yn ddi-baid a dim ond y gynulleidfa sydd yn llwyr ddeall goblygiadau'r triciau sy'n cael eu chwarae.

Comedi yw *Doctor er ei Waethaf* lle y mae tad yn cyflogi meddyg i wella'i ferch fud. Mae dwy broblem sylfaenol yn y sefyllfa hon: nid meddyg yw'r meddyg; torrwr coed ydyw sy'n esgus bod yn feddyg; ac nid yw'r ferch yn fud; mae hi'n gwrthod siarad oherwydd bod ei thad yn ei gorfodi i briodi rhywun nad yw hi'n yn ei garu. Egyr y ddrama gyda chweryl rhwng y prif gymeriad, Sganarelle, a'i wraig, Martine. Mae Sganarelle yn gwrthod gwrando ar gyfarwyddiadau ei wraig, ac mae hi'n cwyno am ei ystyfnigrwydd, ei ddiogi a'i feddwdod. Yn y cyfamser, y mae Géronte, gŵr bonheddig lleol, yn poeni am gyflwr meddygol ei ferch gan ei bod hi wedi mynd yn fud. Mae Géronte yn dymuno gwella'i ferch, Lucinde, ar frys am fod cynllun ar droed iddi briodi dyn cyfoethog ac uchel ei barch, Horace. Ni sylweddola'r tad mai esgus mudandod y mae yn unig gan nad yw hi'n dymuno priodi Horace. Perthyn ei chalon i Léandre, dyn ifanc nad yw Géronte yn ei gymeradwyo oherwydd ei statws cymdeithasol. Enfyn Géronte, felly, ei weision, Lucas a Valère, i ganfod meddyg a all wella llais Lucinde cyn y briodas rhag ofn i Horace ddychryn ac anghofio am eu cytundeb. Wrth i'r gweision holi'n lleol am feddyg, gwêl Martine ei chyfle i ddial ar ei gŵr gorhyderus, Sganarelle. Dywed hi mai efe yw'r meddyg gorau yn y wlad ond nad yw'n cyfaddef hyn yn agored. Rhaid ei guro er mwyn darganfod y gwir amdano. Yn dilyn cyfnod o berswâd a sawl bonclust, mae Sganarelle yn cytuno i drin Lucinde. Defnyddia Sganarelle iaith gymhleth, ddisynnwyr i roi'r argraff mai meddyg ydyw, ac mae'n argyhoeddi Géronte y bydd Lucinde yn gwella. Cyfeddyf Léandre wrth Sganarelle ei fod yn caru Lucinde a'i bod hithau'n ffugio ei salwch, a chrëant gynllwyn i alluogi'r cariadon i ffoi, yn gyfnewid unwaith eto am dâl. Datgelir yr holl gyfrinachau yn y diwedd gydag ymddangosiad Martine, ond rhwystrir cosb Sganarelle gan fod y cariadon yn dychwelyd ac yn datgan bendith Géronte. Yn ôl Philip A. Wadsworth: 'Whether it be called a comedy or a farce, *Le Médecin malgré lui* is a hilarious bit of slapstick full of clowning and energetic activity.'[33]

Ffars, dychan, comedi sydd yma, felly beth a atynodd Saunders at y ddrama hon o ystyried ei dueddiadau dramayddol ei hunan? 'Saunders Lewis's drama inclines constantly towards tragedy', chwedl Ioan Williams. 'The major characters of his plays are heroic, exceptional in their ability to suffer and their willingness to choose suffering rather than avoid it.'[34] Efallai fod beirniadaeth o'i ddrama Gymraeg gyntaf, *Gwaed yr Uchelwyr*, yn rhannol gyfrifol am ei benderfyniad i gyfieithu testun gan gomedïwr enwog. Ni dderbyniwyd y ddrama hon yn hawdd gan y gynulleidfa Gymraeg, ac mae adolygiadau'r cyfnod yn adlewyrchu hynny.[35] Anodd oedd deall diweddglo anhapus y ddrama lle y mae Luned yn gwrthod Arthur. Mae hi'n bosibl i Saunders benderfynu troi at gomedi gan Molière yn sgil yr ymateb a gafodd ei ddrama drasig ei hun. Ymhellach, mewn adolygiad o gyfieithiad Thomas Hudson-Williams o waith Pushkin, mae Saunders yn canmol dewis y cyfieithydd 'sy'n enghreifftiau teg o'i ddawn ef ac yn ddarluniau hefyd o'r bywyd a'r gymdeithas a brofasai'.[36] Arddangos dawn Molière fel comedïwr oedd ei amcan, a dyma ddewis, felly, ddrama ddychan sy'n llawn hiwmor a ffars a fyddai'n ddealladwy hyd yn oed i gynulleidfa Gymraeg gyfoes. Ni cheir elfennau o'r *comédie-ballet* a oedd yn boblogaidd hefyd yng nghyfnod Molière, ond yn hytrach hanfod y ddrama hon yw'r hiwmor slapstic a'r chwarae ar eiriau.[37]

Rhaid hefyd oedd osgoi drama fydryddol am fod heriau amlwg i'r math hwnnw ar gyfieithu. Esbonia Saunders gymhlethdod odl mewn drama yn effeithiol iawn mewn ysgrif:

Verse, all and every verse, implies rules, relations, semantic and phonetic relations, formal constructions, both rhythmic and metric. These are never ornaments of verse, in the sense of being superfluities, but essential and major concerns. No craftsman of verse can give his constant attention to these factors without observing that they profoundly and incalculably contribute to the texture, to the themes, to the development, to the ultimate shape of the product which is the poem. Paul Valéry once wrote that Racine would change the character of one of his *dramatis personae* if a rhyme demanded it. That is not a *boutade*: it holds truth, though it might be more carefully said. It is not that a rhyme for Racine modifies a character already decided, already entire, but rather that the rhyme discovers the character, contributes to the character, adds its own unforeseen quality to the character.[38]

Byddai'n amhosibl, felly, i Saunders fel cyfieithydd gadw'n ffyddlon i ystyr a chymeriadaeth y ddrama wreiddiol heb yr odl, ond mewn ffordd, byddai'n anos fyth iddo barchu ystyr *a* chadw'r odl. Caiff y cymeriadau eu creu drwy'r iaith, ac er bod trosi'r gwaith i'r Gymraeg yn gofyn i'r cyfieithydd newid yr iaith yn sylweddol yn barod, byddai cadw patrymau drama fydryddol yn mynd â'r testun gam ymhellach oddi wrth y gwreiddiol. Mae'n ddiddorol, serch hynny, fod Saunders wedi creu odlau a rhythmau o'r newydd yn ei addasiad, *Serch yw'r Doctor*. Nid oedd yn gaeth i odl y gwreiddiol, ac felly yr oedd rhyddid ganddo i lunio drama fydryddol o'r newydd. Efallai fod y broses hon wedi ei alluogi i ddilyn esiampl ei arwyr, megis Racine a Molière, a ffurfio cymeriadau drwy ei ddefnydd cyfrwys o iaith farddonol.

Cofiwn, serch hynny, mai addasiad ac nid cyfieithiad yw *Serch yw'r Doctor* ac fe ganiatawyd o ganlyniad lawer mwy o ryddid i Saunders nag yn achos *Doctor er ei Waethaf.*

Er nad drama enwocaf Molière yw *Le Médecin malgré lui*, yr oedd hi'n hynod boblogaidd gyda'i chynulleidfaoedd. Fe'i perfformiwyd yn amlach nag unrhyw ddrama arall gan Molière heblaw am *Le Tartuffe*.[39] Cyplyswyd y ddrama â pherfformiad o waith arall fel arfer, ond cafwyd ymateb gwell yn sgil cynnwys *Le Médecin malgré lui* bob amser.[40] A digon clir yw'r rheswm pam na fyddai Saunders wedi llamu i gyfieithu'r ddrama ddadleuol honno o ystyried yr ymateb a gafodd hi yn Ffrainc yn ystod yr ail ganrif ar bymtheg. Gwaharddwyd *Le Tartuffe* gan Archesgob Paris yn sgil gwrthwynebiad gan yr Eglwys Gatholig yn Ffrainc ac uchelwyr y ddinas gan fod y ddrama yn dychanu crefydd yn eu barn nhw. Yn y pen draw, er gwaethaf ymdrechion Molière i'w haddasu fel ei bod yn dderbyniol, fe'i gwaharddwyd gan y brenin o achos ei natur halogol. Drama anaddas i ddyn Catholig defosiynol fel Saunders, felly, oedd y ddrama enwog hon. Ymhellach, annoeth o bosibl fyddai dewis testun a oedd mor feirniadol o Grist-nogaeth, o ystyried hanes cythryblus crefydd a'r ddrama yng Nghymru. Nid oes unrhyw anhawster gyda phwnc *Le Médecine malgré lui*, ar y llaw arall.

Ymhellach, mae hi'n bosibl bod thema feddygol y ddrama wedi taro nodyn gyda Saunders. Yn ôl Robert Goldsbuy, marwolaeth Marie Cressé a ysbrydolodd nifer o themâu dadrithiol dramâu Molière, gan gynnwys y gyfres yr oedd *Doctor er ei Waethaf* yn rhan ohoni:

> It may seem obvious to say that Marie Cressé's early death created an almost inconsolable yearning in Molière's heart for the touch of love, but such a fact in the life of a ten-year-old is hard to ignore. And the fact that his mother was bled to death by misinformed doctors may well have created an unforgiving animosity to the entire medical profession. Thus out of one death, two great emotional themes for his later plays were born.[41]

Ymddengys ymhellach fod Saunders yn rhannu'r un sgeptigiaeth am allu rhai doctoriaid, fel y gwelir mewn llythyr a ysgrifennodd at Kate Roberts ym 1942:

> Clywswn am eich pwl o salwch drwg gan Prosser, a dylaswn fod wedi sgrifennu. Gobeithio y cewch ymwared buan. Pan nad ewch chwi at

arbenigwr yn Lerpwl? Mae llawer o ddioddef poen afreidiol oblegid anfedrusrwydd doctoriaid lleol, anfedrusrwydd nad oes mo'r help amdano; ond mae'n ddigon tebyg y gallai arbenigwr ddarganfod y drwg a'ch rhoi ar y ffordd i fendio. Yr ydwyf i fy hunan yn dioddef ers blynyddoedd boenau beunyddiol, ond fe'm sicrhawyd nad oes dim ymwared imi, felly mae gennyf hawl i bregethu fel doethor i chwi.[42]

Gwelir yr un sgeptigiaeth gan Saunders am y gwasanaeth iechyd gwladol yn ei ysgrif am y teulu. Beirniadu'r system newydd y mae Saunders lle y mae plant wedi colli cyswllt â gofal cyfarwydd meddyg y teulu, deintydd y teulu a meddyg yr ysgol. 'I raddau helaeth iawn, a heb ddrwgdybio o nemor lawer, cymerth y llywodraeth oddi ar rieni swyddau a chyfrifoldeb yr oedd rhieni ers canrifoedd yn eu gwerthfawrogi fel rhan arbennig o'u bywyd a'u dyletswydd.'[43] Rôl y rhieni yw gofalu am eu plant ac nid rôl gwasanaeth iechyd cenedlaethol a reolir yn ganolog, yn ei dyb ef. Ac ymhellach, collodd Saunders ei fam ei hun pan oedd yn saith oed, yn debyg i Molière. Er nad oes tystiolaeth o'r un ddrwgdybiaeth feddygol yn achos Saunders, gellir gweld sut y byddai'n deall teimladau'r dramodydd Ffrangeg am feddygon a'u gwaith yn sgil colli ei fam.

Er nad yw'r ffactor hwn yn hanfodol wrth olrhain diddordeb Saunders yng ngwaith Molière, gellir gweld eu bod yn rhannu teimladau tebyg a fyddai o bosibl wedi ysgogi diddordeb Saunders yn y gyfres hon o ddramâu ac sydd yn esbonio mwynhad Saunders o'r ddrama ddychanol hon yn benodol. Dadleua Julia Prest nad yw defnydd cyson Molière ei hun o gymeriad y doctor dwl a themâu meddygol yn ei ffarsiau o reidrwydd yn adlewyrchu ei deimladau personol am yr yrfa feddygol:

> The fact that Molière returned to the theme of medicine and to the satire of the medical profession time and again throughout his career tells us less about any obsession or vendetta he might have had than about what a successful comic strategy he had found.[44]

Yn yr un modd, mae rhwystredigaeth Saunders gyda doctoriaid yn ei alluogi i werthfawrogi hiwmor drama Molière yn hytrach na chadarnhau unrhyw feirniadaeth lem o feddygaeth broffesiynol. Fel y gwelodd Molière ei fod wedi taro ar thema lwyddiannus, efallai y teimlai Saunders y gellir cyfieithu dychan y ddrama hon yn effeithiol i'r gynulleidfa gyfoes Gymraeg.

Gellid casglu bod agwedd arall ar y ddrama hon wedi apelio yn arbennig at Saunders o ystyried ei edmygedd o ddoniau ieithyddol Molière, sef iaith fel thema yn y ddrama. Ysgrifennwyd dramâu Molière mewn Ffrangeg safonol, ond y mae iaith hefyd yn cael ei defnyddio i greu hiwmor, i ddychanu ffigyrau cyfarwydd o'r dosbarth canol, ac i esbonio pwysigrwydd iaith ynddi ei hun. Cyfathrebu yw amcan iaith, ac mae hi'n llwyddiannus os deellir yr hyn a ddywedir. Y mae tair elfen hanfodol gan iaith: 'a sayer, a sayee, and a convention,' chwedl W. G. Moore.[45] Hynny yw, mae'n rhaid i rywun ddweud geiriau, mae'n rhaid i rywun eu clywed, ac mae'n rhaid i'r ddau berson ddeall fwy neu lai yr hyn sy'n cael ei ddweud. Mae angen i'r naill ddeall ystyr y llall. Os yw'r cyfathrebu hwn yn methu, mae iaith ei hun yn methu o ran ei phwrpas. Fel yr esbonia Moore ymhellach:

Many rudimentary comic situations are no more than interferences with this structure of three-point relationship. Suppose, for instance, that the speaker is not sure who is at the other end of the chain of communication, or that he thinks the hearer is someone other than he really is. Suppose again that what he says is not heard, or not grasped, or misinterpreted. These elementary cases occur in Molière.[46]

Iaith a'i phŵer sydd wrth wraidd y ddrama hon gan mai geiriau yw'r arf a ddefnyddia Sganarelle i amddiffyn ei statws ffuglennol fel meddyg. Er mai'r rhwystr i berthynas y cariadon yw ffocws plot y ddrama, Sganarelle sydd yn mynnu ein sylw,[47] a hynny ar gyfrif ei ffordd gelfydd o drin geiriau. Drwy chwarae â geiriau, llwydda Sganarelle i dwyllo Géronte, Valère, Lucas a Léandre (i gychwyn) mai dyn gwybodus, meddyg, athrylith ydyw sydd, o reidrwydd, o statws cymdeithasol a deallusol uwch. Wrth gyflwyno Sganarelle i Géronte, maent yn cyfaddef nad yw'n ymddangos fel meddyg, na hyd yn oed ddyn call ar yr olwg gyntaf, 'Ond yn y gwraidd, mae'n wybodaeth i gyd. Ac yn aml iawn fe ddywed bethau i'ch synnu chi.'[48] Yn eironig iawn, dywed Lucas: 'fe all siarad fel petai'n darllen allan o lyfr'.[49] A dyma'r hyn sydd yn eu darbwyllo o'i wybodaeth, y ffordd y mae'n siarad, ei ddefnydd o eiriau. Y mae iaith yn ddoniol pan gaiff ei chamddefnyddio o fwriad neu drwy ddamwain. Yr enghraifft amlycaf o hyn yw'r defnydd o 'professional jargon', chwedl Moore. Defnyddir geiriau i greu effaith sy'n wahanol i'w hystyr. Mae hi'n bosibl nad oes ystyr i'r geiriau o gwbl, ond maent yn cyfleu naws awdurdodaidd. O ganlyniad, y mae nonsens yn ffordd effeithiol iawn o gyfathrebu, ac er nad oes ystyr i'r geiriau maent yn gwneud argraff sylweddol ar ffyliaid.[50] Daw'r mwynhad o rôl y gynulleidfa yn y cynllwyn. Mae'r gynulleidfa yn deall mai geiriau gwag y mae Sganarelle yn eu defnyddio, ac yn gweld fel y mae ei iaith yn camarwain ac yn gwneud argraff ar Géronte a'r dynion eraill sy'n rhy ddwl i sylweddoli eu camgymeriad.

Y mae cyfeirio at enwau adnabyddus hefyd yn ddigon i ysgogi ffyddlondeb eraill yn Sganarelle. Honna fod Hippocrates, er enghraifft, meddyg o'r oes Roegaidd Glasurol, wedi datgan y dylid gwisgo hetiau, ac er mai rhywbeth chwerthinllyd yw hyn, ac er nad oes gan Sganarelle dystiolaeth, mae'r enw'n ddigon i berswadio Géronte:

Sgan: Fe ddywed Hippocrates, syr, fod yn rhaid inni'n dau wisgo'n hetiau.

Gér: Hippocrates yn dweud hynny?

Sgan: Ie.

Gér: Ym mha bennod, os gwelwch chi'n dda?

Sgan: Yn ei bennod – ar hetiau.

Gér: Gan fod Hippocrates yn ei ddweud, rhaid i ninnau wneud hynny.[51]

Sieryd Sganarelle ar draws ac ar led yn aml, gan ailadrodd yr hyn sy'n amlwg ar ffurf aralleiriad:

Sgan: Wel, mae'r pwls yma'n dangos yn eglur fod yr eneth wedi colli'i siarad.

Gér: Dyna fo, syr, dyna'i salwch hi. Fe'i deall'soch y tro cyntaf.[52]

Esbonia bod Lucinde yn fud am na all hi siarad, ac ni all hi siarad am fod rhywbeth yn rhwystro'i thafod. Ond wrth i Géronte balu ymhellach a gofyn am esboniad o'r 'rhywbeth' hwn, try Sganarelle at y Lladin er mwyn profi ei wybodaeth ymhellach, ac yn eironig iawn fe ymetyb Lucas: 'Ie, 'roedd hwnna mor ardderchog fel na ddeëllais i'r un gair.'[53]

Y mae iaith yn rhoddi pŵer i Sganarelle dros bobl eraill, ac ac mae hyd yn oed yn gwneud iddo gredu ei straeon ei hun. Mae Sganarelle yn llwyddo i dwyllo Géronte a'i ddarbwyllo mai meddyg ydyw. Dibynna'r twyll hwn yn llwyr ar eiriau eraill gan fod Martine yn creu'r celwydd yn y lle cyntaf drwy ddweud wrth Valère, ailadroddir y celwydd i Lucas ac yna i Géronte. Dim ond Martine sydd yn gwybod y gwirionedd ac yn gallu datguddio mai iaith feddygol ddiffygiol yw'r hyn a sieryd Sganarelle. Ond ymhellach, gan nad yw Sganarelle ei hun yn gwybod o ble mae ei statws newydd yn deillio, y mae ef hefyd yn dechrau credu ei fod yn gymwys i weithredu fel meddyg; y mae'n credu ac yn cynnal y celwydd. 'In this particular play, therefore, Molière seems primarily interested in demonstrating the effects of language's persuasive power on both "fourbe" and "fou" alike',[54] chwedl Anthony Ciccone.

Camddefnydd o iaith yw prif arf Molière, yn y ddrama hon yn arbennig, i ddychanu'r cymeriadau dosbarth canol: y tad balch, y meddyg, y boneddigion. Ond ymhellach na hynny, daw iaith ei hun yn bwnc y ddrama. Archwilir fel y mae cyfathrebu yn amwys ac fel y gall geiriau gamarwain. Mae iaith yn cyfarwyddo'r cymeriadau i gyd, ac iaith yw canolbwynt dychan y ddrama, ac mae hi'n bosibl iawn mai dyma apêl y ddrama benodol hon i Saunders.

Mae Molière yn chwarae ag iaith mewn ffordd debyg i Beckett. Mae chwarae ar eiriau cyson yn sail i hiwmor y dramâu sydd yn arddangos pŵer iaith yn ogystal â'i pheryglon a'i chyfyngiadau. Amcan Beckett, fel y gwelwn yn y bennod nesaf, oedd dinoethi iaith, a dangos ei gwendidau fel ffordd o gyfathrebu. Mae Molière, ar y llaw arall, yn dangos ei grym a'i gallu i gamarwain. Mae eu hamcanion fel dramodwyr yn wahanol iawn ond mae eu defnydd chwareus o'r Ffrangeg yn hynod o debyg. A dyma sy'n esbonio'r cysylltiad rhwng y ddau ddramodydd a ddewisodd Saunders. Ymddiddora Saunders yng nghyfoeth y Gymraeg, yn ei gallu i uno gwlad ac i siapio ei diwylliant. Drwy ei ddau gyfieithiad y mae Saunders yn dangos ystwythder a gwerth y Gymraeg wrth gyfleu dwy ddrama sydd yn arddangos natur iaith.

Drama Ddychan Saunders

Lluniodd Saunders ei ddramâu dychanol ei hun, wrth gwrs, sydd yn adlewyrchu dylanwad comedïwyr megis Molière arno, fel *Eisteddfod Bodran* (1952) a *Problemau Prifysgol* (1962). Ond yr amlycaf o'u plith yw'r ddrama gomedi *Excelsior* (1962), drama a luniwyd ddwywaith o achos ei hanes cymhleth. Mae hi'n portreadu natur dwyllodrus a rhagrithiol gwleidyddion Cymru ac fe grëodd y ddrama sgandal yn ei rhinwedd ei hun gan achosi trafferthion mawr i'w chreawdwr. Comisiynwyd Saunders i lunio'r ddrama gan y BBC ym 1961 ar gyfer darllediad teledu ar Ddydd Gŵyl Dewi ym 1962 ac ail-ddarllediad ym mis Ebrill yr un flwyddyn. Ond ni welwyd y ddrama ym mis Ebrill oherwydd fe'i cyhuddwyd o fod yn enllibus gan yr Aelod Seneddol

Llywelyn Williams, a'i dad-yng-nghyfraith, yr Arglwydd Macdonald o Waenysgor. Cytunodd y BBC i beidio â chyhoeddi na darlledu'r ddrama byth eto, ac fel y dywed Haydn Hughes, '[a]rwydd o gryfder eu hachos, efallai, oedd i'r BBC dderbyn eu honiad o enllib yn syth ac yn ddigwestiwn a thalu iawndal o £750 iddynt'.[55] Beirniadaeth ar wleidyddion rhagrithiol yw'r ddrama, ac er nad oes sicrwydd mai Llywelyn Williams fel unigolyn oedd targed y dychan, gwelir yn glir farn Saunders o'r gwleidyddion a gynrychiolai'r Cymry ar y pryd.

Ym 1979 gofynnodd Cwmni Theatr Cymru i Saunders ailwampio'r ddrama ar gyfer y llwyfan, ond codwyd pryder eto gan fargyfreithiwr, Michael Farmer, am y posibilrwydd o enllibio gweddw Mr Llywelyn Williams. Penderfynodd Saunders gyhoeddi'r ddrama er gwaethaf yr ansicrwydd, ond ni chafodd ei pherfformio ar ei newydd wedd tan 1992, yn dilyn marwolaeth Mrs Elsie Williams. Mae hi'n amlwg bod yr helynt hwn wedi cael cryn effaith ar Saunders, oherwydd, fel y gwelwn yn y bennod nesaf, fe gododd elfennau pellach o ddychan o'r enllib ei hun yn ei gyfieithiad nesaf, *Wrth Aros Godot*.

Hanfod y ddrama yw'r cynllwynio gwleidyddol rhwng yr Aelod Seneddol Huw Huws, a'i ddarpar fab-yng-nghyfraith, y Parchedig Crismas Jones. Mae Huw Huws wedi derbyn cynnig dyrchafiad i Dŷ'r Arglwydd yn dilyn blynyddoedd lawer o wasanaeth i'r Blaid Sosialaidd yn Nhŷ'r Cyffredin. Rhaid sicrhau olynydd addas iddo, serch hynny. Mae ei ferch, Dot, yn y cyfamser yn datgelu ei bod mewn cariad â Cris, gweinidog a chenedlaetholwr brwd sy'n awyddus i ddychwelyd i Gymru. Gwrthod y berthynas yn llwyr a wna Huw i gychwyn gan na fydd Crismas yn ennill digon o gyflog i gadw ei annwyl ferch yn fodlon ei byd. Mae Dot yn gweithio i Huw fel ysgrifennydd ac mae hi wedi arfer â ffordd arbennig o fyw erbyn hyn. Sylweddola Huw fod yr ateb i'r ddwy broblem yn gysylltiedig. Llwydda i ddarbwyllo Crismas, yn weddol ddidrafferth, i ymadael â'i ymrwymiad i Blaid Ymreolaeth Cymru a'i ddaliadau gwleidyddol ffyrnig, sef yr hyn a atynnodd Dot ato yn y lle cyntaf, a chymryd lle Huw yn Nhŷ'r Cyffredin. Ym- ddengys pawb yn fodlon eu byd oherwydd gall Huw fabwysiadu ei deitl newydd, gan gadarnhau'r statws a'r pŵer sydd mor bwysig iddo, a gall Crismas a Dot briodi er eu bod wedi bradychu eu holl egwydd- orion. Yr unig lais cydwybodol sy'n glywadwy yw un Magi Huws, gwraig y darpar Arglwydd Huw. Gwêl hi wendid moesol pob un ohonynt ac fe orffenna'r ddrama gyda hithau'n gadael y tŷ mewn protest, a dyfalwn y bydd hi'n dychwelyd i Gymru ac yn ymgymryd â'r wleidyddiaeth y mae'r lleill mor barod i'w hanghofio.

Er mai dychan gwleidyddol a Chymreig sydd wrth wraidd y ddrama hon, gellir gweld sawl motiff cyfarwydd o weithiau Molière yn *Excelsior*. Rhagrith, wrth gwrs, yw gwraidd y ddrama hon, ac fel y dywed Dafydd Glyn Jones:

> [D]rama ddychan yw *Excelsior*, ac y mae'r dychan, hyd y gwelaf i, i'w ganfod yn y ffaith nad oes yna ddim brwydr o gwbl. Y mae'r gweledydd ifanc hwn, ar ôl areithio mor frwd yn yr act gyntaf am ei fwriadau mawr, yn troi fel cwpan mewn dŵr; yn gwerthu ei genhadaeth a'i argyhoeddiad a phopeth, nid am bris uchel ac ar ôl hir ystyriaeth, ond ar y cynnig cyntaf; yn cymryd ei droi gan frygowthan gwyntog Huw Huws, a chan ddadleuon a gyfansoddwyd yn ofalus fel ag i fethu ag argyhoeddi neb call. Yr oedd yn arfer gan rai o gymeriadau Molière (Monsieur Jourdain yn *Le Bourgeois Gentilhome*, neu Geronte [*sic*] yn *Doctor er ei Waethaf*) gael troedigaeth debyg i eiddo Cris, troedigaeth rhywun nad yw ond yn rhy falch o unrhyw esgus i gael troi. Rhyw ymyrraeth ag egwyddorion heb wybod eu hystyr yr oedd Cris druan o'r cychwyn, ac mae'r awgrym yma fod hynny'n wir am lawer ohonom ni, ddelfrydwr diniwed o Gymry.[56]

Nid dyma'r unig debygrwydd rhwng y ddrama a gwaith Molière ychwaith. Gwelwn gymeriad y tad balch sy'n poeni'n aruthrol am ei statws ei hun a'i deulu. Mae'r cymeriad hwn yn codi yn nifer o ddramâu Molière, megis *L'Amour médecin*, *L'Avare* ac, wrth gwrs, *Le Médecin malgré lui*: 'Huw: . . . Hwyrach yn wir fod Huw Huws braidd yn foel, heb ryw lawer o amrywiaeth, 'ntê? Ond Lord Huw Huws! Be' gewch chi well?'[57] Dychenir ei hunanfalchder disylwedd gan ei ddefnydd o deitlau, a'i ymffrostio am ei gysylltiadau, a phwysleisir hyn gan ailadroddiad yr ymadrodd Lladin '*honoris causa*':

> Dyrchafiad arall i Gymro, dyna mae e'n ei weld. 'Rŷn ni'n hen bartneriaid, Dic a minnau, *Double-L-D* Prifysgol Cymru gyda'n gilydd, *honoris causa*, Gorsedd Beirdd Ynys Prydain gyda'n gilydd, *honoris causa*, a 'nawr mae e am imi ei ragflaenu e i Dŷ'r Arglwyddi, *honoris causa*, Cymry, ydych chi'n gweld, Cymro i'r carn.[58]

A oes adlais o eiriau gwag Lladin Sganarelle yma, tybed? Yn ôl Ioan Williams, rhoddwyd y radd LLD er anrhydedd i'r Arglwydd Macdonald a gyflwynodd yr achos o enllib yn erbyn y ddrama, ac i lawer o wleidyddion eraill nad oeddent yn haeddu gradd mewn prifysgol o safon yn nhyb Saunders. Di-sail yw'r brolio di-ben-draw gan Huw, felly, a hyd yn oed os nad ydyw'n portreadu Macdonald yn bersonol, fe gynrychiola wleidyddion a welai Saunders yn annysgedig ac yn annheilwng o'u statws, a'r bargeinio a ddigwyddai rhyngddynt. Nid Cymry teilwng o barch oedd y rhain, er gwaethaf y datganiad gan Huw fel arall. Dychenir anwybodaeth Huw yn gyson drwy'r ddrama. Wrth drafod anawsterau enwi Crismas fel olynydd i Huw yn Nhŷ'r Cyffredin, dywed Dic:

> Dic: Ŵyr e rywbeth am bolisi'r Blaid Sosialaidd?
> Huw: Cymaint ag a wn i, bob tipyn.
> Dic: Dyma'r oeddwn i'n ei ofni.[59]

Yn eironig ddigon, ceisia Huw arddangos ei ddeallusrwydd a'i ddiwylliant drwy gyfeirio'n gyson at feirdd megis Alun Mabon,[60] William Williams, Pantycelyn,[61] ac R. Williams Parry.[62] Gwna Sganarelle sioe debyg o'i wybodaeth feddygol ffuglennol drwy ddyfynnu Hippocrates ac Aristoteles. Tanseilir ymdrechion Huw, wrth gwrs, pan fo'n cymysgu Grundtvig, diwygiwr crefyddol a bardd a 'greodd fudiad cenedlaethol Denmarc',[63] a Grundig, cwmni Almaenig sy'n creu cyfarpar electronig.[64] Arwynebol yn unig yw gwybodaeth y ddau gymeriad, ac anaddas i'r rolau y maent yn eu llenwi, y naill yn Aelod Seneddol a'r llall yn feddyg.

Mae agwedd Molieraidd hefyd i'r berthynas rhwng Huw a Crismas, oherwydd gwrthod caniatâd i Dot briodi dyn cymharol dlawd a wna Huw fel Géronte yn *Le Médecin malgré lui* a sawl tad balch arall yn nramâu Moliere megis Monsieur Jourdain yn *Le Bourgeois Gentilhomme*:

> Huw: Mr Jones, fedrwch chi ddim cadw pictiwr fel hwn ar lai na mil a hanner y flwyddyn. Dyna'r minimwm, mil a hanner o bunnoedd.[65]
> Gér: 'Dyw'r Léandre yna ddim yn ddigon da iddi hi. 'Does ganddo ddim arian fel y llall.[66]

Yn yr un modd, cymeriad call y ddrama yw Magi sydd yn gweld gwirionedd ffôl y sefyllfa sydd o'u blaen ac yn ceisio dwyn perswâd ar ei gŵr mai annoeth iawn yw rhwystro'r ddau rhag priodi neu orfodi Cris i'w ddilyn fel etifedd i Dŷ'r Cyffredin: 'Magi: Huw, eich busnes chi oll y funud yma yw priodi fy merch i . . .'[67] Nid oes angen newid gyrfa Cris a'i ddenu i wleidyddiaeth Llundain, ac yn yr un modd nid oes angen triniaeth meddyg i wella 'afiechyd' Lucinde. Fel y dywed Jacqueline: 'Nid rhiwbob a senna sy'n eisieu ar yr eneth. Y plastr sy'n gwella pob drwg mewn merched yw priodi.'[68] Gwelwn fod rôl debyg gan nifer o gymeriadau Molière megis Madame Jourdain yn *Le Bourgeois Gentilhomme* sy'n ceisio darbwyllo'i gŵr i beidio â newid ei statws cymdeithasol gan ei fod yn creu embaras iddo'i hun. Rhaid wrth gydbwysedd mewn drama ddychan rhwng y ffŵl a'r unigolyn sy'n amlygu ei ffolineb i'r gynulleidfa, a dyma a wneir yn effeithiol iawn gan Magi. Magi sydd yn cynghori Cris a Dot i ddianc i Gymru tra bod cyfle o hyd; Magi sydd yn deall cyfrwyster a rhagrith cynllwyn Dic a Huw; a dim ond Magi sydd yn troi ei chefn ar ymddygiad ei theulu gan ddychwelyd i Gymru. Fel y dywed Magi ei hun: 'Un yn gwylio'r cwch o'r lan fûm i ac weithiau'n gweiddi rhybudd.'[69]

Cynhwysir hefyd gyfeiriadau at hiwmor slapstic, y gomedi weledol sydd mor ganolog i ddramâu Molière. Mae cymeriad Dic, cyd-weithiwr Huw, yn ceisio ennill cusan gan Dot yn debyg i'r ffŵl, Sganarelle:

Dic: Nawr Dot, a'ch llygaid chi'n dawnsio gymaint heno, beth am gusan?

Dot: Dici-bach-dwl, 'does gan Mam ddim gwely sbâr.

Dic: Gwely sbâr! Un ddrwg ych chi. Awgrymais i ddim byd o'r fath.

Dot: Ych chi wedi anghofio? Dici-bach-dwl yn wir!

Dic: Be' nawr?

Dot: Y tro d'wetha i chi geisio cusan mi fuoch yn eich gwely ddarn o ddiwrnod.

Dic: Damnia ti, do! Mi roisoch godwm imi daflodd f'ysgwydd i o'i lle. Ych chi'n cadw 'mlaen gyda'r jwdw neu'r jwjitsw 'na o hyd?

Dot: Mae'n rhaid. Job beryglus yw bod yn ysgrifennydd i aelod seneddol.[70]

Twyllir disgwyliadau'r gynulleidfa mewn ffordd ddoniol hefyd gyda'r sôn am wely sbâr, ond mae hi'n amlwg mai ymlid yn ofer y mae Dic, fel Sganarelle, sydd mor benderfynol o gyffwrdd ym mronnau'r nyrs, Jacqueline, ond heb lwyddiant.

Chwaraeir ar eiriau mewn ffordd ddyfeisgar yn debyg i Molière, er nad yw'r enghreifftiau hyn yn cyrraedd uchelfannau ieithyddol y Ffrancwr:

Dot: Mae Cris a minnau wedi syrthio mewn cariad.

Huw: Ydy hynny'n rheswm dros iddo syrthio mewn dyled?[71]

Ac eto:

Magi: Mae croeso i chi aros. Ond mi fyddai'n well gen' i eich gweld chi'n mynd.

Cris: Mae'n ddrwg gen' i. Ydw i ar y ffordd?

Magi: Ni sydd ar y ffordd, fi a 'nheulu.

Cris: Ar fy ffordd i?

Magi: Eich ffordd chi oedd hi pan ddaethoch chi yma heno.

Cris (*yn ysgafn hapus*): Y ffordd i galon Dot yw fy ffordd i heno.

Magi: Ffordd beryglus. Mae lladron arni.[72]

Ceisir creu rhythm o gamddealltwriaeth ieithyddol yma sy'n seiliedig ar ystyr y gair 'ffordd'. Er nad yw'r enghraifft yn arbennig o ddoniol, gellir deall yr ymgais sydd wrth wraidd y peth.

Adleisir deialog *Doctor er ei Waethaf* hefyd mewn ffyrdd annisgwyl, megis yn y cyfnewid canlynol rhwng Sganarelle a Jacqueline, ac wedyn rhwng Cris a Magi:

Sgan: . . . Syr, dyma'ch nyrs chi, y maen rhaid i mi'i thendio hi dipyn bach.

Jacq: Pwy? Fi? 'Rydwyf i'n berffaith iach.

Sgan: Newydd drwg iawn nyrs, newydd drwg. Mae iechyd anarferol yn beth i'w ddrwgdybio, ac nid peth ffôl a fyddai'ch gwaedu chi dipyn bach, a rhoi rhywbeth yn eich gwythiennau.[73]

Cris: Mrs Huws, 'dych chi ddim yn iach! Mae'r newydd yma wedi'ch syfrdanu chi, wedi codi'ch gwres chi. A ga' i ffonio am y doctor? Galw Mr Huws?

Magi: 'Rwy'n druenus o iach, byddwch dawel.

Cris: Mi fedra' i ddeall y peth. Mae mynd yn arglwyddes mor sydyn yn ddigon i roi llewyg i chi, gwneud i'ch pen chi droi. Mi all doctor roi pilsen i chi; be' maen nhw'n eu galw nhw? *Tranquiliser!*[74]

Gellir dadlau bod geiriau Molière yn atseinio yng nghof Saunders wrth lunio'r pwt hwn.

Rhagrith yw canolbwynt y ddrama hon fel sy'n codi'n aml mewn drama ddychan. Mae cymeriad Huw Huws yn ymgorffori rhagrith gwleidyddol mewn sawl ffordd amlwg. Mae ef ar fin cael ei ddyrchafu i Dŷ'r Arglwyddi er gwaetha'r ffaith ei fod 'wedi dadlau yn erbyn Tŷ'r Arglwyddi ar hyd [ei] oes'.[75] Cymry Cymraeg sydd yn honni eu bod yn amddiffyn achos y Cymry yn Nhŷ'r Cyffredin ydynt, ond cydnabod yn agored a wnânt nad ydynt yn credu mewn dyfodol i Gymru:

Huw: Ie, ie, mi wn i, cenedlaetholdeb Cymreig, yr iaith Gymraeg, ac yn y blaen. Nid hynny oedd yn 'y meddwl i; ond gwleidyddiaeth ymarferol, *politics*; fuoch chi'n meddwl am hynny erioed?[76]

A'r rhagrith pennaf yw cyfeiriadau mynych Huw at egwyddorion moesol, yr hyn sydd bwysicaf iddo, yn ôl ei air, ond sydd yn cael eu maeddu dro ar ôl tro ganddo:

Huw: Trafod egwyddorion moesol gwleidyddiaeth yw fy maes i. Traddodiad Burke ac Engels. Rhaid bod lle i hynny? Mae llywodraeth heb egwyddorion moesol yn amhosib'.[77]

Ceir dychan pellach eto yma gan nad egwyddorion gwleidyddiaeth yw maes Burke ac Engels. Cyd-sylfaenydd Marcsaeth oedd Friedrich Engels, ac ystyrir Edmund Burke fel sylfaenydd Ceidwadaeth fodern.

Wrth esbonio'i hedmygedd o'i thad, dywed Dot hyd yn oed: "Dyw Tada ddim yn rhagrithio, ond yn unig pan fo rhaid ar lwyfan yr Eisteddfod Genedlaethol b'nawn Iau. Dyna'r pam y mae gen' i gymaint o barch iddo.'[78] Y mae'r eironi a'r gor-ddweud a welwn yma yn rhan annatod o ddychan. Pwysleisir yr elfennau, y gwendidau y mae'r awdur yn awyddus i'w harddangos drwy eu gorliwio. Ys dywed William Owen Roberts: 'Wrth gwrs, un o arfau dychan ar hyd yr oesau fu gormodiaith – Rabelais, Moliére [*sic*], Daniel Owen – a'r nod yw pentyrru er mwyn effaith'.[79] Dadleua Roberts, serch hynny, nad yw Saunders yn gwneud defnydd effeithiol o ormodiaith yn y ddrama. 'Nid yw'r gynulleidfa yn cydymdeimlo â Huw Huws ond mae'n ennyn ein hedmygedd oherwydd ei gyfrwystra.'[80] Y mae hi'n wir nad yw Huw Huws yn cael ei gosbi ac ni ddinoethir ei ffolineb yn agored i'r gynulleidfa, fel sy'n digwydd yn achos Sganarelle, ond fe ddangosir ei ragrith yn amlwg i'r gynulleidfa a disgwylir iddynt sylweddoli drostynt eu hunain mai'r ffŵl a bortreadir mewn gwisg wleidyddol.

Wrth drafod y dewis sydd yn wynebu Cris, gofynna Magi iddo beth y mae'n ei ofni fwyaf: ai'r dyn sy'n ei dwyllo'i hunan neu'r dyn sy'n twyllo eraill. Y mae ymateb Cris yn crynhoi'r gwahaniaeth rhwng comedïau Molière a drama ddychan Saunders Lewis: 'Mae un yn ddiniwed ddigri'. Mae'r llall yn berygl i gymdeithas.'[81] Er bod dychan bob amser yn ysgogi'r gynulleidfa i ystyried natur y cymeriadau o dan sylw a'u dylanwad ar y gymdeithas, mae neges drama Saunders yn gryfach. Gwneud i'r dyrfa chwerthin oedd prif amcan Molière, ond gwneud i'r Cymry feddwl oedd nod pennaf Saunders. Dychan ysgafn ar bobl mewn awdurdod a geir gan Molière, dychan a apeliai at ei gynulleidfa. Dychan dwfn a geir yn *Excelsior*. O dan yr hiwmor, ceir beirniadaeth gref, ddifrifol o'r gyfundrefn wleidyddol ar adeg pan welai Saunders ddirfawr angen am newid. Ys dywed Magi: 'Na, 'dyw cenedlaetholdeb Cymreig politicaidd ddim yn bod, Dic. Ddim hyd yn hyn. Ond mi all ddyfod i fod, yn rhy hwyr. Mi all ddyfod i fod.'[82] Amserol iawn oedd y ddrama hon gan mai ym 1962 hefyd y traddododd Saunders ei ddarlith 'Tynged yr Iaith', ac fel y gwelwn yn y bennod nesaf, yr oedd ei siom a'i ddyhead am newid gwleidyddol yn weledol yn y ddrama hon ac yn ei gyfieithiad nesaf, *Wrth Aros Godot*, a luniwyd yr un flwyddyn.

Y Cyfieithiad

Trown yn awr at y testun o dan sylw a'r cyfieithiadau eraill o weithiau Molière i'r Gymraeg. Mae *Doctor er ei Waethaf* yn ymddangos ar yr olwg gyntaf fel cyfieithiad ffyddlon iawn. Cedwir enwau Ffrangeg y cymeriadau, ceisir efelychu cywair Molière, ac mae'r ddeialog yn glynu'n agos iawn wrth y geiriau gwreiddiol. Dyma oedd dehongliad R. Hughes o'r cyfieithiad yn ei adolygiad yn *Y Brython* ym 1924:

> Yn amlach na pheidio, yng nghyfieithiadau'r amseroedd a aeth heibio y geiriau'n unig sy'n Gymraeg – echrydus ddigon weithiau – a'r priod-ddull yn dramor: ond mae camp ddiodid ar Gymraeg llyfrau Cyfres y Werin, ac mae'r cyfieithiad hwn o waith Mr. Saunders Lewis cystal ei raen, ond antur [*sic*], â'r goreuon yn y gyfres. Heblaw meddu rhwyddineb y cyfansoddiad gwreiddiol, ceidw gryn lawer o aroglau Molière, ac o'i ddull a'i fodd.[83]

Glynu'n agos iawn wrth y testun gwreiddiol ac wrth lais Molière a wna Saunders, a gwelwn mewn gwirionedd fod y cyfieithiad yn *rhy* ffyddlon. Gellid dadlau bod Saunders wedi estroneiddio'r ddrama, drwy gadw at natur Ffrangeg a Ffrengig y gwreiddiol, gan orfodi'r gynulleidfa i dderbyn a deall y cyfeiriadau Ffrangeg yn y ddrama. Arddangosir yn glir mai drama estron yw hi, drama o fyd llenyddol arall, byd o statws, byd y dylid ei edmygu a'i efelychu. Y mae Saunders, felly, yn symud y gynulleidfa yn nes at y ddrama wreiddiol, fel y disgrifia Schleiermacher.[84]

Y mae'r dull hwn yn nodweddiadol o gyfieithiadau sydd yn ceisio efelychu statws y testun ffynhonnell. Yn ôl Sirkku Aaltonen:

When the Foreign is perceived as superior, and possessing certain desirable qualities which are lacking in the indigenous system, alterity is highlighted, or no effort is made to disguise it. The Self is seen to benefit from the relationship. Reverence is demonstrated through a high regard for the 'original' . . . In consequence, the discourse of the translation claims that nothing but the language separates the source and its translation.[85]

Drama Ffrengig yn y Gymraeg yw'r testun newydd a gynhyrchir, felly, yn hytrach na drama Gymraeg a droswyd o'r Ffrangeg. Mae'r cyfieithydd sydd yn 'mawrygu' yn gwneud ymgais i ail-greu strwythur a phlot y testun yn ffyddlon gan osgoi ei ddileu neu ychwanegu ato. Fel arfer defnyddir yr un nifer o gymeriadau a dylai'r golygfeydd ddilyn yr un drefn. Ni wneir unrhyw ymdrech i ddomestigeiddio cyddestun y gwaith. Yn hytrach, gwneir pob ymgais i ddiogelu nodweddion yr iaith a'r diwylliant targed, a cheisir amlygu doniau'r dramodydd gwreiddiol drwy barchu ei ddefnydd o iaith, o gymeriadaeth, ac yn achos Molière, o ddychan. Cymhleth yw dadansoddiad Saunders i raddau, serch hynny, oherwydd fe welwn nad yw'n ffyddlon i bob un o'r agweddau hyn.

Yn y lle cyntaf, mae Saunders yn cadw enwau Ffrangeg y cymeriadau. Mae hi'n debyg mai dyma yw'r duedd yn y traddodiad theatraidd Saesneg wrth gyfieithu o'r Ffrangeg, ac yn ôl Noel Peacock: 'Even Miles Malleson, whose adaptations in a modern idiom of *L'École des femmes* (Molière, 1945) and of *L'Avare* (Molière, 1950) took great liberties with the text, retained the original names.'[86] Ond ymhellach, gwna Saunders ymdrech sylweddol i bwysleisio natur Ffrangeg yr enwau. Ar ffurf troednodiadau, cynigia gyfarwyddiadau, hyd yn oed, ar sut i'w hynganu'n gywir:

Seiner yr enwau uchod fel hyn: –
Ger-ont (G feddwl), Lw-sand, Le-andr, Sga-na-rel, Martîn, Ro-ber, Fa-lêr, Lw-cas, Siac-lîn, – ac acen gyfartal ar bob sillaf.[87]

Y mae, yn achos dramâu Molière, ystyriaeth bellach wrth drosi enwau'r cymeriadau, oherwydd, fel yr esbonia Sioned Davies, 'Mae trosglwyddo enwau yn arbennig o anodd os oes arwyddocâd arbennig i'r enw a hwnnw'n annealladwy i gynulleidfa darged o'i gadw yn ei ffurf wreiddiol.'[88] Mae ystyr wrth gwrs i enw Sganarelle, ond rhywbeth na fydd yn amlwg i'r gynulleidfa Gymraeg. Daw'r enw o'r gair Eidaleg 'sgannare', sydd ynddo'i hun yn dangos dylanwad traddodiad theatraidd yr Eidal ar Molière. Ystyr 'sgannare' yw dadrithio, datgelu'r gwir. Mae'r enw, felly, yn cyfeirio'n eironig at natur dwyllodrus y prif gymeriad. Mae cymeriad o'r enw Sganarelle yn ymddangos mewn saith drama gan Molière, ac fe chwaraeid y rôl fel arfer gan y dramodydd ei hun, gan ei fod yn tueddu i gadw prif rolau ei ddramâu iddo ef ei hunan. *Le Médecin volant* (1645) oedd y ddrama gyntaf â chymeriad o'r enw Sganarelle, ac fe'i gwelwyd eto yn *Sganarelle ou le Cocu imaginaire* (1660), *L'École des maris* (1661), *Le Mariage forcé* (1664), *Dom Juan* (1665), *L'Amour médecin* (1665), ac yn olaf *Le Médecin malgré lui* (1666). Er bod natur a chefndir y cymeriadau yn amrywio i raddau o ddrama i ddrama, mae pob Sganarelle yn rhannu nodweddion tebyg, ac fe bwysleisid elfennau cyffredin y cymeriadau gan y ffaith mai Molière a berfformiai ei ran bob tro.[89] Ys dywed Philip A. Wadsworth: 'the name of Sganarelle has its importance as a box office attraction; it was a comic pseudonym for Molière and it held out the promise that this magnificent comedian would play the role, whatever it turned out to be'.[90]

Fel arfer, dyn canol oed yw Sganarelle sydd mewn priodas neu berthynas anhapus ac sydd yn wynebu dyfodol anffodus. Caiff ei dwyllo a'i gamarwain yn aml, ac yn wir 'sa principale raison d'exister est, dans tous les domaines, d'être trompé' (prif reswm ei fodolaeth, ym mhob achos, yw cael ei dwyllo).[91] Mae arwyddocâd amlwg i'r enw, felly, a fyddai wedi bod yn amlwg i gynulleidfa Ffrengig y cyfnod. Penderfynodd Saunders gadw hyn, gan barchu ystyr yr enw, er gwaethaf y ffaith na fyddai'r gynulleidfa Gymraeg yn deall yr ergyd.

Cedwir enw Sganarelle, ynghyd â'r enwau Ffrangeg eraill, yng nghyfieithiad Nathaniel Thomas o *Le Mariage forcé*, sef *Y Briodas Orfod*, a oedd yn fuddugol yn Eisteddfod Genedlaethol Pwllheli ym 1925. Dewisodd Bruce Griffiths hefyd gadw'r enwau Ffrangeg yn *Y Claf Diglefyd* (1972), a dilynodd Anna Gruffydd ac Alwena Williams esiampl Saunders yn eu cyfieithiadau diweddarach, *Doctor Di-glem* (1995) ac *Eli'r Galon* (1982). Cedwir yr enwau Ffrangeg hefyd gan Emyr Edwards yn *Tartwff* (1991) a chan Raymond Edwards yn *Bonheddwr yn ôl ei Ewyllys* (teipysgrif ddiddyddiad), ac yn y ddau destun hyn, cyfeirir at deitlau'r cymeriadau fel 'Monsieur' a 'Madame' yn ogystal. Diddorol yw nodi, serch hynny, nad yw pob cyfieithydd o Molière wedi estron-eiddio enwau'r cymeriadau. Penderfynodd Ifor L. Evans, sef y cyfieith-ydd cyntaf i ymgymryd â'r dasg o gyfieithu drama gyfan gan Molière, drosi'r cymeriadau yn enwau Cymraeg cyfarwydd. Dyma'r enwau a nodir yng nghefn y gyfrol Gymraeg:

Harpagon – Harpagon
Idris – Cléante
Elen – Elise [sic]
Ansel – Anselme
Arthur – Valère
Mari – Mariane
Simon – Simon
Iago – Maître Jacques
Sion y Pysgod – La Merluche
Beti – Dame Claude
Marged – Frosine
Twmi'r Saeth – La Flèche
Guto'r Gwair – Brindavoine[92]

Esbonnir y dewis hwn gan y cyfieithydd fel a ganlyn: 'Rhoddwyd enwau Cymraeg i'r cymeriadau pan feddylid y byddai'r enwau gwreiddiol yn rhy ddieithr i glust y Cymro. Ceisiwyd cadw at ystyr y gwreiddiol gymaint ag oedd yn bosibl wrth droi'r enwau digrif i'r Gymraeg.'[93] Ystyried anghenion y gynulleidfa Gymraeg ydoedd, felly, yn hytrach nag amddiffyn fframwaith y ddrama wreiddiol. Ond er gwaethaf y domestigeiddio amlwg yma, fe barchodd Ifor L. Evans bwysigrwydd ac arwyddocâd enw'r prif gymeriad, Harpagon, sydd, fel Sganarelle, yn awgrymu llawer. Mae ei enw, erbyn heddiw, yn cael ei ddefnyddio i ddisgrifio cybydd fel rhan o'r iaith feunyddiol, ac unwaith eto, Harpagon oedd y rôl a grëodd Molière iddo ef ei hunan. Mae cysylltiadau amlwg, felly, â'r enw Ffrangeg gwreiddiol. Ond er bod patrwm eisoes wedi'i osod gyda chyfieithiad Cymraeg o Molière fel rhan o'r un gyfres, daeth Saunders i'r casgliad mai cynnal gogwydd estron y cymeriadau oedd y cam gorau. Amlygir ymhellach fyth, felly, ei benderfyniad i estroneiddio'r testun.

Yn yr un modd, ni chadwodd Gareth Miles at yr enwau Ffrangeg gwreiddiol yn ei gyfieithiad diweddar o *Le Misanthrope*, sef *Cariad Mr Bustl* (2007). Yn wahanol i Ifor L. Evans, fodd bynnag, ni throes at y Gymraeg, ond yn hytrach penderfynodd Judith Roberts, dirprwy gyfarwyddwr artistig Theatr Genedlaethol Cymru a gomisiynodd y cyfieithiad, osod y ddrama Gymraeg yn Rwmania. Dyma esboniad Gareth Miles: 'Uchelwyr llys brenhinol Louis XIV (1638–1715) yw cymeriadau'r gwaith gwreiddiol. Gan nad oes ac na fu gan Gymru ddosbarth cymdeithasol cyffelyb, penderfynodd Judith leoli'r chwarae mewn gwlad yn nwyrain Ewrop yn nauddegau'r ganrif ddiwethaf.'[94]

Yr oedd angen ystyried yr hyn a fyddai'n gyfarwydd ac yn ddealladwy i'r gynulleidfa Gymraeg, ac er na cheir domestigeiddio uniongyrchol gan Gareth Miles, rhoes y tîm cynhyrchu flaenoriaeth yma i anghenion y gynulleidfa yn hytrach na gofynion y dramodydd gwreiddiol. Am y rheswm hwn, enwau Rwmaneg a roddwyd i'r cymeriadau, sef Philinte (Philippe), Alex (Alceste), Oscar (Oronte), Selina (Célimène), Marta (Basque), Elianna (Éliante), Colimandro (Clitandre), Acastro (Acaste), Artenna (Arisoné) a Carlo (Du Bois).[95] Yn ôl Gareth Miles, nid yw enwau Ffrangeg gyda deialog Saesneg yn gweithio mewn cyfieithiad, a gellir tybio bod yr un cyfuniad yn lletchwith hefyd yn achos y Gymraeg.

Gellir deall penderfyniad y rhan fwyaf o gyfieithwyr i gadw'r enwau Ffrangeg, gan fod y defnydd o gymeriadau cyfarwydd ac ystrydebol megis Sganarelle yn nodweddiadol o waith Molière ac yn arddangos dylanwad y *commedia dell'arte* ar ei waith. Ceir cariadon sydd yn cael eu gwahanu gan riant neu rwystr cymdeithasol arall; ceir twyllwr sy'n cyflwyno hiwmor i'r sefyllfa; y mae nyrs, morwyn neu wraig sydd fel arfer yn gweld ffolineb y gŵr neu'r tad; ac y mae gweision sydd yn cynorthwyo'r ymwneud rhwng y cymeriadau eraill. Yn aml defnyddir yr un enwau i gyfleu natur y cymeriadau ond y mae patrwm y stori yn ddigon cyfarwydd i gynulleidfa ffyddlon i waith Molière.

Ceir enghreifftiau niferus eraill o'r ffordd y cyplysir yr un enwau â'r cymeriadau ystrydebol cyfarwydd a ailymddangosai yng ngweithiau Molière. Cysylltir yr enw Géronte â thad sydd yn cael ei dwyllo, ac sydd yn gobeithio y bydd ei blant yn priodi'n dda er gwaethaf eu dymuniadau hwy. Yn *Les Fourberies de Scapin* (1671), tad Léandre a Hyacinte yw Géronte, sydd unwaith eto â chynlluniau gwahanol am ddyfodol priodasol ei blant i'r hyn y maent yn bwriadu ei wneud. Cynigia'r geiriadur *Larousse* y diffiniad canlynol o'r enw, Géronte: 'Type de vieil homme dupé dans la comédie classique; vieillard acariâtre' (math ar hen ddyn a dwyllir mewn comedi glasurol; hen ddyn cynhennus).[96] Y mae ystyr ac ystrydeb ei gymeriad, felly, hyd yn oed wedi'i dderbyn fel rhan o'r iaith Ffrangeg erbyn hyn. Ymddengys yr un math ar gymeriad â'r enw Gorgibus neu Polidore mewn dramâu eraill. Merch mewn cariad yw Lucinde hefyd yn *L'Amour médecin*, ond yn y ddrama hon, Sganarelle yw'r tad sy'n ddall i'w dymuniadau hithau. Er na fyddai'r enwau hyn yn cyfleu'r un ystrydeb i'r gynulleidfa Gymraeg, dewisodd Saunders eu cadw er mwyn efelychu eu hystyr yn y Ffrangeg.

A throi at gorff y cyfieithiad, dylid nodi bod adolygiadau'r cyfnod a'r rhai prin ers hynny yn gymysg. Gweld gwerth cyflwyno Molière a'r ddrama Ffrangeg i'r Cymry yr oedd *Y Darian*: 'Yr oedd hon yn rhywbeth newydd ar lwyfan yng Nghymru. Yr oedd gweled gwisgoedd a chyfleu awyrgylch Ffrengig yn amheuthum [sic], a gallem feddwl bod y chwaraewyr wedi bod yn hynod lwyddiannus.'[97] Er i'r cyfieithiad gael ei groesawu a'i ganmol gan rai, nid pawb a'i hoffai. Clodforodd R. Hughes werth 'Cyfres y Werin' a'r testun hwn yn benodol am eu defnydd cyfoethog o eirfa, canys '[y] ffordd oreu, wedi'r cwbl, i efrydu iaith yw sylwi ar ei champau a'i theithi pan fo gwŷr hyfedr yn ei thrin'.[98] Er hyn, rhestrir sawl camgymeriad ieithyddol yn y cyfieithiad fel 'o'm egwyddorion' a defnydd o batrymau afreolaidd llai derbyniol megis 'awduron' yn lle'r '[c]ywirach ffurf' , 'awduriaid'. 'Sut bynnag', chwedl Hughes, 'at ei gilydd, daw'r cyfieithiad i fyny'n lled dda â'r safon y ceisir ei sefydlu'.[99]

Yn yr un modd, beirniedir iaith y cyfieithiad gan rai adolygiadau am fod yn lletchwith ac yn debycach i naratif nofel nag i ddeialog drama. Yn ôl Bruce Griffiths, nid yw *Doctor er ei Waethaf* yn adnabyddus iawn, yn rhannol oherwydd ei bod wedi'i hysgrifennu 'mewn Cymraeg clogyrnaidd a sensoredig, anaddas iawn i'r llwyfan'.[100] Defnyddir iaith ffurfiol iawn drwy gydol y cyfieithiad er mai perfformiad llafar fel arfer yw amcan drama, felly ni roddir sylw mawr i berfformadwyedd y testun. Er enghraifft, ceir iaith ysgrifenedig o'r frawddeg gyntaf un:

Sgan: 'Rwyf innau'n dweud na wnaf i ddim hynny, a'm swydd i yw
         siarad a bod yn ben.

Mart: 'Rwyf innau'n dweud bod yn rhaid iti fyw fel y mynnaf i. Ac nid
         i ddioddef dy ffolineb y'th briodais di.[101]

Cyfleir y cywair ffurfiol drwy ddefnydd o'r ffurfiau berfol cryno, rhagenwau mewnol, y negydd ysgrifenedig a rhagenwau (innau). Cymharwn hyn ag iaith dafodieithol cyfieithiad Anna Gruffydd o'r un ddrama, a ysgrifennwyd ym 1995:

SGANARELLE: Na, medda finna, na, 'phoitsia i ddim efo rotsiwn beth,
               a fi pia deud, fi ydi'r mistar.

MARTINE: A medda finna, fi pia deud, gei di fyw yn ôl fy mympwy
               i, ddaru mi mo'th briodi di i fod yn gyff gwawd, chdi
               a'th sothach.[102]

Gwelir ffurfiau llafar ar ragenwau (finna), ar y sillafu (deud) ac ar ferfau (ddaru), ac mae'r eirfa yn gyfoes ac yn dafodieithol (phoitsia, rotsiwn, pia).[103]

Tafodieithol hefyd yw brawddegau agoriadol addasiad Alwena Williams, *Eli'r Galon*, fel y mae gweddill ei thestun Cymraeg:

Sganarelle: Na. Na. Dwi'n deud wrthat ti. Wna'i ddim byd. Y fi ydi'r mistar yn fan'ma.

Martine: Mi ddeuda' inne wrthat tithe y gwnei di. Wnes i mo dy briodi di i ddiodde rhyw hen lol fel hyn.[104]

Ar y naill law, rhaid cadw mewn cof gyfnod testun Saunders. Mae iaith y llwyfan wedi newid yn sylweddol dros y degawdau diwethaf, ac erbyn cyfnod *Eli'r Galon* (1982) a'r *Doctor Di-glem* (1995) byddai'r cywair ffurfiol a ddefnyddiodd Saunders yn chwithig iawn i'r actorion ac i'r gynulleidfa. Ar y llaw arall, nid oedd iaith holl ddramâu'r cyfnod mor ffurfiol, ac felly, er y byddai'r cywair hwn yn fwy derbyniol bryd hynny nag y byddai heddiw, nid oedd y dull yn adlewyrchu tueddiadau holl ddramodwyr y cyfnod. Gwelwn, yn hytrach, ddewis clir ar ran Saunders i osgoi defnyddio tafodiaith ar lwyfan. At hynny, o gymharu *Doctor er ei Waethaf* a *Doctor Di-glem*, gellir dadlau bod cywair Saunders yn creu gwendid yn y ddrama, neu o leiaf yn colli cyfle. Er bod iaith cyfieithiad Anna Gruffydd yn dafodieithol ar y cyfan, ffurfiol iawn yw geiriau Sganarelle pan fo'n parablu am yr hyn a eilw ef yn feddygaeth. Er enghraifft:

SGANARELLE: Ond, mae'r tawch hwn oeddwn i'n sôn amdano, wrth dreiglo i'r tu chwith lle mae'r iau a'r tu dde lle mae'r galon, yr hyn a dderfydd yw i'r ysgyfaint, yr hyn a elwir yn Lladin *armyan*, yn cyd-gyfathrachol â'r ymennydd, a elwir yn y Groeg *nasmus*, drwy gyfrwng y wythïen ddihysbydd, a elwir yn yr Hebraeg *cubile*, yn cyfarfod ar eu hymdaith y tawch a grybwyllwyd eisoes a'r rheini yn eu tro yn gor-lenwi ceudodau'r palfeisiau. Ac oblegid bod y tawch a grybwyllwyd eisoes . . . Hoeliwch eich sylw ar hyn, da chi. Ac oblegid bod y tawch a grybwyllwyd eisoes o natur adwythig . . . Clustfeiniwch ar hyn, da chi.[105]

Nid yw iaith Sganarelle yn ymddangos mor wahanol a thros ben llestri yn fersiwn Saunders oherwydd bod iaith yr holl gyfieithiad yn ffurfiol, felly ni chrëir gwrthgyferbyniad yn yr iaith a ddefnyddir. Dim ond wrth wahaniaethu rhwng cywair y cymeriadau ar adegau gwahanol fel y gwna Anna Gruffydd y pwysleisir yr hyn mae Sganarelle yn ceisio'i wneud, sef rhoi'r argraff ei fod yn ddeallus a phrofiadol drwy ddefnyddio iaith lenyddol na ellir ei deall yn hawdd.

Nid patrwm anghyfarwydd yw'r defnydd hwn o iaith ffurfiol gan Saunders yn ei waith creadigol. Yn ei ddadansoddiad o ryddiaith Saunders, dywed Islwyn Ffowc Elis: 'O gofio cymaint edmygedd Mr. Lewis o waith Kate Roberts, rhyfedd gweld dialog *Monica* mor llenyddol, a dialog Miss Roberts (fel yr oedd hi y pryd hwnnw) mor dafodieithol fyw.'[106] Nodir ei fod yn gwneud defnydd o ffurfiau hynafol a ffurfiol y ferf 'bod' megis 'yr wyf', 'yr ydwyf', ac 'yr ydw', geirynnau cwestiwn ffurfiol megis 'oni' ac 'a', a'i fod yn osgoi talfyrru berfau megis 'byddaf' a 'gallaf'.[107] Y mae'r awdur yn cynnig ac yn gwrthod dau esboniad ar y diffyg ieithyddol hwn. Er mai yn y Saesneg y cyhoeddodd Saunders ddau o'i destunau cyntaf, sef *The Eve of Saint John* (1920) ac *A School of Welsh Augustans* ym 1924, nid gwendid ar ei Gymraeg oedd yn gyfrifol am yr iaith ffurfiol, oherwydd fe luniodd erthygl ar John Morgan yn rhifyn cyntaf *Y Llenor* 'mewn Cymraeg digon da'.[108] Gellid dadlau hefyd mai ceisio cyfleu iaith pobl ddi-Gymraeg oedd ei fwriad, neu bontio'r bwlch rhwng yr iaith lafar a'r iaith lenyddol, '[o]nd gan iddo roi cynnig ar ffurfiau llafar yn awr ac eilwaith prin y gellir cynnig y naill gyfiawnhad na'r llall'.[109] Ond er gwaethaf gwrthodiad Islwyn Ffowc Elis, rhoi urddas i iaith y ddrama oedd amcan Saunders yn ôl y dramodydd ei hun, ac mae hi'n debyg iawn fod yr un duedd wedi crwydro i'w gyfansoddiadau rhyddiaith yn ogystal.

Yn yr un modd, beirniedir defnydd Saunders o ryddiaith annaturiol yn ei ddramâu eraill gan John Gwilym Jones am nad yw hi'n ddigon agos at iaith bob dydd:

'Rwy'n gobeithio nad wyf yn annheg, ond rhag fy ngwaethaf, caf ei ddramâu rhyddieithol braidd yn anystwyth, yn fyr o gyrraedd llithrigrwydd llyfn iaith bob dydd. Nid iaith bob dydd, wrth gwrs, yw iaith ddrama i fod, ond dewis ymwybodol i roi'r argraff o iaith bob dydd. 'Does dim rhithyn o amheuaeth, wrth gwrs, am gryfder yr ymadroddi, a pherthnasedd sylweddol popeth a ddywedir, ond, rywsut neu'i gilydd, fe gaf i'r sgwrsio braidd yn annaturiol.[110]

Mae Saunders, mewn gwirionedd, wedi torri ei reol ei hun oherwydd fe ddatgan:

Dyma'r rheol, boed yn ddrama mewn tafodiaith neu iaith lenyddol, – rhaid i iaith ddrama fod yn ddigon ystwyth iddi beidio ymddangos yn annaturiol, a rhaid iddi hefyd wrth rym ac effeithiolrwydd celfyddyd. Sylwch, nid dweud yr wyf y dylai hi ymddangos yn naturiol, eithr y dylai hi beidio ag ymddangos yn annaturiol.[111]

Er bod Saunders yn ystyried yr iaith a ddewisodd yn ddigon naturiol i'r llwyfan ac yn ffordd o wthio ei ddamcaniaethau ynghylch cywair y theatr, gwelwn nad oedd yr iaith yn hawdd iawn ei hynganu nac yn glir iawn i'r gynulleidfa.

Yn ôl Stephen J. Williams, nid oedd Saunders yn hyderus am ei iaith lafar a 'gofidiai weithiau nad oedd ganddo ef ei hun iaith lafar ac iddi gynildeb llyfn tafodiaith ar ei gorau'.[112] Gellid dadlau, felly, mai ysgrifennu yn ei famiaith yr oedd Saunders wrth gyfansoddi ac wrth gyfieithu, sef yr iaith lenyddol y magwyd ef ynddi. Ys dywed Kate Roberts:

Maged ef mewn dinas yn Lloegr, ac er mai tafodiaith Sir Gaerfyrddin oedd iaith lafar ei dad ym more oes, bwriodd ymaith, o reidrwydd, y dafodiaith honno ar ei aelwyd yn Lerpwl, ac iaith y pulpud, yn cael ei siarad yn naturiol, oedd iaith yr aelwyd. Iddo ef, swn yr iaith lafar yw'r Gymraeg a glywodd ar ei aelwyd gartref, a hwnnw cyn debyced i iaith llyfr ag y gellid disgwyl iddo fod. . . . Credaf y byddai'n anodd i Saunders Lewis ysgrifennu stori ag iddi gefndir unrhyw sir Gymreig, a defnyddio nid yn unig dafodiaith y sir honno yn y siarad, eithr defnyddio ei phriod-ddulliau yn yr iaith lenyddol.[113]

Dysgodd Saunders ei Gymraeg gan ei rieni a thrwy ei waith darllen eang yn y Gymraeg, a dyma sy'n esbonio i raddau ei duedd i ddef-nyddio'r iaith ysgrifenedig hyd yn oed ar lwyfan y theatr. Serch hynny, gwelir mai o fwriad y gwnaeth Saunders ddefnydd o'r cywair ffurfiol hwn am ei fod yn bwriadu dylanwadu ar iaith y theatr, a phureiddio ieithwedd y ddrama Gymraeg. Iaith ysgrifenedig a geir yn hytrach nag iaith lafar, a nod Saunders oedd arddangos gwerth iaith o'r fath ym myd y theatr. Mae'n datgan yn ei ragymadrodd i'r ddrama:

Fe daerir yn rhy aml o lawer gan feirniaid difeddwl nad yw Cymraeg llyfr ddim yn gymwys i ddrama. Y mae hynny, wrth gwrs, yn gwbl wir, ac mor amlwg fel na welaf i ddim rhinwedd mewn dywedyd hynny. Oblegid i'w darllen yr ysgrifennir llyfrau, ac nid i'w hactio. Ond tasg y dramodydd yw sgrifennu Cymraeg *llenyddol* nad yw ddim yn Gymraeg llyfr. Canys y mae llenyddiaeth yn cynnwys mwy na llyfrau, a llawer mwy. Fe gynnwys ymadrodd a chân, ac fe all gynnwys drama.[114]

Credai Saunders, felly, y gallai cyfieithu gyfoethogi'r iaith darged, fel y dywed Angharad Price.[115] I nifer, y mae Molière yn cynrychioli pinacl y theatr Ffrangeg a sylfaen yr iaith Ffrangeg. Drwy gyfieithu un o'i ddramâu i'w famiaith ddewisol, rhoddir cyfle i Saunders godi'r Gymraeg i dir uwch ac i efelychu'r Ffrangeg urddasol honno drwy wneud defnydd o Gymraeg ffurfiol, llenyddol, ysgrifenedig ar lwyfan.

Wedi ystyried natur ffurfiol cywair y cyfieithiad, rhaid gofyn i ba raddau yr oedd y dewisiadau hyn yn ffyddlon i'r ddrama wreiddiol. Ar y naill law, iaith Molière sydd wrth wraidd datblygiad y Ffrangeg. Cyfeirir yn aml at y Ffrangeg fel 'la langue de Molière', a chyplysir Molière a Shakespeare fel arweinwyr ieithyddol a theatraidd eu cyfnod y mae eu dylanwad wedi parhau hyd heddiw. Y mae dramâu Molière hyd yn oed wedi dylanwadu ar yr iaith Ffrangeg heddiw, gan fod sawl gair ac ymadrodd wedi'u mabwysiadu fel rhan o ieithwedd feunyddiol Ffrancwyr. Fel y nodwyd eisoes, erbyn hyn, ystyr 'harpagon', sef prif gymeriad *L'Avare*, yw cybydd, sef, wrth gwrs, deitl y ddrama yn y Gymraeg, ac adwaenir 'tartuffe' heddiw fel person rhagrithiol. Mabwysiadwyd hefyd ymadrodd o'r ddrama o dan sylw, *Le Médecin malgré lui*. Wrth geisio esbonio salwch Lucinde drwy ddefnyddio Lladin diystyr, rhesymeg hunanamlwg ac ailadroddiadau, gorffena Sganarelle drwy ddatgan: 'Voilà justement ce qui fait que votre fille est muette'[116] ('A dyna i chi i'r dim y peth sy'n peri mudandod yn eich merch').[117] Heddiw defnyddir yr ymadrodd hwn i ddychanu esboniadau nad ydynt yn gwneud synnwyr. Fe'i derbyniwyd fel rhan safonol o'r iaith, ac fe ddengys bwysigrwydd y cysylltiad rhwng Molière a'r Ffrangeg. Newidiodd Molière yr iaith Ffrangeg drwy ychwanegu at ei geirfa, fel yn achos enw Harpagon, ac at ei hymadroddion. Yr oedd dewis ieithyddol Saunders, felly, yn ffyddlon yn yr ystyr bod Molière yn adnabyddus am ei iaith glasurol. Serch hynny, yng nghyd-destun y theatr, rhaid cofio am ddimensiwn y perfformiad, ac mae hi'n amlwg nad oedd llefaradwyedd y cyfieithiad o bwys i Saunders am nad oes modd disgrifio'r iaith a ddadansoddir uchod fel iaith y gellir ei hynganu'n naturiol a llyfn, yn ôl diffiniad Lars Hamberg.[118] Ymddengys, am hynny, mai amcanion Saunders ynghylch iaith y theatr a flaenoriaethodd ar ofynion ei gynulleidfa. Efallai fod hyn yn esbonio pam y comisiynwyd Anna Gruffydd i lunio cyfieithiad newydd o'r un ddrama ym 1994 gan y Theatr Genedlaethol. Trefnwyd perfformiad ar daith o'r enw 'Pwy Sy'n Sâl?: Dwy ffars gan Molière'; *Y Claf Diglefyd* gan Bruce Griffiths oedd y naill a'r *Doctor Di-glem* oedd y llall. Nid oedd angen cyfieithiad modern o fersiwn Bruce Griffiths, ac er mai cyfieithiad mwy diweddar oedd y testun (1972), mae'n drawiadol na ddefnyddiwyd fersiwn Saunders Lewis. Nid efelychu cywair y cyfieithiad yw'r unig beth nodweddiadol o destun Saunders. Enghraifft arall o estroneiddio drwy adael yr iaith yn ei ffurf wreiddiol yw'r gyfres o eiriau Lladin nad ydynt yn gwneud synnwyr yn y darn canlynol:

> Sgan: (*â hwyl anghyffredin*): *Cabricias, arci thuram, catalamus; singulariter, nominativo, haec musa* – yr awen – *bonus, bona, bonum. Deus sanctus, est-ne oratio Latinas? Etiam,* – ie, – *Quare?* – Pam? – *Quia substantivo et adjectivum concordat in generi, numerum, et casus.**
>
> Luc: Ie, 'roedd hwnna mor ardderchog fel na ddeëllais i'r un gair.[119]

Ffars yw pwrpas y Lladin disynnwyr hwn oherwydd tanlinellir anwybodaeth Sganarelle wrth iddo geisio arddangos ei ffug wybodaeth feddygol. Er gwaethaf parodrwydd ffôl Lucas i dderbyn y sioe chwerthinllyd hon, caiff y gynulleidfa rannu cyfrinach Sganarelle, a thrwy hynny, gall fwynhau'r sefyllfa yn ei chyfanrwydd. Ar y naill law, nid oedd defnydd o'r iaith Ladin yn beth anghyfarwydd yn nramâu Saunders. Er enghraifft, cenir y Salm *De Profundis* yn *Buchedd Garmon*.[120] Gellid tybio, felly, y disgwyliai Saunders i gynulleidfa Gymraeg y cyfnod fod yn ddigon cyfarwydd â lefel ddigonol o Ladin i ddeall effaith y darn hwn, sef galluogi Sganarelle i roi'r argraff ei fod yn wybodus. Serch hynny, nid Lladin safonol a geir yma, fel yr esbonia Saunders mewn troednodyn. Yn wir, dwli llwyr yw'r rhan gyntaf, a chynigia Saunders eglurhad diwylliannol ar y gweddill: '* *Rhibidirês heb ystyr o gwbl. Nid yw'r pedwar gair cyntaf yn perthyn i unrhyw iaith. Mae rhannau o'r gweddill yn fath o barodi ar frawddegau cyntaf hen ramadeg Lladin a ddefnyddid yn yr ysgolion yn Ffrainc yn oes Molière.*'[121]

Chwarae ar frawddegau a ddysgid mewn gwersi yn yr ysgol yng nghyfnod Molière yw'r gyfres o eiriau, a dewisodd Saunders esbonio hyn i gynulleidfa Gymraeg ei gyfnod oherwydd ni fyddent wedi deall y gyfeiriadaeth fel arall. Cedwir y Lladin nonsenslyd hefyd gan Anna Gruffydd, ac mae'n bosibl iawn ei bod hi wedi dilyn esiampl Saunders yma gan fod yr unig eiriau Cymraeg yn y darn hwn yn debyg iawn i'r dewisiadau yn *Doctor er ei Waethaf*. Ni cheir esboniad mewn troednodyn yn *Doctor Di-glem* ac efallai fod Anna Gruffydd wedi cymryd y byddai defnydd y Lladin ynddo'i hun yn ddigon i amlygu'r ffaith bod Sganarelle yn twyllo'r lleill. Gwahanol iawn, yn hyn o beth, oedd dewis Alwena Williams. Mae *Eli'r Galon* yn defnyddio cyfres o eiriau

Lladin mewn patrwm er mwyn amlygu'r ffaith mai nonsens y mae Sganarelle yn ei siarad:

Sgan: (*Yn gwneud ystumiau*) Hic. Haec. Hoc. Bonus. Bona. Bonum. Puella. Puella. Puellam. Discipuli picturam spectate. Muto, Mutare, Mutavi, Mutatum. 'Mud' 'dech chi'n gweld? Dominus, Domine, Dominum. Veni, Vidi, Vici.[122]

Mae hi'n fwy eglur i'r gynulleidfa yma nad oes ystyr i'r hyn a ddywed o achos patrwm ailadroddus y seiniau i'r glust. Pam felly na wnaeth Saunders addasu'r geiriau fel bod eu heffaith yn fwy dealladwy i gynulleidfa Gymraeg ei gyfnod ef? Mae troednodyn yn cynnig esboniad nad yw'n amlwg ar unwaith i gynulleidfa a fyddai'n gwylio'r ddrama. Penderfyniad Saunders, felly, oedd cadw amwysedd y testun, yn ôl damcaniaeth Bassnett,[123] er mwyn galluogi'r darllenydd, neu'r cyfarwyddwr, i ddehongli'r darn drosto'i hun. Ymhellach, ymddengys mai'r cyfieithiad dramataidd, y ddrama ar bapur, unwaith eto, oedd yr elfen bwysicaf i Saunders wrth gyfieithu'r ddrama hon.

Cafodd Saunders, y cyfieithydd ceidwadol, ei feirniadu yn eironig am ei ffyddlondeb i destun amharchus o ran ei iaith. Ar y pryd, fe'i beirniadwyd am ddefnyddio iaith anweddus yn y cyfieithiad, megis 'Y bradwr, y cono, y twyllwr, llwfrgi, bawddyn, chwiwgi, cenau, lleidr, gwalch, mochyn, diawl'.[124] Dyma'r ymateb a argraffwyd yn *Y Darian* yn dilyn y perfformiad yn ystod Wythnos o Ddrama Gymraeg yn Abertawe ym mis Mai 1924:

Gwelsom Mr. Saunders Lewis yn cwyno oherwydd ymgais rhai o'r chwaraewyr i gagio Molière wrth chwarae nos Sadwrn. Ni wyddom beth oedd sail y gŵyn, ond os mai cynhilo tipyn ar iaith arw'r Doctor a wnaethant, ni allwn yn ein byw lai na chydymdeimlo a [*sic*] hwy. Gellid hepgor llawer o'r rhegfeydd heb niweidio dim ar ddoniolwch y gomedi. Cyfarwyddid y Doctor hefyd i wneuthur rhai pethau nad oedd yn niwaid yn y byd bod yn gynnil gyd â hwythau. Ni wyddom a oedd rhyw hawliau 'celfyddyd' yn dioddef ai peidio wrth gynilio felly, os ydoedd, dioddef a ddylent. Nid oes gennym ni ddim yn erbyn defnyddio gair cryf os bydd angen am dano a rhyw ystyr iddo, ond yr ydym wedi ein dysgu o'n mebyd i ffieiddio geiriau segur ac ofer, a byddai'n chwith gennym gael gloddest o honynt ar lwyfan drama Cymru. Mae'n hawdd gennym ddirnad hwyrfrydigrwydd bechgyn Cymru i ddefnyddio mwy na mwy o regfeydd hyd yn oed mewn drama. Ni byddai'n ddrwg gennym ni weled yr hwyrfrydigrwydd hwn yn parhau.[125]

Ond dadleua Eivor Martinus fod yn rhaid gor-ddweud rhai cyfeiriadau ieithyddol megis rhegfeydd er mwyn iddynt gael yr un effaith ar y gynulleidfa gyfoes:

> We use expletives which, by tradition, vary from country to country, depending on deep-rooted superstitions or religion. [...] Similarly, words which were shocking a hundred years ago have naturally lost their edge by now, so we have to push the boundaries and try to find the modern equivalent, which is always a question of personal judgement.[126]

Tebyg os nad gwaeth yw'r dewisiadau a wnaeth Anna Gruffydd yn ei chyfieithiad hithau, a phwysleisir hynny gan ei defnydd o ebychnodau: 'Twyllwr dan din! penci haerllug! cafflwr! cachgi! ciaridym! cena! cynrhonyn! llabwst! llechgi! lleidar! brych!'[127] Ceir ymdrech ychwanegol yn y cyfieithiad newydd hefyd i efelychu rhythm y gwreiddiol a chyfoethogi'r sarhadau ar ffurf cyflythrennu. Ysgafn iawn yw'r termau a ddefnyddir yn *Eli'r Galon*, megis 'anghenfil', 'diogyn', a 'mochyn', ond nid syndod yw hyn gan mai addasiad a luniwyd ar gyfer perfformiad ysgol yw hwn.[128] Rhaid ystyried gofynion y perfformwyr, yn ogystal â'r gynulleidfa, yn yr achos hwn.

Teimlad Syr Ifan ab Owen Edwards am yr iaith oedd bod y feirniadaeth hon yn annheg, a bod yr adolygwyr, o achos y cyfieithiad, yn gweld Saunders 'fel dyn o gymeriad isel, fel rhegwr ac ebychwr, ac anffyddiwr'.[129] Nid yn unig y mae natur yr iaith yn dibynnu i raddau helaeth ar iaith y gwreiddiol ac felly y tu hwnt i reolaeth Saunders, ond yn nhyb Syr Ifan ab Owen Edwards nid yw'r cyfieithydd wedi mynd yn ddigon pell, oherwydd 'wrth ddarllen y llyfr ochr yn ochr â'r gwreiddiol, caf allan fod y rhan fwyaf o'r rhegfeydd ac ambell adran, os nad act gyfan, wedi ei gadael allan. Ac nid ydyw'r rhegfeydd, i ateb i'r gwreiddiol, yn hanner digon cryf'.[130] Ac yn wir, o gymharu'r cyfieithiad â'r fersiwn gwreiddiol, gwelir mai puro'r iaith a wnaeth gan fod y rhegfeydd a'r iaith anweddus yn ymddangos yn llawer mwy cyson yn nrama Molière nag yn nhrosiad Saunders. Er enghraifft:

> Lucas: Parguenne,[131] j'avons pris là, tous deux, une gueble de commision: et je ne sais pas moi, ce que je pensons attraper.[132]

> (Damia, rydym ni'n dau wedi derbyn diawl o job i'w gwneud: a dydw i ddim yn gwybod beth rydym ni'n meddwl y byddwn ni'n ei ddal.)

Ni cheir rhegi o unrhyw fath yn nhrosiad Saunders: 'Luc: Wel, rhyw chwilio rhyfedd yw hwn; 'wn i ddim beth a ddaliwn ni.' [133] Mae cyfieithiad Anna Gruffydd, ar y llaw arall, yn nes at gywair y gwreiddiol: 'LUCAS: Brensiach y bratia! Dyma i ni goblyn o orchwyl s'gynnon ni'n dau ar ein platia; a dwn i ddim, wir, be well fyddan ni.' [134]

Nodwn hefyd na newidiodd y duedd hon yng nghyfieithiad diweddarach Saunders. Ceir enghreifftiau cyson o lanhau iaith Beckett yn *Wrth Aros Godot*. Yn gyntaf, pan fo Vladimir yn gorchymyn Estragon i'w sarhau, mae'r atebion yn ysgafnach o lawer yn y Gymraeg. Defnyddia Estragon yr enllibion *salaud, fumier* a *crapule*,[135] ond yn y Gymraeg lleddfir y rhegfeydd:

Estragon:	Be 'ydw i i'w neud?
Vladimir:	'Y nghyfarth i.
Estragon:	Y biliffwdan gwirion!
Vladimir:	Rhywbeth cryfach.
Estragon:	Y mulsyn! Y drewgi![136]

Yn yr un modd, mae ystyr ddwbl *bander* yn y Ffrangeg (plygu, ymestyn neu gael codiad) yn cael ei amlygu yn fersiwn Saesneg Beckett:

Estragon:	What about hanging ourselves?
Vladimir:	Hmm. It'd give us an erection!
Estragon:	[*Highly excited.*] An erection![137]

Ond mae'r cyfeiriad rhywiol wedi'i ddileu yn gyfan gwbl o'r Gymraeg:

Estragon:	Beth am ein crogi'n hunain?
Vladimir:	Ddaliai hwn raff?
Estragon:	(*Mewn hwyl.*) Gawn ni glymu?[138]

Dewisodd Gwyn Thomas, ar y llaw arall, gadw'r rhegfeydd yn ei gyfieithiad ef o *Diwéddgan*. Er enghraifft, 'Maudit fornicateur!',[139] 'Y cnuchiwr ddiawl!';[140] 'Je t'en fous! Et toi?',[141] 'Twll dy din di. A thithau?';[142] a 'Le salaud!',[143] 'Y bastard!'[144] Tybed a effeithiwyd ar Saunders gan y beirniadaethau ohono am ddefnyddio iaith anweddus, ac am y rheswm hwn nad oedd hyder ganddo i wthio ffiniau'r hyn a oedd yn dderbyniol mewn drama hyd yn oed erbyn 1962?

Mae Saunders hefyd yn penderfynu cadw'n ffyddlon i agwedd arall ar y ddrama sy'n deillio o gyd-destun yr ail ganrif ar bymtheg ond sydd efallai'n anaddas neu'n amherthnasol i'r gynulleidfa gyfoes, sef gwisg Sganarelle. '[M]antell goch doctor'[145] a wisga Sganarelle, sef dilledyn a fyddai'n nodweddiadol o feddyg yn ystod oes Molière. Ar y llaw arall, 'gwisg doctor'[146] sydd ganddo yn *Doctor Di-glem*, diweddariad mwy cyfarwydd i'r gynulleidfa fodern. Yn yr un modd, disgrifir Sganarelle gan Martine yn *Doctor er ei Waethaf* fel '[d]yn a chanddo farf ddu, fawr, a choler â ffrils iddi, a chôt o las a melyn'.[147] Mae ffrils y Dadeni wedi diflannu o fersiwn Anna Gruffydd, a 'cholar fawr' sydd ganddo yn eu lle, ac mae'r disgrifiad o'i olwg ryfedd wedi'i ddileu'n llwyr yn *Eli'r Galon*.[148] Nid yw presenoldeb yr ail ganrif ar bymtheg wedi diflannu'n gyfan gwbl o'r cyfieithiadau newydd, er hynny, ond mae dipyn yn llai amlwg nag yn fersiwn Saunders.

Gwelwn fod gwendidau yng nghyfieithiad Saunders hefyd o'i gymharu â fersiwn diweddarach Anna Gruffydd, ac yn enwedig o'i gymharu ag *Wrth Aros Godot*. Nid oedd gan Saunders yr un hyder i grwydro oddi ar y testun gwreiddiol ym 1924. Ceir sawl esiampl o gyfieithu llythrennol yn achos Saunders sydd wedi'u gwella gan ddefnydd Anna Gruffydd o rythm, odl a chyflythrennu. Er enghraifft, dyma gyfieithiad Saunders:

> GER: 'Dyw pethau gwych i ddyfod ddim gwerth 'taten. 'Does yna ddim yn y byd cystal â'r peth mewn llaw.[149]

A dyma drosiad *Doctor Di-glem*:

> GÉRONTE: Twt, breuddwyd gwrach ydi'r holl sôn 'ma am dda i ddod. Gwell bach mewn *llaw* na mawr ger*llaw*.[150]

Yn yr un modd, gwelwn ddefnydd effeithiol o bwyslais drwy gyflythrennu yng nghyfieithiadau Anna Gruffydd isod, tra bod geiriad Saunders yn debyg iawn i gystrawen Molière:

> JACQ: Ie, ond mi glywais ddweud am briodi fel am bethau eraill, mai gwell yw bod yn foddlon na bod yn gyfoethog.[151]

> JACQUELINE: Beth bynnag i chi, dyma dwi 'di'i glwad ar erioed: mewn priodas, fel ym mhob dim arall, *gwell gwynfyd na golud*.[152]

Ac eto:

SGAN: Wfft i'r cerlyn sy'n eiddigus o'i wraig.[153]

SGANARELLE: Ffei, mae'r gwalch yn genfigan i gyd![154]

Nid yw Saunders wedi hogi ei sgiliau ysgrifennu'n gyflawn wrth lunio'r cyfieithiad cyntaf. Gwelir gwelliant sylweddol yn ei ail gyfieithiad, ac yn ei hyder wrth ysgrifennu. Mae ôl llaw dramodydd profiadol ar *Wrth Aros Godot*, tra bod *Doctor er ei Waethaf* yn canolbwyntio'n rhy gryf ar sut mae trosi'r ddrama gan wthio'r egwyddor ynghylch defnydd o iaith ffurfiol yn y theatr.

Ar y llaw arall, llwydda Saunders i efelychu'r hiwmor yn effeithiol drwy gadw os nad gor-wneud y gor-ddweud a'r chwarae ar eiriau sydd mor hanfodol i ddychan Molière. Mewn ffordd, felly, mae Saunders yn cadw'n ffyddlon i'r gwreiddiol drwy ychwanegu at ei agweddau mwyaf nodweddiadol. At hynny, mae'n pwysleisio'r elfen o hiwmor a ffars yn y ddrama drwy ychwanegu manylion at y cyfarwyddiadau llwyfan a gwneud i'r cymeriadau ailadrodd sawl gweithred ddoniol. Fel y gwelwyd eisoes, y mae gormodiaith yn allweddol mewn dychan a thrwy orbwysleisio elfennau o'r ddrama, y mae Saunders yn ychwanegu at y gor-ddweud hwn a geir yn y ddrama wreiddiol. Er enghraifft, yn y drydedd act, ychwanega Saunders gyfarwyddiadau llwyfan hollol newydd. Mae Sganarelle, y meddyg ffug, yn hoff iawn o gymeriad y Nyrs ac yn dymuno ei chanlyn hi. Wrth gwrs nid yw ei gŵr hi, Lucas, yn hapus iawn am hyn. Mewn un olygfa, ceisia Sganarelle gofleidio'r Nyrs, ond er mwyn atal hyn rhag digwydd, mae Lucas yn codi ei ben rhwng y ddau fel bod Sganarelle yn cofleidio Lucas drwy ddamwain!

> *Tra fo* SGANARELLE *yn estyn ei fraich i gofleidio'r* NYRS, *rhydd* LUCAS *ei ben odditanodd rhwng y ddau, a* SGANARELLE *felly yn ei gofleidio ef.* SGANARELLE *a* JACQUELINE *yn edrych ar* LUCAS, *a throi eu cefnau arno a mynd allan, y naill un ffordd a'r llall y ffordd arall.* GÉRONTE *yn dyfod i mewn.*[155]

Nid yw'r darn hwn yn y ddrama wreiddiol,[156] ond mae hi'n debyg i olygfa arall yn yr un ddrama, ac mae hi'n cyd-fynd â natur gwaith Molière yn gyffredinol. Y mae Saunders, felly, yn gor-ddweud er mwyn pwysleisio elfennau pwysicaf y ddrama i'r gynulleidfa. Y mae'n efelychu llaw Molière ei hun er mwyn cyfleu naws y ddrama i'r gynulleidfa Gymraeg yn hollol glir. Mae ef felly yn dod â'r gynulleidfa yn nes at y ddrama wreiddiol. Mae'n rhoi pwyslais ar barch i'r ddrama wreiddiol, ar efelychu gwaith Molière o ran ei iaith a'i ddefnydd o hiwmor. Diddorol iawn yw nodi hefyd fod cyfieithiad Anna Gruffydd wedi mabwysiadu'r un cyfarwyddiadau newydd hyn, felly mae dylanwad trosiad gwreiddiol Saunders i'w weld yn amlwg yma.[157] Y mae pwysleisio'r cyfarwyddiadau yn *Doctor er ei Waethaf* yn berthnasol iawn, oherwydd yn ôl Philip A. Wadsworth, anaml iawn y ceir cyfarwyddiadau llwyfan manwl yn nramâu Molière gan fod y dramodydd wedi cynnig arweiniad yn y cnawd fel cyfarwyddwr.[158] Ategir hyn gan Bruce Griffiths yn ei ragymadrodd i'r *Claf Diglefyd*, a ddywed: 'Prin oedd cyfarwyddiadau llwyfan yn argraffiadau oes Molière, felly mae gan gynhyrchydd ddigon o le i ddyfeisio chwarae doniol.'[159] Mae Saunders, felly, wedi ymgymryd â rôl y cyfarwyddwr drwy wisgo esgidiau'r cyfieithydd i raddau. Gwaith y cyfarwyddwr yw paratoi'r testun i'w berfformio, yn ôl Törnqvist,[160] a thrwy lunio cyfarwyddiadau llwyfan newydd gellid dadlau bod Saunders wedi camu y tu hwnt i'w waith fel cyfieithydd. Yn yr achos hwn, y mae wedi ymgymryd â'r cyfieithiad theatraidd yn ogystal â'r cyfieithiad dramataidd drwy ystyried gofynion y perfformiad. Penderfyniad anghyffredin yw hwn i Saunders, oherwydd, er ei fod wedi cymryd rhan weithgar yn llwyfaniadau ei ddramâu ei hun ac wedi gweithredu'n rhannol fel cyfarwyddwr iddynt, nid yw wedi dangos yr un pryder am ei gyfieithiadau, fel y gwelwyd yn achos darllediad radio *Wrth Aros Godot*.

O'i chymharu â dramâu eraill Molière sydd heb eu hatalnodi lawer â chyfarwyddiadau llwyfan, eithriad yw *Le Médecin malgré lui* sydd yn creu darlun cliriach i'r darllenydd. Pwysleisiai Molière yn fynych mai i'w berfformio y cyfansoddodd ei ddramâu ac nid i'w hargraffu mewn llyfrau. O ganlyniad, prin yw'r cyfarwyddiadau llwyfan yn ei ddramâu i'r actorion ac i'r cyfarwyddwr. Nid oedd angen arweiniad ar actorion ei gyfnod gan mai'r dramodydd ei hun a oedd yn cyfarwyddo. Am y rheswm hwn, ni thrafferthodd Molière i gynnwys cyfarwyddiadau wrth baratoi'r dramâu i'w cyhoeddi, ond yn achos nifer o'i ffarsiau lle'r oedd symudiadau yn rhan annatod o'r hiwmor, yr oedd gofyn iddo gynnwys mwy o wybodaeth fel eu bod yn ddealladwy i'r darllenydd. Enghraifft dda o hyn yw *Le Médecin malgré lui* sydd â nifer o gyfarwyddiadau clir i helpu'r darllenydd ddychmygu'r ystumiau a'r ffwlbri.[161]

Y mae Saunders wedi sylwi ar bwysigrwydd y cyfarwyddiadau llwyfan i'r ddrama benodol hon ac wedi ychwanegu atynt er mwyn gwneud eu heffaith a'u hystyr yn fwy eglur eto i'r darllenydd Cymraeg. Ac er mai yn anaml y cofnodir cyfarwyddiadau llwyfan manwl i'r actorion yn ei ddramâu, roedd pwysigrwydd symudiad a slapstic i waith Molière yn amlwg. Ys dywed W. G. Moore: 'He used to the full the comic tradition of ordinary gesture and situation. The physical is everywhere in its own right and often symbolical of the moral.'[162] Cyfleir llwfrdra Sosie yn *Amphitryon* gan ei atal dweud, awgrymir cyffro Sganarelle pan fo'n cwympo, a gwyddys bod Harpagon yn amheus gan ei fod yn dweud hynny'n agored wrth y gynulleidfa.[163] Mae'r symudiadau a'r ystumiau yn rhan annatod o bortread y cymeriadau.

Mae Saunders Lewis hefyd yn gwneud ymdrech eglur i bwysleisio'r chwarae ar eiriau yn y ddrama mewn darn allweddol fel y bydd y gynulleidfa yn ymwybodol o'r hyn sydd yn digwydd. Yn yr enghraifft hon, mae Sganarelle yn tynnu sylw Géronte fel y gall Léandre a Lucinde ddianc, ond wrth siarad â Géronte mae'n cynnig cliwiau i Léandre am yr hyn mae'n ei wneud:

> O'm rhan i, ni wela' i ond un physig: cymryd dracht da o ddŵr Rhedeg-i-ffwrdd a'i gymysgu'n iawn â chwarter owns o belenni MATRIMONIUM. Fe allai na bydd hi ddim yn foddlon iawn cymryd y physig yna. Ond fe wyddoch chi'ch gwaith, a'ch swydd chi yw ei pherswadio hi a pheri iddi lyncu'r peth.[164]

Ni chaiff y geiriau 'Rhedeg-i-ffwrdd' a 'Matrimonium' eu pwysleisio yn y gwreiddiol, ond y mae Saunders yn defnyddio prif lythrennau i arddangos yr ystyr cuddiedig. Gan mai dull gweledol yw hwn yn unig, mae'r dechneg o ddefnydd i ddarllenydd neu i actor. Mewn ffordd, gellid gweld hyn fel cyfarwyddyd llwyfan pellach, ac yn enghraifft brin arall o gyfieithu theatraidd ar ran Saunders. Nodwn nad oes unrhyw bwysleisio tebyg yn fersiwn Anna Gruffydd nac yn *Eli'r Galon*.

Gwelwyd hyd yn hyn fod Saunders wedi rhoi'r pwyslais ar werth y cyhoeddiad ar bapur, felly cyfieithiad dramataidd oedd gwaith Saunders. Er hyn, gwelir ei fod wedi ystyried perfformadwyedd y darn gan iddo ychwanegu at fanylion y cyfarwyddiadau llwyfan, yn ogystal â dylunio symudiadau ffarsaidd cwbl newydd er mwyn pwysleisio effaith ddigrif y ddrama ar gynulleidfa ddichonol yn y dyfodol. I'w perfformio y bwriadwyd dramâu Molière, yn hytrach nag i'w darllen. Mae'r pwyslais ar y llwyfan yn lle'r llyfr. 'Perhaps the most obvious thing to say about Molière is just that he was an actor', chwedl W. G. Moore. 'It was as such that he was first, and chiefly, known to his contemporaries. It was for acting rather than for reading that he composed his plays.'[165] Y mae hyn yn amlwg o'r elfen weledol sydd mor greiddiol i'w hiwmor slapstic. Anodd yw gwerthfawrogi comedi Sganarelle yn cael ei guro gan Lucas a Valère ar bapur. Drwy roi pwyslais ar y cyfarwyddiadau llwyfan, felly, y mae Saunders yn ffyddlon i fwriad y dramodydd gwreiddiol. Mae'n symud y gynulleidfa yn nes at y ddrama, ond y mae hefyd yn cymryd camau i sicrhau bod yr actorion sy'n ei pherfformio yn gwneud yr un peth. Yr oedd cyfarwyddiadau Saunders yn ei ddramâu ei hun yn fanwl ac yn helaeth fel yn achos Beckett. Awyddus ydoedd i reoli'r llwyfaniad ac i gyflawni'r cyfieithiad theatraidd. Nid annisgwyl yw'r ffaith bod Saunders wedi ymroi i'w duedd i fanylu ar gyfarwyddiadau llwyfan er gwaethaf ei ymgais cyffredinol i gadw'n ffyddlon iawn i'r ddrama wreiddiol. Gallwn dybio nad oedd yn teimlo ei fod yn amharchu'r ddrama mewn unrhyw ffordd drwy amlygu ei hagweddau gorau.

Cyfieithu ynteu Addasu?

Er gwaethaf ei edmygedd o destun Molière, nid ychwanegu at y ddrama yn unig a wnaeth Saunders, ond dewis tynnu elfennau ohoni hefyd. Y mae'r darn canlynol yn *Doctor Di-glem* sydd yn deillio o'r Ffrangeg gwreiddiol yn absennol yn *Doctor er ei Waethaf*:

SGANARELLE: Ardderchog. Ydi hi'n mynd i'r be-chi'n-galw?

GÉRONTE: Ydi.

SGANARELLE: Llond gwlad?

GÉRONTE: Wn i ddim wir.

SGANARELLE: Ac ydi o'n foddhaol?

GÉRONTE: Tydw i'n deall dim am betha felly.[166]

Ar ben hynny, y mae un olygfa wedi'i dileu'n gyfan gwbl yn ei fersiwn Cymraeg sydd yn cynnwys y cymeriadau Thibaut a Perrin. Mae gwaredu'r olygfa hon hefyd yn golygu nad yw'r ddau gymeriad hyn yn ymddangos yn y cyfieithiad Cymraeg o gwbl. O ganlyniad, mae hi'n aneglur ai cyfieithiad o hyd yw'r testun hwn neu a ydyw'n crwydro i faes addasu. Mae sawl testun o dan sylw yn y bennod hon sydd yn tarddu o waith Molière, ac fe'u labelir oll mewn ffyrdd gwahanol. Cyfieithiadau yw *Doctor er ei Waethaf* a *Doctor Di-glem* yn ôl eu henwau, addasiad yw *Eli'r Galon* ac 'opera ysgafn mewn tair act' yw *Serch yw'r Doctor*, lle y 'cymerwyd enwau'r cymeriadau ac awgrymiadau eraill oddi wrth Molière'.

Gellir datgan yn syth mai addasiad, os nad testun newydd a ddylanwadwyd gan waith Molière, yw *Serch yw'r Doctor* am sawl rheswm amlwg. Libreto yw'r testun newydd i'w berfformio â cherddoriaeth, ac felly mae ffurf y gwaith wedi newid. Nid yw'r ddeialog yn cyfateb i eiriau'r gwreiddiol ac fe newidiwyd drama rydd yn ddrama fydryddol, tasg a fyddai'n hynod heriol i'r goreuon o blith cyfieithwyr. Y mae'r libreto dipyn yn fwy cryno na drama Molière a dilëwyd nifer o'i helfennau dychanol. Gwaredwyd hefyd nifer sylweddol o'r cymeriadau megis Aminte, Lucrèce, M. Guillaume, M. Josse, M. Tomès ac eraill gan adael pedwar yn unig: Lucinde (Soprano), Clitandre (Tenor), Lisette (Contralto) a Ragotin (Baritôn), cymeriad newydd a ddyfeisiodd Saunders, a chan ychwanegu'r côr. Er bod ôl Molière i'w weld yn fras felly ar gynnwys ac enw'r gwaith, nid cyfieithiad yw'r testun hwn. Ys dywed Ioan Williams:

> Gallai Saunders Lewis fod wedi dadlau bod pob elfen newydd a gyflwynodd yn *Serch yw'r Doctor* naill ai wedi ei dwyn o weithiau eraill gan Molière,, neu eu bod o leiaf yn mynegi'r un naws ac ysbryd. Gwir hynny – i raddau! . . . Serch hynny, canlyniad yr holl newidiadau a gyflwynodd Saunders Lewis yw gwneud y libreto'n hollol wahanol ei naws a'i adeiledd i'r ddrama Ffrangeg.[167]

Gwaith anos o lawer yw diffinio *Eli'r Galon*, er bod Alwena Williams yn cyfaddef yn ei rhagymadrodd mai addasiad ydyw: 'Fe gyhoeddwyd trosiad Cymraeg gan Saunders Lewis o'r ddrama hon ym 1924 dan y teitl *Doctor er ei Waethaf*. Drama dair act ydi honno ac yn fwy clos at y gwreiddiol. Addasiad mewn dwy act a geir yma.'[168] A heb os, mae fersiwn Saunders yn nes at wreiddiol Molière mewn sawl ffordd nag *Eli'r Galon*. Yn y lle cyntaf, mae teitl gwahanol gan destun Alwena Williams, tra bod *Doctor er ei Waethaf* a *Doctor Di-glem* yn dilyn y Ffrangeg gwreiddiol. Cyfaddefodd Anna Gruffydd, serch hynny, fod Saunders eisoes wedi dewis y teitl gorau sydd yn adlewyrchu ystyr y Ffrangeg, ac y byddai hithau hefyd wedi dewis y teitl hwn, ond rhaid oedd creu teitl newydd ar gyfer cyfieithiad newydd.[169] Mae'r teitl, *Eli'r Galon*, yn seiliedig ar y feddyginiaeth sydd ei hangen i drin salwch Lucinde, sef y gallu i briodi ei chariad, Léandre. Rhoddir pwyslais ar yr agwedd ramantaidd yn ogystal â ffars y meddyg yn y ddrama. Mae'r teitl newydd yn awgrymu mai testun newydd ydyw, addasiad yn hytrach na chyfieithiad. Serch hynny, cyfieithiad yn hytrach nag addasiad yw'r label a roddwyd i *Cariad Mr Bustl*, er bod y gwaith newydd wedi'i drosglwyddo o lys Louis XIV yn Ffrainc i Rwmania'r 1930au, ac er bod y teitl hefyd yn wahanol i'r gwreiddiol. Dywed Gareth Miles am y dewis hwn: 'Cyfieithiad llythrennol o enw'r gomedi yw *Y Dyngasawr neu'r Bustlog cariadus*. Tybiaf fod mwy o obaith i *Cariad Mr Bustl* ddenu'r lliaws.'[170] Apelio at ddarpar gynulleidfa oedd ei brif amcan, yn hytrach na phwysleisio mai addasiad sy'n crwydro o'r ddrama wreiddiol ydyw. Y mae'r testun ei hun hefyd yn ffyddlon i ddeialog y gwreiddiol, felly nid addasiad clir yw *Cariad Mr Bustl*. Nid yw newid teitl cyfieithiad o reidrwydd yn cyfateb i'w ddiffiniad, ond fe all gyfeirio at berchnogaeth y cyfieithydd o'r testun neu at ei fwriad i blesio'r gynulleidfa darged.

Fel y gwelwn, mae *Eli'r Galon* wedi'i chrynhoi i ddwy act heb olygfeydd, lle mae Saunders wedi cadw'r tair, ond y mae ef wedi dileu'r golygfeydd unigol o fewn yr actiau. Mae Alwena Williams hefyd wedi dewis hepgor golygfa Thibaut a Perrin ond nodwn fod Anna Gruffydd heb ddilyn esiampl Saunders yma ac wedi cynnwys yr olygfa yn ei chyfanrwydd yn *Doctor Di-glem*. Serch hynny, nid dyma'r unig esiampl o grynhoi yn *Eli'r Galon*. Mae'r holl olygfeydd rhwng Sganarelle a'r nyrs Jacqueline y mae'n ceisio ei chanlyn wedi eu cwtogi neu eu dileu. Gwir ydyw bod y darnau hyn yn ailadroddus, ond dyma yw un o hanfodion dychan: gor-ddweud a gor-wneud. Mae sawl enghraifft debyg drwy'r ddrama lle mae deialog hirwyntog sydd yn ailadrodd patrwm mewn ffordd ddoniol wedi'i gwtogi. Yn ail olygfa'r act gyntaf (yn ôl strwythur gwreiddiol Molière) daw M. Robert i rwystro Sganarelle rhag curo'i wraig, Martine. Yn eironig ddigon, ei hymateb hi yw dweud y drefn wrth M. Robert am ymyrryd heb ganiatâd, ac wrth iddi ei gecru gan ddweud dro ar ôl tro wrtho am gadw'n dawel, fe'i gorfodir i siarad drwy ymateb iddi:

Mart: Pa hawl sy gennych i fusnesa?
Rob: 'Roeddwn i ar gam.
Mart: 'Doedd gennych chi ddim llais yn y peth.
Rob: Nag oedd, yn wir.
Mart: Welwch chi'r creadur rhyfygus yn ceisio rhwystro i ŵr guro'i wraig ei hun?

Rob:	Mae'n ddrwg gen' i.
Mart:	Be' sy gennych chi i'w ddweud eto?
Rob:	'Does gen' i ddim.
Mart:	Oedd raid i chi stwffio'ch trwyn yna?
Rob:	Nac oedd.
Mart:	Meindiwch eich busnes eich hun.
Rob:	'Ddweda i ddim rhagor.
Mart:	'Rwy'n hoffi cael fy nghuro.
Rob:	Debig iawn.
Mart:	Nid chi sy'n diodde'r gost.
Rob:	Digon gwir.[171]

Yn *Eli'r Galon* collir pedair llinell o'r ddeialog, ac fel canlyniad, mae effaith yr ormodiaith yn lleihau:

Mart:	Pwy ofynnodd i chi roi eich pig i mewn?
Robert:	Mae'n ddrwg gen i.
Mart:	Be sy wnelo fo â chi?
Robert:	Yn hollol. Debyg iawn wir.
Mart:	Dydio'n ddim o'ch busnes chi, nac ydi?
Robert:	Nac ydi.
Mart:	Nac ydi. Wel, meindiwch eich busnes eich hun.
Robert:	Ddeuda' i ddim rhagor.
Mart:	Rydw i'n mwynhau cael fy nghuro.
Robert:	Wrth gwrs.
Mart:	Dydi o'n costio dim i chi nac ydi?
Robert:	Nac ydi. Dim byd. Bobol annwyl.[172]

Nid yw'r ffaith y gorfodir Robert i ateb Martine wrth iddi ddweud wrtho am gadw'n dawel mor eironig a doniol yma. Yn anffodus, collir effaith yr hiwmor yn aml iawn drwy dorri darnau o'r gwreiddiol. Dilëwyd y llinell ddychanol hon sydd yn gwneud sbort am ben hoffter meddygon o ennill arian heb ots am dynged y claf: 'Does ganddi ddim hawl i farw heb gael physig doctor.'[173] Yn yr un modd, wrth ymateb i barablu disynnwyr Sganarelle, dywed Lucas yn *Doctor er ei Waethaf*, 'roedd hwnna mor ardderchog fel na ddeëllais i'r un gair.'[174] Ond nid yw'r eironi mor amlwg yn nhrosiad Alwena Williams, 'Braidd yn ddwfn i mi.'[175] Yn y darn canlynol mae Sganarelle yn esbonio'i absenoldeb wrth Géronte:

Sgan: Yn cael pleser yn yr ardd. 'Roedd ganddyn nhw ormod o ddiod yno, a minnau'n ceisio cywiro hynny.[176]

Mae'r chwarae ar eiriau yn llai amlwg yn *Doctor Di-glem*, am nad yw'r dyfroedd yn gwneud i'r gynulleidfa feddwl yn syth am ddiod alcoholaidd:

> SGANARELLE: Yn y cwrt on i, yn cael gwared â'r dyfroedd dros ben. Sut mae'r claf bellach?[177]

Ac mae'r digrifwch am ei feddwdod wedi diflannu'n llwyr o *Eli'r Galon*:

> Sgan: Wedi bod yn archwilio safon glanweithdra'r lle yma yr ydw' i. A sut mae'r claf?[178]

Weithiau, wrth gwrs, effaith y crynhoi yw egluro cynnwys brawddegau hirion Molière yn y Ffrangeg a Saunders yn y Gymraeg. Mae esboniad Valère yn *Eli'r Galon* ar lwyddiant Sganarelle fel meddyg dipyn yn gliriach nag yn *Doctor er ei Waethaf*:

> Val: 'Roedd yna ferch y credid am chwe awr ei bod hi'n farw, a hithau'n barod i'w chladdu, a dyma chi, gyda dafn o rywbeth, yn peri iddi ddyfod ati'i hun a cherdded yn union o gwmpas y 'stafell.[179]

Mae crynhoi yn yr achos hwn yn effeithiol i sicrhau bod y gynulleidfa'n deall y ddeialog yn hawdd:

> Valere: Y ddynes honno wedi marw ers chwe awr a chithe'n dod â hi o farw'n fyw efo diferyn o ffisig.[180]

Aralleirio, felly, yn aml y mae Alwena Williams, addasu yn hytrach na chyfieithu. Ar y llaw arall, un o brif amcanion cyfieithu yw cyfleu ystyr testun, fel y pwysleisiodd Howell Davies yn ei adolygiad o *Doctor er ei Waethaf*. Drwy gadw gwaith yn rhy ddwfn yn niwylliant Ffrainc, amhosibl fyddai i'r gynulleidfa Gymraeg ei werthfawrogi:

> Felly, fe gyst i'r cyfieithydd drosi rhywbeth heblaw'r gair. Rhaid iddo gyfieithu'r ysbryd hefyd, ac aml y rhaid newid y gair i wneuthur yr ysbryd yn ddealladwy. Arwyddluniau yn awgrymu delweddau

meddyliau, a theimladau yw geiriau, ac nid yw'r un gair mewn dwy iaith wahanol yn cyfleu'r un ystyr bob amser. Y mae 'cartref' a 'home' yn cyfleu'r un ystyr i Gymro a Sais, ond nid felly bwtler a gwas. Perthyn i ddiwylliant tref gylch eang o brofiad, ac felly o eirarwyddluniau nas ceir yn siarad gwlad, a'r canlyniad yw bod nifer o brofiadau ac arwyddluniau tref yn amhosibl i'w cyfieithu fel ag iddynt gyfleu eu cyflawn ystyr i bobl gwlad. Er mwyn ail-afael o ddiwylliant gwlad ar feddyliau a theimladau gwir chwarae gwlad, rhaid i'r cyfieithydd symud ei holl gymeriadau i amgylchedd gwladaidd a'u dodi dan amodau cynefin er mwyn cynhyrchu yr un teimlad. Rhaid i arwr ieuanc a enillodd y ras rwyfo yn Henley ymddangos yn denor ifanc a enillodd yn yr Eisteddfod Genedlaethol yn y cyfieithiad. Rhaid i'r miliwnydd a luchia'i arian o gwmpas, fod yn 'Sioni' diofal. Byddai trawsnewid gwerth felly yn golygu llunio llyfr newydd, yn ffyddlon i'r gwreiddiol o ran teimlad, ond yn wahanol ymhob peth arall.[181]

Achos pryder oedd hyn i'r adolygydd i gychwyn am ei fod yn ansicr sut y byddai'r Cymry yn ymateb i ddireidi Sganarelle yn curo'i wraig, ond derbyn a wnaeth yn y pen draw na fyddai hyn yn rhy anodd iddynt o ystyried enghreifftiau tebyg a geir yn 'Twm Siôn Cati' a'r Mabinogion. Dywed hefyd mai dyma un o ddramâu mwyaf syml Molière i'w trosi i'r Gymraeg oherwydd '[o] ran tymer ac amgylchedd y mae'n un o'r rhai mwyaf gwladaidd o ddramâu Molière'.[182] Nid yw Saunders wedi gwneud ymdrech i newid cyd-destun y ddrama er lles y Cymry, felly, ond gellid dadlau nad oedd angen iddo wneud hynny. Dywedodd Saunders ei hun y daw Molière yn hawdd i'r Gymraeg gan fod Ffrainc yr ail ganrif ar bymtheg a'i phentrefi gwledig yn gyfarwydd i'r Cymry gwledig.[183] Nid oedd gofyn iddo ddomestigeiddio'r ddrama hon.

Wedi dweud hynny, mae Alwena Williams yn dangos ei pharodrwydd i newid mwy ar y ddrama a'i gwneud yn fwy Cymraeg a Chymreig. Er ei bod hi hefyd yn rhoi pwyslais ar gefndir Ffrangeg y ddrama, megis drwy gadw'r enwau Ffrangeg a phwysleisio'r angen i 'ynganu'r holl enwau priod fel yn y Ffrangeg',[184] gwelir tuedd i ddomestigeiddio'r testun yn ei defnydd o iaith. Nid yn unig y mae'r ddeialog yn aralleirio, yn symleiddio ac yn crynhoi, ceir esiamplau cyson o idiomau Cymraeg sydd yn arwydd clir o ddull domestigeiddio. Er enghraifft: 'Géronte: Gwell aderyn mewn llaw na dau mewn llwyn';[185] 'Wrth gicio a brathu / Mae cariad yn magu';[186] ' "Lle bo camp mae rhemp"– dyna'r gwir am y rhan fwyaf o ddynion mawr y byd';[187] 'Peidiwch â thaflu llwch i'n llygaid ni. 'Ryden ni'n gwybod y gwir.'[188]

Ceidw Saunders, ar y llaw arall, yn agos iawn at eiriad y Ffrangeg gwreiddiol, a gellid deall, felly, farn rhai beirniaid a welai'r ddrama'n anystwyth ac yn hirwyntog ar adegau.

Mae diffiniad *Eli'r Galon* yn ansicr o hyd gan bontio crefftau cyfieithu ac addasu. Efallai mai cyfieithiadau yw'r tri fersiwn o dan sylw mewn gwirionedd, sef *Doctor er ei Waethaf*, *Doctor Di-glem* ac *Eli'r Galon*, ond bod theorïau cyfieithu gwahanol yn dylanwadu ar y tri yn sylweddol. Domestigeiddiwyd *Eli'r Galon* i'r Cymry ond fe'i newidiwyd hefyd er lles cynulleidfa fodern, ac yn benodol ar gyfer perfformwyr oedran ysgol. Ond os cytunwn i ddiffinio *Doctor er ei Waethaf* fel cyfieithiad o hyd, sut y gellir esbonio'r penderfyniad i ddileu golygfa gyfan o'r ddrama?

Casgliad Howell Davies yw mai dewis osgoi darnau a oedd yn rhy anodd eu cyfieithu oedd gwraidd penderfyniad Saunders i hepgor yr olygfa.

Parodd hyn gryn benbleth imi, canys ni allwn ddychmygu am Mr. Saunders Lewis ei fod yn ddigon dibarch i gwtogi gwaith y meistr hwn heb resymau digonol iawn. Darllennais [sic] y darnau a adawyd allan drosodd a throsodd nes i eglurhad posibl wawrio arnaf, – dau eglurhad posibl, o ran hynny. Yn un peth, y mae'r darnau'n anodd eu cyfieithu; ac eto gallent dramgwyddo piwritan gwirioneddol. Nid i'r un graddau, efallai, a [sic] rhai darnau o'r Beibl, ond eto gallent beri tramgwydd. O'r hyn a ddarllenais i o waith Mr. Saunders Lewis, anodd gennyf gredu y symudid ef gan ystyriaeth mor anartistig. Byddai rhoddi 'Mr. Saunders Lewis fel Piwritan,' yn bennawd i'r adolygiad hwn yn ymddangos yn wrthddywediad gwarthus i ddarllenwyr y 'Faner'. Yn bersonol, gwell gennyf fyddai credu mai methu a [sic] chyfieithu'r darnau a adawyd allan a wnaeth Mr. Lewis. Byddai'n well gennyf feio'i ysgolheigtod [sic] na'i wroldeb.[189]

Efallai mai arwydd pellach o ddatblygiad Saunders yw hyn gan na fyddai cyfieithydd *Godot* ym 1962 wedi troi ei gefn ar ddarn heriol. Ar y llaw arall, tybed a oes modd gweld y penderfyniad i ddileu, i grynhoi'r ddrama i raddau, fel rhan o estroneiddio? Yn ôl Tudur Hallam, yr oedd arddangos hanfod drama yn allweddol bwysig iddo:

Gwelai [Saunders] fod angen i ddrama gywasgu'r cyfan yn ddiwastraff, fel na allai'r digwydd fod wedi ei gyflwyno fel arall. Dyna'r gwaith hunllefus sy'n her i'r dramodydd: sicrhau bod pob un gair o enau'r cymeriadau, a phob un ystum neu wrthrych ar lwyfan, yn rhan o'r digwydd.[190]

Nid yw golygfa Thibaut a Perrin yn ychwanegu at *Le Médecin malgré lui* yn arbennig. Nid yw eu presenoldeb yn bwysig i ddatblygiad y plot, ac mae hyn yn amlwg o lwyddiant y ddrama Gymraeg hebddynt. Mae hi'n bosibl mai cyfieithu hanfod y ddrama oedd amcan Saunders ac na welodd yr angen i gynnwys golygfa ddibwrpas fel hon. Yr oedd y duedd i grynhoi, i dorri ac i ddileu iaith fel bod yr esgyrn yn unig yn weddill hefyd yn bwysig iawn i Beckett, a gellid gweld cysylltiad pellach yn hyn o beth rhyngddo ef a Saunders.

Casgliad

Gorliwiad o ddrama wreiddiol Molière yw'r *Doctor er ei Waethaf*, felly, a fwriadai ddylanwadu ar ieithwedd statws y theatr Gymraeg. Defnyddir cywair ffurfiol i efelychu 'la langue de Molière' ac i annog dramodwyr i ystyried newid yr iaith a ddewisent yn eu gwaith. Nid llwyddiant oedd y penderfyniad hwn ym mhob ffordd, er gwaethaf rhesymeg glir y cyfieithydd, oherwydd o gymharu'r *Doctor er ei Waethaf* â'r cyfieithiadau a grëwyd ddiwedd yr ugeinfed ganrif, gwelir bod sawl cyfle i gyfleu bwriad a hiwmor Molière wedi'i golli. Domestig-eiddio, ar y llaw arall, a wnaeth Alwena Williams ac Anna Gruffydd, gan sicrhau bod eu trosiadau hwy yn addas i'w cynulleidfaoedd Cymraeg cyfoes, ac yn achos *Eli'r Galon* yn benodol, yn addas i gynulleidfa ifanc. Iaith lafar, dafodieithol oedd dewis y cyfieithwragedd hyn yn ogystal, lle y rhoes Saunders bwyslais ar ei awydd i weld iaith lenyddol ar lwyfannau Cymraeg. Ac yn wir, y mae Saunders hyd yn oed yn chwarae ag amrywiaeth tafodieithoedd y Gymraeg yn ei gyfieithiad diwedd-arach, *Wrth Aros Godot*.

Mae *Doctor er ei Waethaf* yn gwyro rhwng cyfieithiad ac addasiad mewn sawl ffordd gan fod Saunders wedi penderfynu ychwanegu at a dileu darnau o'r ddrama. Gellir dadlau, serch hynny, mai pwysleisio hanfodion y ddrama wreiddiol a'i hawdur oedd bwriad hyn ym mhob achos yn hytrach na chyflwyno ei ddehongliad newydd ei hun. Ac y mae ei ymdrech i gyfieithu'r ddrama yn theatraidd hefyd yn cyfleu ei fwriad i sicrhau y byddai'r cyfieithiad yn adlewyrchu gwaith Molière yn ffyddlon ar y llwyfan yn ogystal ag mewn llyfr.

Cyfieithu clasur er mwyn ysbrydoli clasuron Cymraeg oedd nod y trosiad hwn. Mawrygu Molière gan obeithio newid cyfeiriad y theatr Gymraeg o ran ei statws proffesiynol a chynnwys ei chynnyrch. At hynny, lluniodd Saunders sawl drama ddychanol wreiddiol megis

Excelsior, ond er bod ffars Molière i'w gweld o dan haenau'r cyd-destun Cymraeg a Chymreig, llais beirniadol y gwleidydd sy'n fwy clywadwy na llais y diddanwr yn ei hachos hi.

Mae hi'n amlwg hefyd mai gwaith cyfieithydd ifanc sydd yma. Ceir enghreifftiau cyson o gyfieithu hirwyntog a defnydd o ddeialog a fyddai'n annaturiol i nifer yn y theatr. Mae diffyg hyder Saunders yn wyneb cyfieithu i'w weld yn ei adolygiad o gyfieithiad T. Hudson-Williams ym 1951:

> Tasg fawr ac anodd yw cyfieithu, ac os cyfieithir o glasuron Rwseg a Groeg a Ffrangeg fel y gwnaeth ac y gwna Dr. Hudson-Williams, mae'r gymwynas i ddarllenwyr ac i ysgrifenwyr Cymraeg yn dywysogaidd. Ond nid popeth sy'n abl i'w gyfieithu. Gellir cyfieithu cerdd epig a throsglwyddo llawer o'i hysblander. Ond y mae telynegion filoedd na ellir fyth mo'u trosi i iaith arall yn y byd amgen na'r iaith y ganwyd hwynt iddi. Darllenais yr wythnos hon yn y papurau i Mr. Clifford Evans ddwued ym Mangor, mewn ysgol ddrama, mai'r prawf ar ddrama fawr yw y gellir ei chyfieithu – a'r awgrym felly a ddilynai oedd mai trosi drama Gymraeg i'r Saesneg yw'r prawf ar ei gwerth. Yn awr mi wn o brofiad y geill adroddiad talfyredig papur newydd fod yn gamarweiniol. Hwyrach nad hynny'n union a ddywedodd Mr. Evans. Er hynny, rhag i neb Cymro gael ei arwain ar gyfeiliorn drwy weld hynny mewn print, ar air gŵr o brofiad a llawer o wybodaeth, rhaid imi gael dweud nad gwir o gwbl mo'r dywediad. Y mae dramâu'n bod, a'r rheini'n ddramâu mawrion, y gellir eu cyfieithu, neu y llwyddodd rhyw athrylith i'w cyfieithu i iaith arall. Y mae llawn cynifer o ddramâu mawrion, campweithiau dramatig o'r rheng flaenaf oll, nas cyfieithwyd yn llwyddiannus i unrhyw iaith arall ac nad yw'n debyg y gellir fyth eu cyfieithu. Lope de Vega, Calderon, Corneille, Racine, Marivaux – a oes rhywun wedi cyfieithu un ohonynt yn llwyddiannus? I ba iaith? Y mae Marivaux yn broblem anos na'r lleill a enwais canys comedïau rhyddiaith hollol syml a sgrifennodd ef. Tybed na ellid – hawdd barnu'n frysiog – eu trosi i'r iaith a fynnid? Ond Marivaux yw un o'r meistri rhyfeddaf ar arddull rhyddiaith comedi; ni ellir cyfieithu – trosglwyddo – ei arddull, a dyna graidd clasuroldeb ei ddramâu. Y mae problem arddull rhyddiaith mewn comedi yn un sy'n rhoi cur pen aml i mi, a phroblem mesur i ddrama fydryddol yn ddrysach fyth.[191]

Mewn llythyr at Kate Roberts ym 1937, esbonia Saunders ei ddiddordeb yn llenorion clasurol Ewrop, gan amrywio o waith Rwseg Tolstoy i straeon Sbaeneg Cervantes. Yr oedd cyfieithiadau yn hollbwysig iddo er mwyn iddo dreiddio i'r straeon hyn: 'Fe welwch mai awduron meirw a enwaf, felly waeth imi fynd ymlaen yn ddigywilydd i ddweud mai mewn cyfieithiadau y darllenais i yr Iliad ac Odysews a Don Quixote a sagâu Sgandinafia a nofel fawr Siapan gan Murasaki'.[192] Fe gyfeddyf, serch hynny, fod mawredd i'w ganfod mewn llenyddiaeth Gymraeg o hyd, a bod brawddegau agoriadol *Enoc Huws* a *Traed mewn Cyffion* yr un mor grefftus ac arbennig â dechrau *Anna Karenina* a *Don Quixote*. Nid yw unrhyw gyfieithiad yn berffaith wrth gwrs, a chrëant fylchau na ellir mo'u llenwi, ond yn arwyddocaol iawn, y mae Saunders yn ddiolchgar am waith cyfieithwyr sy'n galluogi pobl, gan gynnwys y Cymry, i ymgyfarwyddo â'r cewri llenyddol Ewropeaidd:

> Ond mor gwbl amhosibl fyddai cyfieithu brawddeg gyntaf *Enoc Huws*; dengys hynny anfantais gorfod dibynnu ar gyfieithiadau. Ond, er hynny, diolch i'r nefoedd am y cyfieithwyr mawr sy'n agor i ninnau gymdeithas y cymeriadau a'r personau crandiaf mewn llenyddiaeth. Onid yw'n bwysicach i ninnau ymgydnabod â'r rheiny, pobl Homer a Cervantes er enghraifft, na gwybod am fân greadigaethau nofelwyr poblogaidd America heddiw? Neu Ffrainc? Un peth sy'n loes i mi yw bod mawredd ysbryd yn eglur yn nychu yn llên Ffrainc y deng mlynedd diwethaf yma.[193]

Nid oes syndod, felly, fod Saunders ei hun wedi troi ei law at gyfieithu, ac wedi dewis un o fawrion llenyddiaeth Ffrangeg, sef Molière. Y mae'r frawddeg olaf hon hefyd yn awgrymu pam fod cyfnod mor hir rhwng ei ddau gyfieithiad. Aros yr oedd am gawr Ffrangeg arall, am rywun a fyddai'n arwain theatr Ffrainc a'r byd i gyfeiriad newydd. Yr oedd llenyddiaeth Ffrainc yn dirywio, ac yn dibynnu o hyd ar ei chlasuron. Arloeswr oedd Beckett a gyflwynodd syniadau chwyldroadol i'r theatr, ac a ysbrydolodd Saunders i ddychwelyd at y gwaith allweddol o gyfieithu.

Nodiadau

[1] Saunders Lewis, 'A Great Frenchman. Moliere [*sic*] Tercentenary Celebrations. Welsh Tribute to a Famous Dramatist', *Western Mail* (Ionawr 13 1922), 6.

[2] Nathaniel H. Thomas, 'Rhagymadrodd', yn Molière, *Y Briodas Orfod*, cyf. gan Nathaniel H. Thomas (Abertawe: Thomas a Parry, 1926), tt. i–xii, vii.

[3] Mae'r ffars gynnar hon yn deillio o'r *fabliau* canoloesol, *Le Vilain mire*. Gweler James F. Gaines (gol.), *The Molière Encyclopedia* (Westport, CT/London: Greenwood Press, 2002), t. 314.

4   Gweler *http://www.toutmoliere.net/louis-xiv.html* (cyrchwyd 30 Gorffennaf 2016).

5   David Bradbury ac Andrew Calder, 'Preface', yn David Bradbury ac Andrew Calder (goln), *The Cambridge Companion to Molière* (Cambridge: Cambridge University Press, 2006), t. xiii, xiii.

6   Cyfieithiad Emrys ap Iwan yn 'Dernyn o'r *Bourgeois Gentilhomme*', *Y Geninen* (1898), 19–22, 19.

7   Lewis, 'A Great Frenchman. Moliere [*sic*] Tercentenary Celebrations. Welsh Tribute to a Famous Dramatist', 6.

8   Addasiadau o *L'Avare* a *Le Médecin malgré lui* gan Ozaki Koyo oedd y dramâu cyntaf mewn Japaneg lafar fodern a luniwyd yn ystod y 1890au. *Natsi kosode* oedd *L'Avare* a *Koi no yamai* oedd *Le Médecin malgré lui*. Gweler M. Cody Poulton, 'The Rhetoric of the Real', yn David Jortner, Keiko McDonald a Kevin J. Wetmore Jr. (goln), *Modern Japanese Theatre and Performance* (Lanham, MD: Lexington Books, 2006), tt. 17–31, 26.

9   *Tabibu Asiyependa Utabibu* yw'r cyfieithiad Swahili o *Le Médecin malgré lui* a gyhoeddwyd ym 1945.

10 Lewis, 'A Great Frenchman. Moliere [*sic*] Tercentenary Celebrations. Welsh Tribute to a Famous Dramatist', 6.

11 Thomas, 'Rhagymadrodd', yn *Y Briodas Orfod*, t. viii.

12 Larry F. Norman, 'Molière as satirist', yn Bradbury a Calder (goln), *The Cambridge Companion to Molière*, t. xiii.

13 Ni cheir cofnod o deitl Cymraeg.

14 Annes Gruffydd oedd enw'r cyfieithydd pan luniwyd *Doctor Di-glem* ym 1995, ond mae hi wedi newid ei henw erbyn hyn.

15 Bruce Griffiths, 'Molière a'r meddygon', *Barn* (Tachwedd 1995), 28–9, 29.

16 Saunders Lewis, 'Molière a'i Waith', yn Molière, *Doctor er ei Waethaf*, cyf. gan Saunders Lewis (Wrecsam: Hughes a'i Fab, 1924), tt. 7–36, 15.

17 Saunders Lewis, 'Cenedlaetholdeb a Chyfalaf', yn Saunders Lewis, *Canlyn Arthur: Ysgrifau Gwleidyddol* (Llandysul: Gwasg Gomer, 1985) tt. 19–27, 20.

18 Molière, 'Préface', 'Le Tartuffe ou L'Imposteur', yn Georges Couton (gol.), *Oeuvres Complètes I* (Paris: Gallimard, 1971), tt. 883–8, 885.

19 Lewis, 'A Great Frenchman. Moliere [*sic*] Tercentenary Celebrations. Welsh Tribute to a Famous Dramatist', 6.

20 Lewis, 'A Great Frenchman. Moliere [*sic*] Tercentenary Celebrations. Welsh Tribute to a Famous Dramatist', 6.

21 Gerry McCarthy, *The Theatres of Molière* (London: Routledge, 2002), tt. xv–xvi.

22 Saunders Lewis, 'Y Ddrama yn Ffrainc', *Y Darian* (7 Gorffennaf 1921), 3.

23 Sirkku Aaltonen, *Time-Sharing on Stage: Drama Translation in Theatre and Society* (Clevedon: Multilingual Matters, 2000), t. 64.

24 Aaltonen, *Time-Sharing on Stage*, tt. 68–9.

25 Michael Cronin, *Translating Ireland: Translation, Languages, Cultures* (Cork: Cork University Press, 1996), t. 139.

26 Cronin, *Translating Ireland*, t. 140.

27 John Corbett, 'Speaking the World: Drama in Scots Translation', yn Gunilla Anderman (gol.), *Voices in Translation: Bridging Cultural Divides* (Clevedon: Multilingual Matters, 2007), tt. 32–45, 35.

28 Cronin, *Translating Ireland*, t. 140.

29 Lewis, 'Molière a'i Waith', t. 17.

30 Lewis, 'Molière a'i Waith', t. 11.

31 Syr Ifan ab Owen Edwards, 'Adolygiad', *Cymru* (Gorffennaf 1924), 26.

32 W. D. Howarth, *Molière: A Playwright and his Audience* (Cambridge: Cambridge University Press, 1982), t. 15.

33 Philip A. Wadsworth, *Molière and the Italian Theatrical Tradition* (Columbia, SC:: French Literature Publications Company, 1977), t. 105.

34 Ioan Williams, *A Straitened Stage: A Study of the Theatre of J. Saunders Lewis* (Bridgend: Seren Books, 1991), t. 15.

35 Gweler W. J. Gruffydd, 'Adolygiadau – Gwaed yr Uchelwyr', *Y Llenor*, 1, 1–4 (1922), 149–50, a D. T. Davies, 'Gwaed yr Uchelwyr', *Welsh Outlook*, 9, 11 (Tachwedd 1922), 272.

36 Saunders Lewis, 'Adolygiad o Gyfieithiad T. Hudson-Williams o nofel Pwshcin', *Baner ac Amsersau Cymru* (11 Mehefin 1947), 8.

37 Gaines (gol.), *The Molière Encyclopedia*, t. 315.

38 Saunders Lewis, 'The Poet', yn Alun R. Jones a Gwyn Thomas (goln), *Presenting Saunders Lewis* (Cardiff: University of Wales Press, 1983), tt. 171–6, 172–3.

39 Robert W. Goldsbuy, *Molière on Stage: What's so Funny?* (London: Anthem, 2012), t. 111.

40 Gaines (gol.), *The Molière Encyclopedia*, t. 315.

41 Goldsbuy, *Molière on Stage: What's so Funny?*, t. 8.

42 Llythyr gan Saunders Lewis at Kate Roberts a luniwyd ar 13 Hydref 1942. Cyhoeddwyd y llythyr yn Dafydd Ifans (gol.), *Annwyl Kate, Annwyl Saunders: Gohebiaeth, 1923–83*, (Aberystwyth: Llyfrgell Genedlaethol Cymru, 1992), tt. 132–3.

43 Saunders Lewis, 'Y Teulu', yn Saunders Lewis, *Canlyn Arthur: Ysgrifau Gwleidyddol*, tt. 47–54, 48.

44 Julia Prest, 'Medicine and entertainment in *Le Malade imaginaire*', yn Bradbury a Calder (goln), *The Cambridge Companion to Molière*, tt. 139–49, 140.

45 W. G. Moore, *Molière: A New Criticism* (Oxford: Clarendon Press, 1949), t. 57.

46 Moore, *Molière: A New Criticism*, t. 57.

47 Anthony Ciccone, *The Comedy of Language: Four Farces by Molière* (Potomac, Md.: J. Porrúa Turanzas, 1980), t. 96.

48 Molière, *Doctor er ei Waethaf*, cyf. gan Saunders Lewis (Wrecsam: Hughes a'i Fab, 1924), t. 65.

49 Lewis, *Doctor er ei Waethaf*, t. 66.

50 Moore, *Molière: A New Criticism*, t. 62.

51 Lewis, *Doctor er ei Waethaf*, tt. 69–70.

52 Lewis, *Doctor er ei Waethaf*, t. 78.

53 Lewis, *Doctor er ei Waethaf*, t. 83.

54 Ciccone, *The Comedy of Language: Four Farces by Molière*, t. 133.
55 Haydn Hughes, 'Saunders yr Enllibiwr', *Taliesin*, 122 (Haf 2004), 24–35, 27.
56 Dafydd Glyn Jones, 'Saunders Lewis a thraddodiad y ddrama Gymraeg', *Llwyfan*, Rhif 9 (Gaeaf 1973), 1–12, 10.
57 Saunders Lewis, 'Excelsior (1962)', yn Ioan Williams (gol.), *Dramâu Saunders Lewis: Y Casgliad Cyflawn Cyfrol II* (Caerdydd: Gwasg Prifysgol Cymru, 2000), tt. 294–343, 313.
58 Williams (gol.), *Dramâu Saunders Lewis: Y Casgliad Cyflawn Cyfrol II*, t. 312.
59 Williams (gol.), *Dramâu Saunders Lewis: Y Casgliad Cyflawn Cyfrol II*, t. 330.
60 Williams (gol.), *Dramâu Saunders Lewis: Y Casgliad Cyflawn Cyfrol II*, t. 319.
61 Williams (gol.), *Dramâu Saunders Lewis: Y Casgliad Cyflawn Cyfrol II*, t. 307.
62 Williams (gol.), *Dramâu Saunders Lewis: Y Casgliad Cyflawn Cyfrol II*, t. 318.
63 Williams (gol.), *Dramâu Saunders Lewis: Y Casgliad Cyflawn Cyfrol II*, t. 305.
64 Ioan Williams, 'Nodiadau – Excelsior (1962), yn Williams (gol.), *Dramâu Saunders Lewis: Y Casgliad Cyflawn Cyfrol II*, tt. 344–51, 347.
65 Williams (gol.), *Dramâu Saunders Lewis: Y Casgliad Cyflawn Cyfrol II*, t. 315.
66 Lewis, *Doctor er ei Waethaf*, t. 67.
67 Williams (gol.), *Dramâu Saunders Lewis: Y Casgliad Cyflawn Cyfrol II*, t. 339.
68 Lewis, *Doctor er ei Waethaf*, t. 66.
69 Williams (gol.), *Dramâu Saunders Lewis: Y Casgliad Cyflawn Cyfrol II*, t. 321.
70 Williams (gol.), *Dramâu Saunders Lewis: Y Casgliad Cyflawn Cyfrol II*, t. 321–2.
71 Williams (gol.), *Dramâu Saunders Lewis: Y Casgliad Cyflawn Cyfrol II*, t. 315.
72 Williams (gol.), *Dramâu Saunders Lewis: Y Casgliad Cyflawn Cyfrol II*, t. 331.
73 Lewis, *Doctor er ei Waethaf*, t. 83.
74 Williams (gol.), *Dramâu Saunders Lewis: Y Casgliad Cyflawn Cyfrol II*, t. 334.
75 Williams (gol.), *Dramâu Saunders Lewis: Y Casgliad Cyflawn Cyfrol II*, t. 325.
76 Williams (gol.), *Dramâu Saunders Lewis: Y Casgliad Cyflawn Cyfrol II*, t. 320.
77 Williams (gol.), *Dramâu Saunders Lewis: Y Casgliad Cyflawn Cyfrol II*, t. 326. Cyfeirir at egwyddorion moesol eto ar dudalennau 327 a 337.
78 Williams (gol.), *Dramâu Saunders Lewis: Y Casgliad Cyflawn Cyfrol II*, t. 295.
79 William Owen Roberts, 'Nodiadau ar Excelsior', *Taliesin*, 103 (1998), 19–35, 32.
80 Roberts, 'Nodiadau ar Excelsior', 32.
81 Williams (gol.), *Dramâu Saunders Lewis: Y Casgliad Cyflawn Cyfrol II*, t. 333.
82 Williams (gol.), *Dramâu Saunders Lewis: Y Casgliad Cyflawn Cyfrol II*, t. 339.
83 R. Hughes, '"Doctor er ei Waethaf", Comedi gan Molière', *Y Brython* (5 Mehefin 1924), 5.
84 Friedrich Schleiermacher, 'On the Different Methods of Translating. Translated by Susan Bernofsky', yn Venuti (gol.), *The Translation Studies Reader: Third Edition*, tt. 43–63, 49.
85 Aaltonen, *Time-Sharing on Stage*, t. 65.
86 Noël Peacock, 'Robert Kemp's Translations of Molière', yn Bill Findlay (gol.), *Frae Ither Tongues: Essays on Modern Translations into Scots* (Clevedon: Multilingual Matters, 2004), tt. 87–105, 89.
87 Lewis, *Doctor er ei Waethaf*, t. 38.

[88] Sioned Davies, 'O Alice i Alys: cyfieithu clasur i'r Gymraeg', *Llên Cymru*, 35 (2012), 116–46, 134.

[89] J.-M. Pelous, 'Les Métamorphoses de Sganarelle: La permanence d'un type comique', *Revue d'Histoire Littéraire de la France*, LXXII (1972), 821–49, 827.

[90] Wadsworth, *Molière and the Italian Theatrical Tradition*, t. 98.

[91] Pelous, 'Les Métamorphoses de Sganarelle: La permanence d'un type comique', 844.

[92] Molière, *Y Cybydd*, cyf. gan Ifor L. Evans (Caerdydd: Cwmni Cyhoeddi Addysgol, 1921), t. 101.

[93] Evans, *Y Cybydd*, t. 101.

[94] Gareth Miles, 'Colofn Gareth Miles – Cariad Mr Bustl', *Barn*, 252 (Hydref 2006), 60–2, 60.

[95] Taflen y Theatr Genedlaethol – 'Cariad Mr Bustl' (Caerfyrddin: Theatr Genedlaethol Cymru, 2007).

[96] Gweler *http://www.larousse.fr/dictionnaires/francais/g%C3%A9ronte/ 36818?q=geronte#36760* (cyrchwyd 31 Gorffennaf 2016).

[97] 'Wythnos o Ddrama Gymraeg yn Abertawe', *Y Darian* (8 Mai 1924), 3.

[98] Hughes, ' "Doctor er ei Waethaf", Comedi gan Molière', 5.

[99] Hughes, ' "Doctor er ei Waethaf", Comedi gan Molière', 5.

[100] Griffiths, 'Molière a'r meddygon', 28.

[101] Lewis, *Doctor er ei Waethaf*, t. 39.

[102] Llawysgrif *Doctor Di-glem* a dderbyniwyd gan Anna Gruffydd. Comisiynwyd y cyfieithiad gan Gwmni Theatr Gwynedd ym 1995, t. 1.

[103] Diddorol yw nodi bod newidiadau amlwg i gywair i'w gweld ar lawysgrif cyfieithiad Raymond Edwards, *Bonheddwr yn ôl ei Ewyllys*. Y mae hi'n aneglur ai'r cyfieithydd neu'r golygydd neu'r cynhyrchydd a ychwanegodd y cywiriadau â llaw i'r deipysgrif, ond gwelir addasiadau megis: 'Ydyw hi'n barod?' – 'Ydy hi'n barod?', t. 1; 'Eithaf gwir' – 'Eitha gwir', t. 1; 'gennyf i' – 'gen i', t. 4; 'Mi wneuthum i' – 'Fe wnes i', t. 4; 'Maent hwy'n wych.' – 'Maen nhw'n wych.', t. 5; 'Garech chwi glywed' – 'Garech chi glywed', t. 6; 'Yr ydych yn rhyfedd o dda' – 'Rydych chi'n rhyfedd o dda', t. 8. Y mae'r iaith yn parhau i aros yn weddol ffurfiol, serch hynny, ond y mae'r newidiadau yn awgrymu na rennid barn Saunders ynghylch ffurfioldeb iaith y theatr, hyd yn oed ym maes cyfieithu. Gweler Llyfrgell Genedlaethol Cymru, Drama Association of Wales Drama Collection 1934; Bonheddwr yn ôl ei Ewyllys.

[104] Alwena Williams, *Eli'r Galon* (Llanrwst: Gwasg Carreg Gwalch, 1982), t. 10.

[105] Gruffydd, *Doctor Di-glem*, t. 20.

[106] Islwyn Ffowc Elis, 'Dwy Nofel', yn D. Tecwyn Lloyd a Gwilym Rees Hughes (goln), *Saunders Lewis* (Abertawe: Christopher Davies, 1975), tt. 124–67, 139.

[107] Elis, 'Dwy Nofel', t. 140.

[108] Elis, 'Dwy Nofel', t. 137.

[109] Elis, 'Dwy Nofel', t. 140.

[110] John Gwilym Jones, 'Saunders Lewis Dramodydd', *Y Traethodydd* (Gorffennaf 1986), 152–63, 161.

[111] Saunders Lewis, 'Cyfansoddiadau Eisteddfod Genedlaethol Caerdydd' (1938). Dyfynnwyd yn Hazel Walford Davies, *Saunders Lewis a Theatr Garthewin* (Llandysul: Gomer, 1995), tt. 40–1.

[112] Stephen J. Williams, 'Darlithydd yng Ngholeg y Brifysgol, Abertawe', yn D. Tecwyn Lloyd a Gwilym Rees Hughes (goln), *Saunders Lewis* (Abertawe: Christopher Davies, 1975), tt. 206–10, 208.

[113] Kate Roberts, 'Rhyddiaith Saunders Lewis', yn Pennar Davies (gol.), *Saunders Lewis: ei feddwl a'i waith* (Dinbych:, Gwasg Gee: 1950), tt. 52–64, 52–3.

[114] Lewis, 'Molière a'i Waith', t. 35.

[115] Angharad Price, 'Cyfoeth Cyfieithu', *Taliesin* (Gaeaf 1997), 11–39, 25.

[116] Molière, 'Le Médecin malgré lui', yn Georges Couton (gol.), *Oeuvres Complètes II* (Paris: Gallimard, 1971), tt. 219–60, 246.

[117] Lewis, *Doctor er ei Waethaf*, t. 81.

[118] Gweler tudalen 84, 'Cyfieithu Llyfr a Chyfieithu i'r Llwyfan'.

[119] Lewis, *Doctor er ei Waethaf*, t. 81.

[120] Saunders Lewis, 'Buchedd Garmon', yn Ioan Williams (gol.), *Dramâu Saunders Lewis: Y Casgliad Cyflawn Cyfrol I* (Caerdydd: Gwasg Prifysgol Cymru, 2000), tt. 119–42, 123.

[121] Lewis, *Doctor er ei Waethaf*, t. 80.

[122] Williams, *Eli'r Galon*, t. 29

[123] Gweler tudalen 92, 'Cyfieithu Llyfr a Chyfieithu i'r Llwyfan'.

[124] Lewis, *Doctor er ei Waethaf*, t. 43.

[125] 'Wythnos o Ddrama Gymraeg yn Abertawe', *Y Darian* (15 Mai 1924), 6.

[126] Eivor Martinus, 'Translating Scandinavian Drama', yn David Johnston (gol.), *Stages of Translation* (Bath: Absolute Classics 1996) tt. 109–21, 110.

[127] Gruffydd, *Doctor Di-glem*, t. 3.

[128] Perffformiwyd yr addasiad am y tro cyntaf gan Ysgol y Berwyn yn y Bala.

[129] ab Owen Edwards, 'Adolygiad', 26.

[130] ab Owen Edwards, 'Adolygiad', 26.

[131] Ebychiad yw 'parguenne' a ddaw o'r Eidaleg *becco cornuto* (cwcwallt). Gweler *http://toutmoliere.net/acte-1,405458.html* (cyrchwyd 1 Awst 2016).

[132] Molière, 'Le Médecin malgré lui', t. 230.

[133] Lewis, *Doctor er ei Waethaf*, t. 48.

[134] Gruffydd, *Doctor Di-glem*, t. 5.

[135] Samuel Beckett, *En attendant Godot* (Paris: Lés Éditions de Minuit, 1952), t. 95. Bastard yw ystyr *salaud* a *fumier*, a chnaf yw *crapule*.

[136] Samuel Beckett, *Wrth Aros Godot*, cyf. gan Saunders Lewis (Caerdydd: Gwasg Prifysgol Cymru, 1970), t. 67.

[137] Samuel Beckett, *Waiting for Godot* (London: Faber & Faber, 1955), t. 9.

[138] Lewis, *Wrth Aros Godot*, t. 11.

[139] Samuel Beckett, *Fin de partie* (Paris: Éditions de Minuit, 1957), t. 22.

[140] Samuel Beckett, *Diwéddgan*, cyf. gan Gwyn Thomas (Caerdydd: Gwasg Prifysgol Cymru, 1969), t. 8.

[141] Beckett, *Fin de partie*, t. 74.

142 Thomas, *Diwéddgan*, t. 36.
143 Beckett, *Fin de partie*, t. 74.
144 Thomas, *Diwéddgan*, t. 36. Ceir enghreifftiau pellach hefyd megis: 'Ydi, o ddiawl!', t. 21; 'Clov: Y bitsh!', t. 23; 'Clov: Be' ddiawl ydi o bwys?', t. 47; 'Tomatos o ddiawl!', t. 50.
145 Lewis, *Doctor er ei Waethaf*, t. 69.
146 Gruffydd, *Doctor Di-glem*, t. 12.
147 Lewis, *Doctor er ei Waethaf*, t. 51.
148 Williams, *Eli'r Galon*, t. 16.
149 Lewis, *Doctor er ei Waethaf*, t. 67.
150 Gruffydd, *Doctor Di-glem*, t. 14. Fy mhwyslais i ar ffurf llythrennau italig.
151 Lewis, *Doctor er ei Waethaf*, t. 68.
152 Gruffydd, *Doctor Di-glem*, t. 14. Fy mhwyslais i ar ffurf llythrennau italig.
153 Lewis, *Doctor er ei Waethaf*, t. 76.
154 Gruffydd, *Doctor Di-glem*, t. 17. Fy mhwyslais i ar ffurf llythrennau italig.
155 Lewis, *Doctor er ei Waethaf*, t. 93.
156 Yn ei le disgrifir fel y mae Sganarelle a Jacqueline yn symud i ddwy ochr y llwyfan wrth sylwi bod Lucas yn gwrando arnynt (Molière, 'Le Médecin malgré lui', t. 254).
157 *'Wrth i Sganarelle estyn ei fraich i gofleidio Jacqueline, rhydd Lucas ei ben oddi tani a dod rhyngddynt. Edrycha Sganarelle a Jacqueline ar Lucas a mynd allan, un bob ochr. Daw Géronte i mewn.'* Gruffydd, *Doctor Di-glem*, t. 27.
158 Wadsworth, *Molière and the Italian Theatrical Tradition*, t. 105.
159 Bruce Griffiths, 'Gair am y Cyfieithiad', yn Bruce Griffiths, *Y Claf Diglefyd* (Caerdydd: Gwasg Prifysgol Cymru, 1972), t. xiv.
160 Egil Törnqvist, *Transposing Drama: Studies in Representation* (Basingstoke: Macmillan, 1991), t. 12.
161 Wadsworth, *Molière and the Italian Theatrical Tradition*, t. 105.
162 Moore, *Molière: A New Criticism*, t. 30.
163 Moore, *Molière: A New Criticism*, t. 30.
164 Lewis, *Doctor er ei Waethaf*, t. 99.
165 Moore, *Molière: A New Criticism*, t. 27.
166 Gruffydd, *Doctor Di-glem*, t. 19.
167 Ioan Williams, 'Cyflwyniad – Serch yw'r Doctor', yn Williams (gol.), *Dramâu Saunders Lewis: Y Casgliad Cyflawn Cyfrol II*, tt. 111–25, 114.
168 Alwena Williams, 'Molière (1622–1673)', yn Alwena Williams, *Eli'r Galon* (Llanrwst: Gwasg Carreg Gwalch, 1982), t. 6, 6.
169 Dewiswyd y teitl gan aelod o staff Cwmni Theatr Gwynedd ac nid Anna Gruffydd. Cyfweliad ag Anna Gruffydd a gynhaliwyd drwy ebost ym mis Awst 2015.
170 Miles, 'Colofn Gareth Miles – Cariad Mr Bustl', 60.
171 Lewis, *Doctor er ei Waethaf*, tt. 44–5.
172 Williams, *Eli'r Galon*, t. 12.
173 Lewis, *Doctor er ei Waethaf*, t. 76.
174 Lewis, *Doctor er ei Waethaf*, t. 81.

175 Williams, *Eli'r Galon*, t. 29.
176 Lewis, *Doctor er ei Waethaf*, t. 94.
177 Gruffydd, *Doctor Di-glem*, t. 27.
178 Williams, *Eli'r Galon*, t. 33.
179 Lewis, *Doctor er ei Waethaf*, t. 63.
180 Williams, *Eli'r Galon*, t. 22.
181 Howell Davies, 'Moliere [sic] yn Gymraeg. Cyfieithiad Mr. Saunders Lewis. Pethau a Adawyd Allan', *Baner ac Amserau Cymru*, 14 Awst 1924, 5.
182 Davies, 'Moliere [sic] yn Gymraeg. Cyfieithiad Mr. Saunders Lewis. Pethau a Adawyd Allan', 5.
183 'Y dramaydd a'i gwmni. Darlith Mr. Saunders Lewis', *Y Faner* (11 Mehefin 1952), 5.
184 Williams, 'Molière (1622–1673)', t. 6.
185 Williams, *Eli'r Galon*, t. 25. 'Géronte: 'Dyw pethau gwych i ddyfod ddim gwerth taten. 'Does yna ddim yn y byd cystal â'r peth mewn llaw.' Lewis, *Doctor er ei Waethaf*, t. 67.
186 Williams, *Eli'r Galon*, t. 14. 'Mi wn y gall gwraig ddial pan fynno hi ar ei gŵr, ond dial rhy goeth yw hynny i'r gŵr acw.' Lewis, *Doctor er ei Waethaf*, t. 48
187 Williams, *Eli'r Galon*, tt. 15–16. 'Val: Mae'n beth od bod rhyw wendid ym mhob gŵr o athrylith, rhyw ronyn o ffolineb yn gymys â'u gwybod.' Lewis, *Doctor er ei Waethaf*, t. 51
188 Williams, *Eli'r Galon*, t. 20. 'Luc: 'Dyw'r holl ffwlbri yma werth dim. Mi wyddom ni'r peth a wyddom.' Lewis, *Doctor er ei Waethaf*, t. 58
189 Davies, 'Moliere [sic] yn Gymraeg. Cyfieithiad Mr. Saunders Lewis. Pethau a Adawyd Allan', 5.
190 Tudur Hallam, *Saunders y Dramodydd* (Caernarfon: Gwasg Pantycelyn, 2013), t. 22.
191 Saunders Lewis, 'Thomas Hudson-Williams a Chyfieithu', *Baner ac Amserau Cymru* (31 Ionawr 1951), 8.
192 Llythyr Saunders Lewis at Kate Roberts 27 Rhagfyr 1937. Gweler Ifans (gol.), *Annwyl Kate, Annwyl Saunders: Gohebiaeth, 1923–83*, t. 119.
193 Llythyr Saunders Lewis at Kate Roberts 27 Rhagfyr 1937. Gweler Ifans (gol.), *Annwyl Kate, Annwyl Saunders: Gohebiaeth, 1923–83*, t. 120.

6

Cyfieithu'r Absŵrd

Cafwyd bwlch sylweddol o bron i ddeugain mlynedd rhwng cyfieith-
iad cyntaf Saunders a'i ail ymgais i drosi drama Ffrangeg i'r Gymraeg.
Cyfieithodd ddrama Beckett, *En attendant Godot*, yn gyntaf ym 1962
ar gyfer darllediad radio. Dyn ifanc ar ddechrau ei yrfa academaidd
a llenyddol oedd cyfieithydd *Doctor er ei Waethaf*; llenor profiadol a
gwleidydd brwd a oedd wedi profi sawl her dros y degawdau blaenorol
oedd cyfieithydd *Wrth Aros Godot*, ac fe adlewyrchir y gwahaniaethau
hyn yn y gwaith. O edrych ar y cyfieithiad yn fanwl, gwelwn ddau
beth allweddol: y mae'r theori domestigeiddio, dull cyfieithu a rydd
bwyslais ar anghenion y gynulleidfa darged, yn hydreiddio'r ail gyf-
ieithiad, ac y mae ôl llaw Saunders, y cyfieithydd, y dramodydd a'r
gwleidydd, i'w weld yn glir ar y testun. O gydnabod y newidiadau a
welir yn y cyfieithiad, ac o bwyso a mesur theorïau sydd yn cefnogi
hawl y cyfieithydd i addasu testun am amryw resymau, rhaid gofyn
i ba raddau y mae Saunders yn cadw o fewn cyfyngiadau cyfieithu.
Ai cyfieithiad yw *Wrth Aros Godot*, ai addasiad yw hi, ynteu destun
hollol newydd, creadigaeth Gymraeg sydd yn adlewyrchu tueddiadau
dramatig a theimladau personol y dramodydd Cymraeg sefydledig,
Saunders Lewis?

Edrycha'r bennod hon yn fanwl ar gyfieithiad Saunders, *Wrth Aros
Godot*. Benthycir sbienddrych Hamm a Clov o ddrama Beckett, *Diwédd-
gan*, fel petai. Amcan y dadansoddiad hwn yw olrhain datblygiad
Saunders fel cyfieithydd sydd ynghlwm â'i ddatblygiad fel gwleidydd,
fel dramodydd ac fel dyn crefyddol. Bwriedir dangos bod *Wrth Aros
Godot* yn darllen fel drama wahanol i *En attendant Godot* a *Waiting for
Godot*, ac ystyrir, felly, i ba raddau y gellir ei hystyried yn gyfieithiad
ffyddlon. Yn gyntaf gosodir cyd-destun y ddrama wreiddiol, un o

ddramâu cyntaf ac o bosibl ddrama enwocaf mudiad theatr yr abswrd. Ystyrir wedyn gefndir y cyfieithiad Cymraeg, gan gynnig esboniad ar resymau Saunders dros gyfieithu'r ddrama hon. Yn wahanol i Molière, sef dramodydd clasurol o fri yr oedd Saunders yn ei edmygu, nid yw'r cysylltiad rhwng Beckett a Saunders mor amlwg ar yr wyneb. O feddwl am theatr Saunders Lewis daw themâu megis ffydd, aberth, serch, gwladgarwch a Chymreictod i'r meddwl, yn hytrach na gwacter ystyr ac anobaith y ddynolryw. Anodd yw deall pam y byddai Saunders, dyn crefyddol angerddol a gwleidydd brwd, wedi dewis trosi gwaith llwm fel hwn. Gofynnir, felly, beth yw'r cysylltiad rhwng y dramodwyr a pha mor bwysig yw'r tebygrwydd hwn wrth gyfieithu, hynny yw a ddylai cyfieithydd uniaethu â'r gwaith y mae'n ei drosi?

Er nad oes cysylltiad rhwng dramâu enwocaf Saunders a gwaith Beckett, gwelwn fod diddordeb Saunders ym mudiad theatr yr abswrd wedi datblygu y tu hwnt i'r cyfieithiad hwn, gan brofi unwaith eto allu cyfieithu i ysbrydoli gwaith newydd. At hynny edrychir ar ddwy ddrama abswrdaidd gan Saunders ei hun, *Yn y Trên* a *Cell y Grog*, gan dynnu cymariaethau rhyngddynt a gwaith Beckett er mwyn arddangos diddordeb Saunders yn y duedd theatraidd newydd hon. Ac wrth gwrs, ystyrir y brif elfen sy'n clymu Saunders a Beckett ynghyd, sef eu diddordeb mewn iaith, ei gallu neu ei hanallu i gyfathrebu, a'i rôl mewn drama ac mewn cymdeithas. Canolbwynt gweddill y bennod fydd dadansoddi'r cyfieithiad ei hun yn fanwl, gan edrych ar wahanol themâu sy'n gysylltiedig ag ef: iaith, crefydd a gwleidyddiaeth. Cym-herir y testun hefyd mewn mannau â'r unig gyfieithiad arall a gyhoedd-wyd o waith Beckett i'r Gymraeg, sef *Diwéddgan*, a droswyd gan Gwyn Thomas ym 1969. Er bod y ddau gyfieithiad wedi'u cyhoeddi fel rhan o'r un gyfres, y mae Saunders wedi crwydro'n bellach o eiriau Beckett nag y mae Gwyn Thomas ac fe bwysleisia hyn ymhellach hyfdra Saunders fel cyfieithydd erbyn 1962. Gwelwn mai cyfieithiad go wahanol i *Doctor er ei Waethaf* yw *Wrth Aros Godot*.

Cefndir y Testun

Edrychwn yn gyntaf ar hanes y ddrama arloesol hon, a'i hawdur aml-ieithog. Cyhoeddwyd *En attendant Godot* yn gyntaf ym 1952 ac fe'i perfformiwyd am y tro cyntaf yn y Ffrangeg ar lwyfan Théâtre de Babylone, Paris ar 5 Ionawr 1953. Cyfnod byr sydd, felly, rhwng y ddrama wreiddiol a'r cyfieithiad Cymraeg, yn wahanol i destun

Molière. Dewis drama un o'i gyfoedion a wnaeth Saunders y tro hwn, drama a oedd yn torri tir theatraidd newydd yn ystod ei fywyd ef, yn hytrach na gwaith cawr o lenor a adawai gysgod ar ei ôl am ganrifoedd. Sylweddolodd fod y ddrama yn dal i esblygu a thrawsnewid ar y cyfandir tra'i bod newydd egino i raddau yng Nghymru. Ac fel y gwelwyd eisoes, nid Saunders oedd yr unig un i weld yr angen hwn i ddatblygu, gan fod cyfieithiadau o ddramâu abswrd Ionesco wedi'u perfformio o'r 1950au ymlaen yng Nghymru. Yr oedd tro ar fyd yn y theatr Gymraeg.

Dyma ddrama gyntaf Beckett, ac fe gynrychiolai ddyfodiad newydd i'r theatr Ffrangeg ac i'r llwyfan rhyngwladol, sef mudiad theatr yr abswrd, neu theatr yr afreswm fel y'i disgrifir gan rai: y mae amrywiaethau cyfieithu yn bodoli hyd yn oed yn nherminoleg y theatr. Cysylltir sawl dramodydd Ewropeaidd yn bennaf â'r mudiad hwn, gan gynnwys Eugène Ionesco, Arthur Adamov a Jean Genet. Daeth dramodwyr theatr yr abswrd (er nad y dramodwyr eu hunain a oedd yn gyfrifol am y label a roid i'w gwaith) i'r golwg ar draws Ewrop ac mewn rhannau o'r Gorllewin megis yr Unol Daleithiau, ond Ffrainc oedd calon y mudiad. Ond yn eironig ddigon, er mai yn Ffrangeg yr ysgrifennwyd nifer helaeth o'r dramâu, nid Ffrancwyr oedd yr awduron: Rwmaniad oedd Ionesco, Rwsiad oedd Adamaov a Gwyddel, wrth gwrs, oedd Samuel Beckett. Denwyd y dramodwyr i Baris am fod rhyddid yno iddynt arbrofi a digon o gyfleoedd iddynt gyhoeddi eu gwaith.[1]

Prif duedd dramâu'r ysgol hon yw cwestiynu bodolaeth y ddynolryw a phwrpas bywyd, a herio cyfyngiadau cyfathrebu a diffygion iaith. '[T]he Theatre of the absurd strives to express its sense of the senselessness of the human condition and the inadequacy of the rational approach by the open abandonment of rational devices and discursive thought', chwedl Martin Esslin.[2] Gwnaed hyn ar ffurf plotiau disynnwyr, ieithwedd ryfedd, ac yn bennaf, defnydd helaeth o seibiau a chyfnodau o dawelwch. Creu ansicrwydd y mae dramâu abswrd, ansicrwydd i'r gynulleidfa, i feirniaid ac i'r cymeriadau eu hunain. Yn ôl Gwyn Thomas: 'Gellir honni mai camp fawr Beckett oedd creu delweddau sy'n mynegi rhai o bryderon dyfnaf yr ugeinfed ganrif ynghylch bodolaeth dyn yn y byd.'[3] Gofynnir cwestiynau ond ni chynigir atebion, a gadewir i'r gynulleidfa bendroni am eu cysylltiad hwy â'r hyn a bortreadir yn y dramâu.

Y mae *En attendant Godot* yn gynrychioliadol iawn o theatr yr abswrd. Fe'i hadwaenir fel y ddrama lle nad oes dim byd yn digwydd ddwywaith. Dim ond pedwar prif gymeriad sydd i'r ddrama. Y mae dau drempyn, Estragon a Vladimir, yn aros drwy gydol y ddrama am gymeriad o'r enw Godot, ond nid yw ef byth yn ymddangos. Maent yn ceisio'u diddanu eu hunain yn y cyfamser gyda sgyrsiau am eu sefyllfa, am eu gorffennol, ac am bynciau eraill ar hap, gan bendroni dros y rhesymau pam y maent yn parhau i aros. Torrir ar draws eu myfyrdod gan ymddangosiad Pozzo a Lucky, y naill yn rheoli ymddygiad y llall yn debyg i feistr a'i was. Ceir golygfeydd doniol sy'n dwyn i gof draddodiad y *vaudeville* yn Ffrainc, ac o hiwmor slapstic Charlie Chaplin, yn gymysg â datganiadau athronyddol dwys sy'n ysgogi'r gynulleidfa i ystyried gwir ystyr neu ystyron y ddrama. Digwydd y diddymdra diflas hwn 'ddwywaith' oherwydd y mae'r ail act yn ailadrodd cynnwys yr act gyntaf i raddau helaeth, ond er hyn, Vladimir yw'r unig un o'r pedwar i arddangos unrhyw gof am ddigwyddiadau'r diwrnod cynt. Ar ddiwedd yr act gyntaf fel yr ail, daw bachgennyn i'r llwyfan i ymddiheuro ar ran Godot nad yw'n gallu cyrraedd i gyfarfod â hwy heddiw, ond gan addo y daw yfory. Nid oes dim yn digwydd nac yn newid yn y ddrama oherwydd erbyn y diwedd, mae'r ddau yn dal i aros yn yr un lle am ymddangosiad Godot. Er gwaethaf eu sôn am hunanladdiad ac am ymadael, aros a wnânt, ac awgrymir mai dwy act yn unig o berfformiad hir iawn a gyflwynir gan y ddrama.

Yr aros ei hun yw canolbwynt y ddrama, a sut y mae'r cymeriadau'n ymdopi â threigl amser. Ys dywed Ruby Cohn: 'In *Godot*, Beckett's characters manoeuvre through stage space to pass the time. For it is, of course, with time that Beckett's classic is obsessed – the time of waiting.'[4] Gellir gweld sefyllfa Vladimir ac Estragon fel trosiad am fodolaeth dyn, lle nad oes dim o unrhyw ddiben yn digwydd ac y mae ansicrwydd yn teyrnasu. Ond am beth y mae'r ddau drempyn, neu'r ddau glown, neu'r ddau leidr wrth ymyl Crist yn aros? Beth y mae trosiad eu bodolaeth yn ei gynrychioli? 'God, Death, Humanity, Crisis of Consciousness, Waiting, Object of Desire – the list of overlapping definitions for Godot is as interminable as Beckett's characters' wait',[5] chwedl Maria Minich Brewer. Mae'r ddrama wedi cael ei dehongli fel comedi ac fel trasiedi, fel trosiad crefyddol a datganiad celfyddydol. Nid drama rwydd yw'r ddrama hon, ac ni cheir un ateb clir i'w hystyr. Gwêl rhai bortread o'r gymdeithas ynddi,[6] ac eraill bortread hunangofiannol o brofiadau Beckett yn ystod yr Ail Ryfel Byd.[7] Mae profiad y ddrama, yn ôl Martin Esslin, yn gyfanfydol: 'That is why Beckett's play is felt to be about every individual's, every community's, particular problems. It is a dramatised metaphor for the most general existential experience of humanity.'[8] Nid yw'r ystyr yn amlwg nac yn syml; mae hi'n amlhaenog ac yn ansicr, ac felly y mae'r her i'r cyfieithydd gadw'r ansicrwydd hwnnw, a'i gyfleu yn yr iaith darged, yn sylweddol. Gofynnwn felly a oedd Saunders yn barod i gyflawni'r dasg hon, ac a oedd yn fodlon cadw ei niwtraliaeth wrth drosi o'r Ffrangeg i'r Gymraeg.

Cymhelliant y Cyfieithydd

Cyn ystyried y cyfieithiad ei hun, rhaid yn gyntaf ofyn beth oedd diddordeb Saunders yng ngwaith y dramodydd hwn. Ar yr olwg gyntaf, nid oes unrhyw elfen amlwg i gysylltu Saunders Lewis a Samuel Beckett, heblaw am gyfnod eu bodolaeth ar y ddaear hon.[9] Mae eu hagweddau at ddrama ac at iaith yn hynod wahanol, er bod y ddau yn dangos diddordeb yn y ffordd y mae iaith yn gweithredu a'i heffaith ar gyfieithu. Mae syniadau cyferbyniol ganddynt am grefydd, gan fod Beckett wedi gwrthod ei fagwraeth Brotestannaidd, a Saunders wedi gadael ei wreiddiau Protestannaidd ei hun er mwyn mabwysiadu llymder y ffydd Gatholig. Cyhuddwyd Saunders o bropaganda Catholig yn ei ddramâu am flynyddoedd, ac i nifer o feirniaid Beckett, absenoldeb Duw sydd yn arwyddocaol o'i waith. Ys dywed Gwyn Thomas: 'Roedd ymennydd llym a didrugaredd Beckett yn gwrthod unrhyw gysur ynghylch y diffyg tystiolaeth sydd yna ynghylch unrhyw Ystyr trosgynnol neu Dduw.'[10] Os yw'r ddau ddramodydd hyn mor wahanol, beth a ysgogodd Saunders i ymgymryd â'r cyfieithiad?

Yn ôl Justin O'Brien, mae'r cysylltiad rhwng y cyfieithydd a'r awdur gwreiddiol yn hanfodol. Dywed: 'One should never translate anything one does not admire', ac os yw hi'n bosibl, 'a natural affinity should exist between translator and translated.'[11] Ni ellir gwadu bod parch gan Saunders at waith Beckett er gwaethaf eu gwahaniaethau personol a chreadigol. Ys dywed John Gwilym Jones am ddewrder Saunders wrth gyfieithu gwaith dramodydd a oedd mor wahanol iddo:

> Cristion oedd Williams Pantycelyn. Anghredadun yw Beckett yn *Aros Wrth Godot* [sic]. Byddai rhywbeth o'i le ar Williams fel beirniad llenyddol petai'n gwrthod cydnabod *Wrth Aros Godot* yn llenyddiaeth yn union fel y byddai rhywbeth o'i le ar Beckett petai'n gwrthod cydnabod nerth ingol angerdd emynau Williams. Dyma un rheswm pam y mae Saunders Lewis yn feirniad o bwys. Er ei fod yn Babydd a Christion, y ddau beth fel ei

gilydd yn wrthnysig i Becket, gwelodd fawredd *Wrth Aros Godot*, a thrafferthu i'w throsi i Gymraeg.[12]

Dadleua Eugene Nida, serch hynny, fod gofyn am gysylltiad cryfach rhwng y cyfieithydd a'r awdur gwreiddiol. Awgryma y dylai cyfieithydd da fod yn debyg i'r awdur y mae e'n cyfieithu ei waith. Dylent rannu cefndir cymdeithasol tebyg a fydd yn galluogi dealltwriaeth drylwyr o syniadau ei gilydd ac felly o gynnwys yr hyn a gyfieithir. Er gwaethaf eu gwahaniaethau personol, y mae cefndir Beckett a Saunders yn debyg ar sawl gwedd: dewisasant fabwysiadu iaith arall er mwyn cyfansoddi eu gwaith creadigol. Dechreuodd y ddau drwy gyfansoddi yn y Saesneg: *The Eve of Saint John* (1921) oedd drama gyntaf Saunders, a chyhoeddwyd gweithiau cyntaf Beckett yn Saesneg sef y gerdd, *Whoroscope* (1930), y casgliad o ryddiaith, *More Pricks Than Kicks* (1934), a'r gyfrol farddoniaeth, *Echo's Bones and Other Precipitates* (1935). Ymhen ychydig flynyddoedd, dewisodd Beckett ysgrifennu yn Ffrangeg, a mabwysiadodd Saunders iaith ei aelwyd, sef y Gymraeg, yn hytrach nag iaith ei amgylchedd, sef y Saesneg. Er mai ar aelwyd Gymraeg y magwyd Saunders, fe dreuliodd ei ieuenctid yn Lloegr, ac fe'i hystyrid gan nifer fel awdur estron a ddaeth i Gymru ac a fabwysiadodd y wlad. Ys dywed D. Gwenallt Jones: 'Nid bardd a godwyd yng Nghymru ydyw, ond bardd a ddaeth i Gymru o'r tu allan.'[13] Yn yr un modd, disgrifia D. Tecwyn Lloyd syniadaeth a pholisïau Saunders fel cynnyrch 'Cymro alltud',[14] ac fe noda Lloyd yn arbennig: 'Fe'i siomwyd wrth gwrs; llysfam ac nid mam fu Cymru iddo.'[15] Gellir dadlau bod Saunders wedi gweld tebygrwydd rhyngddo ef ei hun a Beckett gan fod y ddau ohonynt wedi mabwysiadu gwlad arall fel cartref ac fel ffynhonnell ysbrydoliaeth eu cyfansoddi creadigol.

Yn yr un modd, dramodwyr ac awduron oeddent ill dau, a oedd yn adnabyddus iawn o fewn eu cylchoedd llenyddol gwahanol. Enillodd Beckett Wobr Nobel am Lenyddiaeth ym 1969, ac ymgyrchwyd dros enwebu Saunders am yr un wobr y flwyddyn ganlynol, er i'r ymgyrch honno fethu. Ymhellach, y mae un nodwedd hanfodol yn eu clymu ynghyd, sef eu hangerdd am ffurf y ddrama ei hun:

Fe ddywedai dirfodwyr o anffyddwyr fel Sartre a Samuel Beckett fod dyn wedi ei gondemnio i orfod dewis, mai gweithred o ing ydyw, yn ddychryn iddo, and fe ddywedai dirfodwyr Cristnogol fel Kierkegaard mai dyna'i fraint, rhodd Duw iddo. I Kierkegaard y mae Saunders Lewis yn perthyn er iddo dderbyn dull Sartre a Beckett i fynegi hynny, sef drama.[16]

Gwêl John Gwilym Jones debygrwydd yn hoffter Saunders a Beckett o'r un cyfrwng creadigol, er ei fod yn gwrthod unrhyw gysondeb thematig rhwng y ddau. Fel y gwelwn, serch hynny, nid yw cynnwys ac ieithwedd eu holl ddramâu ar begynau mor wahanol i'r disgwyl. Yr hyn a'u gwahanai oedd eu crefydd, ond yn llygaid Saunders, nid oedd gwahaniaeth mawr yn eu ffordd o bortreadu crefydd yn eu dramâu, oherwydd fel y gwelwn yn hwyrach yn y bennod hon, dehonglodd *En attendant Godot* fel drama a dyfasai o wreiddiau Protestannaidd Beckett. Gwelai Saunders, felly, ei hun fel cyfieithydd addas iawn i ymgymryd â throsi gwaith Beckett i'r Gymraeg.

Er gwaethaf y gwahaniaethau amlwg o ran credoau a chyfansoddiadau dramatig Saunders a Beckett, gwelir bod sawl esboniad posibl ar ddiddordeb Saunders yng ngwaith Beckett a'i benderfyniad i gyfieithu *En attendant Godot*. Yn gyntaf, arbrofodd Saunders gyda gwahanol ffurfiau ysgrifenedig, gan ddatblygu ei ddulliau cyfansoddi i gyd-fynd â'i ddaliadau gwleidyddol, crefyddol a chymdeithasol a oedd yn datblygu ac yn newid yn gyson.[17] Ar y naill law, gellir dadlau bod diddordeb Saunders yng ngwaith Beckett yn cynrychioli cyfnod pan oedd yn mwynhau chwarae ymhellach gyda phosibiliadau artistig y theatr, sy'n esbonio'i gyfansoddiadau abswrdaidd ei hun. At hynny, mae diddordeb Saunders mewn iaith ac mewn cyfieithu yn allweddol, oherwydd rôl iaith ym myd y theatr yw gwraidd drama Beckett. Yn *Wrth Aros Godot*, fel y gwelwn, y mae Saunders yn arbrofi gyda chyfyngiadau cyfieithu, gan herio i ba raddau y gall y cyfieithydd newid ystyr y testun gwreiddiol. Addas iawn ydoedd dewis cyfieithu drama gan un o gyfieithwyr enwocaf byd y ddrama.

Yn ail, gwyddys i Saunders ddioddef anawsterau a heriau gyda'i gredoau crefyddol, gan iddo droi at yr Eglwys Gatholig yn y dirgel yn y lle cyntaf, ac yna'n agored ym 1932, gan wynebu beirniadaeth o sawl cyfeiriad. Profai hefyd gyfnodau o ansicrwydd ynghylch ei ffydd, ac mae hi'n bosibl ei fod wedi ymgymryd â'r gwaith cyfieithu yn ystod cyfnod o amheuaeth. Yn ôl Bruce Griffiths: 'Y mae'n arwyddocaol iawn mai drama mor amwys ei hagwedd at ffydd a chrediniaeth (nid, oes sicrwydd y daw Godot byth) y dewisodd S.L. ei chyfieithu, yn hytrach, er enghraifft, na rhyw un o ddramâu Paul Claudel y bu unwaith yn ei edmygu.'[18] Ac eto, nid yw amheuon yn golygu ei fod wedi peidio â chredu. Yn ôl yr Esgob Mullins, tua diwedd ei oes, poenai Saunders am y ffordd y byddai ei bapurau yn cael eu dehongli ar ôl ei farwolaeth. Ofnai y byddai ei amheuon yn cael eu dehongli fel diffyg ffydd, ond nid oedd hyn yn wir. Ys dywed yr Esgob Mullins:

Yr oedd Ffydd yn gorfodi dyn i adael hen bethau siŵr y byd a chadw golwg, nid ar y pethau a welir ond ar y pethau nas gwelir. Yr oedd wedi ei orfodi i berthyn i gymuned lle yr oedd llawer nad oeddent yn deall ei gefndir a'i dreftadaeth nac yn malio dim am bethau a oedd yn gysygredig iddo ef. Ac eto, ac eto, bu'n rhaid dewis. A chadw at y dewis hwnnw a wnaeth ef hyd at y diwedd. Erbyn y diwedd, nid oedd unpeth arall yn cyfrif.[19]

Gellir dadlau mai ei fwriad drwy gyfieithu'r ddrama lom hon oedd ei harddangos i'r darllenydd/gwyliwr (neu yn yr achos hwn, y gwrandäwr) mewn ffordd wahanol a'i thrawsnewid yn ddrama grefyddol gadarnhaol. Efallai mai ei amcan oedd trafod yr un amheuon yr oedd ef ei hun yn eu hwynebu'n gyson, gan gynnig atebion posibl iddynt a chan, felly, greu gobaith a goleuni mewn drama dywyll iawn. Yn yr un modd, mae hi'n bosibl mai amwysedd y ddrama a apeliai at Saunders, am ei fod wedi ei alluogi i awgrymu rhai o'i syniadau a'i gredoau ei hun fel dehongliad o'r testun.

Er nad oes modd deall yn union deimladau Saunders am ei grefydd pan luniodd y cyfieithiad, gellir deall ei ddiddordeb yn y gwaith. Ac er gwaethaf yr amwysedd a'r ansicrwydd a fynegir yn y ddrama wreiddiol a ddenodd ei sylw yn y lle cyntaf, rhaid cofio nad yw'r cyfieithiad Cymraeg yn cyfateb yn union i'r ddrama Ffrangeg nac i'r ddrama Saesneg. Gwelwn fod Saunders wedi dehongli drama Beckett mewn ffordd unigryw, a'i fod, o'r herwydd, wedi plethu'r dehongliad hwn i'w gyfieithiad, gan greu gwahaniaethau arwyddocaol i'r fersiwn Ffrangeg gwreiddiol. Yn y lle cyntaf, y mae ei ddehongliad crefyddol a gwleidyddol o'r ddrama yn dod i'r amlwg yn ei ragair i'r cyfieithiad, lle dywed: 'Ei geirfa Brotestannaidd hi yw geirfa grefyddol y ddrama *Wrth Aros Godot* . . . A thema grefyddol sydd i'r ddrama hon, thema Galfinaidd'.[20] Awgryma, felly, fod yn rhaid ystyried magwraeth Brotestannaidd Beckett er mwyn deall y ddrama hon yn gywir.

Agwedd bwysig arall ar ei ddehongliad o'r ddrama yw'r problemau gwleidyddol a chymdeithasol a gyflwynir gan y cymeriadau. Honna Saunders mai '[d]ynion yn eu gweithgarwch politicaidd ac econom-aidd, hynny yw meistr a gwas, dyna yw Pozzo a Lucky . . . maent yn ffigurau comig a thrasig.'[21] Os credai Saunders mai bwriad Beckett oedd beirniadu dosbarthiadau cymdeithasol yn y gwreiddiol, rhoes hyn ryddid iddo archwilio ac efallai gryfhau'r dehongliad hwn ym-hellach yn ei gyfieithiad Cymraeg. Dehonglir drama Beckett mewn amryw ffyrdd, ac yn ei niwtraliaeth, yn ei natur hollgyffredinol gwelai

Saunders neges y gellir ei gwneud yn berthnasol i'r Cymry. O droi yn awr at y cyfieithiad ei hun, ystyriwn ym mha ffyrdd y mae dehongliad Saunders o'r testun fel drama grefyddol, wleidyddol yn ymddangos yn *Wrth Aros Godot*.

Cefndir y Cyfieithiad

Yn wahanol i waith Molière, prin yw'r cyfieithiadau Cymraeg o waith Beckett. *Wrth Aros Godot* oedd y cyntaf, a digon hawdd yw deall pam y dewiswyd drama enwocaf Beckett i gychwyn. Fe gomisiynwyd y cyfieithiad Cymraeg ar gyfer y gyfres 'Y Ddrama yn Ewrop' a ddarlledwyd dros gyfnod o chwe mis ar Radio 4 rhwng 15 Tachwedd 1962 a 23 Ebrill 1963. Cyhoeddwyd y cyfieithiad, heb ei newid, fel rhan o gyfres ysgrifenedig 'Y Ddrama yn Ewrop' gan Wasg Prifysgol Cymru ym 1970. Flwyddyn ynghynt ymddangosodd *Diwéddgan* fel rhan o'r un gyfres, sef cyfieithiad Gwyn Thomas o ddrama Beckett, *Fin de partie*. Dyma'r unig gyfieithiad Cymraeg arall a gyhoeddwyd o waith Beckett hyd heddiw. Serch hynny, yn 2006 perfformiwyd dwy ddrama fer arall gan Beckett a gyfieithwyd i'r Gymraeg hefyd gan Gwyn Thomas ar gyfer Eisteddfod Genedlaethol Abertawe. *Sŵn Traed*, cyfieithiad o *Footfalls* (1975), a *Dod a Mynd*, cyfieithiad o *Come and Go* (1965), oedd y dramâu hyn, cyfieithiadau o ddramâu Saesneg Beckett y tro hwn. Fe'u perfformiwyd fel rhan o raglen Theatr Genedlaethol Cymru, *Wrth Aros Beckett*, sef dehongliad o waith Beckett a'i ddylanwad ar ddramodwyr Cymru. Nid yw'r dramâu hyn wedi'u cyhoeddi, ond nid syndod yw hyn o ystyried mai pum tudalen o hyd yw'r gyntaf a phedair tudalen yw hyd y llall. Dengys eu cynhyrchiad, ynghyd â pherfformiad teithiol y Theatr Genedlaethol o *Diwéddgan* yn 2006–7, fod diddordeb yng ngwaith y dramodydd abswrdaidd dylanwadol hwn wedi'i atgyfodi i raddau. Er hyn, y mae'r gymhariaeth â nifer sylweddol y cyfieithiadau Cymraeg o weithiau Molière yn awgrymu rhywfaint am dueddiadau traddodiadol y theatr Gymraeg, ffactor sydd yn atgyfnerthu'r angen a welai Saunders am gyfieithiad o'r math hwn.

Wrth Aros Godot oedd cyfieithiad cyntaf 'Y Ddrama yn Ewrop', ac fe'i darlledwyd ar 15 Tachwedd am 7.30 y.h. Actiwyd y ddrama gan Dewi Williams (Estragon), Brinley Jenkins (Vladimir), Wyn Thomas (Lucky), Ieuan Rhys Williams (Pozzo) a Siôn Humphreys (y bachgennyn ar ddiwedd y ddwy act). Emyr Humphreys oedd cynhyrchydd y ddrama hon a gweddill y gyfres i gyd. Fel y gwelwyd ym mhennod 2, amcan y gyfres radio hon oedd cyflwyno clasuron y theatr Ewropeaidd i'r gynulleidfa Gymraeg. Cyflwyno urddas a mawredd y ddrama Ewropeaidd oedd amcan y gyfres gyfan, a chyflwyno datblygiadau dramataidd Beckett yn benodol oedd nod cyfieithiad Saunders. Yma gwelwn gysylltiad rhwng y ddau gyfieithiad a luniodd Saunders. Bwriad *Doctor er ei Waethaf* oedd efelychu'r dramodydd clasurol uchel ei barch ac ysbrydoli dyfodiad theatr genedlaethol i Gymru. Mae'r ail gyfieithiad yn dangos yr un duedd i edrych at gewri llenyddol Ffrainc er mwyn ysgogi'r theatr yng Nghymru, ond y tro hwn, ysgogi newid a math newydd ar theatr oedd ei fwriad, sef cyflwyno theatr yr absŵrd i'r Cymry Cymraeg. Ar ôl cyfansoddi *Wrth Aros Godot*, lluniodd Saunders yn ei dro ddwy ddrama absŵrd lle gofynnir cwestiynau am natur bywyd a marwolaeth, ffawd a thynged y ddynolryw. Mae'r cymhelliant hwn yn gyffredin ymysg cyfieithwyr yn ôl Romy Heylen:

Out of dissatisfaction (for ideological or other reasons) with the dominant poetics or ideology or the receiving literature, translators can turn to a foreign text in order to introduce a new poetic model which may serve as an attack on canonical forms in that literature.[22]

Gwelwyd eisoes fod Saunders yn ofni dylanwad gorchfygol y theatr Saesneg ar ddramâu Cymraeg, ac mai at y Ffrangeg y troes am arweiniad. Gan nad oedd y ddrama Gymraeg yn mentro i dir newydd yn ddigon buan yn ei dyb ef, efallai y byddai cyflwyno gwaith arloeswr megis Beckett i'r gynulleidfa Gymraeg yn ysgogi dramodwyr Cymraeg i gynhyrchu gweithiau tebyg. Yn ôl Sirkku Aaltonen, gall cyfieithu annog dramodwyr yr iaith darged i efelychu technegau newydd yn y theatr. Pan bwysleisir agweddau estron a strwythurau dramayddol arbennig mewn cyfieithiad, maent yn debygol o ysbrydoli dramodwyr brodorol i'w hefelychu.[23] Ac yn wir, fe ysbrydolwyd Saunders i gynhyrchu dramâu abswrdaidd gwreiddiol ei hun, fel y gwelwn yn yr adran nesaf.

Dramâu Absŵrd Saunders Lewis

Adleisiwyd crefft a syniadau Beckett yn bennaf mewn dwy o ddramâu Saunders, sef *Yn y Trên* (1965) a *Cell y Grog* (1975). Fel y crybwyllwyd eisoes, datblygodd dramâu Saunders yn sylweddol yn ystod ei yrfa wrth i'w syniadau crefyddol, gwleidyddol ac artistig esblygu. Gellir dehongli'r tebygrwydd a welir rhwng y dramâu hyn a gwaith Beckett fel tystiolaeth o ddiddordeb Saunders, diddordeb byrhoedlog o bosibl, mewn portreadu gwacter ystyr bywyd yn y theatr. Dramâu byrion yw'r ddwy a gomisiynwyd, fel *Wrth Aros Godot*, ar gyfer y radio gan BBC Cymru. Pan berfformiwyd y ddwy ar y radio, dim mwy na hanner awr o hyd yr un oeddent.

Fel *Wrth Aros Godot*, perfformiwyd *Yn y Trên* a *Cell y Grog* ar y radio yn y lle cyntaf.[24] Diddorol yw nodi'r cysylltiad hwn rhwng y tair drama o dan sylw yn y bennod hon. Tebygol iawn yw i'r BBC gomisiynu'r dramâu ar gyfer y radio yn benodol o ystyried tuedd y cyfnod. Ymhellach, fel y gwelwyd eisoes, mynegodd Saunders ei siom yn absenoldeb theatr broffesiynol yng Nghymru a allai lwyfannu ei gyfansoddiadau yn gywir. Tybed a oedd y radio yn gyfrwng mwy derbyniol iddo, felly, ar gyfer nifer o'i ddramâu? Elfen bwysig i'w hystyried yn achos ei ddramâu abswrdaidd gwreiddiol yw natur eu cynnwys a'u strwythur, gan mai dau brif gymeriad sydd yn cynnal deialog gyson drwy'r ddrama. Nid oes gofyn am set, gwisgoedd na dodrefn er mwyn cyfleu'r cynnwys. Geiriau, iaith, yw calon y dramâu hyn, nodwedd hollol addas, wrth gwrs, o ystyried eu cysylltiad â gwaith dramodwyr eraill y *genre*, megis Beckett a Ionesco.

Ni ellir gwadu'r cysylltiad ag awduron Ffrainc y cyfnod ychwaith. Gan i Saunders ei hun gyfaddef ei fod wedi'i ysbrydoli gan hunangofiant yr awdur a'r athronydd Jean Paul-Sartre:

Yr oeddwn i'n darllen hunan-gofiant Jean-Paul Sartre a oedd newydd ei gyhoeddi, ac ar dudalen 211 darllenais: 'Yr oeddwn i unwaith eto'n deithiwr di-docyn yn y trên a daeth y gard i mewn i'm cerbyd . . .' A dyna roi imi sumbol a oedd yn briodol i gyflwr fy meddwl, sy'n briodol o hyd. Drama ysgafn a ber. Efallai nad yw dynion yn bwysig yn y bydysawd, ond sumbol o'u hofn hwy am natur eu taith drwy amser yw'r darlun o'r dyn di-docyn mewn trên nad oes wybod i ble yr â.[25]

Er mai ar gyfer y radio y lluniwyd y tair drama abswrdaidd hyn, ceir gwahaniaethau arwyddocaol yn eu cyfarwyddiadau llwyfan. Mae hi'n amlwg nad yw elfen weledol yn bwysig i *Yn y Trên* a *Cell y Grog* gan nad yw'r cyfarwyddiadau yn cyfeirio at symudiadau'r cymeriadau, oni bai am y rhai y gellir eu cyfleu â sain yn unig, er enghraifft: '(*Hir chwiban. Drws yn agor a chau'n glep. Y trên yn cychwyn. Drws y gard yn cau'n glap. Mynd.)*';[26] '(*Dawns clogs ar lawr sment am funud a hanner dyweder, a llais y SWYDDOG unwaith neu ddwy yn null yodel uwchben sŵn y clogs.)'*[27] Yn *Wrth Aros Godot*, ar y llaw arall, nid yw teipysgrif y perfformiad radio yn cydnabod y ffaith nad oes modd i'r gynulleidfa weld yr hyn a wneir ar y llwyfan. Ymddengys y cyfarwyddiadau llwyfan yn union fel y'u nodir yn y fersiwn a gyhoeddwyd wedyn ym 1970. Nid ystyriodd Saunders arwyddocâd perfformadwyedd ei gyfieithiad yn yr un modd ag a wnâi yn achos ei ddramâu radio ei hun.

Lluniodd Gareth Miles gyfieithiad a ymddangosodd yn yr un gyfres radio â *Godot* sef *Yn Ferthyron i Ddyletswydd*, cyfieithiad o *Victimes du Devoir* gan Ionesco. Cyfoeswr i Beckett oedd Ionesco a gyfansoddodd ddramâu abswrdaidd o'r un math. Nid syndod, felly, yw ymddangosiad y ddrama hon yn y gyfres radio a arweiniwyd gan Emyr Humphreys. Serch hynny, ceir gwahaniaethau pwysig rhwng teipysgrifau'r ddwy ddrama. Yn ôl Gareth Miles, er mai ar gyfer y radio y'i comisiynwyd ef i lunio'r ddrama Gymraeg, cyfieithiad o'r testun gwreiddiol a ysgrifennodd, heb newid unrhyw fanylion ar gyfer ei darllediad radio.[28] Yn y deipysgrif, er hynny, ceir cyfarwyddiadau llwyfan yn Saesneg, arfer a welid yn aml yng ngwaith y BBC yn ystod y cyfnod, ac mae'n debyg nad Gareth yw eu hawdur. Mae hyn yn bwysig gan nad yw'r cyfarwyddiadau yn cyfateb i rai'r gwreiddiol, ac mae'n amlwg bod rhywun, y cyfarwyddwr, Emyr Humphreys, o bosibl, wedi addasu'r ddrama gan hepgor elfennau gweledol ac ychwanegu effeithiau sain sy'n cyfleu'r un cynnwys yn ei gyfrwng newydd. Pam, felly, na wnaed yr un peth â chyfieithiad Saunders? Efallai y gellid dehongli hyn fel arwydd pellach o statws Saunders adeg yr ail gyfieithiad. Neu, o ystyried nifer helaeth cyfarwyddiadau llwyfan drama Beckett, efallai y penderfynwyd eu darllen fel rhan o'r perfformiad fel y gwnaeth Donald McWhinnie yn achos darllediad radio y ddrama yn y Saesneg ym 1960. Nid oes recordiad o'r ddrama wedi goroesi, felly dyfalu a wnawn, ond y naill ffordd neu'r llall mae hi'n amlwg nad ymboenodd Saunders am yr agwedd hon ar y cyfieithiad.

Yn y Trên

Drama un act yw *Yn y Trên* a gyhoeddwyd yn gyntaf yng nghylchgrawn *Barn* ym mis Awst 1965. Datgana Saunders yn y *Radio Times* mai ysgogiad y ddrama oedd newidiadau'r Eglwys Gatholig i drefn yr offeren,[29] ond heb wybod y cefndir cyd-destunol hwn, nid yw'r cyswllt hwn yn amlwg i'r gynulleidfa. Ymdrinnir â'r argyfwng gwacter ystyr yn y ddrama yn hytrach na thraddodiadau'r ffydd Gatholig. Serch hynny, mae cyfaddefiad Saunders yn tanlinellu eto ei deimladau yn ystod y 1960au: ansicrwydd yn sgil colli agwedd bwysig ar ei addoliad, rhwystredigaeth o achos sefyllfa Cymru, a blinder ar ôl cyfnod hir o frwydro heb lwyddiant. Adlewyrchir y teimladau hyn i gyd yn ei ddramâu a'i gyfieithiad abswrdaidd.

Deialog rhwng dau gymeriad yw'r ddrama, sef y teithiwr a'r gard. Tebyg iawn yw hi, wrth gwrs, i'r parau o gymeriadau sydd hefyd yn wynebu gwacter yn *En attendant Godot* ac yn *Fin de partie*. Y gwahaniaeth sylfaenol rhyngddynt yw symudiad y trên yn nrama Saunders a llonyddwch diddiwedd dramâu Beckett. Gosodir y ddrama ar y trên rhwng Caerfyrddin ac Aberystwyth, ac yma y mae'r teithiwr a'r gard yn trafod a oes angen prynu tocyn ar gyfer y daith. Wrth i'r drafodaeth ddwysáu ac wrth i'r ddau gymeriad ymdrechu i ddeall ei gilydd, sylweddolwn nad yw'r naill na'r llall yn gwybod yn sicr i ble y mae'r trên yn teithio nac o ran hynny a ddaw'r daith i ben o gwbl. Fel Vladimir ac Estragon, maent ar daith heb ddiwedd clir a heb reswm amlwg dros eu presenoldeb yno. Ni roddir enwau i'r cymeriadau yn y sgript; yn hytrach fe'u labelir gan eu rôl, sef y 'teithiwr' a'r 'gard', ac ni chyfeirir at enw na label y llall yn y ddeialog o gwbl. Amlyga hyn eu diffyg hunaniaeth, a'r dehongliad sy'n awgrymu eu bod yn cynrychioli'r holl ddynoliaeth.

Cymal anghyflawn yw teitl *Yn y Trên*, yn debyg i *Wrth Aros Godot*, sydd yn dechrau ag arddodiad. Ceir adlais o'r bylchau, y gwagle a'r ansicrwydd a geir yn nrama abswrdaidd Beckett yn nheitl drama Saunders yn ogystal â'i chynnwys. Ymhellach, adleisir arddull Beckett yn y ddrama yn amlwg, ar ffurf elipsis, brawddegau anghyflawn ac elfennau o lif yr ymwybod. Er enghraifft:

> Wel! Wel! . . . Dim ond! . . . Cael a chael! . . . Cerbyd i mi fy hun . . . Dosbarth cynta . . . Dim papur newydd . . . Dim i'w ddarllen . . . Waeth befo . . . Mae'r wlad yn hyfryd . . . Peth od hefyd . . . od iawn . . . Teithio mewn trên . . . yng Nghymru . . . a'r nos o 'mlaen i . . . Teithio tua'r nos . . . Nos Cymru . . .[30]

Ailadroddir yr ymadrodd 'waeth befo'[31] ac ymadroddion tebyg yng nghyfieithiad Saunders, *Wrth Aros Godot*, sy'n awgrymu'r syniadau cyffredin a geir yn y ddwy ddrama. Y mae'r atalnodi a'r defnydd o'r negydd cyson yn nodweddiadol o ddramâu Beckett.[32] Pwysleisir parhad anochel y trên gan ailadroddiad yr ymadrodd, 'Fedra i ddim stopio'r trên',[33] trosiad a awgryma fod yn rhaid i'r ddynoliaeth barhau i fyw er gwaethaf eu diffyg rheolaeth. Ailadroddir y negydd yn gyson drwy'r ddrama, ac awgrymir natur wag, ddibwrpas bodolaeth ddynol sydd mor nodweddiadol o ddramâu abswrd.

Nac anghofiwn ychwaith bwysigrwydd hiwmor mewn drama abswrd. Yr oedd plethiad y comig a'r trasig yn ganolog i *Godot* yn nhyb Saunders, ac er na welwn yr un gomedi slapstic yma, ceir dychan sydd ynddo'i hun yn tanlinellu natur abswrd sefyllfa'r cymeriadau. Gwelwyd eisoes nad oedd Saunders yn fodlon ar gynhyrchiad radio *Yn y Trên* gan Meirion Edwards, ac yn ôl Ioan Williams, 'Yr hyn y mae'n rhaid fod Saunders Lewis wedi ei golli'n arw yn y rhaglen radio oedd yr elfen o naturioldeb a'r hiwmor direidus sy'n codi o'r ffordd y mae wedi lleoli'r daith Ddirfodaethol yng nghefn gwlad sir Aberteifi.'[34] Llwydda Saunders i gynnwys elfennau o hiwmor yng nghanol llymder cyffredinol y ddeialog drwy watwar amhoblogrwydd tref Aberystwyth, ei gartref rhwng 1937 a 1952 – 'Aeth neb erioed i Aberystwyth heb fod rhaid'[35] – a thrwy ddychanu ei broffesiwn ei hun – 'Athro yn y coleg ai e? Y straen wedi bod yn ormod.'[36]

Y mae'r teithiwr yn symud tuag at ddyfodol tywyll ac eto fe ymddengys yn hollol barod i barhau i'r affwys hwn. Fe'i harweinir gan y trên a dim ond dewisiadau cyfyngedig a gynigia'r trên iddo:

Teithiwr: Mynd yn y trên yr ydw i, mynd efo'r trên. Does dim dewis unwaith y byddwch chi yn y trên, oes?
Gard: Yn y trên, rhaid mynd gyda'r trên.[37]

Yn debyg iawn, yn *Fin de partie* y mae'n rhaid i Hamm a Clovv aros yng nghwmni ei gilydd oherwydd

Hamm: Il n'y a personne d'autre.
Clovv: Il n'y a pas d'autre place.[38]

('Hamm: Does yna neb arall.
Clovv: Does yna unlle arall.')[39]

Gellir dehongli'r ddrama hon fel adlewyrchiad ar fodolaeth pob dyn, fel nifer o ddramâu Beckett. Mae pawb yn teithio tuag at dywyllwch marwolaeth; ni allwn ddewis cyfeiriad y daith ac nid oes rheolaeth gennym dros symudiad y trên. Fel yr awgryma Beckett, cawn ein taflu i'r byd a'n gorfodi i fyw heb ddewis. 'Cael fy rhoi ar y trên gefais i.'[40] Mae'r trên yn bwrw ymlaen tuag at y 'diwedd diystyr'[41] gan adael dau ddewis yn unig i'r teithiwr: 'llys barn a charchar yn Nhregaron neu gwymp a dinistr dros y dibyn ger rhaeadr Caradog',[42] dewis a gyfyd hefyd yn *Cell y Grog*. Er bod y Teithiwr ei hun yn cyfaddef ei fod yn wallgof, 'Dyna'r pam rydw i ar y trên',[43] nid portread o unigolyn ydyw ond trosiad am y ddynolryw. Gofynnodd Saunders i'w ddarllenwyr 'beidio â derbyn barn y Gard yn ddedfryd derfynol ar y Teithiwr. Y mae'n ddigon tebyg fod y Teithiwr mor bwyllog ac mor gall â chi a minnau, – neu'r gard'.[44]

Gellir dehongli taith y trên hefyd fel un i fywyd tragwyddol. Mynega'r teithiwr ei ddiolchgarwch am gwmni'r gard 'gan ein bod ni i gyd ar goll . . .'[45] Efallai ei fod wedi crwydro oddi ar lwybr moesol Duw ac felly mae'n wynebu damnedigaeth fythol uffern. Awgrymir yr elfen grefyddol gan gyfeiriadau at oleuni a thywyllwch yn y ddrama, megis datganiad y Gard: 'Does gen ti ddim hawl i olau . . . Tywyll fydd dy garchar',[46] ac ebychiad tebyg y Teithiwr: 'Rydyn ni'n mynd fel cath i gythraul.'[47] Yn yr un modd yn *Fin de partie* erys y cymeriadau ar ymylon dau fyd, oblegid 'Au-delà c'est . . . l'autre enfer.'[48] ('Y tu draw y mae . . . yr uffern arall.')[49] Wrth groesi'r ffin, felly, awgrymir y byddent yn symud o un fodolaeth uffernol i Uffern ei hun.

Un cysyniad Beckettaidd sy'n codi yn y ddrama hon yw diffyg gwybodaeth. Ni ŵyr y cymeriadau a oes unrhyw un arall ar y trên. Ni ŵyr y Teithiwr beth yw pen ei daith: 'Fi? Sut mae modd i mi wybod?'[50] Ac y mae gwybodaeth y Gard yr un mor ddiffygiol: 'Gwybod? Wel nawr, does dim posib gwybod i sicrwydd cyn i'r peth ddigwydd.'[51] Nid oes modd rhagweld cynllun ffawd, ac fe adleisir Beckett yn y datganiad hollgyffredin canlynol:

Teithiwr: Does dim gwybod.
Gard: Na, does dim gwybod.[52]

Mae'r geiriau hyn yn dwyn i gof ddatganiadau negyddol parhaus cymeriadau *Wrth Aros Godot*, yn enwedig ailadroddiad mecanyddol Lucky, 'on ne sait pourquoi'[53] ('ni ŵyr neb baham'),[54] yn ei araith enwog o fyfyrdod digymell. Cynrychiola'r Gard ffigwr awdurdodol a danseilir oherwydd na ŵyr ddim am yr hyn y mae'n ei reoli. Fe'n hatgoffa o gymeriad Godot ei hun, cymeriad sydd yn parhau i siomi'r ddau drempyn, Vladimir ac Estragon, ac sydd o ganlyniad yn tanseilio ei awdurdod ef.

Ar y llaw arall, y mae ystyfnigrwydd a phendantrwydd Teithiwr Saunders yn wahanol i gymeriadau Beckett. Er bod agwedd ddifater ganddo tuag at ei daith yn y lle cyntaf, myn dderbyn ateb yn y pen draw, gan fod arno angen gwybod pwrpas ei fodolaeth a'r diweddglo sydd o'i flaen: 'Na, rhaid imi gael ateb.'[55] Mae ei gymeriad lawer yn fwy grymus a phenderfynol ac mae ei chwilfrydedd yn ei gymell i holi ac i archwilio yn hytrach na derbyn ei sefyllfa. Yn yr un modd, nid yw Saunders yn atalnodi'r ddrama gyda bylchau cyson a distawrwydd. Cyfnewid cyson o ddeialog rhwng y ddau gymeriad yw *Yn y Trên* sydd yn cyfleu taerineb y Teithiwr i ddeall yr hyn sy'n digwydd, nodwedd a all adlewyrchu penderfyniad Saunders i ddeall ei ffydd ei hun. Er bod y ddrama wedi'i hysbrydoli gan fudiad theatr yr absŵrd, felly, nid yw gwaith Saunders mor hollol ddiobaith.

Y mae hefyd elfen grefyddol glir i'r ddrama hon fel yn achos y cyfieithiad, *Wrth Aros Godot*, ond unwaith eto nid yw'r darlun yma yn hollol anobeithiol. Yn hytrach, y mae'r dramodydd yn herio'r rheini nad ydynt yn cwestiynu eu bodolaeth a'u credoau: 'Ac eto dyma nhw i gyd ar y trên yn mynd heb wybod ble.'[56] Yn yr un modd, ceir tinc o feirniadaeth wrth ddisgrifio'r arfer o gredu: 'Welais i monyn-nhw. Tybio'r w'i. Credu. Dyna'r arfer.'[57] Ceir cyfeiriadau gwrthgyferbyniol at grefydd yn y ddrama, sy'n awgrymu pŵer ac absenoldeb Duw. Dywed y Gard, 'Gofynnwch i'r nefoedd!',[58] sy'n awgrymu bod yr atebion gan Dduw, ond yn nes ymlaen cyfeirir at ddiffyg 'nefoedd fach wag'.[59] Efallai mai natur credoau crefyddol a bortreadir yma, credoau sydd yn creu ansicrwydd ac amheuaeth ond sydd hefyd yn gofyn am gryfder ffydd, ffydd heb brawf.

Yn olaf, fel yn achos y cyfieithiad eto, ceir elfen wleidyddol i'r ddrama ar ffurf cyfeiriadau at genedlaetholdeb Cymreig. Gofynna'r Teithiwr a oes angen iddynt 'godi'r hen wlad yn ei hôl?'[60] Gellir dehongli hyn fel beirniadaeth wleidyddol yn enwedig gan fod y Teithiwr yn symud tuag at 'Nos Cymru.'[61] Efallai y bwriedir ysbrydoli'r Cymry i weithredu, i wrthod derbyn y llwybr sydd o'u blaen o dan reolaeth gwlad arall.

Ar un wedd, diweddglo negyddol sydd i'r ddrama gan fod y Teithiwr yn dewis gwrthod y daith sydd o'i flaen. Fe'i tafla ei hun ar y cledrau gan osgoi'r tywyllwch ar ddiwedd y daith a chan wrthod parhau gyda dryswch y trên ei hun. Ar y llaw arall, mae Saunders wedi cynnig ffordd o ddianc i'w gymeriad, er mai marwolaeth yw'r ddihangfa honno. Ni all cymeriadau Beckett, ar y llaw arall, ymadael â chylch cythreulig eu bodolaeth. Maent yn rhy ddifater i gyflawni hunanladdiad, neu efallai nad ydynt yn ddigon rhydd i reoli eu hewyllys rydd eu hunain. Mae dramâu Saunders yn canolbwyntio ar weithredu yn hytrach nag ar bendroni, fel y gwelir yn ei ddramâu gwleidyddol megis *Gymerwch Chi Sigaret?* a *Brad.* Gadewir i'r gwyliwr benderfynu pa ddewis yw'r dewraf: neidio ar y cledrau ynteu barhau tuag at ddiwedd anhysbys y daith. Er bod y sefyllfa'n llwm i'r cymeriadau, felly, o leiaf caiff dewis ei gynnig iddynt.

Cell y Grog

Tebyg yw sefyllfa cymeriadau *Cell y Grog* a ddarlledwyd yn gyntaf gan y BBC ar 2 Mawrth 1974 ac a gyhoeddwyd yng nghylchgrawn *Taliesin* ym 1975. Cyfansoddodd Saunders y ddrama yn ystod cyfnod o salwch; fe'i trawyd gan anhwyldeb 'rhyw bythefnos cyn [iddo] gyrraedd [ei b]edwar ugain oed'.[62] Yr oedd wedi addo drama i Lorraine Davies ond yr oedd yn disgwyl llawdriniaeth, a chan nad oedd am dorri'r addewid, lluniodd y llawysgrif yn ystod yr wythnosau cyn y driniaeth. Mewn ffordd, wynebai Saunders bryd hynny berygl ac amheuaeth a fyddai'n goroesi, a chyflwynir yn y ddrama hon gwestiynau am fywyd a marwolaeth. Mewn llythyr at Lorraine Davies ynghylch y ddrama hon, dywedodd: 'Maen nhw'n dweud na fedr asthma ddim lladd . . . Efallai, ond fe fedr yrru dyn i uffern cyn ei ladd.'[63] Addas iawn ydoedd i Saunders lunio drama a drafodai garchar y fodolaeth ddynol wrth iddo ddioddef salwch mor llethol ei hun.

Unwaith eto, deialog rhwng dau gymeriad yw cynnwys rhan helaeth y ddrama. Y mae carcharor sy'n aros am ei ddienyddiad a'r swyddog sy'n gyfrifol amdano yn chwarae gwyddbwyll wrth drafod eu hagweddau cyferbyniol at fywyd. 'Mae un wedi ei ddedfrydu i farw ac yn dyheu am fyw. Mae'r llall wedi ei gondemnio i fyw, ac wedi cael digon.'[64] Y mae gan y ddau gymeriad agweddau gwahanol iawn at natur bywyd ac at eu bywydau unigol. Hedonist yw'r Swyddog sy'n galarnadu am gyfnod y rhyfel pan na wyddai a fyddai'n goroesi i weld diwrnod arall. 'Yno 'roedd byw yn feunyddiol. 'Doedd dim yfory. Yn y llu awyr cyn pob cyrch, 'roedden ni'n betio ar bwy ddôi yn ôl. Fel yna mae byw, nid pydru drwy'r blynyddoedd i'r bedd fel hen goeden grin.'[65] Y mae'r Carcharor, ar y llaw arall, yn edifar am y bywyd y mae wedi'i wastraffu. Dyfara ei fod wedi 'byw deng mlynedd ar hugain ac mai ffwlbri fu'r cyfan. 'Does dim ystyr i farw 'chwaith. 'Rwan, pe cawn i siawns, efalle y gwnawn i rywbeth.'[66] Mae'r Swyddog, felly, yn dymuno marw tra bod y Carcharor yn dymuno byw:

Swyddog: Mae marw yn elw i bawb.
Carcharor: Celwydd yn dy ddannedd di. Cosb yw pob marw.[67]

Yn y pen draw penderfynant gyfnewid lle, fel y gall y carcharor gerdded yn rhydd yng ngwisg y swyddog tra bod y swyddog yn wynebu marwolaeth: diwedd y mae'n ei groesawu. Ceir tro annisgwyl, serch hynny, ar ffurf pardwn swyddogol; gwrthodir marwolaeth iddo ac fe'i gorfodir i wynebu carchar am oes.

Mae eu sgwrs yn ysgogi myfyrdodau ar natur bodolaeth dyn. Cyflwynir y cysyniad mai 'Gêm o siawns'[68] yw bywyd, fel y gwelwyd eisoes yn *Yn y Trên*. Cred y Swyddog: ''Does dim rhaid mewn bywyd, dim ond damweiniau'.[69] Y mateb addas y Carcharor yw mai'r 'damweiniau ydy'r rhaid'.[70] Yr unig beth sy'n sicr am fywyd yw ei fod yn ansicr, ac ni ellir gwybod pa dynged sydd o'n blaenau. Cyfeirir at gysyniad bywyd fel gêm hefyd yn nheitl drama Beckett, *Diwéddgan (Fin de partie)*, sy'n cyfeirio at sefyllfa mewn gêm gwyddbwyll. Ychydig yw'r darnau sydd ar ôl ar y bwrdd gwyddbwyll; wyneba'r ddwy frenhines ei gilydd heb lawer o gefnogaeth. Y mae gofyn i'r naill ochr geisio curo'r llall neu ddod yn gyfartal yn weddol gyflym er mwyn osgoi colli. O ystyried y cysylltiadau clir â gwaith Beckett yn nramâu abswrdaidd Saunders, nid yw'n syndod bod y Carcharor a'r Swyddog yn chwarae gwyddbwyll yn *Cell y Grog*. Cred y Carcharor mai gêm y mae wedi'i cholli yw ei fywyd: 'Check . . . Check . . . Check . . . Checkmate . . . Dyma 'mywyd i . . . Checkmate'.[71] Ond nid yw'r gêm ar ben eto, gan ei fod ef a'r Swyddog yn cystadlu mewn gêm arall. Awgryma'r Swyddog y dylent droi at chwarae tabler, gêm sydd â mwy o risg, lle y mentrir mwy gan y chwaraewyr. Mae'r ddau yn mentro'u bywydau ac yn chwarae am ddillad ei gilydd, y ddau yn gobeithio yr enillant fath ar ryddid. Cred y ddau eu bod yn ennill eu dymuniad drwy gyfenwid lle, ond mewn gwirionedd colli a wna'r Swyddog pan wrthodir rhyddid marwolaeth iddo.

Gwelwn debygrwydd arall i waith Beckett wrth i'r cymeriadau gyfeirio at fywyd fel ffordd o basio'r amser yn unig. Y mae'r ymddiddan: 'Swyddog: Mae'n help i basio'r amser. / Carcharor: Mae'r amser yn pasio heb help',[72] yn adleisio'r darn canlynol o *En attendant Godot* bron yn union:

Vladimir: Ça fait passer le temps.
Estragon: Il serait passé sans ça.'[73]

('Vladimir: Mi basiodd hynny'r amser.
Estragon: Mi fyddai wedi pasio hebddo.')[74]

Ailadroddir y cysyniad hwn gan y Swyddog, sy'n datgan bod rhaid 'Lladd amser cyn lladd dyn.'[75]

Mae'r ddrama fel cyfanwaith yn cyfleu'r syniad mai carchar yw bywyd, a bod ein bodolaeth wedi'i chyfyngu gan ein natur ddynol. Cadarnheir hyn gan y datganiad allweddol, 'Mae carchar yn ddrych o'r ddynoliaeth.'[76] Er bod gweithiau Beckett yn cyfleu'r un cysyniad, y mae ei ddramâu yn arddangos trosiadau llawer mwy haniaethol o garchar, ond mae'r carchar yn *Cell y Grog* yn real ac yn llythrennol. Efallai ei bod hi'n haws dianc o garchar Saunders oherwydd fe lwydda Carcharor *Cell y Grog* yn y pen draw. Treuliodd Saunders ei hun, wrth gwrs, gyfnod yng ngharchar Wormwood Scrubs yn dilyn ei rôl yn llosgi'r ysgol fomio, ond fel y Carcharor, adenillodd Saunders ei ryddid. Efallai fod elfen o obaith i'w gweld yn y ddrama, felly, a gwelwn fod modd goresgyn heriau er gwaethaf popeth. Y mae cymeriadau Beckett, ar y llaw arall, wedi'u cyfyngu fwy hyd yn oed na rhai Saunders. Y mae Nag a Nell wedi'u caethiwo i finiau sbwriel yn *Fin de partie* ac y mae Winnie yn *Oh Les Beaux Jours* wedi'i chladdu hyd at ei chanol mewn pentwr o dywod, ac mae ei sefyllfa'n dirywio ymhellach, oherwydd erbyn y diwedd mae hi wedi'i chladdu hyd at ei gwddf. Y mae natur swreal eu carchariad yn bychanu'r profiad oherwydd dylai fod modd iddynt oresgyn yr hyn sy'n eu cyfyngu, ond ni allant. Ymddengys nad yw'r cymeriadau'n dymuno dianc o'u bodolaeth gaeth mewn gwirionedd, neu buasent wedi gwneud hyn yn ddigon rhwydd; maent wedi'u cyfyngu gan eu hagweddau eu hunain at fywyd yn hytrach na'r rhwystrau corfforol sydd o'u cwmpas.

Gellir dehongli'r cyfnod hwn o waith Saunders fel adlewyrchiad o newid yn ei gredoau crefyddol, cyfnod o amheuaeth neu gyfle i gwestiynu a phendroni. Dadleua Ioan Williams fod dylanwad y mudiad abswrd ar feddwl a gwaith Saunders yn amlwg, ond y byddai eu cymryd 'yn dystiolaeth i agnosticiaeth y dramodydd ei hun yn gamgymeriad'.[77] Profodd Saunders amheuon yn ei ffydd, ac efallai fod apêl y mudiad hwn yn cyd-fynd â chyfnod tebyg i'r dramodydd, ond yr hyn sy'n bwysig yw bod diddordeb Saunders yng ngwaith dramodwyr megis Beckett yn glir. Fe'i hanogwyd i arbrofi gyda math newydd ar ddrama Gymraeg, ac i drafod yr argyfwng gwacter ystyr yn ei ddramâu ei hun hyd yn oed os nad oeddent yn adlewyrchu ei deimladau personol. Un gwahaniaeth pwysig, gwaetha'r modd, yw diriaetholdeb dramâu Saunders. Er ei fod yn cwestiynu agweddau ar fodolaeth dyn, crefydd a gwleidyddiaeth, nid yw ei ddramâu wedi'u gosod yn y gwacter y tu hwnt i amser arferol fel y mae rhai Beckett. Y mae ei gymeriadau yn ymwneud â digwyddiadau go iawn, gan brynu tocynnau trên a chwarae gwyddbwyll mewn cell; rhoddir iddynt y cyfle i ffoi. Caethiwir cymeriadau Beckett mewn trosiad swreal o fodolaeth ddynol. Wedi deall rhywfaint am gefndir *Wrth Aros Godot* a chymhelliant Saunders fel cyfieithydd, trown yn awr at y cyfieithiad ei hun.

Iaith a Chyfieithu

Y mae iaith yn allweddol bwysig i *Wrth Aros Godot*, ac nid syndod yw hyn o ystyried diddordebau Beckett ei hun. Ganed Beckett yn Nulyn i deulu Eingl-Wyddelig o'r dosbarth canol, ac fe'i haddysgwyd hefyd yn y ddinas honno yng Ngholeg y Drindod, lle'r astudiodd Ffrangeg ac Eidaleg. Wedi iddo ennill gradd dosbarth cyntaf yn Nulyn, cafodd ysgoloriaeth i astudio yn École Normale Supérieure Paris am ddwy flynedd. Treuliodd gyfnodau wedyn yn Llundain ac yn Nulyn eto, ond dychwelai bob amser i Ffrainc. Amlygwyd ei hoffter o'r wlad gan ei ddatganiad, 'I preferred France in war to Ireland in peace.'[78] Ac yn wir, er mai Gwyddel ydoedd, ymunodd â'r Gwrthsafiad Ffrengig yn ystod yr Ail Ryfel Byd, yn debyg i Saunders a ymunodd â'r fyddin mewn ymateb i'r ymosodiad ar Ffrainc. Yr oedd y ddau yn awyddus i amddiffyn y wlad Ewropeaidd a apeliai gymaint atynt.

Un o nodweddion enwocaf Beckett fel awdur yw ei ddwyieithrwydd. Cyfansoddodd ei lenyddiaeth yn Ffrangeg ac yn Saesneg, ac fe gyfieithodd ei weithiau ei hun o'r naill iaith i'r llall. Yn wir, fe'i hadwaenid yn bennaf fel cyfieithydd ar ddechrau ei yrfa,[79] ac o ganlyniad yr oedd yn dra ymwybodol o'r ffordd y gellir defnyddio a chamddefnyddio iaith. Ymddiddorai Beckett yn y problemau a'r posibiliadau sydd ynghlwm wrth gyfieithu a gellir dadlau ei fod, drwy gyfieithu, wedi cynhyrchu celfyddydweithiau sydd yn annibynnol ar eu fersiynau gwreiddiol.

Cyfieithodd Saunders hefyd un o'i ddramâu ei hun i'r Saesneg, sef *Have a Cigarette?* (1960), ac fel Beckett, fe gadwai reolaeth weddol lem ar unrhyw gyfieithiadau eraill o'i waith a gynhyrchwyd. Troswyd nifer o ddramâu Saunders i'r Saesneg gan ei gyfaill Robert Wynne, perchennog Theatr Garthewin. Bwriad Robert oedd cyflwyno gwaith Saunders i Gatholigion di-Gymraeg.[80] Croesawodd Saunders y gwaith gan amlaf, er bod beirniadaeth fanwl ganddo ar adegau. Beirniadodd Saunders duedd Robert i ddefnyddio iaith hynafol, ac anfonodd restrau o gywiriadau ac awgrymiadau ato yn sgil darllen drafftiau o'i gyfieithiadau.[81] Eironig yw hyn i raddau o ystyried mai prif wendid cyfieithiad Saunders, *Doctor er ei Waethaf*, yn ôl beirniaid ar y pryd oedd ei ddefnydd ef o iaith orffurfiol ac anaddas i'r llwyfan.

Mae hi'n amlwg hefyd nad oedd Saunders mor fodlon â chyfieithiadau a wnaed heb ei ganiatâd, fel y gwelir mewn llythyr dig a ysgrifennodd at Robert ynghylch ei gyfieithiad o *Gymerwch Chi Sigaret?*:

> I'm rather disturbed by your letter, especially that you should have sent your translation of the Cigarette play to BBC Television. I haven't given translation rights of the play to anyone at all, and I still do not know how you got hold of a copy of the typescript. Nor have I ever discussed a translation with Hugh Griffith. It is true that he suggested changes of construction during the Welsh broadcast, but I am quite sure I made no promise of a translation for him. I *did* promise to do my own translation for Emyr Humphreys of the BBC, but he finds my English too stiff and antiquated, and there the matter rests at the moment. I hazard a guess that it is he who discussed it with Hugh Griffith, but he is in Italy on holiday at the moment. I wouldn't for a moment accept Hugh Griffith's suggestions. Would you please leave things as they are now? I'm not going to do anything soon.[82]

Yn yr un modd, anhapus iawn ydoedd bod Syr Idris Bell wedi llunio ail gyfieithiad o *Amlyn ac Amig* er ei fod eisoes wedi rhoi ei ganiatâd i Robert: 'Fe welwch ei fod wedi anfon ei gyfieithiad i'r BBC cyn imi ei weld. I feel annoyed about this, but I can't do anything about it.'[83] Diddorol yw nodi bod nifer o lythyron Saunders at Robert Wynne wedi'u cyfansoddi'n ddwyieithog fel hyn. Newidia o'r Gymraeg i'r Saesneg wrth i gyd-destun y pwnc o dan sylw gyfeirio'i ddewis iaith:

> Y mae fy nyddiau i'n bur 'hectic' yr wythnos hon, felly maddeuwch nodyn byr. Ond rhaid imi ddiolch o galon i chwi am eich ymdrechion yn Nylun. Good news from Tom Charles Edwards, that Dafydd can use hearing instruments to get normal education. – Mae'n bur debyg mai oblegid bod ei lythyr ef yn Saesneg y trois i'r Saesneg gan ddweud hynny![84]

Y mae natur amlieithog meddwl Saunders yn ei lynu eto wrth Beckett, gan arddangos pwysigrwydd iaith a chyfieithu iddynt ill dau.

Meddylient ac ysgrifennent mewn dwy iaith, ac yr oedd y broses o drosi drama i iaith arall yn apelio at y ddau fel dramodwyr ac ieithyddwyr creadigol.

Er gwaethaf diddordeb Beckett mewn cyfieithu, nid proses hawdd oedd hi bob amser. Cododd sawl agwedd broblematig yn sgil cyfieithu *En attendant Godot* i'r Saesneg, tasg a gyflawnodd Beckett ei hun, wrth gwrs. Yr oedd rhaid cadw cywair sgyrsiol y cymeriadau a geid yn y Ffrangeg, ond yn ôl Ruby Cohn, 'the French remains the more authentically colloquial of the two versions, and thereby the more comic'.[85] Mae cyfieithu hiwmor a chwarae ar eiriau hefyd yn arbennig o anodd yn y ddrama hon, oherwydd anodd yw cyfleu yn Saesneg ystyr dwbl rhai geiriau a mwyseiriau.

Un o wahaniaethau mwyaf nodweddiadol y cyfieithiad Saesneg yw ei hyd. Er i Beckett ychwanegu sawl adran newydd ato, yr oedd y cynnyrch terfynol gryn dipyn yn fyrrach na'r fersiwn Ffrangeg gwreiddiol am fod Beckett wedi dewis dileu darnau a ystyriai yn anodd eu trosi neu'n ddiangen wedi iddo ailfeddwl. Er bod rhai newidiadau yn ymddangos yn fychain, mae gan bob manylyn effaith ar y gwahaniaeth cyflawn rhwng y ddau destun. Dadleua Ruby Cohn: 'In the human search for identity through fiction and language – its impossibility and its inevitability – each word is relevant, each tight phrase at once constructing and hacking away at the long sentences.'[86] Diddorol felly fydd gweld sut y mae Saunders wedi ymdopi â'r darnau problematig hyn wrth drosi'r ddrama i'r Gymraeg, yn enwedig gan fod dau destun gan Beckett i'w hystyried: y Ffrangeg a'r Saesneg.

Cyfaddefodd Samuel Beckett ei hun fod heriau sylweddol yn wynebu'r cyfieithydd. Wrth baratoi at berfformiad o'i ddrama *Endgame*, datganodd: 'The more I go on the more I think things are untranslatable.' Her amhosibl, yn ei dyb ef, yw cyfieithu, yn enwedig wrth ymgymryd â'i destunau ef. Awgryma Harry Cockerham fod datganiad Beckett yn cwestiynu 'how far his translations are such and how far, since they come from the author himself, they becomes distinct works of art, fresh treatments of the original subject with their own qualities and characteristics'.[87] Gellir dadlau, felly, fod Saunders yn yr un modd, drwy liwio'r ddrama gyda'i gyffyrddiadau ieithyddol a thematig ei hun, yn newid y ddrama i'r fath raddau fel ei bod hi'n gelfyddydwaith newydd.

Serch hynny, i ba raddau y mae rhywfaint o newid yn anochel mewn cyfieithiad? Yn ei rhagymadrodd i'w chyfieithiad Saesneg o *Eleutheria*, dywed Barbara Wright: 'I studied all Beckett's selftranslations, and decided that I must never use a word that he would not have used. On the other hand it was out of the question to try to imitate him.'[88] Wrth gyfieithu Beckett, mae rhaid cydbwyso ffyddlondeb i'r testun gwreiddiol a chreadigrwydd dyfeisgar er mwyn ysgogi newydd-deb yn y cyfieithiad. Efallai fod gwreiddioldeb yn rhan annatod o gyfieithu drama gan Beckett.

Fel dramdodydd-gyfieithydd, caniatawyd statws arbennig iawn i Beckett a roddai ryddid iddo drosi ei ddramâu ei hun o un iaith i'r llall, rhywbeth nas caniateir i gyfieithwyr eraill o'i waith. Ys dywed Barbara Wright:

> [O]f course, every translator is always infinitely envious of the self-translator, who has total liberty to change anything he feels like changing, if it sounds better in the language he is translating into. Working with Patrick Bowles on the translation of *Molloy*, Beckett told Bowles: 'You wouldn't say that in English, you'd say something else.' And Richard Seaver, who worked with him on *La Fin*, wrote: 'I could not have taken the liberties that he did.' And nor could anyone.[89]

Heblaw, yn fy nhyb i, am Saunders: wrth gyfieithu i iaith leiafrifol, iaith anghyfarwydd i'r dramodydd gwreiddiol, wrth greu cyfieithiad a fyddai'n ddieithr i Beckett, gallai Saunders fabwysiadu'r gwaith. Fel dramodydd yn ei rinwedd ei hun, gallai Saunders hawlio'r un rhyddid ag a hawliai Beckett ei hun wrth gyfieithu, gan arddangos ei ddehongliad o'r ddrama a'i ddealltwriaeth drylwyr o'r iaith Gymraeg.

Ieithydd, felly, oedd Beckett, a phan ddechreuodd gyfansoddi dramâu, fel gyda'i ryddiaith yn y pen draw, fe droes at y Ffrangeg yn hytrach nag at ei famiaith. Mae esboniad Beckett o'r penderfyniad hwn yn enwog iawn erbyn hyn: 'parce qu'en français il est plus facile d'écrire sans style'[90] ('oherwydd yn y Ffrangeg mae hi'n haws ysgrifennu heb arddull').[91] Bwriadai ysgrifennu heb arddull, er mwyn defnyddio iaith foel, blaen sydd mor nodweddiadol o'i waith. Dinoethi iaith oedd amcan Beckett, treiddio i'w gwaelod gan ystyried yr hyn nas dywedir yn ogystal â'r hyn na ellir mo'i ddweud. Dyma pam y mae dramâu Beckett, megis *En attendant Godot*, *Oh les Beaux Jours* a *Fin de partie* yn llawn seibiau a chyfnodau o dawelwch. Tawelwch yw motiff ei waith, prif gyfrwng cyfathrebu ei gymeriadau. Daeth dramâu Beckett yn gynyddol wag a thawel gydag amser. Ym 1970 cyhoeddodd ddrama o'r enw *Breath* lle gwelir golau yn cynyddu'n raddol ac yna'n lleihau i gyd-fynd â sŵn mewnanadliad ac allanadliad. Mae'r iaith, y cyfathrebu, y geiriau wedi diflannu'n gyfan gwbl.

Yr oedd diddordeb dwfn gan Saunders yn y diffyg cyfathrebu rhwng pobl, a'r tu hwnt i hynny, ym modolaeth cyfathrebu ac yn anallu pobl i ddeall ei gilydd. Mae *Siwan* yn troi ar berthynas gŵr a gwraig nad ydynt yn deall ei gilydd: 'Dwy blaned sy'n rhwym i'w cylchau; 'chlywan' nhw mo'i gilydd fyth'.[92] Er eu bod wedi treulio'r rhan fwyaf o'u bywydau yng nghwmni ei gilydd, nid ydynt yn adnabod ei gilydd. Mae'r un syniad hwn i'w gael yn nrama Beckett, gan fod y cymeriadau yn aml yn anwybyddu ei gilydd yn llwyr, fel y gwelwyd eisoes yn niffyg ymateb Estragon i araith Vladimir. Cysylltir y cysyniad hwn hefyd â phroblem mynegiant: nid yw cymeriadau dramâu Saunders a Beckett yn gallu eu mynegi eu hunain na deall ei gilydd.

Mae tawelwch yn ganolog i ddramâu Beckett. Mae'n cyfleu archwiliad Beckett i anallu iaith i gyfleu syniadau a theimladau, a gwendidau cyffredinol dulliau cyfathrebu dynol. Gwasgerir bylchau a seibiau drwy ei ddramâu, sy'n adlewyrchu gwacter bodolaeth ac anallu pobl i gyfathrebu â'i gilydd. Yn *En attendant Godot* y mae Vladimir and Estragon yn cynhyrfu wrth iddynt ddihysbyddu pethau i'w dweud:

Vladimir: Dis quelque chose!
Estragon: Je cherche.
Long silence.
Vladimir: *(angoissé)* Dis n'importe quoi![93]

('Vladimir: Dywed rywbeth.
Estragon: Rydw i'n ceisio . . . *(Hir seibiant)*.
Vladimir: *(Mewn ing.)* Dywed rywbeth, waeth be'!')[94]

Yn yr un modd, erys Willie bron yn hollol dawel drwy gydol *Oh les Beaux Jours*, gan leisio brawddegau byrion prin megis 'Oui' a 'Recherche un jeune homme vif'[95] ('Edrycha am ddyn ifanc bywiog).[96] Mae ei ataliad ieithyddol yn cyfleu absenoldeb unrhyw gyfathrebu gwirioneddol rhyngddo ef a Winnie. Mae'r un pwyslais ar dawelwch yn amlwg yn *Siwan*, ond mewn modd mwy cynnil, oherwydd, yn wahanol i ddramâu Beckett, nid atalnodir deialog y ddrama gan seibiau. Mae'r porthor sy'n gweithio i Siwan yn fud, ac ni all ddweud y newyddion erchyll wrthi am ddienyddiad ei chariad, Gwilym. Ymhellach, ddwywaith yn Act III, cyfeiria Llywelyn at ei wraig, Siwan, ac fe noda'r cyfarwyddiadau llwyfan, '(*Nid oes ateb)*',[97] gan bwysleisio'r bwlch sydd rhyngddynt o achos eu hanallu i gyfathrebu.

Credai Saunders y gallai unigolion ddod dros eu hymdeimlad o arwahanrwydd a'u diffyg dealltwriaeth drwy berthynas â phobl eraill. Y ffordd y gallwn ein deall ein hunain yw trwy ddeialog ag eraill. Fel yr esbonia Ioan Williams:

> His central characters face the difficult task of overcoming the world without abandoning it. To achieve this they have to master the devouring weakness of fear: and when they have done this they are free of the world and free to love. In Saunders Lewis' view this is to achieve humanity, which begins in an honest acknowledgement of isolation, but which can only fulfil itself in relation to others, in the world.[98]

Ymddiddorai Saunders a Beckett, felly, yn anallu iaith i gyfleu ystyr, ac yn anallu'r ddynolryw i drin a defnyddio'r ychydig iaith sydd gennym i geisio ein deall ein hunain a deall eraill.

Ar y cyfan, serch hynny, mae iaith yn bwysig iawn i Saunders mewn ffordd wahanol iawn. Er bod diddordeb gan Saunders yn y gallu dynol i gyfathrebu, gwêl iaith, a'r iaith Gymraeg yn benodol, fel cyfrwng cyfoethog. Ystyria ef iaith fel arf, rhywbeth y gellir ei ddefnyddio i ysgogi gweithredu a newid. Rhywbeth prydferth yw iaith i Saunders yn ogystal, rhywbeth y dylid ei werthfawrogi yn gelfyddydol, yn enwedig y Gymraeg. Mewn llythyr at Margaret Gilcriest disgrifiodd y Gymraeg fel: '[w]onderful words that mean more than anything in English can ever express.'[99] Y mae'r Gymraeg hefyd yn cynrychioli undod diwylliannol, rhan o hunaniaeth genedlaethol y Cymry. 'Trwy'r iaith y mae dwyn y Chwyldro Cymreig i fod',[100] chwedl Saunders Lewis, ac fe welwn fod y syniadau hyn am y Gymraeg yn ymddangos yn ei gyfieithiad o ddrama Beckett. Er mai iaith sy'n eu clymu ynghyd, mae eu defnydd ohoni yn yr un ddrama'n eu gwahanu.

Dadansoddi'r Cyfieithiad

Trown yn awr at y cyfieithiad ei hun, at y geiriau a ddewisodd Saunders, ac yn ddigon addas felly dechreuwn gyda'r gwahaniaethau ieithyddol a geir rhwng y gwreiddiol a'r cyfieithiad. Elfen allweddol unrhyw gyfieithiad yw ei deitl. Ceir gwahaniaeth cynnil o ran ystyr rhwng *Waiting for Godot* ac *En attendant Godot*, er enghraifft. Y mae absenoldeb yr arddodiad 'while' yn y Saesneg yn lleihau'r ymdeimlad o barhad a gyfleuir gan 'en' yn Ffrangeg. Fel y sylwa Enoch Brater:

But can the title of *Waiting for Godot* in English, culturally and linguistically speaking, ever sufficiently capture and contain the same temporal essence 'always already there' in a transaction like *En attendant Godot*? . . . The latter signals an inevitable and unenviable phenomenon more like 'while waiting', 'in the process of waiting', or even (really going out on an Anglo-Saxon limb) 'during the time [I was] waiting', but with no end in sight. There is in this 'case nought' . . . a word, even a world, of difference, and not as subtle as we may have initially supposed.[101]

Diddorol yw nodi bod Saunders wedi cadw'r ymdeimlad o barhad er gwaethaf absenoldeb gerwnd yn y Gymraeg drwy ddefnyddio'r arddodiad 'wrth' sy'n cyfateb i 'en' yn y Ffrangeg. Glyna'r teitl Cymraeg hefyd wrth batrwm y ddau fersiwn drwy ddefnyddio tri gair yn unig. Adlewyrchir yn ogystal nifer sillafau'r teitl Saesneg, felly gellir deall pam y dewisodd y teitl hwn. Er hynny, y mae absenoldeb yr arddodiad 'am', gair a fyddai'n fwy naturiol yn y cymal hwn, yn creu teitl pytiog ac anghyflawn i raddau. At hynny, ni chaiff yr arddodiad ei hepgor yn neialog y ddrama wrth drafod yr aros: 'Rŷn ni'n aros **am** Godot';[102] 'Aros **am** Godot'.[103] Mae hi'n amlwg, felly, fod Saunders hefyd yn teimlo bod y geiriad hwnnw yn fwy naturiol. Byddai'r teitl 'Aros am Godot' wedi cadw'r amwysedd o ran amser gan mai berfenw yw 'aros', neu fe fyddai 'Wrth Aros am Godot' hefyd wedi atgyfnerthu'r ymdeimlad o barhad ac wedi efelychu sillafau'r Ffrangeg. Gellir dadlau, serch hynny, fod dewis Saunders yn addas iawn o ystyried cynnwys ac iaith y ddrama hon. Chwarae ag iaith a wna Beckett drwy'r ddrama, ac fe efelychir hyn yn gyson gan Saunders yn y testun, ac fel y gwelwn, yn y teitl.

Wynebodd Gwyn Thomas her debyg wrth gyfieithu teitl drama arall gan Beckett i'r Gymraeg, sef *Diwéddgan*, cyfieithiad o *Fin de partie*, a gyhoeddwyd hefyd fel rhan o gyfres 'Y Ddrama yn Ewrop' ym 1969. Fel yr esbonia yn ei ragymadrodd, bu'n rhaid iddo fathu term newydd i ateb gofynion y dasg hon:

Term yw *Fin de Partie*, teitl y ddrama yn Ffrangeg, ac *Endgame*, teitl y ddrama yn Saesneg, ar symudiad mewn chwarae gwyddbwyll lle mae'r brenhinoedd yn wynebu'i gilydd heb lawer o gefnogaeth. Dyna yw arwyddocâd geiriau Hamm ynglŷn â'r 'chwarae' ar ddechrau un ac ar ddiwedd un y ddrama. Methais gael gair Cymraeg am sefyllfa o'r fath mewn gwyddbwyll na hen chwaraeon cyffelyb, felly mi ddyfeisiais i'r term 'diwéddgan'.[104]

Dewisodd, felly, blygu'r iaith Gymraeg a dyfeisio er mwyn cyfleu gwir ystyr y gwreiddiol. Fel y gwelwyd eisoes, awgryma Angharad Price y gall cyfieithu gyfoethogi'r iaith darged, a gwelir enghraifft glir o hyn yn yr achos hwn, oherwydd erbyn heddiw y mae'r term 'Diweddgan' yn ymddangos yng Ngeiriadur yr Academi fel term a gyfeiria at y ddrama. Y mae'r cyfieithiad, felly, wedi ychwanegu at ehangder geirfa'r Gymraeg.

Wedi dadansoddi tri fersiwn y ddrama (y Ffrangeg, y Saesneg a'r Gymraeg), daw hi'n amlwg bod Saunders wedi cyfieithu'r testun Ffrangeg gwreiddiol. Dylid nodi, serch hynny, fod Saunders wedi gwneud defnydd o'r fersiwn Saesneg wrth gyfieithu gan fod sawl rhan o'r ddrama yn debycach i *Waiting for Godot*, yn enwedig y rheini sy'n cynnwys iaith farddonol, llawn mynegiant. Diddorol yw nodi hefyd nad yw'r *Radio Times* yn cydnabod ond y fersiwn Ffrangeg fel y ddrama wreiddiol, ond cyfeirir at y ddrama Saesneg yn y testun Cymraeg a gyhoeddwyd.[105]

Mae iaith farddonol Beckett yn tueddu i arbrofi gyda rhythm ac adlais, sydd yn eu tro yn cyfleu natur ddeuol y ddrama ac yn atgyfnerthu ei chynnwys drwy ailadrodd cyson. Hynny yw, mae dramâu Beckett wedi'u seilio ar gyfres o ddeuoedd, ac mae nifer o'r cymeriadau yn adlewyrchu ei gilydd gan ffurfio dau hanner rhywbeth cyflawn.[106] Yn y ddrama hon, ceir pâr o barau: Vladimir ac Estragon, a Pozzo a Lucky, ill dau yn cynnwys cymeriadau sy'n cyferbynnu â'i gilydd. Mae deuoliaeth enwog wrth gwrs i strwythur *En attendant Godot* gan fod digwyddiadau'r act gyntaf yn cael eu hailadrodd yn yr ail act ond wedi'u diwygio ychydig. Mae'r ail act yn fyrrach na'r act gyntaf gan fod nifer o'r elfennau wedi'u dileu, yn union fel y mae'r cyfieithiad Saesneg byrrach yn cynrychioli cyplysiad pellach gyda'r fersiwn Ffrangeg. Y mae pob elfen yn ddeuol, a phob ailadroddiad, pob ail hanner yn llai na'r rhan gyntaf. Nid yn unig y mae'r ddrama yn ei hailadrodd ei hun, ond y mae'r ailadroddiad hwnnw yn dalfyriad, yn gywasgiad o'r fersiwn gwreiddiol cyntaf. Yn y modd hwn, adlewyrchir fel y mae'r ddrama yn cyfleu colli gobaith a dirywiad egni a phwrpas y cymeriadau, ac felly'r ddynolryw yn ehangach. Cylch yw'r ddrama, ond cylch sy'n dirywio, 'diminishing spiral',[107] chwedl Michael Worton.

Gwelwyd eisoes mai parau o gymeriadau sydd wrth wraidd dramâu abswrdaidd Saunders ei hun, sef *Cell y Grog* ac *Yn y Trên*. Yn debyg i Vladimir ac Estragon, mae'r parau hyn yn adlewyrchu ei gilydd ac yn cynrychioli dau begwn gwrthgyferbyniol. Gwrthbwysir difaterwch y Gard gan chwilfrydedd y Teithiwr, ac yn yr un modd adlewyrchir angerdd y Carcharor dros fywyd gan hiraeth y Swyddog am farwolaeth. Mae'r safbwyntiau cyferbyniol yn cyfleu agweddau gwahanol at fywyd, ac maent yn adlewyrchu dehongliad Saunders o'r ddrama *Wrth Aros Godot*. Cyflwynir dau bosibilrwydd i'r darllenydd / gwrandäwr: gellir ymadael â ffydd gan fyw bodolaeth undonog megis un Vladimir ac Estragon neu gellir cyfaddef mai camgymeriad yw'r difaterwch hwn ac y dylid gweithredu a manteisio ar gyfleoedd bywyd yn llawn. Cyflwyna'r dramâu ddadl Pascal: gellir gamblo nad oes Duw yn bodoli, ac os felly, nid oes dim i'w ennill ond y mae popeth i'w golli, sef sefyllfa Vladimir ac Estragon. Ar y llaw arall, gellir gamblo bod Duw yn bodoli, ac os felly y mae popeth i'w ennill ond byddai'r golled yr un peth y naill ffordd neu'r llall. Noda Bruce Griffiths y ceir adlais o ddadl Pascal yng ngeiriau'r Swyddog yn *Cell y Grog*: 'Yma mae'r casino. 'Rydyn ni'n chwarae am y dillad, a mae'r dillad a'r einioes yn un.'[108] Yn nrama Beckett ni cheir dewis; y mae'r cymeriadau yn gaeth. Yn achos Saunders, y mae'r Teithiwr, y Swyddog a'r Carcharor yn gamblo, ac awgryma ei ddehongliad o *Wrth Aros Godot* y dylai Vladimir ac Estragon wneud yr un peth.

Adlewyrchir deuolrwydd y ddrama hefyd gan ei hiaith. Mae defnydd Beckett o adlais sillafog ac o ailadrodd yn cyfleu iaith sy'n dirywio fel y mae bodolaeth ddynol. Er enghraifft, mae'r brawddegau canlynol sydd oll yn cynnwys pedair sillaf yn cyfleu defnydd cwta, undonog, stacato iaith:

Vladimir:	Je ne sais pas.
Estragon:	Allons-nous-en.
Vladimir:	On ne peut pas.[109]

('Vladimir:	Wn i yn y byd.
Estragon:	Gawn ni fynd?
Vladimir:	Fedrwn ni ddim.')[110]

Yn yr un modd, defnyddir ymadroddion rhythmig i ddisgrifio delweddau symbolaidd sy'n cynrychioli treigl amser a breuo bywyd dynol:

Estragon:	De feuilles.
Vladimir:	De sable.
Estragon:	De feuilles.
. . .	

Estragon:	De feuilles.
Vladimir:	De sable.
Estragon:	De feuilles.[111]

('Estragon:	Sŵn dail.
Vladimir:	Sŵn tywod.
Estragon:	Dail . . .
. . .	
Estragon:	Dail.
Vladimir:	Lludw.
Estragon:	Dail.')[112]

Nid yn unig llwydda Saunders i gadw naws rythmig y brawddegau hyn yn ei gyfieithiad, mae'n dyrchafu'r iaith yn uwch eto. Ychwanega gyflythrennu ac odl fewnol, nodweddion pwysig barddoniaeth gynganeddol, yn aml er mwyn pwysleisio darnau sy'n cyfleu neges bwysig neu er mwyn tanlinellu hiwmor. Er enghraifft, pwysleisir dirmyg Vladimir o ymddangosiad Lucky gan yr odl 'Braidd yn fenywaidd'.[113] Ymhellach, defnyddia Saunders arddull farddonol mewn darnau nad ydynt o reidrwydd o arwyddocâd penodol, gan awgrymu mai prydferthu'r iaith yw ei nod yn hytrach na phwysleisio thema neu neges benodol yng nghynnwys y ddrama. Er enghraifft, mae'r cytseinedd canlynol yn ymddangos mewn ymadrodd sy'n gwrth-ddweud awgrym Saunders y bydd Godot yn dod: 'Os cafodd o siwrnai seithug *dd*oe gelli *dd*al na *dd*aw o *dd*im he*dd*iw.'[114] Mae'r iaith, felly, yn mynnu ffocws yn y cyfieithiad yn ogystal â'r cynnwys.

Ailadroddir yr ymadrodd cytseiniog 'Does dim dwywaith'[115] bedair gwaith yn y testun. Cyfieithiad ydyw o'r ymadroddion 'pas d'erreur',[116] 'mais c'est absolument certain',[117] 'un point, c'est tout'[118] a 'sans doute'.[119] Datganiad cadarnhaol yw hyn sy'n cyfleu elfen o sicrwydd yng nghanol ansicrwydd ehangach y ddrama. Drwy gyfieithu pedwar ymadrodd gwahanol gan ddefnyddio'r un cymal Cymraeg mae Saunders yn creu parhad, parhad sydd efallai yn creu sicrwydd nad yw'n bresennol yn y Ffrangeg. Ymhellach, y mae iaith farddonol y cyfieithiad Cymraeg yn rhoi naws gerddorol iddo, ac felly mae modd ei ddarllen mewn ffordd fwy cadarnhaol o'i gymharu â'r Ffrangeg gwreiddiol lle rhoddir pwyslais ar iaith foel, blaen, 'sans style'. Nid drama heb arddull yw *Wrth Aros Godot*.

Cofier hefyd mai drama radio oedd *Wrth Aros Godot* yn wreiddiol, ac y mae pwyslais pellach ar elfen glyweledol y testun. Serch hynny, sylwn fod Saunders hefyd yn dyrchafu iaith y cyfarwyddiadau llwyfan er nad ydynt yn rhan o'r darllediad. Er enghraifft, adlewyrchir sillafau dau hanner y cyfarwyddyd canlynol, a cheir cyflythrennu sydd bron yn cyfleu cynghanedd: 'pennau'n plygu, gliniau'n gwegian'.[120] Gellir dadlau bod y sylw a'r manylder a welir yma yn awgrymu unwaith eto mai'r cyfieithiad ysgrifenedig oedd ffocws Saunders yn hytrach na'r perfformiad a wnaed ar y radio. Mae'r cyfarwyddiadau llwyfan yn rhan annatod o'r ddrama, wedi'r cyfan, gan fod ystumiau'r cymeriadau yr un mor bwysig â'r hyn a ddywedant, neu'r hyn nas dywedant yn aml iawn. Yn ôl Ruby Cohn: 'For Beckett as for Artaud, stage space is empty, and much of his *Godot* reflects his characters' valiant efforts to move through it. That valour is evident in stylized standing up, sitting down, walking about, and especially falling.'[121] Y mae rheswm, felly, y tu ôl i leoliad penodol pob cymeriad ar bob achlysur drwy'r ddrama. At hynny, ychwanega Cohn fod nodiadau Beckett y cyfarwyddwr yn chwyddo'r manylder hwn gan fanylu ar sut y disgwylir i'r actorion symud, wynebu ei gilydd, a phlethu'r geiriau a'r symudiadau drwy'r holl berfformiad. Yr oedd perfformadwyedd a'r cyfieithiad theatraidd o bwysigrwydd mawr i Beckett. Wrth reswm, felly, mae'r cyfarwyddiadau llwyfan yn ei waith yn haeddu'r un sylw manwl wrth gyfieithu ag y mae'r ddeialog.

Dengys *Wrth Aros Godot* fod Saunders yn ymwybodol o'r dulliau a ddefnyddiodd Beckett ei hun er mwyn chwarae ag iaith y ddrama yn Ffrangeg ac yn Saesneg. Mae'r darn canlynol yn debycach i'r Saesneg er mwyn cadw'r cyfeiriad rhyngdestunol at ddarn o waith Joyce: 'Rydw i'n gwneud fel <u>t</u>i. Edrych ar<u>ni</u> hi . . . a'r *ll*oer yn ariannu'r *lli*'.[122] Ac ymhellach, geiriau o'r englyn 'Nos' gan Walter Davies (y bardd Gwallter Mechain, 1761–1849) yw 'A'r lloer yn ariannu'r lli', sydd yn creu cyswllt penodol â llenyddiaeth Gymraeg. Cyhoeddwyd yr englyn hwn yn rhifyn cyntaf 'Cyfres y Werin', fel mae hi'n digwydd, sef *Blodeuglwm o Englynion* a ddetholwyd a'u golygu gan W. J. Griffith.[123] Domestigeiddio amlwg a wneir yma gan Saunders gan gynnwys cyfeiriadau at y Gymraeg a'i diwylliant.

Cynhwysir hefyd elfennau arddulliol sy'n pwysleisio'i natur gerddorol megis y cyflythreniad sydd mewn italig a'r odl fewnol sydd wedi'i thanlinellu. Ymhellach, yn y fersiwn Ffrangeg chwaraea Beckett gyda phatrwm gramadegol anodd gan watwar cymhlethdod yr iaith Ffrangeg: 'Il s'en est fallu d'un cheveu qu'on ne s'y soit pendu. *(Il réflechit.)* Oui, c'est juste *(en détachant les mots)* qu'on – ne – s'y – soit – pendu.'[124] Y mae hyn wedi'i ddileu o'r fersiwn Saesneg, ond fe'i trosir i'r Gymraeg fel a ganlyn: 'Wrth gwrs ei fod yma. Chofi di ddim? Bu ond y dim inni'n crogi'n hunain arno. Ond ... y ... dim ... Ti ddaru nogio.'[125] Defnyddir bylchau yma i ddangos bod Vladimir yn oedi i feddwl am odl sy'n ffurfio cwpled. Efelychiad o farddoniaeth Gymraeg a geir yma yn lle dynwarediad o'r iaith Ffrangeg. Llwydda Saunders, felly, i gyfleu chwaraegarwch geiriau Beckett yn y cyfieithiad Cymraeg gan fabwysiadu cyd-destun Cymraeg hefyd.

Serch hynny, crwydra rhai darnau ymhellach oddi wrth y gwreiddiol, gan greu teimlad optimistaidd ar y cyfan o'i gymharu â geiriau Beckett. Tua dechrau'r act gyntaf, awgryma Vladimir yr ofn a deimla wrth wynebu gwacter bywyd, ac adlewyrchir hyn gan wacter corfforol ei het. Ei ymateb i'r teimlad hwn yw 'EPOUVANTÉ'[126] (wedi dychryn/ wedi brawychu) yn y Ffrangeg neu 'AP-PALLED'[127] yn y Saesneg. Dewis Saunders, er hynny, oedd 'SYFR-DAN-DOD'[128]. Nid yn unig y mae'n dewis enw yn hytrach nag ansoddair, y mae'n dewis gair sydd â chysylltiadau mwy cadarnhaol, ymdeimlad o ryfeddod yn hytrach nag ofn neu ffieidd-dod. Yn wir, amlygir ei grwydriad o'r ystyr gan gyfieithiad Gwyn Thomas o'r un gair yn *Diwéddgan* fel 'Wedi brawychu'.[129] Fel y byddwn ni'n gweld, y mae tuedd Saunders i estyn ei hawl fel cyfieithydd i addasu'r testun gwreiddiol i'w gweld yn gyson drwy'r ddrama, ac yn aml y mae'r newidiadau hyn yn effeithio ar gynnwys a neges y ddrama yn ogystal â'i hiaith.

Crefydd

Trafodwyd darlleniadau crefyddol o *En attendant Godot* gan feirniaid ers iddi gael ei llwyfannu gyntaf ym 1953. Y cwestiwn sydd gan y gynulleidfa, gan actorion a chan gyfarwyddwyr oll yw 'Pwy yw Godot?', ac nid oedd ei greawdwr yn fodlon cynnig ateb. Pan ofynnodd Alan Schneider, 'Who or what does Godot mean?', ateb Beckett oedd, 'If I knew, I would have said so in the play.'[130] Erys Vladimir ac Estragon am Godot yn ddi-baid er nad oes unrhyw esboniad eglur o bwy ydyw na pham y mae'n rhaid iddynt aros amdano er ei fod yn parhau i dorri ei addewidion. Trafodwyd eisoes natur ddeuol y ddrama, ac yn ôl Ruby Cohn:

> The seed for *Waiting for Godot* is St Luke's account of the crucifixion, as summaried by St Augustine (although no one has found the passage to which Beckett refers): 'Do not despair: one of the thieves was saved. Do not presume: one of the thieves was damned.' The two thieves are Didi

and Gogo; the two thieves are Pozzo and Lucky; the two thieves are Mr Godot's goatherd and his off-stage shepherd brother; the two thieves might be you and me.[131]

A dyma yn union sydd wrth wraidd dehongliad Saunders Lewis o'r ddrama, fel y mae'n ei ddatgan yn ei ragymadrodd:

> Y mae dau brif gymeriad y ddrama yn aros gerllaw pren, yn aros gan ddisgwyl Ceidwad ac Achubwr. Y pren yw'r man cyfarfod. Ni allant eu hachub eu hunain; ni allant ychwaith ddianc o'u sefyllfa. Ni wyddant pam, ond gwyddant yn ddisigl sicr mai felly y mae hi. Am y Ceidwad, ac am y ddau leidr a groeshoeliwyd gydag ef, ac am yr un a achubwyd, y mae ym-ddiddan allweddol agoriadol y ddrama. Ar ei therfyn hi daw'r thema'n ôl:
> – Os daw Godot?
> – Cawn ninnau'n hachub.
> Aros dan ddisgwyl megis yn y dechrau, yw'r terfyn. Ni allai dim sôn am gyflwr dyn fod yn fwy Calfinaidd.[132]

Nid oes awgrym o ansicrwydd Vladimir ac Estragon yn esboniad Saunders. Er nad ydynt yn gwybod pam, y maent yn hollol argyhoedd-edig mai dyma sy'n iawn, yn ei dyb ef. Darlleniad cadarnhaol, sicr sydd yma o ddrama ansicr iawn. O ystyried y deongliadau crefyddol posibl o *En attendant Godot*, edrychwn yn awr ar berthnasedd crefydd Saunders Lewis ei hun a'i effaith ar ei gyfieithiad.

Derbyniwyd Saunders i'r Eglwys Gatholig ym 1933 wedi iddo droi oddi wrth yr Eglwys Fethodistaidd Galfinaidd. Troes Saunders at yr Eglwys Gatholig o achos apêl ei draddodiad a'i ffurfioldeb, megis yr offeren Ladin yr oedd mor ddig am ei cholli flynyddoedd wedyn. Ys dywed Robin Chapman, 'teg dweud mai hanfod apêl Catholigiaeth – a hyn heb fwriadu cymryd yn ysgafn gymhellion Lewis na bych-anu'r ffydd a arddelodd – oedd yr elfen theatrig ynddi: ffydd fel per-fformiad'.[133] Noda Branwen Jarvis hefyd bwysigrwydd y cyswllt Ewro-peaidd â'r Eglwys Gatholig i Saunders: 'Mae edmygedd Saunders Lewis o ddiwylliannau Catholig Iwerddon, Ffrainc a'r Eidal hefyd yn ffactor gynnar eithriadol bwysig iddo gofleidio Catholigiaeth. Mewn meddwl ac ysbryd mae'n dymuno teimlo'n un â hwy a datblygodd ei gariad at draddodiadau hanesyddol gwareiddiad Gorllewin Ewrop yn gynnar.'[134] Dylanwadodd Ffrainc, ei llenyddiaeth a'i chrefydd ar Saunders mewn ffordd arwyddocaol, a gwahanol iawn i Beckett.

Ymadawodd Beckett â'i wreiddiau Protestannaidd er mwyn gwrth-od y credoau crefyddol a gyflwynwyd iddo yn blentyn. Honnodd iddo gael ei eni ar Ddydd Gwener y Groglith a oedd hefyd yn ddydd Gwener y trydydd ar ddeg. Fe'i ganwyd ef ar ddiwrnod o aros yn ôl y ffydd Gristnogol, aros am atgyfodiad Iesu Grist a fyddai'n gwaredu'r tywyllwch a ddaeth yn sgil ei groeshoeliad. Pwysleisiodd Beckett hyn yn eironig gan iddo wrthod ei gefndir crefyddol. Nid oedd diben i'r aros yn ei farn ef.

Er bod crefydd wedi chwarae rhan amlwg ym mywyd Saunders, yr oedd amheuaeth hefyd yn rhan annatod o'i gredau. Dioddefai broses barhaol o dyfiant ac o ddatblygiad, ond golygai hyn ei fod yn encilio i amheuaeth yn aml. Cyhoeddodd mewn cyfweliad:

> Gwyn ei fyd y Cristion y mae credu holl Gredo Nicea yn hawdd a sicr a diysgog iddo. Ni bûm i erioed yn un o'r fath. Rydw i'n cario baich o amheuaeth ac o dywyllwch drwy fy oes, yn rhan annatod o'm ffydd a'm gobaith, ond gyda hynny yn aros gyda'm dewis a cheisio gwneud y pethau sy raid.[135]

Yn yr un modd, dywedodd yr Esgob Daniel Mullins yn angladd Saunders:

> 'Doedd credu ddim yn beth hawdd iddo . . . Cymaint yn haws fyddai derbyn mai ar olwg allanol pethau y mae barnu'r byd ac mai pethau'r byd yw'r unig rai sydd. Byddai hynny'n caniatáu iddo fyw yn ôl ei reswm a doethineb yr oesoedd a bod yn atebol iddo ef ei hun yn y diwedd am ei weithredoedd.'[136]

Yr oedd yn rhaid iddo fyw gyda '[ch]roesddywediadau arswydus y ffydd Gristnogol'.[137] Datblygodd ffydd Saunders drwy gydol ei fywyd, ac er iddo wynebu amheuon, rhan o'i esblygiad fel Cristion oedd hyn iddo. Dadleua Bruce Griffiths fod dramâu Saunders yn symud o 'ffyddiogrwydd hyderus Buchedd Garmon hyd at ofnau, amheuon ac anobaith y dramâu olaf, lle gwelir y tywyllwch a oedd wrth graidd Amlyn ac Amig yn ymledu fwyfwy.'[138] Y mae Saunders yn cydnabod yn ei ddramâu mai gambl yw ffydd, ond gambl Pascal ydyw lle y mae gobaith yn yr ennill a dim ond gwacter yn y colli. Portreada Saunders, felly, ansicrwydd bywyd yn ei ddramâu, ac fe ddarlunia hefyd wacter ac amheuon gwaith Beckett, ond y mae'n annog ei gymeriadau i fentro, i weithredu, i neidio i'r cledrau. Yn yr un modd, dynion sydd yn cwestiynu ac yn ymgymryd â'r un amheuon yw Vladimir ac Estragon, ond gwêl Saunders obaith a goleuni ar ddiwedd eu cyfnod o aros ansicr ac mae'n cyfleu'r dehongliad hwn yn ei gyfieithiad.

Fel y gwelwyd eisoes, ceir addasiadau ieithyddol yng nghyfieithiad Saunders, a gellir cysylltu nifer o'r rhain â'i ffydd Gristnogol. Maent yn awgrymu ymgais ar ran Saunders i gyfleu darlleniad crefyddol mwy cadarnhaol o'r ddrama gan barhau i gadw elfennau o'i dirgelwch. Er bod nifer o'r newidiadau ieithyddol yn gynnil, megis newidiadau i'r gystrawen neu i eiriau unigol, maent yn effeithio ar ystyr gyffredinol y ddrama ac ar y neges a gyflwynir i'r darllenydd/gwyliwr.

Y datgeliad mwyaf diddorol am gyfieithiad Saunders yw bod nifer o ddarnau hollol newydd wedi'u hychwanegu at y fersiwn Cymraeg. Nid yw'r darnau hyn yn ymddangos yn y Ffrangeg nac yn y cyfieithiad Saesneg, felly gellir dadlau bod Saunders wedi'u cynnwys er mwyn tanlinellu ei ddarlleniad personol o *Godot* a amlinellir yn ei ragymadrodd. Yn wir, yn ôl Umberto Eco:

[T]ranslators have to make an interpretative hypothesis about the effect programmed by the original text, or, to use a concept I like, to remain faithful to the *intention of the text*. Many hypotheses can be made about the intention of a text, so that the decision about what a translation should reproduce becomes *negotiable*.[139]

Mae Saunders wedi penderfynu pwysleisio 'bwriad' crefyddol y testun, ac felly wedi barnu ei bod hi'n dderbyniol, neu hyd yn oed yn angenrheidiol, ychwanegu'r darnau canlynol at y ddrama er mwyn tanlinellu ei 'fwriad' ar gyfer ei gynulleidfa darged.

Tua dechrau'r ail act lle y mae Vladimir yn cadarnhau bod y ddau gymeriad yn yr un lle unwaith eto, dywed: 'te revoilà... (neutre)... nous revoilà'[140]. Cyn y frawddeg hon, mae Saunders wedi ychwanegu'r darn canlynol: 'Vladimir: *(Wedi pwyso)* Nawr... wel, ie. Ond imi gau fy llygaid *(Eu cau nhw a'u gorchuddio â'i ddwylo er mwyn sicrwydd.)*... ie, rwy'n clywed colli'r goleuni i gyd.'[141] Gellir gweld y ddelwedd hon fel trosiad am y ddynolryw yn cau eu llygaid ar Dduw gan beidio â phrofi Ei oleuni. Pwysleisir y golled hon, y golled fawr sy'n profi'r ddynolryw yn eu dallineb i fawredd Duw, gan gyflythreniad a chan gyseinedd: 'clywed colli'r goleuni i gyd'.[142]Arddangosir unwaith eto ddefnydd Saunders o iaith flodeuog mewn drama sy'n rhoi pwyslais ar wacter, symlrwydd a gwendid iaith.

Yn hwyrach yn yr ail act, wrth i Vladimir ac Estragon geisio penderfynu a ddylent helpu Pozzo i godi i'w draed neu beidio, mae'r darn canlynol wedi'i ychwanegu:

Estragon:	Ddaru o godi felly?
Vladimir:	Naddo.
Estragon:	Sut y gallai o syrthio?
Vladimir:	Ar ei linie roedd e . . . 'Falle'n bod ni wedi gwneud mwy nag oedd raid.
Estragon:	Anaml y gwnawn ni hynny.
Vladimir:	Roedd e'n llefain am help. Roedden ninne'n glustfyddar. Dechre llefain wedyn. A ninne'n ei guro.
Estragon:	Ie, dyna fu.
Vladimir:	Dyw e'n symud dim. Ydy e wedi marw tybed?
Estragon:	Dyma ni mewn trybini yn unig drwy feddwl am ei helpu o.
Vladimir:	Felly mae hi.
Estragon:	Ddaru ti guro'n rhy galed?
Vladimir:	Mi gafodd glamp o glusten.
Estragon:	Ddylit ti ddim.
Vladimir:	Ti ddwedodd.[143]

Gellir dehongli'r darn hwn mewn dwy ffordd. Yn y lle cyntaf, efallai fod Saunders yn cysylltu'r darn â sefyllfa'r Cymry. Gofynna Vladimir a ydynt wedi gwneud gormod, ac etyb Estragon mai yn anaml y mae hynny'n digwydd, gan awgrymu na all y Cymry byth wneud gormod dros eu gwlad. Mae'n rhaid iddynt weithredu mewn ymgais i'w hachub eu hunain tra bod cyfle ganddynt. Yn ail, gallai'r darn gyfeirio at driniaeth dynion o Iesu Grist. Yr oedd dynion yn fyddar i'w riddfannau am gymorth; fe'i curwyd ef ac fe'i croesholiwyd ef pan griai mewn anobaith ar Dduw'r Tad. Mae'r disgrifiad o Pozzo 'ar ei linie' yn dwyn i gof Iesu yn gweddïo yng Ngardd Gethsemane cyn iddo gael ei gludo i ffwrdd gan y milwyr o dan gyfarwyddyd Pilat. Mae Vladimir ac Estragon yn cwestiynu ac yn amau eu hymddygiad a'r ffordd y maent wedi trin Pozzo. Maent yn edifarhau am weithredoedd y ddynolryw yn y gorffennol ac yn ceisio ennill maddeuant drwy helpu Pozzo.

Yn olaf, ychwanegir darn newydd gan Saunders yn ystod golygfa'r ail act lle y mae Estragon yn ofni nesáu at Lucky gan ei fod wedi ei guro yn yr act gyntaf:

Vladimir:	Felly rwyt ti'n cofio nawr yr hyn wnaeth e iti.
Estragon:	Dydw i'n cofio dim oll. Ti ddwedodd wrthyf.
Vladimir:	Gwir ei wala. (Wrth Pozzo.) Mae ar 'y nghyfaill ofn.
Pozzo:	Does dim i'w ofni.

Vladimir:	*(Wrth Estragon.)* Gyda llaw, y dynion yma welaist ti, i ble'r aethon nhw.
Estragon:	Beth wn i?
Vladimir:	'Falle mai drychioleth oedden nhw?
Estragon:	Gweledigaeth.
Vladimir:	Drychioleth.[144]

Yn y testun gwreiddiol, ni chyfeirir yn uniongyrchol at y dynion sydd wedi curo Estragon rhwng y ddwy act fel hyn. Awgrymir yn y Gymraeg mai drychiolaeth neu, yn rhyfeddach fyth, gweledigaeth oeddent. Mae'r gair 'gweledigaeth' yn awgrymu bod Estragon wedi cael profiad crefyddol a gysylltir â'i gyfarfod â Godot. O'i gymharu â'r ychwanegiadau eraill yn y Gymraeg, y mae'r darn hwn yn fwy astrus, sy'n cyfleu bwriad Saunders i gadw elfen o ansicrwydd y testun gwreiddiol. Arddangosir yr ansicrwydd hwn gan gyfieithiadau cyferbyniol dau ddarn o'r testun. Cyfieithir 'Le fond de l'air est frais'[145] fel 'Mae'r awyr agored yn peri gwacter',[146] sy'n cysylltu'r frawddeg â'r syniad o wacter eu bodolaeth ac â thywyllwch heb Dduw. Mae'r Gymraeg yma, felly, yn fwy negyddol, yn fwy anobeithiol nag y mae'r Ffrangeg. Ar y llaw arall, newidir y frawddeg negyddol 'Je n'aime pas parler au vide'[147] i 'Dda gen i ddim siarad wrth y gwynt.'[148] Drwy ddefnyddio 'gwynt' yn lle 'gwacter' yma, awgrymir nad ydynt o reidrwydd yn syllu i ddiddymdra; nid ydynt yn unig, ac nid ydynt o reidrwydd wedi'u gadael. Er bod Saunders wedi dewis pwysleisio 'bwriad' crefyddol y testun ar y cyfan, felly, gellir disgrifio ei gyfieithiad fel un moesol, yn ôl diffiniad Eco,[149] gan ei fod yn ffyddlon i natur amwys gyffredin y testun gwreiddiol ar adegau.

Unwaith eto, gwelwn ddatblygiad yn Saunders y cyfieithydd er ei ddyddiau cynnar ym 1924. Dewisodd Saunders ddileu golygfa gyfan o *Doctor er ei Waethaf*, efallai er mwyn cadw ei helfennau pwysicaf yn unig, yr hyn a oedd yn hanfodol i'r ddrama. Erbyn trosi *Wrth Aros Godot* y mae ei hyder fel dramodydd yn amlwg eto gan ei fod wedi mentro ychwanegu at waith Beckett. Y brif duedd yn achos *Doctor er ei Waethaf* oedd i Saunders dynnu elfennau o'r ddrama a'i chwtogi, er bod rhai cyfarwyddiadau llwyfan ychwanegol yn ymddangos. Y mae'r cyfieithydd hŷn, y cyfieithydd sy'n domestigeiddio ac yn Cymreigio, yn ychwanegu lle mae'r cyfieithydd iau, y cyfieithydd parchus sy'n estroneiddio, ar y cyfan yn dileu.

Yn yr un modd, gwelwn enghraifft bellach o'i hunanhyder fel cyfieithydd yn ei ymateb i newyddair yn nhestun Beckett. Y mae'r gair 'knouk'[150] yn enwog fel term yn y ddrama na ellir mo'i gyfieithu. Gair newydd a ddyfeisiwyd gan Beckett ei hun ydyw sy'n arddangos fel y mae'n chwarae ag iaith. Yn *Waiting for Godot*, fersiwn Saesneg y ddrama a ysgrifennwyd hefyd gan Beckett, cedwir yr un ymdeimlad estron gan gadw'r gair â sillafiad Saesneg, 'knook'. Wrth gwrs, nid oes modd cyfieithu gair a fathwyd. Ac eto, y mae Saunders wedi ei gyfieithu fel 'celpen',[151] hynny yw bonclust. Mae'r cyfieithiad yn gwneud synnwyr yn ei gyd-destun, ond y mae'r ffaith bod Saunders wedi penderfynu herio'r bathiad hwn yn dweud cyfrolau am ei agwedd fel cyfieithydd, a'i agwedd benodol at y testun o dan sylw. Yn *Doctor er ei Waethaf* ni newidiodd eiriau'r Lladin, hyd yn oed, ond yn *Wrth Aros Godot* y mae'n cyfieithu'r anghyfieithiadwy.

Dywedodd Barbara Wright fod cyfieithwyr Beckett wedi'u cyfyngu a'u rhwystro gan ei waith mewn ffordd nad oedd y dramodydd ei hun. Yr oedd rhyddid gan Beckett fel y dramodydd gwreiddiol i chwarae â chyfieithiadau o'i waith, i wthio, i herio ac i blygu. Yma, fe welwn fod y dramodydd Cymraeg hefyd yn hawlio'i le ac yn cyfoethogi drama Beckett yn y Gymraeg, neu hyd yn oed yn cynhyrchu drama newydd eto.

Gwasgerir newidiadau cynnil eraill drwy gydol y testun sy'n cefnogi darlleniad crefyddol Saunders o'r ddrama. Yn gyntaf, y mae Saunders wedi dewis y term 'pren'[152] yn hytrach na 'choeden' i ddisgrifio'r goeden y mae Vladimir ac Estragon yn aros wrth ei hymyl. Y goeden yw'r unig ddodrefnyn a geir ar y set, ac mae ei harwyddocâd yn bwysig gan ei bod yn ysgogi sawl trafodaeth am eu sefyllfa, pam y maent yn aros, a'r dewisiadau sydd ganddynt megis eu crogi eu hunain. Er bod y gair 'pren' yn golygu 'coeden', ei brif ystyr yw'r deunydd ei hun, 'wood', ac fe'i cysylltir yn amlycach â phren y groes y croeshoeliwyd Iesu Grist arno. Creir cysylltiad cliriach, felly, rhwng delwedd y goeden a bywyd, ac yn fwy penodol, bywyd Cristnogol. Y mae Vladimir ac Estragon yn rhwym i'r goeden hon; ni allant ei gadael tan y daw Godot. Maent yn rhwym i'w ffydd Gristnogol, gan aros am eu Meseia yn ffyddlon.

Yn yr un modd, er bod beirniaid eisoes wedi adnabod cyfeiriadau beiblaidd yn y ddrama wreiddiol, megis y ddau leidr a groeshoeliwyd wrth ymyl Iesu, mae cyfeiriadau ychwanegol wedi'u plethu i'r fersiwn Cymraeg. Yma, trafodir natur y pren a saif gerllaw:

Estragon: Qu'est-ce que c'est?
Vladimir: On dirait un saule.
Estragon: Où sont les feuilles?

| Vladimir: | Il doit être mort. |
| Estragon: | Finis les pleurs.[153] |

Noda Harry Cockerham nad yw'r cyfieithiad Saesneg yn llwyddo i efelychu rhythm sillafog y darn (4, 5, 4, 5, 4)[154]:

Estragon:	What is it?
Vladimir:	I don't know. A willow.
Estragon:	Where are the leaves?
Vladimir:	It must be dead.
Estragon:	No more weeping.[155]

Nid oes ymgais yn y Gymraeg ychwaith i gyfleu'r rhythm gwreiddiol, ond newidir y frawddeg olaf er mwyn adleisio geiriau Iesu ar y groes wrth Ferched Jerwsalem yn Luc 23:28:

Estragon:	Be' ydi o?
Vladimir:	Pren helyg, ie?
Estragon:	Ble mae'r dail?
Vladimir:	Rhaid ei fod e'n farw.
Estragon:	Nac wylwch o'm plegid.[156]

Addas iawn yw'r dewis hwn gan mai efengyl Luc yw'r unig un sy'n cyfeirio at y lleidr a achubwyd ar y groes fel y disgrifia Vladimir ddwy dudalen ynghynt: 'Gyda'r Ceidwad. Dau leidr. Maen nhw'n dweud i'r naill gael ei gadw a'r llall (*Chwilio am y gair*.) . . . ei ddamnio.'[157] Pwysleisir ymhellach y cysylltiad rhwng y goeden, neu'r pren yn ôl Saunders, â'r groes. Ac yn y Gymraeg, fel yn y Ffrangeg, cedwir amwysedd y datganiad 'Rhaid *ei fod e'n* farw' (fy mhwyslais i) am farwolaeth y pren gan fod cenedl wrywaidd gan bren helyg a chan 'saule'. Yn ramadegol gall gyfeirio at y goeden neu at ddyn, Iesu yn yr achos hwn, sydd erbyn hyn wedi marw ar y pren hwnnw wrth eu hymyl.

Ar ddau achlysur cyflwyna Saunders gysyniad edifeirwch a maddeuant lle nad ydynt yn ymddangos yn y testun gwreiddiol. Yn gyntaf ceir: 'Ei syniad e yw, o'i ddangos ei hun mor ddiflino, fy nghael i edifarhau'[158] yn hytrach nag 'Il se figure qu'en le voyant infatigable je vais regretter ma décision.'[159] Mae arwyddocâd crefyddol cryfach gan y term 'edifarhau' na 'regretter'. Yn ail, mae gwahaniaeth nodweddiadol o ran geiriad 'Oubliez tout-ça'[160] (Anghofiwch am hynny i gyd) ac 'Rwy'n erfyn maddeuant gennych'.[161] Yn yr un modd, defnyddir moeswers

Dewi Sant, 'Rhaid cadw at y mân ddefodau'[162] i gyfieithu'r frawddeg, 'Pas de laisser-aller dans les petites choses'.[163] Ar adegau awgryma Saunders ei bod hi'n debygol iawn, neu hyd yn oed yn sicr, y bydd Godot yn dod yn y pen draw, ac nad yw'r cymeriadau'n aros amdano yn ofer. Caiff amwysedd sefyllfa'r cymeriadau ei gyfleu yn y Ffrangeg gan ddefnydd o'r modd dibynnol. Mae Vladimir ac Estragon yn aros 'jusqu'à ce qu'il vienne',[164] 'hyd nes y delo', sy'n awgrymu nad oes sicrwydd y bydd Godot yn dod ai peidio. Y mae'r un cymeriadau Cymraeg, serch hynny, yn aros 'tan y daw o',[165] sydd lawer yn fwy sicr y bydd yn cyrraedd. Yn yr un modd, wrth drafod pam y mae'r cymeriadau yn parhau i aros yn hytrach na'u lladd eu hunain, yn y Ffrangeg esbonia Vladimir, 'Nous avons nos raisons'[166] (Mae gennym ni ein rhesymau), datganiad dirgelaidd sydd yn awgrymu nad oes modd inni ddeall eu rhesymeg. Ar y llaw arall ceir tinc Cristnogol i'r fersiwn Cymraeg, 'Mae rheswm am bopeth'.[167] Awgrymir bod rheswm sicr dros eu penderfyniad i aros yn hytrach na chyfiawnhad personol gan y ddau ddyn. Ymhellach, efallai mai'r gwahaniaeth mwyaf nodweddiadol a gyflwynodd Saunders oedd trosi'r frawddeg niwtral, 'On attend Godot',[168] i'r datganiad gorfodol, 'Rhaid aros am Godot',[169] newid a ddigwydd ddwywaith yn y testun. Awgrymir bod diben i'r cyfnod hir o aros i'r cymeriadau Cymraeg. Mae gobaith iddynt, ac awgrymir y cânt eu gwobrwyo yn y diwedd.

Er bod y gyfrol yn datgan mai cyfieithiad o'r Ffrangeg yw *Wrth Aros Godot*, ymddengys yn aml fod Saunders wedi dewis cyfieithu naill ai o'r Saesneg neu o'r Ffrangeg er mwyn pwysleisio ei ddehongliad crefyddol o'r testun. Dilewyd y darn canlynol o'r Saesneg sy'n disgrifio ysgol Estragon a oedd heb Dduw:

Vladimir: *(étonné)* – A l'école sans Dieu?
Estragon: Sais pas si elle était sans ou avec. . . Je me rappelle les cartes de la Terre sainte. En couleur. Très jolies. La mer Morte était bleu pâle. J'avais soif rien qu'en la regardant. Je me disais, c'est là que nous irons passer notre lune de miel.[170]

Penderfynodd Saunders, serch hynny, ei gynnwys yn Gymraeg: 'Rwy'n cofio'r mapiau o Wlad Canaan. Map lliw. Reit dlws. Y Môr Marw'n las lafan. Roedd ei weld yn codi syched arna i. Meddwl, yno'r awn ni am ein mis mêl.'[171] Enghraifft bellach yw hon hefyd o ddefnydd Saunders o iaith farddonol yn ei gyfieithiad. Ceidw adlais rhythmig 'En couleur. Très Jolies' drwy adlewyrchu'r sillafau, 'Map lliw. Reit dlws.' Ond y mae hefyd yn ychwanegu cyflythreniad ac ailadroddiad seiniau meddal 'm' ac 'n' gan greu darlun esmwythaol o heddwch a llonyddwch. Yn yr un modd, mae sarhad Vladimir, 'Dos i gythraul',[172] ychydig yn fwy crefyddol ei dôn nag y mae 'Fous le camp',[173] gan ei fod yn cyfeirio at uffern, ac felly mae'n debycach i'r Saesneg, 'Go to hell.'[174]

Yn ôl Ioan Williams: 'The world remained for [Saunders] a dark and shadowy place from which only occasionally and in torturing glimpses could man achieve the vision of the eternal City of God.'[175] Mae'n cyfaddef nad sefyllfa gadarnhaol yw bywyd dyn ar y ddaear. Y mae'r ddynolryw yn cysgu o hyd ac yn ddall i fawredd Duw, ac maent, felly, yn parhau i aros am ymddangosiad y mawredd hwn. Efallai marwolaeth fydd y mawredd hwn, sef un diffiniad cyffredin o 'Godot' yn y ddrama, neu efallai Ail Ddyfodiad y Meseia; y naill ffordd neu'r llall, profiad truenus ac undonog yw'r aros hwn.

Gwleidyddiaeth

Gweithred wleidyddol yw unrhyw gyfieithiad, yn ôl Jean Fouchereaux.[176] Y mae gofynion ideolegol ar y cyfieithydd ac felly anodd yw gwahanu llenyddiaeth a gwleidyddiaeth yn y broses honno. Y mae'r cyfieithydd yn pontio dwy iaith, dau ddiwylliant, ac yn amlach na pheidio, dwy wlad, ac felly mewn ffordd, diplomydd ieithyddol yw ei rôl. Gan mai un o ffigyrau enwocaf gwleidyddiaeth Cymru yw'r cyfieithydd o dan sylw yma, anochel yw ystyried tueddiadau gwleidyddol Saunders wrth ddadansoddi ei waith, yn enwedig ei waith cyfieithu. Ac at hynny, fe welwn fod Saunders y gwleidydd yn amlycach yn *Wrth Aros Godot* nag y mae yn *Doctor er ei Waethaf*.

Yn ystod y deugain mlynedd rhwng y cyfieithiadau yr oedd Saunders wedi profi sawl gweddnewidiad sylweddol ac wedi ysgogi sawl gweithred chwyldroadol. Yn gyntaf, fe ddatblygodd ei genedlaetholdeb dros y cyfnod hwn. Bu'n un o sylfaenwyr Plaid Genedlaethol Cymru ym 1925, a gweithredodd fel llywydd arni rhwng 1926 a 1939; cafodd ei rôl yn llosgi'r ysgol fomio effaith syfrdanol ar ei yrfa academaidd am iddo gael ei ddiswyddo o goleg Abertawe, ac yn ddigon addas fe ddarlledodd ei ddarlith 'Tynged yr Iaith' yn yr un flwyddyn ag y cyfieithodd ddrama Beckett yn gyntaf, ym 1962. Nid rhyfedd, felly, yw gweld ôl llaw y cenedlaetholwr ffyrnig, sydd wedi'i siomi'n arw gan ei gyd-Gymry, ar yr ail gyfieithiad.

Pwysleisia Saunders drwy'r ddrama mai awdur Cymraeg sydd wedi ymgymryd â'r ddrama hon, gan wasgnodi ei brofiadau ei hun ar y cyfieithiad. Er enghraifft, y mae gan Estragon 'Acen Gymreig ar ei Ffrangeg'[177] yn hytrach nag un Saesneg. Mae hi'n amlwg bod Saunders yn awyddus i'r darllenydd/gwrandäwr gofio arwyddocâd ei Gymreictod wrth ddarllen neu wylio'r cyfieithiad hwn. Dywed Umberto Eco: 'translation is always a shift, not between two languages but between two cultures – or two encyclopaedias. A translator must take into account rules that are not strictly linguistic but, broadly speaking, cultural.'[178] At hynny, ceir esiamplau clir o ddomestigeiddio diwylliannol drwy ddefnydd o idiomau Cymraeg, fel y gwelwyd yn *Eli'r Galon*, megis 'Deuparth gwaith yw ei ddechrau',[179] yn lle 'C'est le départ qui est difficile'[180] (Y dechrau sydd yn anodd). Yr enghraifft ddoniolaf yw'r darn lle cymysgir idiomau cyffredin gan Estragon, dyfyniad sy'n amlygu tuedd Beckett i chwarae â geiriau unwaith eto: 'D'un autre côté, on ferait peut-être mieux de battre le fer avant qu'il soit glacé'[181] (Ar y llaw arall, gwell fyddai taro'r haearn cyn iddo rewi), sef troelliad o 'Gwell fyddai taro'r haearn tra'i fod yn boeth'. Yn y Gymraeg, defnyddir 'Ar y llaw arall, y cynta' ddêl i'r felin, maler iddo gynta',[182] sef chwaraead ar 'y cyntaf i'r felin caiff falu'.

Soniwyd eisoes am duedd Saunders i blethu iaith farddonol i'r ddrama fel ffordd o arddangos tonyddiaeth a swyn yr iaith Gymraeg, ond manteisia Saunders hefyd ar sawl cyfle i watwar y Gymraeg, yn bennaf am ei chysylltiadau â'r Saesneg ar ffurf geiriau benthyg. Er enghraifft, lle defnyddia Beckett ystrydeb Ffrangeg am ynganiad Saesneg, tanlinella Saunders air Saesneg sydd wedi'i fabwysiadu gan y Gymraeg: 'Sterics! . . . Sterics! Mae'r Sais yn deud hysteeeria . . .'[183] Efallai ei fod yn tynnu sylw at y gwahaniaeth rhwng yr ieithoedd a'r cenhedloedd gan ddynwared hefyd y ffordd ddiog y mae Cymraeg modern yn tueddu i fenthyg geiriau Saesneg.

Chwaraea Saunders hefyd ag amrywiaethau'r Gymraeg, gan am-rywio'r acenion a gwahanol ffyrdd o ynganu. Mewn darn lle adleisia Vladimir ac Estragon ei gilydd yn union yn Ffrangeg,[184] mae Saunders wedi ychwanegu amrywiadau cynnil i'w hynganu er mwyn pwysleisio gwerth a chyfoeth amrywioldeb y Gymraeg a'i diwylliant, a chan chwarae ag iaith fel y gwna Beckett ei hun:

Vladimir:	Dwed dy fod ti, hyd yn oed os nad wyt.
Estragon:	Deud be?
Vladimir:	Dwed dy fod ti'n fo'lon.

Estragon: Rydw i'n foddlon.
Vladimir: Minne hefyd.
Estragon: Minna hefyd.
Vladimir: Ryn ni'n fo'lon.
Estragon: Rydan ni'n foddlon. . .[185]

Unwaith eto, yn debyg i gyfieithiadau eraill ddiwedd yr ugeinfed ganrif megis *Eli'r Galon* a *Doctor Di-glem*, defnyddir tafodieithoedd er mwyn dangos eu pwysigrwydd i'r Gymraeg. Gwahanol iawn yw hyn i'r iaith lenyddol a wthiwyd yn *Doctor er ei Waethaf*.

Cynhwysir cyfeiriadau Cymraeg hyd yn oed yn iaith nonsenslyd drama Beckett. Cofier hefyd mai her arbennig yw cyfieithu hiwmor mewn drama, yn enwedig os yw'r hiwmor hwnnw yn dibynnu ar gyfeiriadau sy'n gyfarwydd i'r gynulleidfa. Un enghraifft eglur o hyn yw araith Lucky, lle dychennir academyddion Ffrangeg drwy ddefnydd o enwau ag ystyr ddwbl iddynt megis Poincon a Wattman. Crynhoir y chwarae ar eiriau yn effeithiol gan Harry Cockerham:

> Puncher and Wattmann in the English text are a rather lacklustre Anglicisation of the French Poincon et Wattmann – a *wattman* in French being a tramdriver, so that Poincon (poincon – ticket-punch) is his conductor. This helps to explain the 'public works' they are involved in, whilst both names are vaguely reminiscent of those of actual authorities such as James Watt or the French mathematician Louis Poinsot.[186]

Yn yr un modd, nid yw Testew a Cunard yr un mor effeithiol â'r enwau Ffrangeg, Testu et Conard, sy'n adleisio *têtu* (ystyfnig) a *conard* (twp) gan gyfeirio hefyd at Jean-Léo Testut, awdur llawlyfr meddygol cyffredin, ac at y wasg Ffrengig Conard. Ailgylchodd Beckett nifer o'r enwau wrth gyfieithu i'r Saesneg oherwydd, er nad ydynt yr un mor ddoniol ag y maent i gynulleidfa Ffrangeg, cynhelir rhyw elfen o hiwmor. Dewisodd Saunders, yn hytrach, watwar trefi prifysgol Cymru, fel y gwna yn ei ddrama abswrdaidd ei hun, *Yn y Trên*, ac yn ei ddrama ddychan *Problemau Prifysgol*: 'Acacacademi Anthropopopometri Caerystwyth Aberbangor'.[187] Ceir enghraifft o ryngdestunoldeb yn yr araith hefyd lle y defnyddia enw cymeriad o'i gomedi ddychanol ei hun, *Excelsior*, a ysgrifennodd yn gyntaf yn yr un flwyddyn, sef Crismas Jones:

> mae'n brofedig ofedig sy'n dilyn yn ddilun ond peidiwn â rhaglaenu ni wyddom baham o ethryb ymchwiliau Crismas a Jones mae'n ymddangos

mor eglur er eglur o achos llafuriau anghyhoeddedig ac anghyhoeddadwy Sanders a Thomas ni ŵyr neb baham a Crismas a Jones mae'n ymddangos fod dyn yn groes i'r farn sy'n groes i'r farn hon.[188]

Rhan o araith hir heb atalnodi na synnwyr clir yw'r dyfyniad uchod. Serch hynny, efallai fod arwyddocâd arbennig i'r defnydd o eiriau penodol megis 'anghyhoeddedig', 'anghyhoeddadwy', 'ni ŵyr neb baham', ac 'mae'n ymddangos fod dyn yn groes i'r farn sy'n groes i'r farn hon.' Darlledwyd *Excelsior* yn gyntaf ar Ddygwyl Dewi 1962, wyth mis cyn darllediad *Wrth Aros Godot*, ond fel y crybwyllwyd eisoes, diddymwyd yr ailddarllediad yn dilyn gwŷs gan gyfreithiwr yr Aelod Seneddol Llafur, Llywelyn Williams. Hawliodd ef fod y ddrama yn enllibus gan ei fod yn adnabod portread ohono'i hun yng nghymeriad y gweinidog ifanc, Crismas Jones. Tybed a yw Saunders yn manteisio ar gyfle i ddychanu'r dyn hwn a'r sefyllfa ddiflas hon mewn drama arall a ddarlledwyd gan y BBC? Ymhellach, cynhyrchydd *Excelsior* oedd D. J. Thomas, felly mae hi'n bosibl iawn mai cyfeiriad at ei enw ef sydd yma hefyd er mwyn pwysleisio'r cysylltiad. Yn ôl Ioan Williams: 'bu holl hanes *Excelsior* yn ddiflas iawn i'r dramodydd, a oedd erbyn hynny'n wynebu henaint a salwch.'[189] Ac y mae cyfeiriad at y ddrama hon yn addas iawn yn y cyfieithiad a luniodd yr un flwyddyn gan fod y ddau ddarn yn annog y Cymry i ymateb i'w sefyllfa, i frwydro, i achosi chwyldro. Dyma a ddywedodd Saunders am y gwaith mewn llythyr at olygydd *Y Faner*: 'Mi sgrifennais y ddarlith [Tynged yr Iaith] a'r ddrama 'Excelsior' gyda'i gilydd gan fwrw fod eu neges mor eglur â'r sgrin [*sic*] deledu: dowch yn ôl gyda Magi Huws i Gymru'.[190] Nid oes angen i'r Cymry fodoli fel Vladimir ac Estragon ragor, yn aros ac yn aros am newid. Gallant hwy wireddu'r newid hwnnw drwy weithredu dros eu hiaith a'u gwlad. Felly, er bod gwaith Saunders wedi'i rwystro gan yr achos o enllib, penderfynodd gyfathrebu ei neges mewn ffordd gyfrwys arall gan dynnu sylw at ffolineb y penderfyniad i wahardd y ddrama yn y lle cyntaf.

Yn olaf, cyfeiria Saunders hefyd at draddodiadau'r diwylliant Cymraeg wrth berfformio, megis yn y theatr, ar y radio a hyd yn oed ar lwyfan yr Eisteddfod. Er enghraifft, pan fo Vladimir yn annog Estragon i roi'r esgidiau amdano fel ffordd o basio'r amser, dywed y byddai'n 'diversion' yn y Ffrangeg, 'occupation' yn y Saesneg ac 'anterliwd' yn y Gymraeg, sef cyfeiriad at y traddodiad theatraidd Cymraeg o'r ddeunawfed ganrif.[191] Yn yr un modd, y mae'r ddau yn penderfynu pasio'r amser yn yr ail act drwy sarhau ei gilydd. Yn y Ffrangeg, nid

yw Beckett yn manylu ar natur yr enllibion y mae'r ddau yn eu cyf-
newid: 'C'est ça, engueulon-nous. (*Echange d'injures. Silence.*)'[192] Er
hynny, yn y Saesneg fe benderfynodd restri'r enwau cas, ac yn y broses
mae'n sarhau'r beirniaid sy'n adolygu ac yn aml yn camddeall ei
ddramâu:

> Estragon: That's the idea, let's abuse each other.
> [*They turn, move apart, turn again and face each other.*]
> Vladimir: Moron!
> Estragon: Vermin!
> Vladimir: Abortion!
> Estragon: Morpion!
> Vladimir: Sewer-rat!
> Estragon: Curate!
> Vladimir: Cretin!
> Estragon: [*With finality.*] Crritic![193]

Yn yr un modd, dilyn Saunders y Saesneg gan restru'r enllibion, ac
wrth i'r enwau adeiladu i'r uchafbwynt ar ddiwedd y crescendo o
groeseiriau, ceir cyfeiriadau at rolau cyfarwydd yn yr Eisteddfod:

> Estragon: Dyna fo! Galwn enwau ar ein gilydd.
> Vladimir: Ynfytyn!
> Estragon: Stremp!
> Vladimir: Drewgi!
> Estragon: Baw!
> Vladimir: Bardd!
> Estragon: Archdderwydd! . . . Rwan, ffrindiau eto.[194]

r yr un pryd, felly, domestigeiddir y cynnwys eto fel ei fod yn gyf-
:wydd i'r gynulleidfa, cynhwysir elfen o hiwmor a fydd yn apelio at
y Cymry, ac awgrymir beirniadaeth Saunders ei hun o'r traddodiad
Eisteddfodol. Gwelir yr un dychan o'r traddodiad Eisteddfodol yn ei
ddrama *Eisteddfod Bodran* (1952), lle y mae rhaid dewis rhywun i gael
ei gadeirio ar hap am nad oes unrhyw un yn deilwng:

> HEILYN (*yntau'n penlinio*): I achub y radio rhag mynd yn draed moch
>   Cadeiriwch rywbeth, dim ots pa mor goch.[195]

Ceir enghreifftiau cyson o fetagomedi yn debyg i hyn yn *En attendant Godot* lle y mae'r cymeriadau yn eu gwatwar eu hunain fel actorion, fel perfformwyr neu fel clowniaid. Tynnir sylw at y ffaith eu bod ar lwyfan yn y ddrama, megis yn y darn canlynol lle cyfeirir at ddylanwad comedïaidd traddodiad y theatr-gerdd Ffrengig ar y ddrama:

Vladimir:	Charmante soirée.
Estragon:	Inoubliable.
Vladimir:	Et ce n'est pas fini.
Estragon:	On ne dirait que non.
Vladimir:	Ça ne fait que commencer.
Estragon:	C'est terrible.
Vladimir:	On se croirait au spectacle.
Estragon:	Au cirque.
Vladimir:	Au music-hall.
Estragon:	Au cirque.[196]

Domestigeiddio unwaith eto a wna Saunders yma. Hynny yw, fe ddewis drosi'r darn hwn i gyd-destun Cymreig gan watwar enghreifftiau o'r diwylliant poblogaidd Cymraeg. Cred Vladimir ac Estragon eu bod mewn perffomiad theatr gwael, ond yn hytrach na'r 'cirque' a'r 'music-hall', rhaglenni radio 'Sêr y Siroedd' a 'Wedi'r Oedfa' yw'r cyfeiriadau a ddefnyddir:

Estragon:	Dydy hyn ond cychwyn.
Vladimir:	Erchyll.
Estragon:	Fel mewn theatr.
Vladimir:	Sêr y Siroedd.
Estragon:	Wedi'r Oedfa.[197]

Addas, wrth gwrs, oedd dethol rhaglenni radio gan mai ar y radio y darlledwyd *Wrth Aros Godot*. Er nad ystyriodd Saunders berfformadwyedd y cyfieithiad hwn, er enghraifft drwy addasu'r cyfarwyddiadau llwyfan, awgrymir ei fod wedi ystyried cyfrwng y perfformiad er mwyn cyfleu eironi.

Dengys yr holl amrywiadau hyn y gwêl Saunders iaith fel arf. Y mae wedi llwyddo i drin iaith *Godot* er mwyn plethu cyfeiriadau at ei ddiwylliant Cymraeg iddo. Lle y cais Beckett ddinoethi iaith, y mae Saunders yn ei chyfoethogi gan arddangos amrywiaeth ieithyddol sylweddol y Gymraeg.

Diddorol yw gweld fel y mae Saunders wedi addasu'r darnau hyn er lles y gynulleidfa Gymraeg. Domestigeiddio yw tuedd amlwg ei ddull cyfieithu yma, ond er hynny, y mae wedi cyflafareddu â'r cyfieithiad i raddau, yn ôl disgrifiad Umberto Eco. Hynny yw, nid ydyw wedi troi ei gefn ar elfennau Ffrangeg ac Ewropeaidd y ddrama yn gyfan gwbl. Fel gyda *Doctor er ei Waethaf*, cedwir enwau Ewropeaidd y cymeriadau, Vladimir (Rwseg), Estragon (Ffrangeg), Pozzo (Eidaleg), Lucky (Saesneg). Pwrpas hyn fwy na thebyg, fel gyda chyfieithiad Molière, yw cadw ystyr a hyblygrwydd yr enwau. Camglywir Pozzo wrth iddo'i gyflwyno'i hun, ac am gyfnod mae Vladimir ac Estragon yn credu mai Godot sydd wedi dod. Yn yr un modd, geilw Vladimir ac Estragon 'Didi' a 'Gogo' ar ei gilydd, fel ffordd bellach o adleisio enw Godot yn neialog y cymeriadau. Y mae Saunders, felly, wedi cynnal amwysedd a pherthnasedd ehangach y ddrama fel yn achos enwau'r cymeriadau, ond y mae hefyd wedi addasu rhai darnau fel eu bod yn apelio at y gynulleidfa Gymraeg ac yn cynrychioli ei rôl ef fel awdur Cymraeg y cyfieithiad hwn.

Wrth ddomestigeiddio testun y mae elfennau o'r diwylliant targed yn ymddangos drwyddo draw. Serch hynny, â Saunders gam ymhellach eto gydag *Wrth Aros Godot* drwy gyflwyno agweddau ar ei genedlaetholdeb i'r gwaith. Gellir wrth gwrs ddarllen *En attendant Godot* fel drama wleidyddol. Dehonglir y cymeriadau gan rai fel pobl sy'n aros am chwyldro gwleidyddol, chwyldro a fydd yn newid y sefyllfa sydd ohoni. Byddai'r dehongliad hwn wedi apelio at Saunders gan ei fod yntau wedi brwydro dros ei wlad ac wedi profi rhwystredigaeth yn wyneb diffyg diddordeb y Cymry yn eu hunaniaeth ac yn yr ymgyrch dros annibynniaeth, ac fel y gwelwyd eisoes, yr oedd pinacl y rhwystredigaeth hon yn ystod y 1960au. Galwodd ar bobl Cymru i weithredu yn hytrach na thrafod er mwyn gwireddu'r freuddwyd o Gymru annibynnol. Ac yn wir, fel y gwelwyd eisoes, cyfeiria Saunders at natur wleidyddol y ddrama yn ei ragymadrodd i'r cyfieithiad:

> Dynion yn eu gweithgarwch politicaidd ac economaidd, hynny yw meistr a gwas, dyna yw Pozzo a Lucky, dynion prysur yn mynd i leoedd, a chanddynt orchwylion. Maen nhw'n pasio'r amser. Ac yn union oblegid hynny y maent yn ffigurau comig a thrasig fel Estragon a Vladimir.[198]

Y mae un yn rheoli'r llall, yn ei arwain fel caethwas, gan gynrychioli o bosibl y berthynas anghyfartal rhwng pobl, ac am hynny, rhwng pobloedd. Maent yn pasio'r amser, yn hel meddyliau ac yn aros, ond nid ydynt yn gweithredu, nid ydynt yn newid eu sefyllfa. Trosiad am y Cymry, felly, yw cymeriadau *Wrth Aros Godot* i raddau yn nhyb Saunders.

Gwelwn bwyslais ar werth y Gymraeg pan fo Vladimir yn penderfynu y gall gyfarch Pozzo: 'Voilà qu'il m'adresse à nouveau la parole! Nous finirons par nous prendre en affection'[199] (Dyna fe'n siarad â mi unwaith eto! Byddwn ni'n ffrindiau da cyn bo hir). Newidir y geiriau ychydig gan roi pwyslais ar gyfrwng eu cyfathrebu: 'Dyna Gymraeg rhyngom ni eto! Mi ddown yn ben ffrindiau cyn bo hir.'[200] Cyfleuir yma'r undod y mae iaith yn ei gynnig. Yn y Ffrangeg, dim ond y cyfarchiad ei hun sydd yn bwysig, ond yn y Gymraeg pwysleisia Saunders mai defnydd o'r un iaith, hynny yw ei iaith ef, y Gymraeg, sy'n bwysig, gan danlinellu undod y Cymry drwy eu hiaith nhw.

Penderfynodd Gwyn Thomas ddomestigeiddio mewn ffordd debyg wrth drosi *Diwéddgan* gan gyfieithu cyfeiriad at y Ffrangeg 'Ça c'est du français!'[201] i 'Dyna iti Gymraeg!'[202] Serch hynny, y mae'r newid hwn yn llai amlwg oherwydd cyfeirir at yr iaith Ffrangeg yn benodol yn *Diwéddgan* ond iaith yn gyffredinol yw'r hyn a dry'n Gymraeg yn *Wrth Aros Godot*. Ni thrafferthwyd ychwaith i newid cyfeiriadau a oedd yn ddigon eglur gan eu bod yn y Saesneg. Pan edrydd Nagg jôc am Sais yn ymweld â theiliwr, er enghraifft, cedwir y geiriau Saesneg yn hytrach na'u trosi i'r Gymraeg, megis '*Sorry*',[203] '*Goddam Sir*',[204] a '*Meilord*'.[205] Y mae'r un duedd i addasu rhai o'r cyfeiriadau er lles y gynulleidfa Gymraeg yn bodoli, ond ymddengys y cyfieithiad ar y cyfan yn fwy niwtral ac yn fwy ffyddlon i destun Beckett oherwydd y mae'r newidiadau a'r addasiadau yn llai amlwg ac yn digwydd yn llai aml. Nid yw'r un bwriad o bwysleisio'r elfen Gymreig a Chymraeg yn bresennol. Ystyried anghenion y gynulleidfa yw'r flaenoriaeth yn hytrach na daliadau'r cyfieithydd.

Enghraifft arall o iaith wleidyddol y testun gwreiddiol yw'r datganiad eironig canlynol gan Vladimir, y gellir ei ddehongli fel galwedigaeth wleidyddol. Dywed, 'Ne perdons pas notre temps en vain discours'[206] (Peidiwn â gwastraffu amser gydag areithiau dibwrpas), ac yna mae'n parhau i wastraffu amser gyda'r araith. Ymddengys fod Saunders, drwy eiriau Vladimir, yn galw ar bobl Cymru i weithredu, i frwydro:

> Y cri a glywson ni gynne bach, cri i'r ddynoliaeth gyfan oedd e. Ond fan yma, y funud hon, ni yw'r ddynoliaeth, er ein gwaetha' ni. Manteisiwn ar hynny cyn i'r cyfle fynd heibio. Ni am y tro yw cynrychiolwyr y criw aflan y taflodd anffawd ni i'w plith.[207]

Er bod yr araith yn debyg i fersiwn Ffrangeg Beckett, daw'r gwahaniaeth sylweddol yn ateb Estragon. Yn y gwreiddiol nid yw Estragon yn ymateb; mae'n aros yn dawel; ond yn y fersiwn Cymraeg dywed, 'Chlywais i monot.'[208] Pwysleisir nad yw'r Cymry yn gwrando ar y gri hon ym marn Saunders. Hefyd, ychwanega Saunders frawddeg newydd sydd yn pwysleisio'r angen i'r Cymry ymateb ymhellach eto: 'Rhaid inni weithredu er anrhydedd iddyn nhw.'[209]

Ystyrir gwaith Beckett gan nifer fawr o feirniaid fel 'the definition of apolitical writing'.[210] Er bod modd, felly, ddehongli'r cyfnod o aros fel profiad pobloedd sydd wedi eu goresgyn gan rymoedd gwleidyddol, nid oes tuedd wleidyddol amlwg i'r ddrama. Nid yw Beckett yn datgan ei gefnogaeth i unrhyw frwydr wleidyddol, ac mae'r ffaith bod Saunders yn rhoi llais cenedlaetholgar i'r cymeriadau yn arwydd pellach o'i hyder a'i hyfdra, i raddau, fel cyfieithydd erbyn hyn.

Casgliad

Wrth gyflwyno'r ddrama hon yn y lle cyntaf fel rhan o gyfres radio 'Y Ddrama yn Ewrop', pwysleisiodd Saunders bwysigrwydd yr effaith a gaiff iaith ar destun. Yr oedd ei brofiad o *En attendant Godot* yn wahanol iawn yn y Saesneg ac yn y Ffrangeg. 'Pan welais ei hactio (yn Saesneg)' medd Saunders Lewis, 'y pathos a'r digrifwch Chaplinaidd a fenodd arnaf fwyaf. Wrth ei chyfieithu o'r Ffrangeg, dwyster ei barddoniaeth a dyfnder ei thristwch a glywais'.[211] Wrth ei throsi i'r Gymraeg, rhoes Saunders bwyslais ar elfen wahanol eto, sef ei gobaith. Troes hi'n ddrama Gymraeg am y Cymry, am bobl sy'n aros am iachawdwriaeth grefyddol a chenedlaethol, am bobl sy'n cwestiynu eu bodolaeth ond a gaiff ateb yn y pen draw.

Gwelwn mai dyn aeddfed, dramodydd profiadol, Cristion cryf a gwleidydd siomedig yw cyfieithydd *Wrth Aros Godot*. Mae dylanwad Saunders i'w weld mewn sawl ffurf drwy'r testun. Domestigeiddio yw'r dull, ond â ymhellach na chyfieithwyr ffyddlon sy'n dilyn y theori hon. Ond nid yw'n camu i fro addasu ychwaith, oherwydd y mae amwysedd y ddrama wedi'i barchu ar y cyfan. Y mae Saunders, felly, wedi negodi'r cyfieithiad, a defnyddio term Umberto Eco, ond y mae ei lais, llais sydd mor adnabyddus i Gymry Cymraeg, yn glywadwy yn y testun hefyd. Cyfieithiad yw *Wrth Aros Godot*, ond i raddau helaeth drama Gymraeg yw hi hefyd, drama a ysgogodd ddramâu abswrdaidd gwreiddiol gan Saunders ei hun; ac mae hi'n amlwg mai gobaith

Saunders oedd ysbrydoli tuedd debyg yn nhraddodiad ehangach y ddrama Gymraeg.

Er gwaethaf eu gwahaniaethau crefyddol ac artistig, yr oedd Saunders a Beckett yn debyg iawn mewn sawl ffordd. Eu diddordeb mewn iaith, a'u gallu i'w thrin, sy'n eu huno yn fwy na dim arall, felly hawdd yn awr yw deall pam y dewisodd Saunders gyfieithu'r ddrama ddeuol a chwareus hon. Yn ei adolygiad o gyfieithiad T. Gwynn Jones o'r ddrama *Faust* i'r Gymraeg, canmola Saunders ddawn y cyfieithydd wrth drin yr iaith Gymraeg: '[N]id yn nwylo pawb y gwelid rhinweddau'r iaith. Arwydd athrylith anghyffredin iawn yw darganfod galluoedd iaith.'[212] Ac yn wir, gellir defnyddio'r un geiriau i ddisgrifio gwaith Saunders yma oherwydd fe arddangosir ei ddoniau fel dramodydd, fel ieithydd ac fel cyfieithydd yn y testun heriol hwn.

Nodiadau

1   Martin Esslin, *The Theatre of the Absurd*, (London: Pelican Books, London: 1968), t. 27.
2   Esslin, *The Theatre of the Absurd*, t. 24.
3   Gwyn Thomas, 'Samuel Beckett', *Taliesin*, 96 (Mawrth 1990), 96–9, 97.
4   Ruby Cohn, 'Introduction', yn Ruby Cohn (gol.), *Samuel Beckett: Waiting for Godot: A Casebook* (Basingstoke: Macmillan Education, 1987), tt. 9–19, 16.
5   Maria Minich Brewer, 'A Semiosis of Waiting', yn Cohn (gol.), *Samuel Beckett: Waiting for Godot: A Casebook*, tt. 150–5, 151.
6   Dyma oedd ymateb rhai o garcharorion carchar San Quentin i'r ddrama ym 1957. Gweler Esslin, *The Theatre of the Absurd*, t. 171.
7   Stanley E. Gontarski, ' "War Experiences and *Godot*" (1985)', yn Cohn (gol.), *Samuel Beckett: Waiting for Godot: A Casebook*, tt. 175–6, 175.
8   Martin Esslin, 'The Universal Image', yn Cohn (gol.), *Samuel Beckett: Waiting for Godot: A Casebook*, tt. 171–4, 174.
9   Ganed Saunders ym 1893 a bu farw ym 1985, a ganed Beckett ym 1906 a bu farw ym 1989.
10 Thomas, 'Samuel Beckett', 97.
11 Justin O'Brien, 'From French to English', yn Reuben A. Brower (gol.), *On Translation* (Cambridge, Mass: Harvard University Press, 1959), tt. 78–92, 85. Dyfynnwyd yn Eugene Nida, *Toward a Science of Translating: With Special Reference to Principles and Procedures involved in Bible Translating* (Leiden: E. J. Brill, 1964), t. 151.
12 John Gwilym Jones, 'Saunders Lewis Dramodydd', *Y Traethodydd* (Gorffennaf 1986), 152–63, 154.
13 D. Gwenallt Jones, 'Barddoniaeth Saunders Lewis', yn Pennar Davies (gol.), *Saunders Lewis: ei feddwl a'i waith* (Dinbych: Gwasg Gee, 1950), tt. 65–77, 65.

14   D. Tecwyn Lloyd, *John Saunders Lewis: Y Gyfrol Gyntaf* (Dinbych: Gwasg Gee, Dinbych: 1988), t. 43.

15   Lloyd, *John Saunders Lewis: Y Gyfrol Gyntaf*, t. 43.

16   Jones, 'Saunders Lewis Dramodydd', 152.

17   Cyfansoddodd Saunders farddoniaeth, rhyddiaith, dramâu ac ysgrifau. Defnyddiodd ddylanwad y Beibl a straeon canoloesol (*Amlyn ac Amig*), chwedlau Cymraeg (*Branwen, Blodeuwedd*) a gwleidyddiaeth (*Gymerwch Chi Sigaret?, Brad*). Datblygodd ei ddramâu dros amser gan arbrofi yn y pen draw, fel y gwelwn, gyda theatr yr abswrd.

18   Bruce Griffiths, 'Cip ar Saunders Lewis yn ei theatr', yn D. Ben Rees (gol.), *Ffydd a Gwreiddiau John Saunders Lewis* (Lerpwl: Cyhoeddiadau Modern Cymreig, 2002), tt. 67–77, 74.

19   Yr Esgob Daniel John Mullins, 'Ffydd Saunders Lewis', yn Rees (gol.), *Ffydd a Gwreiddiau John Saunders Lewis*, tt. 42–6, 45.

20   Saunders Lewis, 'Rhagair', yn Samuel Beckett, *Wrth Aros Godot*, cyf. gan Saunders Lewis (Caerdydd: Gwasg Prifysgol Cymru, 1970), tt. vii–viii, vii.

21   Lewis, 'Rhagair', t. viii.

22   Romy Heylen, *Translation, Poetics and the Stage: Six French Hamlets* (London: Routledge, 1993), t. 21.

23   Sirkku Aaltonen, *Time-Sharing on Stage: Drama Translation in Theatre and Society* (Clevedon: Multilingual Matters, 2000), t. 70.

24   Perfformiwyd *Yn y Trên* ar 8 Mai 1965. Chwaraewyd y Cyhoeddwr gan Olive Michael, y Teithiwr gan Dewi Williams a'r Gard gan Wyn Thomas. Cynhyrchwyd y perffomiad gan Emyr Humphreys a Meirion Edwards. Gweler *Radio Times* (13 Mai 1965), 34. Perfformiwyd *Cell y Grog* ar 2 Mawrth 1974. Chwaraewyd y Swyddog gan Wyn Thomas, y Carcharor gan John Ogwen, y Rheolwr gan Dillwyn Owen, a'r Caplan gan Gareth Lewis. Cynhyrchwyd y perffomiad gan Lorraine Davies. Gweler *Radio Times* (2 Mawrth 1974), 17.

25   Saunders Lewis, 'Y dyn di-docyn', *Radio Times* (27 Tachwedd 1969), 9.

26   Saunders Lewis, 'Yn y Trên', yn Ioan Williams (gol.), *Dramâu Saunders Lewis: Y Casgliad Cyflawn Cyfrol II* (Caerdydd: Gwasg Prifysgol Cymru, 2000), tt. 521–37, 523.

27   Saunders Lewis, 'Cell y Grog', yn Williams (gol.), *Dramâu Saunders Lewis: Y Casgliad Cyflawn Cyfrol II*, tt. 881–96, 890.

28   Cyfweliad a gynhaliwyd â Gareth Miles (24 Awst 2015).

29   Ioan Williams, 'Cyflwyniad i *Yn y Trên*', yn Williams (gol.), *Dramâu Saunders Lewis: Y Casgliad Cyflawn Cyfrol II*, tt. 507–19, 513.

30   Lewis, 'Yn y Trên', t. 523.

31   Er enghraifft, Lewis, *Wrth Aros Godot*, tt. 23, 37.

32   Gwelwn enghraifft berthnasol iawn yn *Oh Les Beaux Jours*, lle y mae'r cymeriad ansicr, Winnie, yn atalnodi ei syniadau crwydrol gydag elipsis: 'Hé oui . . . autrefois . . . maintenant . . . ombre verte . . . ceci . . . Charlot . . . baisers. . . ceci. . . tout ça. . . très troublant pour l'esprit.' Pwysleisia'r bylchau deimladau dryslyd Winnie a'i hymdeimlad o golled, yn ogystal â'i hymwybyddiaeth

o natur ddibwrpas iaith gan nad oes ystyr i'r geiriau y mae hi'n eu llefaru. Mae didoliad y geiriau hefyd yn adlewyrchu datgysylltiad y cymeriadau sy'n methu â chyfathrebu â'i gilydd. Gweler Samuel Beckett, *Happy Days/ Oh Les Beaux Jours: A Bilingual Edition* (London: Faber & Faber, 1978), t. 67.

[33] Lewis, 'Yn y Trên', t. 530.
[34] Williams, 'Cyflwyniad i *Yn y Trên*', t. 510.
[35] Lewis, 'Yn y Trên', t. 532.
[36] Lewis, 'Yn y Trên', t. 527.
[37] Lewis, 'Yn y Trên', t. 527.
[38] Samuel Beckett, *Fin de partie* (Paris: Éditions de Minuit, 1957), t. 20.
[39] Samuel Beckett, *Diwéddgan*, cyf. gan Gwyn Thomas (Caerdydd: Gwasg Prifysgol Cymru, 1969), t. 6.
[40] Lewis, 'Yn y Trên', t. 533.
[41] Lewis, 'Yn y Trên', t. 532.
[42] Lewis, 'Yn y Trên', t. 533.
[43] Lewis, 'Yn y Trên', t. 536.
[44] Lewis, 'Yn y Trên', t. 537.
[45] Lewis, 'Yn y Trên', tt. 534–5.
[46] Lewis, 'Yn y Trên', t. 534.
[47] Lewis, 'Yn y Trên', t. 534.
[48] Beckett, *Fin de partie*, t. 41.
[49] Thomas, *Diwéddgan*, t. 18.
[50] Lewis, 'Yn y Trên', t. 527.
[51] Lewis, 'Yn y Trên', t. 531.
[52] Lewis, 'Yn y Trên', t. 528.
[53] Samuel Beckett, *En attendant Godot* (Paris: Lés Éditions de Minuit, 1952), tt. 55–7.
[54] Lewis, *Wrth Aros Godot*, 39.
[55] Lewis, 'Yn y Trên', t. 530.
[56] Lewis, 'Yn y Trên', t. 528.
[57] Lewis, 'Yn y Trên', t. 528.
[58] Lewis, 'Yn y Trên', t. 530.
[59] Lewis, 'Yn y Trên', t. 532.
[60] Lewis, 'Yn y Trên', t. 528.
[61] Lewis, 'Yn y Trên', t. 523.
[62] 'Cell y Grog', *Radio Times* (2 Mawrth 1974), 17.
[63] Llythyr Saunders Lewis at Lorraine Davies (6 Awst 1973). Dyfynnwyd yn T. Robin Chapman, *Un Bywyd o Blith Nifer: Cofiant Saunders Lewis* (Llandysul: Gwasg Gomer, 2006), t. 369.
[64] Saunders Lewis, 'Tynged i fyw – a marw', *Radio Times* (2 Mawrth 1974), 5.
[65] Lewis, 'Cell y Grog', t. 893.
[66] Lewis, 'Cell y Grog', t. 886.
[67] Lewis, 'Cell y Grog', t. 887.
[68] Lewis, 'Cell y Grog', t. 892.
[69] Lewis, 'Cell y Grog', t. 891.

70 Lewis, 'Cell y Grog', t. 891.
71 Lewis, 'Cell y Grog', t. 882.
72 Lewis, 'Cell y Grog', t. 884.
73 Beckett, *En attendant Godot*, t. 62.
74 Lewis, *Wrth Aros Godot*, t. 44.
75 Lewis, 'Cell y Grog', t. 888.
76 Lewis, 'Cell y Grog', t. 887.
77 Williams, 'Cyflwyniad i *Yn y Trên*', t. 507.
78 Samuel Beckett. Dyfynnwyd yn Cohn, 'Introduction', yn Cohn (gol.), *Samuel Beckett: Waiting for Godot: A Casebook*, tt. 9–19, 10.
79 Harry Cockerham, 'Bilingual Playwright', yn Cohn (gol.), *Samuel Beckett: Waiting for Godot: A Casebook*, tt. 96–104, 98.
80 Hazel Walford Davies, *Saunders Lewis a Theatr Garthewin* (Llandysul: Gomer, 1995), t. 67.
81 Davies, *Saunders Lewis a Theatr Garthewin*, tt. 69–72.
82 Llythyr Saunders Lewis at Robert Wynne (28 Medi 1956). Dyfynnwyd yn Davies, *Saunders Lewis a Theatr Garthewin*, tt. 356–7.
83 Llythyr Saunders Lewis at Robert Wynne (1 Hydref 1949). Dyfynnwyd yn Davies, *Saunders Lewis a Theatr Garthewin*, t. 325.
84 Llythyr Saunders Lewis at Robert Wynne (2 Gorffennaf 1947). Dyfynnwyd yn Davies, *Saunders Lewis a Theatr Garthewin*, t. 310.
85 Ruby Cohn, 'Samuel Beckett Self-Translator', *Publications of the Modern Language Association of America*, 76 (1961), 613–21, 621.
86 Cohn, 'Samuel Beckett Self-Translator', 621.
87 Cockerham, 'Bilingual Playwright', t. 98.
88 Barbara Wright, 'Translator's Note', yn Samuel Beckett, *Eleutheria* (London: Faber & Faber, 1996), tt. v–vi, vi.
89 Wright, 'Translator's Note', yn Beckett, *Eleutheria*, vi.
90 Samuel Beckett. Dyfynnwyd yn Katherine Worth, *Beckett the Shape Changer* (London: Routledge & Kegan Paul, 1975), t. 156.
91 Fy nghyfieithiad i.
92 Saunders Lewis, 'Siwan', yn Ioan Williams (gol.) *Dramâu Saunders Lewis: Y Casgliad Cyflawn Cyfrol I* (Caerdydd: Gwasg Prifysgol Cymru, 2000), tt. 537–81, 577.
93 Beckett, *En attendant Godot*, t. 82.
94 Lewis, *Wrth Aros Godot*, t. 57.
95 Beckett, *Happy Days/Oh Les Beaux Jours: A Bilingual Edition*, t. 27.
96 Fy nghyfieithiad i.
97 Lewis, 'Siwan', t. 569.
98 Ioan Williams, *A Straitened Stage: A Study of the Theatre of J. Saunders Lewis* (Bridgend: Seren Books, 1991), tt. 14–15.
99 Dyfynnwyd yn D. Ben Rees, 'Gwreiddiau J. Saunders Lewis ar Lannau Mersi', yn Rees (gol.), *Ffydd a Gwreiddiau John Saunders Lewis*, tt. 13–41, 21.
100 'Malltod yw'r Mudiadau Cymreig', *Baner ac Amserau Cymru* (22 Mawrth 1962), 1.

[101] Enoch Brater, 'Beckett, "Thou Art Translated"', yn Silvia Bigliazzi, Peter Kolfer a Paola Ambrosi (goln), *Theatre Translation in Performance* (New York: Routledge, 2013), t. 130.

[102] Lewis, *Wrth Aros Godot*, t. 8.

[103] Lewis, *Wrth Aros Godot*, t. 54

[104] Gwyn Thomas, 'Diwéddgan', yn Thomas, *Diwéddgan*, tt. vii–xii, xii.

[105] *Radio Times* (15 Tachwedd 1962), 28.

[106] Cohn, 'Introduction', t. 17.

[107] Michael Worton, '*Waiting for Godot* and *Endgame*: theatre as text', yn John Pilling (gol.), *The Cambridge Companion to Beckett* (Cambridge: Cambridge University Press, 1994), tt. 67–87, 69.

[108] Griffiths, 'Cip ar Saunders Lewis yn ei theatr', t. 72.

[109] Beckett, *En attendant Godot*, t. 62.

[110] Lewis, *Wrth Aros Godot*, t. 44.

[111] Beckett, *En attendant Godot*, t. 81.

[112] Lewis, *Wrth Aros Godot*, t. 57. Yma, wrth gwrs, y mae Saunders yn symud i ffwrdd o'r gwreiddiol gan amlygu'r cysylltiad â delwedd marwolaeth.

[113] Lewis, *Wrth Aros Godot*, t. 20.

[114] Lewis, *Wrth Aros Godot*, t. 9. Fy mhwyslais i ar ffurf llythrennau italig. Ceir nifer o enghreifftiau eraill o gyflythrennu megis: 'Dyna fe'r *d*yn i'r *d*im, yn rhoi'r bai ar ei esgid a'r *d*rwg ar ei *d*roed', Lewis, *Wrth Aros Godot*, t. 5; 'Y Môr Marw'n *l*as *l*afan', Lewis, *Wrth Aros Godot*, t. 6; 'Dau leidr oedden nhw'n *c*ael eu *c*roesholio gyda'r Ceidwad', Lewis, *Wrth Aros Godot*, t. 6; 'Hwyrach heno y cawn ni *g*anddo fe le i *g*ysgu, yn *g*ynnes, yn *g*lyd', Lewis, *Wrth Aros Godot*, t. 14; 'Mae'r *dd*aear yn *dd*a i *dd*ynion', Lewis, *Wrth Aros Godot*, t. 76; 'Yn y cyfamser *d*oes *d*im yn *d*igwydd', Lewis, *Wrth Aros Godot*, t. 34; 'Vladimir: Y *d*iwetydd yw'r *d*refn. / Estragon: On*d d*oes *d*im *d*iwedd i'r *d*ydd. / Vladimir: Daw'r *d*iwedd ar *d*rawiad fel neithiwr', Lewis, *Wrth Aros Godot*, t. 65.

[115] Lewis, *Wrth Aros Godot*, tt. 3, 74, 86.

[116] Beckett, *En attendant Godot*, t. 10.

[117] Beckett, *En attendant Godot*, t. 47.

[118] Beckett, *En attendant Godot*, t. 104.

[119] Beckett, *En attendant Godot*, t. 118.

[120] Lewis, *Wrth Aros Godot*, t. 13. Ceir sawl enghraifft arall o iaith farddonol yn y cyfarwyddiadau llwyfan megis: '(Gan *g*ogio *c*eisio *c*ofio.)', t. 17; '(Rhoi'r *b*ibell yn ei *b*oced, a *ch*ymryd *ch*wistrell a *ch*wistrellu corn ei wddf [. . .])', t. 25; '(Lucky'n *g*ollwng ei *g*êr, *h*el yr *h*ances), t. 28; '(Mae'r golau'n darfod. Mae hi'n nos. Cyfyd y lloer a throchi'r olygfa â'i gwawl.)', t. 48.

[121] Ruby Cohn, *Just Play: Beckett's Theater* (Princeton, N. J.: Princeton University Press, 1980), t. 258.

[122] Lewis, *Wrth Aros Godot*, t. 49. Fy mhwyslais i ar ffurf llythrennau italig a llythrennau wedi'u tanlinellu. 'Pale for weariness . . . Of climbing heaven and gazing on the likes of us.', Samuel Beckett, *Waiting for Godot* (London: Faber & Faber, 1955), tt. 45–6.

---

123 Gwallter Mechain, 'Y Nos', yn W. J. Griffith (gol.), *Blodeuglwm o Englynion* (Abertawe: Morgan a Higgs, 1920), t. 31.
124 Beckett, *En attendant Godot*, t. 78.
125 Lewis, *Wrth Aros Godot*, t. 55.
126 Beckett, *En attendant Godot*, t. 12.
127 Beckett, *Waiting for Godot*, t. 3.
128 Lewis, *Wrth Aros Godot*, t. 4.
129 Thomas, *Diwéddgan*, t. 29.
130 Worton, '*Waiting for Godot* and *Endgame*: theatre as text', t. 67.
131 Cohn, 'Introduction', t. 16.
132 Saunders Lewis, 'Rhagair', yn Lewis, *Wrth Aros Godot*, tt. vii–viii, vii.
133 Chapman, *Un Bywyd o Blith Nifer*, t. 119.
134 Branwen Jarvis, 'Saunders Lewis: Golwg Gatholig Gymreig ar Ferched', yn Rees (gol.), *Ffydd a Gwreiddiau John Saunders Lewis*, tt. 78–104, 85.
135 Gwyn Thomas, 'Holi Saunders Lewis', *Mabon*, 8 (Gaeaf 1974–5), 10.
136 Dyfynnwyd yn Chapman, *Un Bywyd o Blith Nifer*, tt. 378–9.
137 Dyfynnwyd yn Chapman, *Un Bywyd o Blith Nifer*, tt. 378–9.
138 Griffiths, 'Cip ar Saunders Lewis yn ei theatr', t. 77.
139 Umberto Eco, *Mouse or Rat? Translation as Negotiation* (London: Phoenix, 2004), t. 56.
140 Beckett, *En attendant Godot*, t. 76.
141 Lewis, *Wrth Aros Godot*, t. 53.
142 Fy mhwyslais i ar ffurf llythrennau italig a llythrennau wedi'u tanlinellu.
143 Lewis, *Wrth Aros Godot*, t. 77.
144 Lewis, *Wrth Aros Godot*, t. 82.
145 Beckett, *En attendant Godot*, t. 30.
146 Lewis, *Wrth Aros Godot*, t. 19.
147 Beckett, *En attendant Godot*, t. 38.
148 Lewis, *Wrth Aros Godot*, t. 25.
149 Eco, *Mouse or Rat? Translation as Negotiation*, t. 3.
150 Beckett, *En attendant Godot*, t. 42.
151 Lewis, *Wrth Aros Godot*, t. 29.
152 Lewis, *Wrth Aros Godot*, t. 8.
153 Beckett, *En attendant Godot*, t. 16.
154 Cockerham, 'Bilingual Playwright', t. 99.
155 Beckett, *Waiting for Godot*, t. 6.
156 Lewis, *Wrth Aros Godot*, t. 8.
157 Lewis, *Wrth Aros Godot*, t. 6.
158 Lewis, *Wrth Aros Godot*, t. 26.
159 Beckett, *En attendant Godot*, t. 40.
160 Beckett, *En attendant Godot*, t. 44.
161 Lewis, *Wrth Aros Godot*, t. 30.
162 Lewis, *Wrth Aros Godot*, t. 4.
163 Beckett, *En attendant Godot*, t. 11.
164 Beckett, *En attendant Godot*, t. 17.

[165] Lewis, *Wrth Aros Godot*, t. 8.
[166] Beckett, *En attendant Godot*, t. 81.
[167] Lewis, *Wrth Aros Godot*, t. 57.
[168] Beckett, *En attendant Godot*, tt. 101, 109.
[169] Lewis, *Wrth Aros Godot*, tt. 72, 79.
[170] Beckett, *En attendant Godot*, t. 13.
[171] Lewis, *Wrth Aros Godot*, t. 6.
[172] Lewis, *Wrth Aros Godot*, t. 76.
[173] Beckett, *En attendant Godot*, t. 106.
[174] Beckett, *Waiting for Godot*, t. 74.
[175] Williams, *A Straitened Stage*, tt. 4–8.
[176] Jean Fouchereaux, 'Traduire/Trahir *Le vrai monde?* de Michel Tremblay: *The Real World?/The Real Wurld?'*, *Québec Studies*, 20 (Gwanwyn/Haf 1995), 86–96.
[177] Lewis, *Wrth Aros Godot*, t. 34.
[178] Eco, *Mouse or Rat? Translation as Negotiation*, t. 82.
[179] Lewis, *Wrth Aros Godot*, t. 58.
[180] Beckett, *En attendant Godot*, t. 82.
[181] Beckett, *En attendant Godot*, t. 22.
[182] Lewis, *Wrth Aros Godot*, t. 12.
[183] Lewis, *Wrth Aros Godot*, t. 10.
[184] Beckett, *En attendant Godot*, t. 77.
[185] Lewis, *Wrth Aros Godot*, t. 54.
[186] Cockerham, 'Bilingual Playwright', t. 101.
[187] Lewis, *Wrth Aros Godot*, t. 39.
[188] Lewis, *Wrth Aros Godot*, t. 39.
[189] Ioan Williams, 'Cyflwyniad i *Excelsior'*, yn Williams (gol.), *Dramâu Saunders Lewis: y Casgliad Cyflawn Cyfrol II*, tt. 273–90, 275.
[190] 'Malltod yw'r Mudiadau Cymreig', 1.
[191] Lewis, *Wrth Aros Godot*, t. 63.
[192] Beckett, *En attendant Godot*, t. 98.
[193] Beckett, *Waiting for Godot*, t. 67.
[194] Lewis, *Wrth Aros Godot*, t. 69.
[195] Saunders Lewis, 'Eisteddfod Bodran', yn Williams (gol.), *Dramâu Saunders Lewis: y Casgliad Cyflawn Cyfrol II*, tt. 339–413, 369.
[196] Beckett, *En attendant Godot*, t. 44–5.
[197] Lewis, *Wrth Aros Godot*, t. 30.
[198] Lewis, 'Rhagymadrodd', yn *Wrth Aros Godot*, t. viii.
[199] Beckett, *En attendant Godot*, t. 37.
[200] Lewis, *Wrth Aros Godot*, t. 24.
[201] Beckett, *Fin de partie*, t. 70.
[202] Thomas, *Diwéddgan*, t. 33.
[203] Thomas, *Diwéddgan*, t. 15.
[204] Thomas, *Diwéddgan*, t. 16.
[205] Thomas, *Diwéddgan*, t. 16.

[206] Beckett, *En attendant Godot*, t. 103.

[207] Lewis, *Wrth Aros Godot*, t. 73; Beckett, *En attendant Godot*, t. 103.

[208] Lewis, *Wrth Aros Godot*, t. 74.

[209] Lewis, *Wrth Aros Godot*, t. 73.

[210] Peter Boxall, 'Introduction to "Beckett/Aesthetics/Politics" ', yn Marius Bunning (gol.), *Beckett and Religion: Beckett/Aesthetics/Politics* (Amsterdam: Rodopi, 2000), tt. 207–14, 208.

[211] 'Y Ddrama yn Ewrop', *Radio Times* (15 Tachwedd 1962), 5.

[212] Saunders Lewis, 'Troi Faust i'r Gymraeg', yn Gwynn ap Gwilym (gol.), *Meistri a'u Crefft: Ysgrifau Llenyddol* (Caerdydd: Gwasg Prifysgol Cymru ar ran yr Academi Cymreig, 1981), tt. 259–62, 262.

7

Casgliad

Er na saif cyfieithiadau Saunders Lewis mewn lle mor amlwg yn ei waith erbyn heddiw, gwelwn eu bod wedi gwneud cyfraniad pwysig i'w ddatblygiad fel dramodydd. Maent yn adlewyrchu pwysigrwydd llenyddiaeth Ffrainc iddo drwy gydol ei fywyd, o'r blas cyntaf a gafodd ohoni yn y brifysgol yn Lerpwl i'w gyfansoddiadau amrywiol ei hun sy'n efelychu gwaith cewri theatr Ffrainc. Pan oedd yn ddyn ifanc, fe'i hysbrydolwyd gan Barrès i ddilyn cyngor ei dad a dychwelyd at ei wreiddiau, ond fe gymerodd y cam hwnnw gyda Ffrainc wrth ei ochr.

Gwelai Saunders fylchau a gwendidau yn y ddrama Gymraeg ac unwaith eto esiampl Ffrainc oedd yr ateb i'r problemau hyn. Yr oedd angen theatr broffesiynol ar Gymru, pencadlys a allai feithrin ffurf y ddrama gyda chefnogaeth llywodraeth Gymreig. Dyma sut y llwyddodd meistri'r theatr Ewropeaidd megis Molière, dyn a ymroddodd yn llwyr i'r theatr ac a'i dominyddodd o'r herwydd. Ys dywed Saunders:

> Rhaid i actor ddysgu ufuddhau a chydweithio; rhaid i gwmni fod yn ffyddlon, ymlafurio ac ymboeni, a thrin y gwaith fel peth i'w fwynhau er ei fwyn ei hun. Yng Nghymru mae gormod o'r 'dilettante' o'n cwmpas. Dylai'r crefftwr fod yn ffyddlon hyd at farw, fel y bu Molière.[1]

Yr angen pennaf, wrth gwrs, oedd ailgyfeirio'r ddrama Gymraeg a'i symud allan o gysgod theatr Lloegr. Ni rannai Cymru a Lloegr yr un hanes, yr un traddodiadau; gwlad Ewropeaidd oedd Cymru, ac fe ddylai ddilyn yr un llwybr â gwledydd cyffelyb megis Ffrainc. Troes Saunders Lewis, felly, fel nifer eraill o ddramodwyr yr ugeinfed ganrif, at ddramâu Ewropeaidd. Cyhoeddwyd cyfresi o gyfieithiadau megis 'Cyfres y Werin' ac 'Y Ddrama yn Ewrop', cyflwynwyd cystadlaethau cyfieithu yn yr Eisteddfod, a pherfformiwyd cyfieithiadau di-ri gan gwmnïau amatur ar draws y wlad. Anogwyd y berthynas a welai Saunders fel un hynod o werthfawr rhwng y ddrama Gymraeg a'r ddrama Ewropeaidd, a gwelwyd yr un duedd i ffafrio'r ddrama Ffrangeg yn arbennig. Er gwaethaf gwrthwynebiad rhai a welai'r cyfieithiadau yn fygythiad, mabwysiadwyd y testunau estron fel rhan o'r canon llenyddol Cymraeg gan nifer, gan gynnwys Saunders ei hun. Fe'u hystyriai ef hwy yn rhan hanfodol o'r traddodiad Cymraeg a fyddai'n ysbrydoli dramâu Cymraeg gwreiddiol newydd o'r un math ag a welwyd ar y cyfandir. Gobeithiai weld y ddrama Gymraeg yn tyfu, yn esblygu, yn arloesi ac fe anogai hynny drwy gyflwyno enghreifftiau o ddramâu canmoladwy Ffrainc.

Fe'i hysbrydolodd Saunders ei hun, wrth gwrs, i lunio dramâu newydd a ddilynodd fudiadau llwyfan Ffrainc. Gwelir dychan Molière yn *Excelsior* (1962) lle y mae'n gwatwar rhagrith gwleidyddol y Cymry, dychan a barhaodd yn araith nonsenslyd Lucky yn *Wrth Aros Godot* yr un flwyddyn. Camodd i dir newydd wedyn gyda'i ddramâu abswrd, a gwelir adleisiau o wacter ac ansicrwydd gwaith Beckett yn *Yn y Trên* (1965) a *Cell y Grog* (1975). A chyfaddefodd Saunders yn aml mai ceisio cyfieithu neu addasu gweithiau Corneille a Racine yr oedd wrth lunio *Gwaed yr Uchelwyr*, *Esther* a *Gymerwch Chi Sigaret?* ond fe dyfasant yn weithiau annibynnol, yn gelfyddydweithiau newydd. Dyma weld yr ysbrydoli ar waith, oherwydd fe'i hysgogwyd i efelychu ac i greu o achos ei ymdrech i gyfieithu.

Dros gyfnod o ddeugain mlynedd fe wynebodd Saunders her y cyfieithydd mewn dwy ffordd hollol wahanol, ond yn y ddau achos fe geisiodd ddwyn esiampl theatr lwyddiannus Ffrainc er mwyn ysgogi datblygiadau tebyg yn y theatr Gymraeg. Symudodd ei flaenoriaethau sawl tro wrth i'w ddull cyfieithu newid. Dechreuodd gyda gwaith Molière, *Doctor er ei Waethaf* ym 1924. Fel cyfieithydd ifanc fe barchodd urddas y ddrama wreiddiol, ac edmygodd y dramodydd clasurol, ei iaith a'i hiwmor. Estroneiddio comedi Molière a wnaeth, yn wahanol i Alwena Williams ac Anna Gruffydd a ddomestigeiddiodd yr un testun tua diwedd yr ugeinfed ganrif. Cadwodd yr elfennau Ffrangeg a Ffrengig, amlygodd ffars a hiwmor y ddrama ac adlewyrchodd gystrawen ac iaith Molière yn agos iawn. Iaith y cyfieithiad sydd yn dysgu mwyaf inni am Saunders yr adeg honno, oherwydd dyma sydd wrth wraidd hiwmor y ddrama ac sydd yn rhannol esbonio'i ddiddordeb ynddi. Mae'r iaith yn dangos gwendidau Saunders fel ysgrifennydd ifanc yn ogystal, oherwydd fel y mae fersiynau newydd Alwena

Williams ac Anna Gruffydd yn dangos, cadwai Saunders yn rhy agos at iaith y gwreiddiol ar adegau. Nid oedd y dramodydd wedi datblygu ei lais ei hun yn gyflawn eto, a gwelwn fel yr oedd ei hyder a'i allu wedi aeddfedu erbyn ei gyfieithiad nesaf. Yr oedd agenda clir gan Saunders hefyd o ran iaith y cyfieithiad hwn. Bwriadodd hybu'r ddrama Gymraeg drwy drosi clasur Ffrangeg, ond bwriadodd hefyd hybu achos yr iaith, ac yn benodol yr iaith lenyddol ar lwyfan. Iaith a gwaith Molière a flaenoriaethodd, felly, yn ei gyfieithiad cyntaf.

Wrth symud at ddrama Beckett *Wrth Aros Godot* ym 1962, rhoddodd bwyslais yn hytrach ar y gynulleidfa Gymraeg, gan addasu'r cyfeiriadau ar eu cyfer, a chan geisio cyfathrebu ei neges ei hun drwy eiriau'r cyfieithiad. Domestigeiddio'r cyfieithiad hwn a wnaeth gan droi'r ddrama Ffrangeg yn ddrama Gymraeg. Cyfeiria at elfennau o ddiwylliant Cymru mewn sawl ffordd. Mae'n canmol Cymru drwy ddyfynnu ei llenyddiaeth a thrwy blethu idiomau Cymraeg ac elfennau cynganeddol i'r iaith. Iaith gyfoethog sydd yn *Wrth Aros Godot*, yn wahanol i ddrama foel Beckett. Mae Saunders hefyd yn dychanu'r Cymry drwy watwar yr Eisteddfod, rhaglenni radio, yn ogystal â'r rheini a rwystrodd ei ddrama *Excelsior* rhag cael ei hailberfformio. Cynhwysir hefyd elfennau o wleidyddiaeth Saunders yn y gwaith, gan leisio'i rwystredigaeth gyda sefyllfa Cymru drwy eiriau Vladimir ac Estragon. Ystyrir pob cyfieithiad yn weithred wleidyddol yn ôl nifer, yn enwedig yn achos cyfieithiad i iaith leiafrifol. Y mae hyn yn sicr yn wir yn achos *Wrth Aros Godot*, cyfieithiad Saunders y gwleidydd.

Y mae iaith yn ganolog i'r ddrama hon unwaith eto fel thema ac fel cyfrwng. Mae Saunders yn dadlau achos yr iaith Gymraeg eto, ond y tro hwn y mae'n mynegi siom, anobaith a blinder yn sgil diffyg brwdfrydedd y Cymry tuag at eu gwlad, eu gwleidyddiaeth a'u hiaith eu hunain. Lluniwyd y cyfieithiad hwn gan y Saunders ymddeoledig, y dyn a oedd wedi ceisio achub Cymru a methu yn ei farn ef, y dyn a oedd wedi'i ddal rhwng yr awydd i dewi a'r awydd i arwain chwyldro newydd. Y mae iaith, ei bylchau a'i hanallu i gyfathrebu, hefyd yn rhan hanfodol o fudiad theatr yr absŵrd. Drwy gyfieithu'r ddrama hon, felly, arweiniodd Saunders Lewis y ddrama Gymraeg i gyfeiriadau newydd, gan fabwysiadu ffurf a oedd yn herio'r theatr fodern ac yn gwneud i'r gynulleidfa feddwl. Yn y ddau gyfieithiad, felly, ceisiodd annog y ddrama Gymraeg i symud i gyfeiriadau newydd.

Yr oedd hyder Saunders hefyd wedi datblygu'n aruthrol erbyn iddo ymgymryd â'r ail gyfieithiad, oherwydd fe ailddehonglodd ddrama Beckett gan ei gwneud yn fwy gobeithiol a chadarnhaol. Elfen

---

ysbrydol y ddrama a oedd yn bwysig iddo: fe'i gwelai'n destun a ddeilliai o wreiddiau Calfinaidd Beckett, a dyma'r dehongliad a bwysleisiwyd yn ei fersiwn Cymraeg. Ychwanegwyd cyfeiriadau beiblaidd newydd a newidiwyd yr iaith i awgrymu y bydd Godot, Duw a goleuni'r dyfodol, yn dod. Drama lle nad oes dim byd yn digwydd, ddwywaith, yw hi, ond awgryma Saunders y bydd rhywbeth mawr yn digwydd ar ôl i'r llen ostwng. Newidiodd ddrama Beckett mewn ffordd allweddol, a gellir dadlau i raddau mai fersiwn newydd ydyw, term a ddefnyddiodd Beckett ei hun i ddisgrifio'i waith cyfieithu megis *Waiting for Godot*. Nid cyfieithu ei ddramâu ei hun a wnaeth Beckett ond eu hailysgrifennu, a chan mai dramodydd yn ei rinwedd ei hun oedd Saunders, gellir deall pam ei fod wedi bod yn awyddus i osod ei farc ar y gwaith hwn. Domestigeiddiwyd y testun, felly, fe'i gwnaethpwyd yn Gymraeg, ond fe aethpwyd ag ef gam ymhellach hefyd, a dyma pam y dylid ei gynnwys fel rhan o gynnyrch creadigol Saunders.

Yr oedd blaenoriaethau Saunders wrth gyfieithu wedi gwyro dros gyfnod, gan symud o'r awdur gwreiddiol a'i waith i'r gynulleidfa Gymraeg a dehongliad y cyfieithydd. Ond wrth wraidd hyn oll y mae'r peth pwysicaf i Saunders, sef y ddrama ei hun, oherwydd fel y gwelwn, nid y dramodydd na'r gynulleidfa oedd prif ffocws Saunders. Yn hytrach, llwyddiant y theatr Gymraeg oedd blaenoriaeth Saunders Lewis drwy ei holl waith cyfieithu.

Y mae pob cyfieithydd yn wynebu her. Rhaid iddo gydbwyso gofynion yr awdur, y testun a'r gynulleidfa, gan gadw'n ffyddlon i ysbryd, ystyr a mynegiant y gwaith gwreiddiol. Yn ôl diffiniad Gogol, mae'r cyfieithydd yn gweithredu fel ffenestr, gwydr tryloyw sy'n galluogi rhywun i weld gwaith mewn iaith arall a'i werthfawrogi. Ac eto, ni ddylai ei waith fod yn anweladwy, ni ddylai'r creadigrwydd a'r medr sydd yn rhan o'r broses gael eu hanwybyddu. Yn ôl Saunders ei hun:

Yr wyf yn credu bod popeth sy'n gelfyddyd, boed gân neu gerflun, yn beth unig, arbennig, ac yn gwbl ddigymar . . . Y rheswm am hyn yw bod celfyddyd yn fynegiant o bersonoliaeth yr awdur, yn gynnyrch ei ysbryd a'i brofiad; ac y mae pob awenydd yn greadur neilltuol, heb iddo na chymar na neb ar y ddaear a gydymdeimlo'n llwyr ag ef. Ffrwyth unigedd enaid yw celfyddyd – ie, ac enaid a edwyn ei unigedd ac a ŵyr ei lethu ganddo, – ymgais at bontio'r gwagle erchyll sydd rhwng dyn â'i gilydd . . . Onid hyn yn wir yw gwerth eich celfyddyd i chwi eich hunan, sef eich bod trwyddi yn mynegi dirgelion cyfrin eich meddwl na allech chwi ddim eu dangos un sut arall? Ie, onid ymgais at ddywedyd y gwir amdanoch eich hun yw eich holl lafur?[2]

Disgrifio llenyddiaeth y mae Saunders yma, ond y mae'r datganiad yn berthnasol hefyd i gyfieithu, ac yn arbennig i'w gyfieithiadau ef, oherwydd trwyddynt fe welwn fynegiant o'i bersonoliaeth, o'i amcanion, o'i freuddwydion, o'i obeithion. Mae'r cyfieithiadau nid yn unig yn gweithredu fel ffenestr i theatr Ffrainc, ond fel ffenestr i feddyliau Saunders, ac i'r hyn a ddymunai ar gyfer y ddrama, ar gyfer yr iaith Gymraeg, ac ar gyfer pobl Cymru. Dylid cofio Saunders y cyfieithydd, felly, oherwydd fe ddylanwadodd ar Saunders y dramodydd yn sylweddol, ac fe ddysgodd lawer inni am y dyn sydd yn rhan mor bwysig o ddiwylliant Cymru.

Nodiadau

[1] 'Y dramaydd a'i gwmni. Darlith Mr. Saunders Lewis', *Y Faner* (11 Mehefin 1952), 7.

[2] Saunders Lewis, 'Safonau Beirniadaeth Lenyddol', *Y Llenor*, Cyfrol 1 (1922), 242–8, 244.

Mynegai

Dickens, Charles 12
domestigeiddio 7, 65–6, 68–9, 83, 86,
  105, 115, 138, 140–1, 160–2, 172,
  201–2, 207, 212, 215–19, 229–31
'Dramâu'r Byd' 31
Dryden, John 70
Dumas, Alexandre 95
Dürrenmatt, Friedrich 31–2
dychan 4, 7, 44, 56, 112, 114, 116,
  119–20, 123–38, 146, 152, 156–8,
  162, 185, 213–15, 229–30

Eco, Umberto 205, 207, 212, 217, 219
Edney, David 71
Edwards, Emyr
  Tartwff 117, 139
Edwards, J. M. 12–13, 33–4, 70
Edwards, O. M. 12
Edwards, Meirion 91, 185, 221
Edwards, Raymond
  Bonheddwr yn ôl ei Ewyllys 117, 139,
  168
Eisteddfod, yr 11, 14–15, 21–2, 24–5,
  28–9, 54, 117, 136, 139, 160, 180,
  214–15, 229–30
Eliot, T. S. 47
Elis, Islwyn Ffowc 30, 48, 144
Engels, Friedrich 136
Espasa, Eva 84, 94, 97
Esslin, Martin 42, 174–6
estroneiddio 7, 65–9, 86, 105, 112, 115,
  137–40, 147, 152–5, 161, 207, 229
Evans, Beriah Gwynfe 11
Evans, Clifford 18–19, 163
Evans, G. J. 20
Evans, Ifor L. 37, 119
  Y Cybydd 19, 116, 123, 139–40
Ewrop 3, 6, 15, 18–21, 24, 27, 29–34,
  38–57, 101, 115, 117, 120, 163–4,
  174, 181, 203, 228–9

Faner, Y gweler *Baner ac Amserau
  Cymru*
Farmer, Michael 131
Findlay, Bill 89, 102

Fouchereaux, Jean 211
Francis, J. O. 16, 26
Frisch, Max 31

ffars *gweler* hiwmor
Ffrainc 2, 4, 6, 26–7, 33–4, 38, 40–57, 76,
  90, 112–15, 118, 120–2, 126 147,
  159–60, 164, 173–5, 181–2, 191,
  203, 228–9, 232

Garthewin
  Gŵyl Garthewin 19–21, 28, 117
  Theatr Garthewin 18–20, 117, 191
Gémier, Firmin 53, 60
Genedl, Y 22
Genet, Jean 174
Gide, André 5, 46
Gielgud, Val 95, 98
Gilcriest, Margaret 45, 196
Gill, Eric 52
Gilson, Étienne 40, 51
Goethe, Johann Wolfgang von 3, 37,
  104
Gogol, Nikolai 37, 78, 231
Goldsbuy, Robert W. 126
Gostand, Reba 61
Gregory, Lady 122
Griffith, W. J. 201
Griffiths, Bruce 40–1, 48, 55, 118, 142,
  178, 199, 204
  Y Claf Diglefyd 29, 117, 139, 146,
  153
Griffiths, David 11
Griffiths, E. T. 5
Griffiths, Ieuan 23
Griffiths, Kate 72, 74, 95, 97–8, 101
Griffiths, T. Gwynfor 21
Gruffydd, Anna 165
  Doctor Di-glem 8, 72, 117, 139, 142–3,
  146–7, 149–62, 213, 229
Gruffydd, Annes *gweler* Gruffydd,
  Anna
Gruffydd, Moses 38
Gruffydd, W. J. 25, 41
Gunn, Dan 82

Törnqvist, Egil 73, 80–2, 86–7, 95–6,
    98, 102, 153
Traherne, y Cyrnol Cennydd G. 19
Tremblay, Michel 89
Tsiechoff *gweler* Chekhov, Anton
Tudur, Gwenllian 29
Tytler, Alexander 62

theatraeth 83
Theatr Genedlaethol Cymru 33, 117,
    140, 146, 180
theatr genedlaethol i Gymru 14,
    17–19, 28, 30, 33, 43, 54, 181–2
theatr yr abswrd 8, 20–1, 28–30,
    32–3, 42, 172–5, 178, 180–220,
    221, 229–30

Ubersfeld, Anne 87
Upton, Carole-Anne 70

Valentine, Lewis 38, 46
Vane, Sutton 22
vaudeville 175
Vega, Lope de 112, 163
Venuti, Lawrence 63, 65–9, 77–8,
    103–4

Wadsworth, Philip A. 124, 139, 153
Walden, yr Arglwydd Howard de
    14–16, 18–19, 22, 25–6
Watkins, John 28, 31–2

Weiss, Peter 32
Wellwarth, George 84
Western Mail 3, 18, 115
Wilde, Oscar, 13
Williams, Alwena
    Eli'r Galon 8, 72, 117, 139, 143, 147–9,
    151, 154, 156–62, 212–13, 229–30
Williams, David Edmund 38
Williams, D. J. 43, 45–6, 49
Williams, Elsie 131
Williams, Griffith J. 31, 43, 47
Williams, Ioan 11, 15–16, 21–2, 57, 124,
    132, 156, 185, 190, 196, 211, 214
Williams, J. E. Caerwyn 40, 50
Williams, Llywelyn 130–1, 214
Williams, Stephen J. 145
Williams, Tennessee 29
Williams, Tom P. 19
Williams Pantycelyn 133, 176
Wormwood Scrubs 46, 190
Worton, Michael 198
Wright, Barbara 193–4, 208
Wynne, Robert 5, 18, 99, 191–2

'Y Ddrama yn Ewrop' 29–33, 54,
    95, 180–1, 197, 219, 228
Ymddiriedolaeth Theatr Dewi
    Sant 19, 28

Zilliacus, Clas 95, 97–8
Zuber-Skerritt, Ortrun 80